국제의료관광
HEALTH TOURISM

국제교역을 통한 사회복지
Social Welfare through International Trade

David Reisman 著
서정태 · 강형철 · 진홍석 譯

기문사
www.kimoonsa.co.kr

역자서문

최근 세계화로 인한 국가 간 경계가 허물어지고, 질병치료와 관련한 많은 정보가 공유됨과 함께, 의료 구매자들의 선택의 폭이 넓어지게 되면서 의료관광의 확산 분위기가 점차 고조되고 있다. 제3세계의 의료 · 임상 수준은 국제적 수준에 다다랐으며, 각 나라의 의료안전법이 비교적 표준화되어 의료사고나 불안감이 해소되고 있으며, 선진국과의 진료비가 현저히 격차가 나고, 특히, 미국, 캐나다, 영국 등 선진국에서의 장기간의 진료 대기시간으로 인해 자국이 아닌 국외 의료기관에서 진료받고자 하는 수요가 발생하게 되었다. 저자는 세계경제의 이러한 새로운 흐름에 주목하여 경제학자적인 관점에서 의료관광 현상을 무역 또는 교역이라는 관점에서 해석하려 한다.

McKinsey & Company 자료에 따르면, 현재 전 세계 의료관광 시장 규모는 2007년 현재 6백억 달러(78조)에 이르고 있고, 오는 2012년까지 1천억 달러(130조)에 이르게 될 것으로 예측되고 있다. 미국의 경우 의료보험에 가입하지 못한 사람들이 인구의 약 15%인 4천5백만 명이나 되어 국외원정치료가 증가하고 있고, 2008년에 75만 명의 환자가 국외로 의료관광을 나갔으며, 그로 인한 의료관광 지출액은 21억 달러에 달할 것으로 추정되고 있으며, 향후 그 숫자는 기하급수적으로 증가될 것으로 예견되고 있다. 서유럽 국가의 경우도 과다 복지정책으로 환자적체가 심해지고 있으며, 동유럽권과 중동권 국가는 의료서비스 공급이 부족하여 의료관광의 필요성이 절실히 요구되고 있다.

이에 한국정부는 의료관광 산업을 인바운드 관광산업의 신성장동력으로 인식하고, 글로벌 헬스케어를 5대 고부가 서비스 분야에 포함시키는 한편, 의료관광의 활성화를 위해 외국인 환자유치를 허용하는 의료법 개정을 지난 2009년 5월에 단행한 바 있으며, 의료 서비스산업 선진화 방안 전략을 수립하고, 의료서비스 산업을 차세대 성장동력원으로 키우겠다는 목표를 내세우고 있다. 의료법 개정에 이어 한국의료 대표브랜드 Medical Korea-Smart Care 개발 등 한국의료 신뢰도 구축을 위한 노력 등이 병행하여 진행되고 있다. 이러한 중앙정부 움직임과 함께 현재, 서울시를 비롯한 부산, 대구, 대전, 인천, 경기도, 강원도 및 제주특별자치도 등의 각 지자체들도 블루오션 시장이라 할 수 있는 의료관광 분야를 선점하기 위해 저마다 의료관광의 육성 및 활성화 대책 등을 마련하고, 다양한 정책지원 방안의 발굴과 함께 빠른 행보를 이어가고 있다. 그러나 국내 의료관광 및 외국인환자 유치 사업의 문제점으로 효율적 마케팅의 부재, 의료기관 간의 과도한 경쟁, 시장성 문제, 보험 문제, 국제 기준에 부합하는 의료서비스 및 간호에 대한 기준과 지침의 결여 문제, 의료인들의 전문의식 부족 문제 등이 꾸준히 보고되고 있다.

이에 저자가 기술하고 있는 의료관광에 대한 무역 또는 교역이라는 관점, 적정 의료수에 대한 고찰, 국가별 의료의 질과 차별성이 의료관광에 어떻게 영향을 미칠까 하는 문제, 의료관광의 구매국과 수출국이 효익과 비용에 대한 고려 사항들, 의료관련 공공정책의 방향성 및 싱가포르를 비롯한 의료관광이 성행하고 있는 중동국가와 아시아 국가의 상세한 사례들은 글로벌화에 따른 국제의료서비스 시장 확대에 새로운 블루오션인 세계환자 유치를 위한 치열한 국가 간 경쟁에 다양한 지침과 전략을 제시할 것이다. 본서가 의료관광에 대하여 제한된 지식과 정보에 의존하여 정책을 수립해야 했던 많은 정책 관계자들에게는 좋은 사례와 정보를 제공해 줄 것으로 의심치 않는다. 또한 의료관광에 막 입문하려 하는 학생들에게도 의료관광에 대한 전반적인 이해와 성장가능성을 제시해 주는 이론서와 실무서의 역할을 동시에 할 것으로 생각한다.

마지막으로 본서의 출판에 아낌없는 지원과 협조를 해주신 기문사의 한인환 사장님과 본서를 번역서로 추천해주신 WIU(Western Illinois University)의 도민선(Doh, Minsun) 교수님께 깊은 감사의 마음을 표한다.

역자 일동

※ 본 책에 사용된 사진의 일부를 제공해주신 (주)고려의료관광개발 김재희 대표에게 감사의 말씀을 드립니다.

차례

[01 서문]

의료관광의 역사는 길다. 사람들은 세계의 경이를 찾아 떠나는 여행을 갈망해왔던 것처럼 아주 오래 전부터 온천에 몸을 담그는 것을, 할리가(Harley Street: 병원이 밀집되어 있는 런던 중심부의 거리 – 역주)의 의사들에게 진료받는 것을, 그리고 그들의 영혼을 치유받기 위해 성소로 순례 가는 것을 갈망해왔다. 고대 그리스인들은 의술의 신인 아스클레피오스(Asklepios)를 숭배하기 위해 펠로폰네소스 반도의 에피다우로스(Epidauria)로 여행을 떠났다고 한다. 또한 고대 로마인들은 따뜻한 물이 관절에 좋다는 이유로 온천욕을 즐겼다고 한다. 새로운 것은 의료관광이라는 현상 자체가 아니라 그 규모이다. 엘리트들뿐만 아니라 중산층들도 그들을 건강하게 해주는 서비스의 국제적인 무역에 참여하고 있다. 소수를 위한 의료관광은 오래된 것이다. 그러나 대중을 위한 의료관광은 근대성과 부르주아화(embourgeoisement)의 산물이다.

의료관광(health tourism)이라는 단어를 사용하는 것은 일종의 관습이다. 아마 다른 표현을 사용하는 것이 정확한 의미를 전달하기에는 더 좋을 것이다. 건강(health)이라는 개념은 의학(medicine)이라는 개념과 동일하지 않다. 외국으로 떠나는 대부분의 환자들이 소비하고자 하는 것은 유기농 채소나 체육관에서의 운동 시간이 아니라 숙련된 의사와 간호사의 진료이다. 또한 관광(tourism)은 여행(travel)과는 다른 의미를 지닌다. 국제적으로 개방된 시장에서 탈장 수술을 구입하는 것은 따가운 햇볕 아래에서 즐거운 휴가를 보내는 것과 엄연히 다르다. 의료관광이라는 단어는 감정적이고 기사체적(journalistic)이다. 그보다는 국외치료(treatment abroad), 의료여행(medical travel), 글로벌 헬스케어(global health care), 국제 환자산업(international patient business) 등의 표현이 더 적절할 것이다. 그러나 현재 쓰이고 있는 것은 의료관광이라는 표현이다. 웹사이트와 검색엔진, 여행사, 그리고 언론은 모두 의료관광이라는 표현을 사용한다. 반면 글로벌 메디컬케어(global medical care)와 같은 용어는 잘 사용되지 않는다. 글로벌 메디컬케어라는 표현은 의료관광과 의미 면에서는 다르지 않지만 포장이 애매한 것이 문제이다.

이 책은 국경을 초월하여 이루어지는 치료에 관한 것이다. 그것은 소비자들과 생산자들이 세계경제의 이점을 이용하여 의료장비와 의료서비스를 구매하고 공급하였을 때 그 결과로서 얻게 되는 건강한 삶(well-being)의 향상과 관련되어 있다. 후기 중상주의가 지배하는 세계에 고전파 자유시장주의자가 스코틀랜드에서 포도를 키우거나 알가르베(Algarve: 스페인 남부의 지방 이름 – 역주)에서 고급 모직물을 생산하는 것은 희소한 자원의 낭비일 뿐이라는 사실을 가르쳐주기 전에 영국과 포르투갈은 이미 직물과 포도주를 교환하고 있었다. 경제학자들은 무역이 바람직한 이득을 가져다줄 것이라는 점을 찾아내고 입증하였다. 이 책은 코성형수술이나 탈장수술과 같은 무형의 인적 서비스에 대한 무역 역시 동일한 이득을 가져다준다는 사실을 보여줄 것이다.

이 책은 10개의 장으로 구성되어 있다. 2장 '무역의 분류' 에서는 초국가적인 치료의 성질에 대해 정의하고, 서비스가 제공되는 4가지 핵심적인 모드를 설명할 것이다. 3장 '가격' 에서는 때때로 국외에서의 선택적 치료가 모국에서의 치료보다 더 저렴한 현상에 대해 논의할 것이다. 4장 '서비스의 질' 에서는 국외 의료서비스의 질이 모국과 동일하거나 심지어는 그보다 더 좋을 수도 있다는 것을 보여주고, 의학적 경험이 환자에게 만족을 가져다 줄 수 있다는 사실에 관해 살펴볼 것이다. 5장 '차별화' 에서는 국외치료가 표준적인 의료서비스의 싸구려 복제품일 필요는 없다는 것을 설명할 것이다. 외국인들은 마늘을 먹는데, 이는 '저기 그들' 이 '우리' 와 다르다는 것을 보여주는 수많은 사례 중 하나일 뿐이다.

3, 4, 5장이 개인에 관한 것이었다면 6, 7, 8장은 국가에 관한 것이다. 6장 '의료관광 : 편익' 에서는 의료서비스의 수입국과 수출국이 모두 서비스와 일자리, 그리고 성장의 측면에서 이득을 얻게 된다는 것을 보여줄 것이다. 7장 '의료관광 : 비용' 에서는 그와 반대로 가장 수익성이 좋은 지역에 돈이 몰린 탓에 국외로 이동된 결손금이 다시는 채워지지 않거나 마을에서 의사가 사라져 버린 경우 수입국과 수출국이 모두 손해를 입게 된다는 것을 보여줄 것이다. 6장과 7장만으로는 의료관광에 문제가 없다는 확신을 가지기 어렵다. 그래서 필요한 것이 8장이다. 8장 '의료관광과 공공정책' 에서는 국가가 시장 실패를 바로잡아야 한다고 말할 것이다. 그러나 국가가 황금 알을 낳는 거위를 죽이는 것에는 반대한다.

9장과 10장에서는 싱가포르, 두바이, 인도, 말레이시아, 태국과 같은 국가의 실제 경험에 관해 논의할 것이다. 이러한 국가의 사례는 무엇이 이루어질 수 있는지를 보여줄 것이며, 이를 통해 '세계는 평평하다(The world is flat: 세계화의 진전으로 인해 사람들의 삶이 더 나아지고 평등해질 것이라는 주장을 담고 있는 토머스 프리드만의 유명한 저서 제목 – 역주)' 는 사실을 확인할 수 있게 될 것이다. 나이지리아인들은 외국에서 의료서비스를 받는 데에 10억 달러 이상을 지출하고, 라틴아메리카 주민들은 60억 달러를 지출한다. 자그마한 코스타리카는 매년 150,000명의 의료관광객을 받아들인다. 코스타리카에서 이루어지는 미용수술 중 90%는 외국인을 대상으로 한 것이다(Bookman and Bookman, 2008: 5). 영국인들은 2007년 한 해 동안 외국에서 치료를 받는 데에 1억 3,500만 파운드를 사용하였다. 이 기간에 치과치료를 받기 위해 외국으로 출국한 영국인의 수는 약 129만 명으로 집계되었으며, 치과치료를 제외한 기본적인 의료서비스를 받기 위해 출국한 영국인은 약 100,000명에 이르는 것으로 조사되었다. 한편, 같은 기간에 런던에 위치한 병원들의 침상 중 1/5은 외국인들이 차지하고 있었다.

2008년에 의료서비스를 받기 위해서 미국을 찾은 외국인은 400,000명 이상인 것으로 추정된다. 그들 중 대부분은 중동, 남아프리카, 그리고 캐나다 출신이었다. 그들은 병원의 총 환자 수용량의 2%를 차지하였으며, 50억 달러의 수익을 미국 병원업계에 제공해주었다(Deloitte Center for Health Solutions, 2008: 19). 같은 해에 미국인들 중에서는 500,000~750,000명이 외국에서 치료를 받은 것으로 조사되었다. 미국인들은 매년 20억 달러를 의료관광에 지출하고 있는데, 이는 적게는 1.5조 달러(Bies and Zacharia, 2007: 1145)에서 많게는 2조 달러(Grail Research, 2009: 3)로 추산되는 미국 의료서비스 산업의 연간 총매출에 비하면 새 발의 피에 불과하다. 그러나 모든 것은 변하기 마련이다. 미국에서 나타나고 있는 치료비용의 상승과 이용 가능한 의료서비스의 제한된 공급은 의료관광 분야의 최대 이슈이다.

2017년에는 미국을 찾는 의료관광객의 수는 400,000명에서 800,000명으로, 그리고 외국으로 나가는 미국인 의료관광객 수는 750,000명에서 1,570만 명으로 증가할 가능성이 있다(Deloitte Center for Health Solutions, 2008: 4). 의료관광객 수는 기하급수적으로 증가하고 있다. 1997년과 2003년 사이에 전 세계 국가의 의료서비스 수출은 두 배가 되었다. 이 증가속도는 관광으로 인한 외화 수입의 증가속도보다 10배가 높고, 전체 서비스 수출의 증가속도보다는 5배가 높은 것이다. 의료관광이 전 세계 무역에서 차지하는 비중은 1997년에는 0.38%였으나 2003년에는 0.73%로 증가하였다. 한편 개발도상국이 의료관광 시장에서 차지하는 비중은 2003년 기준으로 40%인 것으로 조사되었다(Lautier, 2008: 104).

국제 환자의 수는 연간 400만 명에 이른다. 전 세계 의료관광 시장은 200억 달러에서 400억 달러 정도의 가치를 지니고 있는 것으로 추산된다(Smith et al., 2009: 595). 이 가치는 600억 달러가 될 수도 있다. 이중 아시아 시장이 발생하는 수익은 70억 달러 정도이다. 의료관광 산업은 전체 관광산업의 5%를 차지하고 있는 것으로 추정된다. 간단하게 말해서, 의료관광 시장은 광대하다. '그것은 현재 600억 달러의 가치를 지니고 있으며 매년 20%의 성장률을 보이는 글로벌 비즈니스이다. … [당신이] 그것을 무엇이라고 부르든, 그것이 50년 만에 처음으로 나타난 의료서비스와 경제학의 결합이라는 점은 자명하다' (Bina, 2007: 48).

[02 무역의 분류]

1994년에 설립된 세계무역기구(World Trade Organization)는 장벽 없는 국제무역을 추구하는 많은 국제기구 중 하나이다. WTO는 1948년 비준된 관세 및 무역에 관한 일반협정(General Agreement on Tariffs and Trade)을 계승하고 있다. 설립 이후 WTO는 서비스란 무엇인가를 정의하고, 그것의 지위를 규정하는 문제와 한참 동안 씨름하였다. 그와 같은 노력의 가시적인 성과가 바로 서비스 교역에 관한 일반협정(General Agreement on Trade in Services)이다(http://gats-info.eu.int). GATS는 전 세계 120개 국가 간의 교섭에 기초한 협정으로서, 우루과이라운드(Uruguay Round)에서 WTO에 의해 채택되었으며 1995년에 발효되었다.

GATS는 서비스 무역의 이해를 돕는 템플릿을 제공해준다. GATS에 따르면 무형의 서비스에 대한 국가 간 무역은 서비스, 환자, 자본, 노동이라는 4개의 모드 혹은 차원으로 범주화될 수 있다. 이 4개의 모드는 이 장의 첫 4개 섹션에서 차례로 논의될 것이다. 그리고 5번째 섹션에서는 이 4개의 모드가 고전적인 상식의 새로운 반복에 지나지 않는다는 사실을 설명할 것이다. 그 상식이란 섬세하게 조정된 무제한적인 다자간 교환은 더 높은 효율성과 빠른 성장, 그리고 삶의 질 향상을 가져다주며, 선택의 자유를 크게 확대시켜 준다는 것이다.

GATS가 발효 중임에도 불구하고 WTO 회원국 가운데 자발적으로 의료서비스 분야를 개방하고 있는 나라는 2009년 기준으로 전체의 40% 미만인 것으로 조사되었다. 반면 금융, 관광, 정보통신 분야에서는 그 수치가 90%를 상회하였다(Smith et al., 2009: 593). 국가는 GATS 체제에 가입하지 않더라도 시장을 자유화할 수 있는 권한을 가진다. GATS는 시장 접근권과 국내 의료서비스에 관한 규칙 설정을 통해 회원국의 의료 주권에 영향력을 행사한다. 또한 GATS는 법적 구속력을 가지고 있으며, 사실상 철회하는 것이 불가능하다. 따라서 각 국가는 당연히 GATS에 가입하기 전에 이 모든 사항들을 확실하게 해두고 싶어 할 것이다. 한편, 국가는 양자 간의 자유무역협정(free trade agreement)을 체결하기도 하며(많은 경우에 그 상대국은 미국이다) 지역적 연합의 틀 안에서 다자간 무역 자유화를 시도하기도 한다. 그런 지역적 연합의 대표적인 예로는 EU와 ASEAN을 들 수 있다. 이와 같은 연합체계하에서 이루어지는 서비스 무역은 자본 및 노동의 이동과 분리될 수 없다.

2.1 모드 1 : 장거리 치료

모드 1이 성립하기 위해서는 계약의 당사자들이 서로 다른 국가에 위치해 있어야 한다. 서비스는 국경을 넘게 될 것이나, 환자들과 공급자들은 제자리에 머물러 있을 것이다.

과거에는 상품은 운송될 수 있지만 서비스는 면대면 방식으로 소비되어야 한다는 것이 당연한 사실로 받아들여졌었다. 그러나 교역재와 비교역재를 시간적 한계에 따라 구분하였던 전통은 전자 혁명을 계기로 재평가되었다. 정보기술은 공급자/수출자와 소비자/수입자가 국경을 넘어 상호 작용하는 방식을 근본적으로 변화시켰다. 이제 의사소통을 하는 데 있어서 거리는 문제가 되지 않는다. 마이크로 전자공학 덕분에 국제 시장은 집 앞 가게와 다를 바 없는 지역성을 가지게 되었다.

물건을 박스에 넣어서 포장하지 않으면 무역은 불가능하다는 오래된 가정은 이제 완전히 쓸모없는 것이 되어버렸다. 디지털로 변환된 정보들의 패킷이 과거 박스가 수행하였던 역할을 대신해서 수행하기 시작하면서 더 많은 서비스들의 거래가 가능해졌고 앞으로 그 수는 더욱 늘어날 것이다. 미래에는 박스 안에 넣을 수 있는 것과 없는 것 사이의 구분이 의미를 잃을 것이며, 이는 이미 상당 부분 현실로 나타나고 있다. 그 대신 전자적으로 전환될 수 있는 서비스와 그렇지 않는 것 사이의 구분이 중요해질 것이다(Blinder, 2006).

택시기사와 사무실 청소부, 비행기 조종사와 교통경찰 등은 광대역 통신망을 통한 외부위탁이 어려운 직업이다. 닭볶음밥 요리사와 잘 훈련받은 물리치료 전문가는 모두 실질적인 위협에 노출되어 있지만 비관세 장벽이 그 위협을 막아줄 것이다. 높은 학력을 지닌 보안컨설턴트와 저학력의 콜센터 교환원은 더 심각한 위협에 노출되어 있다. 블루칼라와 화이트칼라의 구분은 중요한 것이 아니다. '전자 서비스에 적합한 (그래서 국외위탁의 위협에 직면한) 직종과 그렇지 않은 직종을 나누는 선은 고학력-저학력의 차이에 근거한 전통적인 직종 구분선과 일치하지 않는다' (Blinder, 2006).

일자리는 고임금 국가에서 저임금 국가로 이동하고 있다. 이동에 따른 서비스의 질적 저하는 거의 찾아볼 수 없거나 전혀 없다. 그러나 사람들은 여전히 그 자리에 머물러 있다. 이미 미국에서는 수백만 개의 서비스 부문 일자리가 외부위탁으로 인해 사라져버렸다. 전지구적 통신의 발달은 (인도와 중국 같은 수출국가에서 나타나는 학력수준의 상승과 함께) 이것이 단지 시작일 뿐이라는 것을 시사한다. '우리가 지금 보고 있는 것은 빙산의 일각일 뿐이다. 그 아래에 숨어있는 최종적인 결과는 아마 충격적일 것이다' (Blinder, 2006). 세계는 새로운 분업체계의 확장으로 인해 점점 더 부유해질 것이다. 일자리를 상실한 사람들과 국가는 새로운 환경에 순응해야만 한다.

외부위탁(outsourcing)과 국외위탁(offshoring)은 동의어가 아니다. 국외위탁과 달리 외부위탁은 국가 간에서 뿐만 아니라 국가 안에서도 일어날 수 있다. '물리적으로 여기에 존재함(physical presence) (Blinder, 2006)' 은 더 이상 결정적인 중요성을 가지지 않는다. 미국의 전체 근로자 중 60%는 소비자 근처에서 서비스를 제공해야 하는 직종에 종사하고 있다. 이들은 교역의 대상이 아니다. 그러나 나머지 40%는 교역의 대상이 될 수 있다. 그리고 이 40%에는 서비스업에 종사하는 사람이 제조업에 종사하는 사람보다 더 많이 포함되어 있다. '이와 같은 사실은 제조업 중심으로 편성된 현재의 세계무역 구도가 일시적인 것에 지나지 않을 수 있다는 점을 시사한다. 장기적으로는 전자적으로 이루어지는 서비스 무역이 세계무역의 가장 중요한 요소가 될 것이다' (Krugman and Obstfeld, 2009: 23). 코네티컷주의 하트포드는 보험업으로 유명하며, 뉴욕은 월스트리트로 유명하다. 크루그먼의 논의는 이러한 몇몇 지역들은 다른 지역들보다 더 심한 일자리 감소 현상을 겪게 될 것이라는 사실을 일깨워준다.

온라인 주식거래를 하는 데 개인적인 접촉은 필요하지 않다. 외부위탁과 국외위탁은 어디에서나 이루어지고 있다. 젠슨(Jensen)과 클레처(Kletzer)는 미국을 사례로 삼아 '교역 가능한 서비스업에 종사하는 근로자 수가 교역 가능한 제조업에 종사하는 근로자 수보다 더 많다' 고 추정하였다(Jensen and Kletzer, 2005: 3).

그들은 또한 교역 가능한 일자리의 비중이 가장 높은 서비스업 분야를 찾아내어 제시하였다. 여기에는 건축 및 공학(교역 가능한 일자리 비율 63%), 사업 및 금융 운용(68%), 법률서비스(96%), 컴퓨터 및 수학(100%) 등의 분야가 포함되었다.

반면 교역이 제한된 일자리의 비중이 높은 서비스업 분야로는 교육 및 도서관 서비스(99%)와 음식 준비(96%)가 꼽혔다. 의료서비스 역시 비교역적인 것으로 간주되었다. 의료서비스 제공 분야에서 비교역적 요소가 차지하는 비중은 86%인 것으로 추정되었으며, 의료서비스 지원 분야에서는 그 비중이 97%인 것으로 나타났다(ibid: 11). 의료검진이나 병실에서의 거주 간호가 제대로 제공되기 위해서는 면대면 접촉이 반드시 필요하다. 반면 빌딩 사무실에 일하고 있는 사람들은 '인터넷에 못을 박아 넣는 것은 불가능하다' 는 것을 알고 있을 것이다(Blinder, 2006).

한쪽에서는 '그것은 일어날 수 없다' 고 말하고, 다른 쪽에서는 '그것은 일어날 수 있다' 고 말한다. 모드 1만으로는 치아를 충전하거나 분만을 유도하거나 붕대를 교체하는 데에 한계가 있다. 오디오와 비디오만으로는 촉감을 느낄 수 없기 때문이다. 전화로 수혈을 하는 것은 불가능하다. 그러나 의료산업의 다른 어떤 측면들은 정보통신 장치의 사업적 활용을 통해 충분히 처리될 수 있다.

신용카드로 서비스를 예약하는 것은 이메일로도 가능하다. 납세 신고는 국외에서도 할 수 있다. 의료장비를 주문하는 것은 전화로도 가능하다. 비상 처방전은 컴퓨터를 이용해서 전달해줄 수 있다. 통신판매 약국은 필요한 치료제를 택배로 보내줄 것이다. RX닷컴(Rx.com)과 텔라독(TelaDoc)은 이와 같은 시간과 공간을 가로지르는 교역에 종사하고 있다. '기업들은 비난받아 마땅한 의료서비스의 많은 문제들을 해결할 수 있는 능력을 가지고 있다. 공공정책은 이런 기업들의 노력을 제재하는 것이 아니라 장려해주어야 한다' (Herrick, 2008: 2). 모든 의학적 만남이 꼭 면대면으로 이루어져야만 하는 것은 아니다.

장거리 무역은 이미 저지선을 돌파하였다. 메드라인(Medline), 헬스 인터네트워크(Health InterNetwork), 플래닛 메디카(Planet Medica) 등의 전자 데이터베이스들은 이미 관련 서적과 논문, 최신 통계자료를 저비용, 혹은 무료로 정확하게 검색해주는 서비스를 제공하고 있다. 병원들은 웹사이트를 개설하였으며, 정부는 안내문을 우편으로 발송한다. 전자 교육은 전 세계 어디에서나 전문가의 강의를 듣고 수술기법을 시연할 수 있는 환경을 마련해 주었다. 의학적 실험, 성공적 지표, 그리고 과학적 증거에 기초한 의학(evidence-based medicine: 경험에 근거하여 환자를 치료하는 것이 아니라 대규모 임상연구 결과에 근거하여 환자를 치료하고자 하는 최신의 의학적 경향 – 역주)에 관한 정보는 공유물이 되었다. 확산과 통신이 이루어낸 하나의 성과는 표준 규격과 의료서비스 질의 국제적인 수렴이다. 전문적인 의료행위에서 나타나는 지역적 편차는 불필요한 비용을 일으키며 심지어는 사망사고를 부르기도 한다. 장거리 학습과 노하우 공유는 이러한 전문적인 의료행위의 편차를 감소시키는 데에 기여하고 있다.

또한 모드 1은 국외로 전송하는 서류의 형태를 띠기도 한다. 위성통신 덕분에 건축가는 병원 설계도를 쉽고 경제적인 방식으로 전송할 수 있게 되었다. 온라인 주문, 온라인 검색, 온라인 청구와 같은 백오피스(back-office)의 지원 업무 역시 같은 혜택을 누리게 되었다. 대형병원은 금융, 회계, 인적자원 등과 관련된 부서를 국외에 배치할 수 있게 되었다. 자료 입력, 자료 저장, 자료 분석, 병력의 기록, 의료 클레임의 처리 등의 업무를 임금이 더 저렴한 국가에 위탁하는 것 역시 가능해졌다. 기록을 컴퓨터에 저장해 둠으로써 필요한 파일을 실시간으로 전송할 수 있게 되었다. 그리고 고객 조회 업무를 아르바이트를 원하는 필리핀의 의과대학생에게 맡기는 것이 가능해졌다. 필리핀의 아르바이트생들은 온라인으로 환자 기록을 열람할 것이고, 컴퓨터 프로그램을 활용해서 환자가 복용해서는 안 되는 약을 찾아낼 것이다. 원격 조정이 가능한 시대에 지리적인 입지는 더 이상 장애물이 될 수 없다.

마지막으로, 모드 1은 핵심적인 의료산업에 기여할 수 있는 가능성을 가지고 있다. 원격 병리진단 기술 덕분에 샘플을 외국으로 보내는 것이 가능해졌다. 원격 비디오 장치를 통해 진료를 모니터로 지켜보는 것이 가능해졌고, 임상 실험을 원거리에서 수행하는 것도 가능해졌다. 지구 반대쪽의 전혀 다른 시간대에 살고 있는 의료전문가가 엑스레이나 CAT 스캔, 혹은 MRI 스캔 결과를 판독하는 것도 가능해졌다. 화상회의나 팩스를 이용해서 국경 너머에 있는 다른 의사의 견해를 전달받는 것도 가능해졌다. 시청각적 상호작용을 가능케 해주는 도구의 등장으로 인해 오랜 시간이 걸리는 여행은 불필요한 것이 되었다.

컴퓨터는 경제적인 감시 업무의 수행을 가능하게 해주었다. 재빠른 대응은 환자의 생명을 구할 것이다. 인도 콜카타에 위치한 아폴로 글렌이글스(Apollo Gleneagles) 병원은 부탄과 네팔에서 원격 병리진단과 원격 방사선진단을 받을 수 있는 서비스를 제공하고 있으며, 카자흐스탄에 보조 센터를 설립하여 카자흐스탄 북부지역에 의료서비스를 공급하고 있다. 인도 북부의 벵갈루루(Bangalore)에 위치한 원격 방사선진단 장비는 35개의 미국 병원으로부터 이미지를 전송받아 판독할 수 있는 기능을 갖추고 있다. 이 병원은 또한 라틴아메리카에 쿠바를 거점으로 하는 원격 의료네트워크를 설치해 두었다.

기술은 의사가 부족한 외딴 지역에 의료서비스가 공급될 수 있도록 해준다. 또한 기술은 전염성 질병이 확산되기 전에 그것을 찾아내고 방지책을 세울 수 있도록 해준다. 장비와 통신기술의 향상은 새로운 길을 열어줄 것이다. 의사들은 이미 광섬유 케이블을 통한 원격 조정 기술을 사용하여 환자를 수술하고 있다. 이는 인도 남부에 살고 있는 의사가 로봇팔을 조작하여 짐바브웨의 불라와요(Bulawayo)에 있는 환자의 쓸개를 제거하는 수술을 집도할 수 있게 되었다는 것을 의미한다. 또한 온라인 모니터링은 의사가 멀리 떨어져 있는 자신의 환자에게 후속치료를 제공하는 것을 가능하게 해준다.

서비스 산업은 노동집약적인 성격을 지닌다. 일대일 대화 요법이나 라이프스타일 카운슬링 분야의 생산성은 대량생산이 가능한 제조업 분야의 생산성보다 훨씬 느리게 증가한다. '이 이론은 왜 수십 년 동안 의료서비스 가격과 대학등록금이 소비자 물가지수보다 더 빠르게 상승하였는지를 설명하는 데 큰 도움이 된다'(Blinder, 2006). 그것이 바로 모드 1의 커다란 장점이다. 기업들이 콜센터를 인도에 설치한 것처럼 개인지도 역시 인도에 위탁할 수 있다. 만약 일대일 강의 서비스를 저임금 국가에 위탁하여 운영하게 된다면 서비스의 가격은 사람들이 충분히 감당할 수 있을 정도로 저렴해질 것이며 더 큰 그룹의 강의가 작은 그룹의 강의를 시장에서 몰아내는 일도 벌어지지 않을 것이다. 정원이 40명인 물리학 수업의 교육효과는 정원이 10명뿐인 물리학 수업의 교육효과와 동일할 수 없다. 구심력 있는 외부위탁은 서비스의 질이 낮아지는 것을 방지해줄 것이며, 전 세계 곳곳에 설립한 지부들과 그로 인한 시너지효과는 낮은 생산비용을 유지시켜 줄 것이다.

모드 1은 굉장한 매력을 가지고 있다. 그러나 현실적인 한계 역시 존재한다. 그중 하나는 상호작용의 성질과 관련되어 있다. 모든 사람들이 스크린을 통해 이루어지는 심리치료를 편안하게 받아들이는 것은 아니다. 그리고 모든 환자들이 외국인 의사가 증세에 관한 표현에 남겨 있는 섬세한 문화적 차이를 제대로 이해할 것이라는 확신을 가지고 있는 것은 아니다. 콜레스테롤 치료는 사회적 관례와 상관없겠지만, 불임이나 낙태와 관련된 치료는 그렇지 않을 것이다. 국내에서의 치료를 선호하는 소비자들에게는 원하는 것을 선택할 수 있는 권한이 주어져야 옳다. 어떤 학생들은 공중에 떠 있는 대학교가 제공하는 수백만 개의 강좌를 듣는 것을 좋아할 것이고, 다른 어떤 학생들은 옥스퍼드의 브래세노스(Brasenose) 대학이나 기독교 교회에서 강사와 얼굴을 마주하고 수업을 듣는 것을 더 좋아할 것이다. 시간당 생산성은 전자가 더 높을 것이고, 비용은 후자가 더 높을 것이다. 이런 단점에도 불구하고 모드 1을 꺼리는 사람들에게는 그들의 니즈와 선호에 가장 잘 맞는 서비스를 구매할 권한이 주어져야 한다.

더 어려운 문제도 존재한다. 모드 1은 충분히 많은 대중을 전제로 하고 있으며, 네트워크 효과는 보편적인 접속으로 발전하고 있다. 그럼에도 불구하고 가상 커뮤니티는 계속해서 몇몇 중요한 연결들을 놓치고 있다. 모든 지역이 고속통신을 위한 기반시설을 갖추고 있는 것은 아니다. 아직 충분히 개발되지 않은 지역들은 컴퓨터 및 주변장치의 부족 문제를 겪고 있다. 때때로 더 외진 지역은 전기의 안정적인 공급이 이루어지지 않는 문제를 겪고 있기도 하다. 그것은 사회적인 실패이다. 아프리카에서 인터넷에 접속하기 위해 지급해야 하는 비용은 OECD 국가에서 요구하는 비용보다 5배나 비싸다. 높은 수준의 하드웨어를 필요로 하는 연결은 값비싼 사치일 수 있다. '이러한 측면에서 보았을 때, 전지구화로 인해 개발수준의 차이는 더 벌어질 수 있다. 전자 의료보건서비스(e-health)는 노동집약적 산업보다 자본집약적인 산업에 더 가깝기 때문에 저개발 국가는 이를 향유하는 데에 어려움을 느낄 것이기 때문이다' (Smith, 2006: 169).

전자 상거래는 전자 결제를 전제로 한다. 이 연결은 문제의 소지를 가지고 있다. 보험회사들은 전자 상담에 대해서는 보상금을 지급하는 것을 거절할지도 모른다. 서비스의 질을 확인하는 것이 어려울 수도 있고, 면허와 표준 규격의 측면에서 논란이 있을 수도 있다. 또한 전자 은행은 보안상의 문제를 가지고 있을 수도 있다. 원격 진료서비스의 보안 문제로 인해 환자의 비밀 정보가 노출될지도 모른다. 신용카드의 사용을 거부당할 수도 있고, 외환 통제의 문제가 있을 수도 있다. 만약 의료사고가 발생한다면 그 책임이 누구에게 있는지를 가려내는 데에 어려움이 있을 수 있다. 그리고 분쟁을 조정하는 것이 불가능할 수도 있다. 지금의 시점에서 할 수 있는 최대한의 약속은 모드 1에서 발견되는 많은 단점들은 앞으로의 기술 발전을 통해 극복될 수 있으리라는 것이다.

생산과정의 분산은 전지구화된 경제의 특징이다. 완제품 조립은 이 나라에서, 부품 생산은 저 나라에서, 연구개발은 다른 나라에서 이루어지고, 본사는 또 다른 나라에 소재해 있을 수 있는 것이다. 다국적 기업은 국경을 초월한다. 더 작아진 조직은 하청계약을 통해 기능을 수행한다. 마이크로 전자공학 분야에서 나타난 것은 의료서비스 분야에서도 똑같이 나타날 수 있다.

모드 1에 관한 정보는 충분히 검증되지 않았으며 완전하지도 않다. 전 지구적인 전자 의료보건서비스 시장은 10억 달러에서 1조 달러의 규모를 형성하고 있는 것으로 추정되고 있다. 그러나 몇몇 정보들은 정확하다. 예를 들어, 인도에서 모드 1은 2000년 한 해 동안 30,551개의 일자리를 만들어냈으며, 2005년에는 242,500개의 일자리를 만들어낸 것으로 조사되었다. 또한 같은 기간 동안 모드 1로 인한 인도의 수익은 2억 6400만 달러에서 40억 7200만 달러로 증가한 것으로 나타났다(Smith et al., 2009: 594).

2.2 모드 2 : 환자

두 번째 모드는 소비자들의 국가 간 이동과 관련되어 있다. 고객이 이동하고 공급자는 원래 있던 자리에 머물러 있다. 수입국이 공급자들의 방문을 수입할 수 없다면 그것을 필요로 하는 사람들을 공급자들의 국가로 수출하면 된다. 어떤 서비스는 고객들에게 생산자의 영토로 떠날 것을 요구한다. 만리장성을 보려고 하는 관광객들은 중국으로 가야만 한다. 마찬가지로 고관절 대체술을 받고 싶은 환자들은 인도의 첸나이(Chennai)로 떠난다.

당연히, 환자들의 국제적인 이동은 장거리 국내 이동의 확장에 불과할 뿐이다. 국가의 의료보건 시스템이 국내 어디에서나 동일한 수준의 서비스를 제공해 준다면 환자의 국내 이동은 최소화될 것이다. 반면 국가가 봉건적인 구조를 가지고 있고 각 지방이 서로 다른 서비스를 제공한다면 환자의 국내 이동은 증가할 것이다. 또한 런던의 그레이트 오몬드 스트리트 아동병원(Great Ormond Street Hospital for Children)이라든가 마닐라의 필리핀 심장센터(Philippine Heart Center)의 사례에서 볼 수 있듯이 특정한 의료기관이 특별히 뛰어난 서비스를 제공하는 경우에도 환자의 국내 이동은 증가할 것이다. 사람들이 그 의료기관들로 치료를 받기 위해 모여들 것이기 때문이다.

미국에서 국내 의료관광은 성장하고 있는 산업 중 하나이다. 뉴욕이나 캘리포니아에서 성형수술을 받을 때 드는 비용이 테네시주 녹스빌(Knoxville)에서 드는 비용보다 두 배나 비싸다는 점을 고려한다면, 미국 소비자들의 입장에서는 염가 및 할인 판매되는 서비스에 관심을 가지는 것이 충분히 합리적일 수 있다. 헬스플레이스 아메리카(Healthplace America)와 같은 의료여행사들은 다양한 지리적인 선택항을 제시함으로써 다른 지역의 고객들을 끌어 모으고 있다. 일부 보험가입자들은 직장보험이나 보험사가 제공해주는 재정적인 혜택을 얻기 위해 치료비가 더 저렴한 곳으로 비행기나 기차를 타고 이동하기도 한다. 직장보험을 운영하는 고용주들이 치료를 받고자 하는 직원에게 자기부담금을 요구하거나 여행에 대한 보상금을 제공해 주는 경우가 그러하다.

몇몇 성공 사례들이 학계에 보고되었다. 2008년에 심혈관 우회수술의 공식적인 가격은 100,000달러였지만 헬스베이스(Healthbase) 여행사는 15,000달러에 같은 수술을 알선해 주었다(International Medical Travel Journal, 2008b). 이 가격은 국외에서 같은 수술을 받을 때 드는 비용과 크게 다르지 않다. 환자들을 끌어 모으기 위해 국내 의료관광 서비스 공급자들은 외국의 기준을 수용하고 있다. 병원들은 생존율과 의학적 부작용에 관한 정보를 온라인에 게시하고 있다. 그들은 환자들이 단지 낮은 치료비를 위해서가 아니라 더 나은 결과를 얻기 위해 여행을 떠난다는 사실을 알고 있다.

국내여행이 국외여행보다 쉽다. 비자나 언어 문제에 신경을 쓸 필요도 없고 법적인 의무를 이행하는 것도 더 쉽기 때문이다. 관광지는 국외의 박물관과 해변에 필적한다. 플로리다주의 잭슨빌(Jacksonville)은 메이요 병원(Mayo Clinic)뿐만 아니라 인근에 위치한 인기 휴양지인 디즈니월드(Disneyworld)로도 유명하다. 2006년 상반기에 플로리다 북부에서 입원치료를 받은 환자들 중 12%는 타지 출신인 것으로 조사되었다. 메이요 병원으로 한정할 경우 그 수치는 1/3 이상이 될 것이다. 환자들의 국내 이동은 환자들에게 어떤 의료서비스가 제공될 수 있는지를 보여준다. 환자들의 국제 이동은 그 이상을 제공해준다.

국내 이동과 국가 간 이동은 둘 다 규모를 확인하기 어렵다. 여행하는 환자들에 관한 믿을만한 통계자료는 아직까지 수집된 것이 없다. 여행객들은 대개 입국장에서 여행목적을 휴가라고 답한다. 모든 입국카드에 의료서비스 항목이 제시되어 있는 것은 아니다. 여행사가 일반적인 관광과 의료관광을 하나의 패키지로 판매한다는 점을 고려한다면, 의료관광에 대한 순수한 통계자료를 얻어내는 것은 불가능하다. 많은 여행객들이 수술과 휴가를 동시에 추구한다. 여행객들이 어떤 항목에 체크했던지 간에 그 결과는 전체에 대한 희미한 상을 보여줄 뿐이다.

유학생들을 교육관광객이라고 부르는 일은 없다. 사람들은 그들이 학문적인 목표에만 관심을 가지고 있다고 생각하기 때문이다. 그러나 유학생들의 목적은 하나일 수도, 아닐 수도 있다. 분명하게 말할 수 있는 것은 유학생은 다양성을 가진 집단이라는 점이다. 개괄적인 범주는 하위 항목들로 세분되어야 한다. 통계학자들에게 그것은 악몽일 것이다. 그러나 그것이 바로 현실이다. 쓸모 있는 증거는 찾아내기 어렵다.

작년에 한 중동국가의 관광기구가 2012년의 유입 의료관광객 수를 예측해서 반복적으로 발표한 적이 있었는데, 그 수치는 높아도 너무 높았다. 잠정적으로 계산된 현재의 전 세계 의료관광객 수보다 두 배나 높게 집계되었던 것이다. 신뢰할 수 있는 수치가 희소하다는 사실은 다시 말해 사람들이 수치들을 임의로 만들어내고 있다는 것을 의미한다. 그들을 자신의 주장을 반박할 수 있는 실제 수치가 거의 존재하지 않는다는 사실을 알고 있다(Yeoman, 2009).

성형수술을 제외한 주요한 선택적 수술들, 즉 관절 교체술, 척추 수술, 관상동맥 우회술, 심장밸브 교체 및 수리 수술 등의 분야에서는 충분한 정보에 기초한 추정조차도 큰 의미를 지니지 않는다(Comarow, 2008). 의료서비스를 받기 위해 국외로 나가는 미국인의 수는 적게는 연간 5,000명에서 많게는 연간 500,000명 이상인 것으로 추정된다. '이러한 추정치들이 얼마나 과학적인가를 논하는 것은 점쟁이의 예언이 얼마나 과학적인가를 논하는 것과 비슷하다. … 진실이 무엇이냐고? 그걸 아는 사람은 아무도 없다!' (Yeoman, 2009). 중앙정부 역시 신뢰할만한 통계자료를 가지고 있지 않다. 하나의 이유는 미국과 같은 자유민주국가가 외국으로 떠나는 국민들의 사생활을 캐내는 것을 꺼려한다는 것이고, 다른 이유는 자료를 수집할 수 있는 마땅한 현실적 방법이 없다는 것이다.

표본조사는 통계적인 공백을 채워준다. 의료관광에 관한 표본조사 중 하나는 트리트먼트 어브로드(Treatment Abroad)에 의해 수행된 것이다. 이 조사에 따르면 2000년대 초에 연간 약 50,500명의 영국인 환자들이 국외로 여행을 떠난 것으로 나타났다. 이중 치과치료를 받은 환자는 22,000명(43%)이고 미용수술을 받은 환자는 14,500명(29%)이고 불임치료를 받은 환자는 5,000명(10%)이고 그 밖의 수술을 받은 환자는 9,000명(18%)인 것으로 조사되었다(www.treatmentabroad.com). 패신저 서베이(Passenger Survey)가 (보안규정의 제한 하에서) 영국의 항구와 공항에서 국외로 떠나는 영국인들을 대상으로 수행한 또 다른 조사에서는 국외로 떠나는 영국인 환자가 연간 77,000명에 달하며 그 수는 급속하게 증가하고 있는 것으로 나타났다. 영국 환자가 국외에서 쓰는 평균비용은 3,753파운드이다. 이 평균비용에 50,500이나 77,000을 곱하면, 혹은 머지않은 미래를 가정하고 200,000을 곱하면, 그것은 어마어마한 액수의 돈이 된다.

그러나 의료관광이라는 개념은 자료만큼이나 모호하다. 모드 2는 더 높은 질의 진단서비스나 더 저렴한 비용의 의료서비스를 찾아서 모국을 떠나는 행위를 의미한다. 의료관광의 가장 이상적인 형태는 간이식수술이나 근관수술과 같은 시급하지는 않지만 영원히 미룰 수는 없는 선택적 수술을 위해 이성적이고 계산적으로 결정한 국외여행이다. 경영 컨설팅 회사인 맥킨지(McKinsey)에 의해 수행된 조사에 따르면 이 좁은 기준을 충족시키는 의료관광객은 연간 60,000~85,000명에 불과한 것으로 나타났다. '우리가 방문한 의료서비스 공급 기관에 입원해 있는 국제 환자들 가운데 진짜 의료관광객이라고 할 수 있는 환자의 비율은 절반 이하에 지나지 않았다' (Ehrbeck et al., 2008). 현실 세계는 개념적인 가정보다 훨씬 복잡하다.

앞서 언급하였듯이, 일부 의료관광객들은 휴가를 즐기려는 여행객으로서의 성격도 함께 지니고 있다. 그런 여행객들은 비록 가장 중요한 목적은 의료서비스를 받는 데에 있다고 할지라도 관광지를 둘러보거나 산간마을에서 휴식을 취하는 이점을 함께 누리려고 할 것이다. 반대의 경우도 가능하다. 첫 번째 목적이 서핑을 즐기는 것이라고 해도 잠깐 시간을 내서 안경을 구매하거나, 보톡스 주사를 맞거나, 그의 치아를 더욱 빛나게 해줄 미용 치과치료를 받을 수도 있는 것이다. 또 다른 시나리오는 일차적인 목적은 사업이지만 이차적인 목적으로 지방흡입술이나 호텔의 스파 서비스, 또는 일일 종합건강검진을 받고자 하는 경우이다. '이차적인 목적' 이라는 표현은 모호하고 애매하다. 그러나 이를 통해 알 수 있는 사실은 모든 환자들이 의료서비스라는 하나의 목적만을 가지고 있고 그것에만 집중하고 그 목적을 달성하고 나면 곧바로 다음 비행기를 타고 집으로 돌아가는 것은 아니라는 것이다.

경계에 걸쳐 있는 여행객들은 범주화하는 것이 특히 어렵다. 휴가 중인 것도 아니고 환자도 아닌 여행객이 명상 교실이나 템플스테이, 또는 다이어트 치료에 참여했다고 생각해보자. 미용, 운동, 모험, 건강, 요양 등은 넓게 본다면 모두 의료보건 활동(health experience)의 범주에 충분히 들어갈 수 있는 요소들이다. 개념적인 의료관광의 정의는 명확하다. 그 정의에 들어맞거나 아니거나, 선택은 둘

중 하나이다. 그러나 현실의 복합적인 동기는 선을 어느 쪽에 그어야 하는지를 고민하게 만든다.

언제 어디에서나 의도하지 않은 일이 벌어질 수 있다는 사실은 일을 더욱 복잡하게 만든다. 의료관광은 계산적이고 합리적인 행동으로 정의된다. 그러나 여행객 본인은 거의 기대하지 않았는데도 불구하고 국외에서 의료서비스를 받게 되는 경우가 있다. 국외에서 휴가를 즐기는 도중에 갑작스럽게 병에 걸리게 된 여행객은 의도하지는 않았지만 갑작스러운 의료관광을 하게 될 것이다. 이러한 경우에 여행객이 받게 되는 응급 수술은 의료서비스이기는 하지만 그 의료서비스가 비용을 고려한 합리적인 결정에 의해 소비되었다고 말하기는 어렵다. 선번(sunburn: 햇볕에 오래 노출되어서 피부가 화상을 입은 것 – 역주)이나 말라리아, 설사, 시차부적응, 식중독, 심부 정맥 혈전증 등을 치료하기 위한 의료서비스는 지체 없이 이행되어야 한다. 뱀에 물렸거나, 칼에 베였거나, 어디를 나갈 만큼 컨디션이 좋지 않거나, 유행성 질병에 감염된 상태에서 국외로 나가 의료서비스를 받고자 하는 사람은 아무도 없다. 스쿠버 다이버들은 상어에게 습격을 받을 수 있다. 모험가들은 빙벽을 오르다가 굴러 떨어지는 사고를 겪을 수도 있다. 어떤 사람들은 휴가보험을 가지고 있을 것이고, 어떤 사람들은 아닐 것이다. 그러나 사고가 발생했다면 그들이 얼마를 지급해야 하든 그들은 반드시 응급치료를 받아야만 할 것이다.

국외거주자들에게는 국외치료가 부수적으로 발생하는 일일 수 있다. 유학생, 외교관, 외국인 노동자, 국외로 파견나간 경영자는 외국에 살고 있기 때문에 당연히 외국의 의사에게 진료를 받는다. 2005년에서 2025년 사이에 영국인의 20%가 장기이주를 위해 국외로 떠날 것이라 추정된다. 2005년 기준으로 2백41만 명의 영국인이 외국에 자산을 가지고 있는 것으로 조사되었다. 2030년이 되면 그와 같은 사람들은 1,287만 명으로 증가할 것이라 예상된다(Yeoman, 2008: 116). 점점 더 많은 외국인들이 햇살이 아름다운 이국땅에서 은퇴를 하고 있다.

그들 중 많은 수는 말레이시아 제2의 고향(Malaysia My Second Home)과 같은 프로그램에 등록한 장기체류 거주민이다. 통계적으로 그들은 자신이 거주하는 곳에서 의료지원을 받는 경향을 강하게 보인다.

몇몇 국외거주자들은 후송 계획을 가지고 있을 것이다. 반면 대부분은 오랫동안 살아온 제2의 고향에서 계속 살고자 할 것이다. 소수의 사람들은 모국의 시골마을에서 여생을 보내려고 할 것이다. 지리적 근접성과 언어 및 문화 측면에서의 이점 때문에 국외거주자들이 자신이 살고 있는 지역에서 의료서비스를 받는 것을 선호하는 경향을 보인다. 국외거주자들은 국외에 거주하고 있는 사람들이기 때문에 의료 '관광객'의 정의에는 맞지 않는다. 그러나 그들이 모국의 여권을 소지하고 있는 한 그들은 어디까지나 국제 환자로 취급받을 수밖에 없다. 통계자료는 멕시코에 거주하는 미국인과 고관절 치료를 받기 위해 멕시코로 떠난 미국인을 구분하지 않는다.

한 명의 환자가 여행을 세 번 했을 경우, 한 명이 세 차례 입국한 것으로 기록되기도 하지만 서로 다른 세 명의 사람이 한 차례씩 입국한 것으로 기록되기도 한다. 만약 의료관광객이 한 나라 안에서 병원을 두 군데 이상 들르거나 한 병원에만 찾아 갔더라도 여러 군데의 진료부서에서 치료를 받았다면, 그의 의료관광 활동은 이중으로 계산될 수 있을 것이다. 각 국가는 의료관광을 서로 다른 방식으로 정의하며, 이는 국가 간 비교를 어렵게 만들거나 심지어는 불가능하게 만들기도 한다. 초국가적 의료서비스에 관한 측정은 근원적으로 많은 문제를 안고 있다.

모드 2는 미국인이 말레이시아로부터 탈장수술을 수입하거나, 캐나다로부터 처방약을 수입하거나, 또는 독일로부터 콜레스테롤 수치 진단을 수입하고자 할 때에 발생하는 국가 간 이동에 관한 것이다. 미국인들은 오래 전부터 러시아로부터 보드카를 수입하였고, 스코틀랜드로부터 오트밀을 수입하였고, 중국으로부터 비단을 수입하였다. 모드 2는 상품의 매매를 서비스의 매매로 확장한 것에 불과하다. 모든 서비스가 교역의 대상이 될 수 있는 것은 아니다. 장기적인 정신병원

감호 치료와 같은 의료서비스를 국외에 위탁하는 것은 불가능하다. 그러나 다른 의료서비스들은 어렵지 않게 모드 2의 대상이 될 수 있을 것이다.

2.3 모드 3 : 자본

모드 3은 환자가 아니라 외국의 의료센터와 관련되어 있다. 의료서비스 공급자들은 국외지역을 관할하기 위해 지역 거점시설을 설립하곤 한다. 그들은 이런 거점을 활용해서 지역 중산층 및 자국 혹은 타국 출신의 국제 환자들을 유치하고자 한다. 이러한 방식으로 모드 3은 모드 2를 보완하는 역할을 수행한다.

직접적인 국외투자는 국외의 미개발지 위에 자가 소유의 새로운 의료사업체를 건립하는 방식을 통해 이루어지기도 한다. 만약 미국인 환자가 이런 병원에서 치료받게 된다면 이는 그가 미국 회사로부터 의료서비스를 구매하는데 하필이면 그 장소가 외국인 것에 지나지 않는다. 다른 한편으로 투자는 현존하는 국외 병원을 인수하거나 유사한 분야의 체인사업을 합병하는 방식으로 이루어질 수도 있다. 또한 국외자본은 지역 보험사와의 합작투자를 통해 이윤을 증대시킬 수도 있을 것이다. 만약 이를 통해 양자가 위험을 분산시킬 수 있다면 그들은 투자액을 더욱 늘리려고 할 것이다. 국외자본은 자신의 사업모델에 대한 독점 영업권을 판매할 수도 있다. 태국의 프린세스 뷰티 앤 스파(Princess Beauty and Spa)는 라오스의 한 기업에게 브랜드 사용권을 대여해주었고, 방글라데시의 웨스틴 호텔(Westin Hotel)과 공동투자 사업을 시작하였다. 설립이든 인수든 아니면 독점 영업권이든, 중요한 것은 소유권의 변화와 공급능력의 변화를 혼동하지 않는 것이다. '신규 사업(ab initio)'은 새로운 병상을 의미한다(공급능력이 증가한다는 뜻 – 역주). 반면 매매는 단지 간판이 바뀐다는 의미일 뿐이다.

국외자본은 자신의 브랜드 명칭과 지역에서 활동하는 다른 단체의 이름을 병기하기도 한다. JCI 인증을 받은 코스타리카의 CIMA 병원은 의료서비스의 질이 유지되고 있다는 것을 보여주기 위해 미국 베일러 대학교 메디컬 센터(Baylor University Medical Center)와의 제휴를 이어가고 있다(이 관계는 미국에서 같은 건물에 사무실을 두고 있는 제향군인회(Department of Veterans Affairs)와의 병행 제휴를 통해 더욱 강화되고 있다). 국외자본은 직접 새로운 의대를 설립할 수도 있다. 미국의 하버드 의대가 외국에 설립한 분교인 하버드 의대 두바이 센터(Harvard Medical School Dubai Center)는 그 대표적인 사례이다. 더 나아가 국외자본은 비의료적인 서비스의 공급에 집중할 수도 있다. 다국적 네트워크를 통해 청소, 음식 제공, 세탁, 엠뷸런스 서비스, 혈액은행 서비스 등과 같은 보조업무를 위탁 판매하는 경우가 그러하다.

다국적 기업들은 회사의 자본은 소유하지 않은 채 경영만을 담당하기도 한다. 두바이의 아부다비에 위치한 알 코르니쉬 병원(Al Corniche Hospital)의 소유권은 정부가 가지고 있지만 경영은 미국의 다국적 의료기업인 유나이티드 메디컬(United Medical)이 맡고 있다. 다국적 기업들은 안과치료 서비스나 암치료 서비스와 같은 틈새시장을 노리기도 한다. 사우디아라비아의 마그라비 병원(Magrabi Hospital) 체인은 이집트에 7개의 안과치료 전문병원을 가지고 있으며 예멘에도 1개를 가지고 있다. 한편 종합적인 전문 의료서비스를 제공하는 다국적 기업들도 있다. 두바이와 바하마에 있는 범룽랏 병원(Bumrungrad)은 태국의 원조 범룽랏 병원과 동일한 서비스의 제공해준다. 몇몇 국가는 다국적 의료기업의 활동을 특별히 지정된 경제구역 내로 한정시키기도 한다. 그와 같은 경제구역의 대표적인 예로는 필리핀의 수빅 만 관리기구(Subic Bay Metropolitan Authority)와 한국의 송도 경제자유구역(Songdo Free Economic Zone)을 들 수 있다. 다국적 기업들 중 몇몇은 최고급 휴양지에서만 활동한다. 스페인 기업이 소유하고 있는 호스피텐 그룹(El Grupo Hospiten)은 스페인과 멕시코, 푸에르토리코의 유명 휴양지 12곳에서 병원을 운영하고 있다. 또한 어떤 다국적 기업들은 특정 국가 내에서 전국적인 활동을 하기도 한다. 예를 들어 싱가포르의 파크웨이 홀딩스(Parkway Holdings)는 말레이시아의 동부와 서부에서 11개의 병원을 운영하고 있다.

사회복지사업에 참여하고자 하는 동기를 가지고 있는 국외투자자도 있다. 미국 달라스에 본사가 있는 크리스투스 헬스(Christus Health)는 사업을 통해 얻은 수익을 미국과 멕시코의 지역 커뮤니티에 재투자하는 천주교 단체이다. 몇몇 국외투자는 모국의 네트워크 자원이 지닌 한계를 완화하기 위한 목적을 가지고 있다. 브라질에 의료시설을 설립함으로써 비용을 절감하고자 하는 미국의 보험사와 건강관리기구(health maintenance organization: 일정한 연회비를 받고 고객들에게 종합적인 건강보호 프로그램 서비스를 제공하는 의료집단 - 역주)가 이런 경우에 해당될 것이다. 한편 몇몇 국외투자자들은 이윤을 찾아 아직 경쟁이 치열하지 않은 신규 시장으로 향하기도 한다. 관광과 의료 모두는 장기적인 관점에서 높은 수익성이 잠재되어 있는 분야이다. 이성적인 사업가들은 막 떠오르고 있는 국가의 떠오르는 분야에 투자함으로써 초기 사업자로서의 유리한 지위를 차지할 수 있을 것이다.

돈은 돈이다. 중국 샤먼(Xiamen)의 신양 산업지구(Xinyang Industrial Zone)에 위치한 500병상 규모의 창궁 병원(Chang Gung Hospital)의 소유권은 대만의 포모사 플라스틱 그룹(Formosa Plastics Group)이 가지고 있다. 많은 대만인들이 중국 남부에서 일하고 있으며, 중국인들은 점점 더 부유해지고 있다. 이런 상황에서 이 새로운 병원은 (머지않아 부설 의과대학과 노인전문 치료센터도 건립될 계획이라는 점을 감안한다면) 상당한 수익을 가져다 줄 것이다. 일단의 대만 투자자들은 필리핀의 수빅 만(Subic Bay)에도 중국어를 사용하는 세계적 수준의 병원을 짓고 있다. 이 병원은 특별 개발지역 시설에 제공되는 세금감면 혜택을 받으면서 중국 본토 출신의 의료관광객들을 유치하고자 한다.

인도 투자자들 역시 국외로 눈을 돌리고 있다. 그들이 특히 관심을 가지는 지역은 아프리카 동부에 위치한 모리셔스(Mauritius)이다. 모리셔스는 농업, 섬유산업, 관광산업을 통해 국가 자체적으로 상당한 자본을 축적해 왔으며, 여기에 더해 합작투자 및 국제투자는 새로운 비축자본과 새로운 기술을 제공해 줄 것이다. 자체적인 의료시설을 보유하고 있는 인도의 아폴로 그룹(Apollo Group)은 새로운 아폴로 브람웰 병원(Apollo Bramwell Hospital)을 설립하는 데 26%의 자본을 투입하였다. 자금의 대부분은 브리티시-아메리카 투자회사(British-America Investment Company)를 통해 조달하였다. 투자자들은 의료서비스가 돈이 된다는 것을 알고 있다. 고부가가치 서비스는 더 많은 돈을 벌게 해줄 것이다.

인도 및 아부다비와 연결되어 있는 B. R. 셰티(Shetty)는 페르시아 만에 8개의 병원을 가지고 있다. 런던에 본사가 있는 힌두자 벤처스(Hinduja Ventures)는 인도 병원에 투자를 하고 있다. 아부다비의 이트마르 은행(Ithmaar Bank)이 설립한 이트마르 개발회사(Ithmaar Development Company)는 바레인의 헬스 아일랜드(Health Island: 보건의료서비스 단지를 조성할 예정인 인공섬) 간척 사업에 자금을 투자하고 있다. 사회기반시설이 구축되고 나면 국외투자자들은 지역의 유망사업을 지원하기 시작할 것이다.

국외투자는 항상 분명한 원칙하에 이루어져야만 한다. 두사유치국은 어느 정도까지 국외투자자의 재산권을 보호해줄 것인지에 관한 원칙을 세워두어야 하며, 외국인 전문가들이 국내에서 일자리를 갖는 것을 허용할 것인지 허용하지 않을 것인지도 결정해두어야 한다. 그리고 국외투자자가 기업을 (싱가포르처럼) 100% 소유하는 것을 허용할 것인지 아니면 (태국처럼) 49%까지만 지분을 보유할 수 있도록 할 것인지에 대한 판단도 이루어져야 할 것이다. 국외투자자의 지분소유 제한을 합법적인 명의자를 내세워 회피하는 것을 허용할 것인지 제재할 것인지도 결정해두어야 한다. 또한, 영리성을 띤 의료행위를 승인해줄 것인지, 국내 생산자의 공급능력에 여유가 있을 때 국외기업의 시장 진입을 용인할 것인지, 국외투자자가 은행 대출과 신규 주식 발행을 통해 직접투자 한도액을 늘리는 것을 허용할 것인지, 재투자를 의무화할 것인지에 관한 사항들에 대해서도 원칙을 세워둘 필요가 있다. 국외투자자가 투자를 통해 얻은 수익을 자유롭게 본국으로 송금할 수 있도록 허용할 것인지, 아니면 제한할 것인지에 대해서도 판단을 내려야 한다. 국외투자는 국내생산을 증가시킨다. 그러나 수익의 송출은 국내생산을 감소시킨다. 또한 투자유치국은 수익이 채무를 초과할 수 있는지의 여부도 결정해야 할 것이다.

투자를 유치하고자 하는 국가는 공평한 경쟁을 허용할 것인지의 문제에 대해서 원칙을 세워둘 필요가 있다. 면세 기간, 토지의 인수, 구역 제한, 국가보험기금을 통한 변제 등과 관련된 혜택을 자국기업이 운영하는 병원들에게만 편파적으로 제공할 것인가? 또한 시장의 왜곡문제를 낳을 수 있는 사안들에 대한 가이드라인을 설정할 필요도 있다. 자국의 투입물을 우선 구매해주고 수출 드라이브를 최우선 과제로 삼는 정책을 운영할 것인가? 국영 병원을 보호하고 보조할 것인가, 아니면 민영화할 것인가? 영리성을 띤 국외투자자들이 비영리 재단을 인수하는 것을 허용할 것인가? 사회적 약자들을 소수자 우대 조치를 통해 보호할 것인가? 사업면허를 필요로 하는 국외투자자들에게 지역 직원들에게 기술 확산을 위한 훈련을 제공할 것을 요구할 것인가? 산림 지역 주민들을 위한 의료봉사나 사회적 약자들에 대한 무료 의료서비스 제공을 의무화할 것인가? 국외투자는 정치경제적인 활동이다. 그러므로 국가는 모두가 납득할만한 게임의 원칙을 공포해야할 의무가 있다.

지역 병원들은 때때로 외국병원이 더 뛰어난 장비를 사용하고 약탈적 가격을 책정하는 것에 대해 반발할 것이다. 그들은 아마도 병원을 운영하는 외국인들을 깎아내리면서 그들을 몰아내야 한다고 주장할 것이다. 그들은 국가의 보호 정책을 이끌어내기 위해 유치산업 보호론을 들먹일지도 모른다. 그에 대항하는 견해는 지역 공급만으로는 지역 수요를 충족시킬 수 없다는 것이다. 만약 그것이 사실이라면, 국제 환자들과 지역민들은 신규 진입자로부터 이득을 얻는 편을 택하고자 할 것이다.

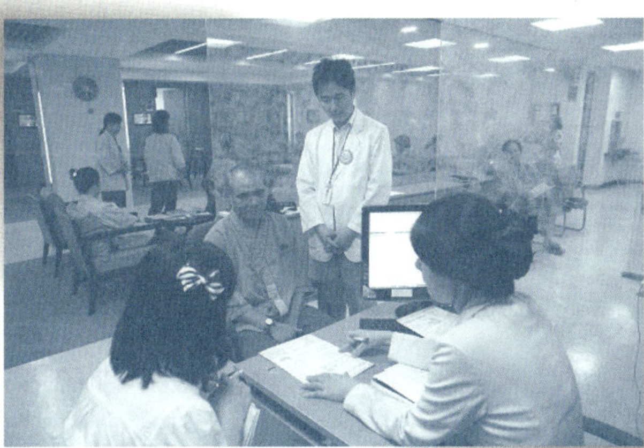

2.4 모드 4 : 노동

모드 4는 국경을 넘는 자연인과 관련된 것이다. 조직은 법인이다. 법인이라는 것은 법적인 주체라는 뜻으로서, 이는 조직을 구성하는 실제 사람들과는 법률적으로 구분된다. 반면 자연인은 피와 살을 가진 존재이다. 그는 스스로 사고하며 맥박을 가지고 있다. 앞 섹션에서는 이곳저곳으로 이동하는 병원과 자본에 대해 다루었다. 이번 섹션에서는 의료전문가들에 대해 논의할 것이다. 그들 역시 국외로 나갈 준비가 되어 있다.

이미 많은 사람들이 그것을 실행에 옮겼다. 영국 의사의 28%가, 호주 의사의 26.5%가, 미국 의사의 25%가, 그리고 캐나다 의사의 23%가 국외에서 의대를 졸업하였다. 인도와 필리핀, 그리고 파키스탄은 첫째가는 의료인력 공급원이다. 미국에 들어오는 외과의사 중 60%가 저소득 국가 출신이다. 영국에서 이 수치는 75%에 달한다. 영국 의사들은 캐나다와 호주에서 높은 인기를 누리고 있다. 캐나다와 호주의 의사 중 가난한 나라 출신 의사가 차지하는 비율은 각각 43.4%와

40%에 불과하다. 미국에서 캐나다 출신 의사는 국외 의대를 졸업한 의사 중 다섯 번째로 큰 집단을 형성하고 있다(Mullan, 2005).

미국은 의대 졸업생을 거의 유출하지 않는다. 그러나 다른 국가에서는 상당한 수준의 유출이 발생하고 있다. 가장 많은 의사들을 유출하는 20개의 국가 중 9개의 국가가 사하라 이남 지역과 카리브해 지역에 위치해 있다. 한 표본조사에 따르면 1995년에서 1997년 사이에 나이지리아에서 의대를 졸업한 의사들 중 40%가 외국으로 이주한 것으로 나타났다(Ihekweazu et al., 2005: 1847). 영어로 말할 줄 알고 순응적이며 상냥한 것으로 유명한 필리핀 출신 간호사들과 조산원들은 전 세계에 곳곳에서 활동하고 있다. 국외에서 일하고 있는 필리핀인 간호사와 조산원의 수는 최소 87,000명에 달하는 것으로 알려져 있다 (Arunanonondchai and Fink, 2007: 14). 반면 국외 이주를 택한 의사 중 선진국에서 후진국으로 이동한 의사의 비율은 단 11%에 지나지 않는다. 간호사의 경우, 그 불균형은 훨씬 더 심각하다(Eastwood et al., 2005: 1893).

의료인력의 이주는 영구적인 것일 수도 있고 일시적인 것일 수도 있다. 전자는 시민권, 이민, 정착 등에 관한 논의에서 중요하게 다루어지는 주제이다. 그러나 국제무역의 측면에서 중요하게 다루어지고 있다고 말하기는 어려운 것이 사실이다. 이란에서 태어나 미국에서 자란 사람은 자신을 그냥 미국인이라고 생각하지 미국에 노동력을 공급하고 있는 이란인이라고 생각하지는 않을 것이다. 이러한 현상은 모드 4에 대해 논의할 때 곧 다른 나라로 떠나거나 모국으로 돌아갈 계획을 가지고 있는 일시적인 이주민들의 문제를 집중적으로 다루는 것이 왜 유용한지를 설명해준다. 어느 정도의 기간을 일시적인 체류라고 볼 수 있는지를 논의하기 시작한다면 수많은 숫자들이 튀어나올 것이지만, 경험에 비춰볼 때 1년~5년의 과세연도를 기준으로 잡는 것이 아마도 가장 적절할 것이다. 현실에서는 일시적인 체류가 결국 영구적인 이주로 이어지기도 한다. 또한 일시적인 체류는 중간적 이주의 성격을 띠기도 하며, 이와 같은 경우 체류를 통해 얻은 경험은 최종적인 목적지로의 이주를 위한 발판으로 사용될 것이다.

이동은 다자적인 성격을 지닌다. 인도와 필리핀은 호주와 영국으로 인력을 수출한다. 그리고 호주와 영국은 캐나다와 미국으로 인력을 수출한다. 대부분의 이동은 저개발 국가에서 부유한 국가로 향하는 모양새를 취한다. 그러나 그럼에도 불구하고 저개발 국가 간 이동이나 부유한 국가 간 이동, 혹은 부유한 국가에서 세계적 수준의 의료센터를 건립하려는 저개발 국가로의 이동 역시 존재한다. 많은 국가에서는 수출과 수입이 동시에 일어난다.

의사, 간호사, 약사, 의료기사, 그리고 그 밖의 다른 의료전문가들이 국외로 떠나는 이유는 다양하다. 어쩌면 그들이 국외 이주를 택한 이유는 직업적인 발전이나, 첨단 장비, 혹은 새로운 기술에 대한 관심 때문일지도 모른다. 또는 다른 문화를 경험해보거나 세계를 둘러보고 싶은 생각 때문일 수도 있다. 그 이유는 더 나은 보수나 근무조건, 혹은 생활조건일 수도 있다. 어쩌면 모국에서 직장을 찾지 못했거나 불완전 고용 상태에 놓여있었기 때문일지도 모른다. 이런 상황에 놓여있는 의료인력이 계속해서 모국에 머물 수 있는 방안을 찾아내지 못한다면 그는 외국의 의료시설에서 식업을 찾아봐야 할 것이다. 국외에서 활동하는 의료인력들 중에는 그들의 송금을 기다리는 부모, 형제, 자식을 가지고 있는 사람들도 있다.

몇몇 외국인들은 주재하는 국가의 단체와 계약을 맺기도 한다. 영국의 국민보건서비스는 세계적으로 간호사와 의사를 모집한다. 몇몇은 회사의 직원 순환파견제 때문에 국외로 나가기도 한다. 회사 내에서 파견 근무를 수행 중인 국외체류자들은 계속해서 순환되며, 이들의 파견은 종종 모드 3을 구성하는 자본의 투자와 함께 이루어진다. 외국인을 고용할 수 있는 권한은 그 대상이 숙련 노동자든 비숙련 노동자든 관계없이 일반적으로 '경제적 수요심사(Economic Needs Test)'의 결과에 따라 주어진다. 이 심사제도의 목적은 그 일을 수행할 수 있는 능력을 갖춘 지역민이 존재하지 않는다는 것을 확인하는 데에 있다. 국외투자자와 정부 사이에 사업체 설립과 관련된 협상이 진행될 때 국외인력에게 할당된 일자리 수는 수익금의 국외송금 제한과 더불어 흥정의 대상이 되곤 한다.

단기적인 인력 배치 중에는 국가 간 협정에 의해 이루어지는 것도 있다. 어떤 경우에는 (유럽연합이나 북미자유무역협정(North American Free Trade Agreements)을 생각해보라) 상호 간의 자격 인정 및 노동의 자유로운 이동에 관한 조약이 체결되어 있을 수 있다. 또 다른 경우에는 인력 부족 현상을 완화시키기 위해 일정한 수의 전문가를 일정한 기간 고용하도록 하는 양자 간 협정이 체결되어 있을 수 있다. 사전 접촉을 통해 의료전문가들은 일처리에서의 차이점, 지역의 관습, 윤리적 규범, 어법 등에 관해 토론할 수 있는 기회를 얻게 될 것이다. 통일된 국제 자격증 제도가 마련되어 있지 않다고 하더라도, 이와 같은 관점의 교환은 최고의 의료서비스를 위한 합의된 기준을 만들어 낼 것이다. 와너(Warner)가 말하였듯이 '자유무역협정은 잠재적인 호혜성의 연속된 고리를 창조해냈다. … 이제 전문가들 사이에서 국적이 무의미해지는 시대가 도래하고 있다. 이 시대는 진정으로 세계적인 수준에 도달한 의사, 공학자, 간호사, 그리고 건축가를 위한 것이다' (Warner, 198: 74). 품질 보증은 초국가적 공공재가 될 것이며, 그것은 국가의 틀에 얽매인 좁은 식견을 사라지게 만들 것이다.

단기적인 인력 배치는 특별 (임시체류) 비자 제도를 통해 더욱 장려될 수 있을 것이다. 이와 같은 비자는 체류기간을 제한할 것이기 때문에, 국외인력의 투입으로 인해 산업이 흔들리는 것을 걱정하는 지역민들도 단기 체류 전문가들만큼은 쉽게 받아들일 수 있을 것이다. 그러나 그렇다고 해서 사람들이 국외 전문가를 흔쾌히 지지할 것이라고 생각해서는 안 된다. 유입 노동자들은 지역민에게 돌아갈 수도 있었을 일자리를 차지한 것과 그들 때문에 현행 임금 수준이 낮아지게 된 것에 대해 지역민들에게 양해를 구해야 할지도 모른다. 동일한 업무에 대해 동일한 임금을 보장하는 법적인 장치가 마련되지 않은 경우, 외국에서 온 노동자들은 자신이 동일한 업무를 수행하는 지역 노동자에 비해 낮은 임금을 받게 될지도 모른다.

'착취' 는 이러한 상황을 묘사하기에 적당한 단어이다. 직감적인 이해를 수학적 언어로 설명하는 것은 복잡한 일이다. 만약 한 외국인 근로자가 고향에서 받는 임금의 2배이면서 동시에 같은 업무를 하는 지역 근로자의 절반에 해당하는 임금을 받게 되었다면, 그의 관점에서 이득을 보는 사람은 누구이고 손해를 입게 되는 사람은 누구인가? 지역의 노동조합은 지역민과 비교하면 착취당하고 있지만 절대적인 관점에서는 괜찮은 대접을 받고 있는 외국인 노동자의 권익을 어디까지 보호해주어야 하는가? 지금의 일자리에서 쫓겨나면 가족들이 경영하는 농장으로 돌아가 염소를 돌보는 것 외에는 할 수 있는 일이 없는 외국인 노동자들은 어느 정도의 부당한 대접까지 입 다물고 견뎌야 하는가?

동일한 종류의 업무를 수행함에도 불구하고 국외 고용인은 더 낮은 보수를 받게 될 수도 있다. 이와 비슷한 관점에서, 저급 노동은 외국에서 교육을 받았더라도 충분히 이행할 수 있다는 이유를 들어 외국인 노동자에게는 상대적으로 낮은 수준의 기술을 필요로 하는 자리가 맡겨지기도 한다. 의사였던 사람이 간호사로 고용되거나 간호사였던 사람이 의료보조원으로 고용되는 일이 벌어질 수 있는 것이다. 외국인 근로자에게는 직무 연수의 기회가 주어지지 않을 수도 있다. 그들은 고용 기간이 한정되어 있고 고용보장과 정년보장은 제외된 계약조건을 받아들여야만 할지도 모른다. 그들은 자신의 자녀들과 함께 지내지 못하게 될 수도 있고, 부담스러운 이중과세의 문제를 떠안게 될 수도 있다. 또한 그들은 공공부조나 세금감면의 혜택을 받지 못할 수도 있으며, 심지어는 그들에게 일자리를 알선해준 중개인에게 사기를 당할 수도 있다. 반면 그들은 모국에서는 찾아볼 수 없는 최첨단 장비를 보완하는 업무를 담당하게 될지도 모른다. 그리고 저개발 상태에 놓여있는 모국이 말라리아나 영양실조 때문에 큰 고통을 겪고 있을 때 그들은 노인학이나 비전이성 암과 관련된 전문지식을 익히게 될 수도 있다. 단기 인력 배치에는 단점도 있지만 장점도 있다.

국외 노동시장에 진입하기 위해서는 험난한 자갈밭을 지나가야 한다. 외국인 근로자가 마주치게 될 장벽의 목록에는 언어, 문화, 고용 할당량, 고정관념, 인종주의, 전문 자격증, 이주 제한 등이 포함되어 있다. 국외 자격증은 인정되지 않을 수도 있다. 유럽연합과 같은 경제 블록에서는 회원국의 국적이 없으면 취직이 불가능할 수도 있다. 국외에서의 일자리에 관한 정보는 얻어내기 어렵다. 이사에 수반되는 심리적, 금전적 비용은 이주를 가로막는 걸림돌이 될 수 있다. 노동조합과 의료인 단체는 시장에 너무 많은 인력이 공급되는 것을 원치 않을 것이다.

진입은 자동적으로 이루어지지 않는다. 어떤 사람들은 다소 제한된 시장 상황을 유지하기 위해서는 진입하는 데 다소 높은 요금이 부과되어야 한다고 말한다. 지역 주민들은 지역에 관한 지식과 문화적 민감성의 측면에서 외지인보다 더 유리하다. 인공수정이나 장기이식, 병원광고 등과 같은 윤리적인 문제들에 대한 태도가 서로 다를 수도 있다. 환자를 다루는 방식 역시 똑같지 않을 것이다. 어떤 사람들은 의학 지식의 목차는 (법률에 대한 교육과 달리) 모든 나라에서 동일하다고 말할지도 모른다. 그러나 사회심리학적인 맥락의 차이를 고려한다면 그러한 주장은 받아들이기 어려워진다. 이는 국민의 대다수에게 이익이 되는 주장이 가능한 이유를 설명해준다. 보수주의자들은 시민들은 단지 시민이라는 이유만으로 보호받을 권리가 있다고 말한다. 그리고 진보주의자들은 지역민들은 제3의 귀로 들을 수 있는 사람들이기 때문에 계속해서 중심세력으로 남아 있어야 한다고 말한다.

2.5 상품 무역과 서비스 무역

리카도가 비교우위를 설명하면서 언급한 와인과 직물의 사례는 국제

무역 이론이 전통적으로 농업과 산업의 전제 위해서 발전해왔다는 사실을 상기시켜준다. 서비스는 일반적으로 생산이 이루어지는 바로 그 자리에서 소비되는 것이라고 믿어져 왔다. 음식점에서 제공되는 식사나 런던의 웨스트 엔드(West End: 공연장과 상점, 호텔 등이 밀집해 있는 런던 중심부의 상업지구 – 역주)의 뮤지컬 공연은 바로 그런 방식으로만 소비될 수 있다. 그것이 바로 서비스가 가지고 있는 성질이기 때문이다.

> 상품의 교환과 관련된 (즉 운송이나 보험 등의) 서비스와 관광과 관련된 서비스만이 예외로서 인정될 수 있다. 서비스 분야에서 교역이 활발하게 이루어지지 않은 것은 전매의 존재(교육, 전화 서비스), 접근권에 대한 규제와 통제(금융, 다양한 전문가 서비스), 그리고 공급자와 소비자 간 물리적 접촉의 필요성(의료를 포함한 사회복지 서비스) 등과 같은 제도적, 행정적, 기술석 세악 때문이다(Adlung and Carzaniga, 2001: 352).

일반적으로 소비되는 서비스는 순식간에 사라져버리는 성질을 지니고 있기 때문에 저장할 수 없으며, 국경 너머로 보낼 수도 없다. 2005년에 이루어진 전세계 무역에서 상품 무역이 차지한 비중은 59.3%에 달했으나, 서비스 무역이 차지한 비중은 고작 19.59%에 불과한 것으로 조사되었다. 상품 무역의 높은 비중은 농업(6.9%)과 광업(14.1%)의 비중을 초라해 보이게 만든다. 심지어는 개발도상국에서도 1980년대 이후부터는 상품 수출의 비중이 1차 생산물 수출의 비중을 압도하는 현상이 나타났다. 상품 수출은 서비스 교역보다 3배나 더 큰 가치를 지닌다(Krugman and Obestfeld, 2009: 21).

예외는 존재한다. 국제 관광이 전체 수출의 6%를 (그리고 전체 서비스 수출의 30%를) 차지하고 있는 것으로 밝혀진 것이다(www.unwto.org/facts). 영국이나 미국과 같은 나라에서 대학교육은 중요한 수입원 중 하나이다. 국제 금융, 보험, 그리고 해운업 역시, 비록 그 자체로서 가치를 지닌 것으로 여겨지기 보다는 상품의 수송을 원활하게 해주는 보완재로서 여겨지는 경향이 있기는 하지만, 많은 수익을 가져다주고 있다. 그렇다면 의료서비스는 어떠한가. 아들렁(Adlung)과 카르자니가(Carzaniga)와 같은 학자들은 의료서비스가 서비스 교역의 법칙에 종속되어 있다고 주장하였다. 탁아소 서비스를 박스에 담는 것은 쉽지 않다. 수요와 공급이 동일한 공간에서 만나지 않는 한, 척추지압이나 물리요법과 같이 직접적인 신체 접촉이 필요한 치료를 제공하는 것은 사실상 불가능하다. 공급의 공공성, 엄격한 면허제도, 서비스 질의 최저한계, 사회적 목적과 의학적 목적 등의 측면을 고려한다면 의료서비스의 거래가 바다나 하늘을 가로지를 수 없다는 주장은 당연한 것처럼 느껴질지도 모른다.

그러나 서비스의 자유로운 교역을 전 세계에 전파하고 있는 GATS는 새로운 세계체제에 훨씬 더 순응적이다. 스미스(Smith)가 지적한 바와 같이, 그것의 임무는 불가항력적인 미래로의 이행을 더욱 가속화시키는 것이다.

GATS의 목적은 국제 무역에 부과되는 원칙의 의무적이고 확실한 체계를 설립하고, 수출국들에 대한 동등한 대우를 보장하고, 경제 행위를 활성화시키고, 경제 발전을 장려함으로써 국제 경제 정책의 투명성, 일관성, 예측성을 확보하는 데에 있다. … GATS는 시장 자유화가 비교우위와 관련된 전통적인 경제적 논의가 예측한 바와 같이 전지구적인 효율성의 상승을 촉진시킬 것이며, 소비자들에게 지속적으로 상품을 이용할 수 있는 환경을 제공해줄 것이며, 개별 경제 행위자들의 경제적 권력은 약화시킬 것이라는 철학적인 기초 위에서 설립되었다(Smith, 2006: 166).

모드 1은 가상적이고 전자적인 장거리 서비스이다. 모드 2는 경계를 넘는 소비자들을 위한 개인 서비스이다. 모드 3는 국적 없는 자본의 이동이 만들어내는 설비의 서비스이다. 모드 4는 인력의 국외 이주로 인해 가능해진 노동의 서비스이다. GATS는 교역의 편에 서 있다. 이 4개의 모드를 통해 GATS는 국제적인 구분선을 가로질러 모두가 행복해지는 세상을 만들고자 한다. 상대적인 측면에서나 절대적인 측면에서나 GATS는 국제 서비스 무역을 확장의 관점에서 바라보고자 하는 상업적 프로그램이라고 할 수 있을 것이다. GATS는 보편적인 접근성이나 뛰어난 성과 지표, 혹은 시민들의 건강 추구권에 대해서는 불명확한 관심만을 가지고 있다. 사업은 사업이고, 건강은 건강이다.

아담 스미스(Adam Smith)는 실용적인 정책을 지나치게 밀어붙이는 것은 잘못이라고 지적한 바 있다. '정말이지, 대영제국에서 교역의 자유가 완벽하게 회복될 것이라고 기대하는 것은 대영제국에 천국(Ocoana)이나 유토피아가 세워질 것이라고 믿는 것만큼이나 어리석다' (Smith, 1961[1776]: 493). 아담 스미스와 마찬가지로 GATS는 급할수록 돌아가라는 격언에 이의를 제기하지 않는다. 양자택일보다는 실용주의를 견지하는 가운데, GATS는 검증된 자유를 거부해서는 안 된다고 말한다.

GATS 협정은 국외 공급자들이 합법적으로 보조금 혜택으로부터 배제될 수 있다는 것을 인정한다. 토지 소유권이 국적 제한 조항에 의해 제한될 수 있다는 것도 동의한다. 국외투자자의 지분 소유에 대해 정부가 제동을 걸거나 한도치를 설정할 수도 있을 것이다. 서비스 질을 금지령, 면허 제도, 인증 제도 등을 통해 유지하고자 할 수도 있을 것이다. 또한 GATS는 회원국이 자체적인 법률체계에 의거해서 재량권을 행사하거나 규제를 가할 수도 있다는 것을 부인하지 않는다. GATS가 추구하는 것은 모든 장벽과 특권의 보편화이다. 특정 국가에만을 유리하게 만드는 차별은 허용되지 않는다. 하나의 동맹국에 개방된 시장은 다른 모든 나라에도 똑같이 개방되어야 마땅하다. 이러한 조치들은 작은 국가의 권익을 보호해 줄 것이다. 모든 국가가 똑같은 수준의 교섭력을 가지고 있는 것은 아니기 때문이다.

시민 공급자들에 대한 편애를 의무화하는 것도 허용되지 않는다. '각 회원국은 그 밖의 회원국의 서비스 및 서비스 공급자에게 … 자기나라의 동종 서비스와 서비스 공급자들에게 부여하는 대우보다 불리하지 아니한 대우를 부여한다' (World Trade Organization, 1995: 298). 정부 조달은 지역 입찰에 국한되어서는 안 된다. 지나치게 높은 학력주의가 비관세 장벽으로 작용해서도 안 된다. 국제 질서는 투명성, 공정한 경쟁, 그리고 상식으로부터 보호받아야 한다.

그러나, 디시 한 빈 강조하지만 GATS 협정은 경제의 안정과 성장을 위해 예외가 반드시 필요할 때 단기적인 차별 정책을 시행하는 것까지 제한할 정도로 비실용적인 것은 아니다. 경제 개발은 중요한 관심거리이다. GATS는 저소득 국가가 유치산업이 규모의 경제를 갖출 때까지 시장 개방을 미루는 것을 허용하고 있다. 또한 저소득 국가는 자국의 병상과 의료전문가들을 보호하기 위해 국외자본과 노동의 진입을 제한할 수 있다. 장기적인 관점에서 자유 무역을 통해 그에 참여하는 모든 국가에게 유리한 분업체계가 설립될 수 있다고 하더라도, 단기적으로는 자유 무역 때문에 자국 생산자들이 모두 망하는 재앙이 발생할 수도 있기 때문이다.

국가 간 교역은 지역 기업체들이 확고한 지위를 선점하는 것을 막아줄 것이다. 특정한 부문에서의 경제활동과 관련된 조항이 가난한 나라의 경제 발전을 억누를 때, 그들은 예외를 인정하는 조항을 이용하여 문제가 되는 조항으로부터 선택적으로 이탈할 수 있을 것이다. 이러한 사실들은 의료서비스 교역이 심각한 위협으로 여겨지지 않을 수 있다는 것을 시사한다. 실제로 많은 수의 저개발 국가가 의료 분야에서 GATS를 이행할 것을 약속하였다(Smith, 2006: 168-9).

전매는 또 다른 예외이다. GATS는 경쟁적이고 상업적인 서비스 분야에만 적용되는 협정이다. 공익을 위해서 정부에 의해 제공되는 서비스는 여기에서 제외된다. 치안, 소방, 중앙은행과 같은 서비스가 여기에 포함될 것이다. 영국의 국민보건서비스를 모델로 하는 무료 의료서비스 역시 이러한 보호의 혜택을 받을 수 있다. 그러나 통신사업 등에서 나타나고 있는 민영화는 그러한 면제 혜택이 점차 끝나가고 있다는 것을 보여준다.

당연한 말이지만, 회색지대 역시 존재한다. 그중 하나는 합작투자(joint venture)이다. 만약 국영 공급자가 이윤을 추구하는 사기업과 상업적 활동과 관련하여 협력관계를 맺는다면, 이는 국가가 지분을 가지고 있다는 점에서 국제적인 공급자의 시장 진입을 제한하기 위해 교역을 억제하려는 음모로 해석될 수밖에 없다. 또 다른 예로는 국민보건서비스라는 단일조직이 지배하는 국내 시장을 들 수 있을 것이다. 만약 각 지역들이 그 안에서 경쟁을 벌이고 있고 지역 보너스가 성과에 따라 주어지고 있다면, 이런 상황에 대해 혹자는 국내 시장을 지배하고 있는 유일한 자본이 국가소유라는 것을 들어 모드 1, 2, 3, 4를 유지하기에는 시장이 너무 불공평하다고 주장할지도 모른다.

단기적으로는 할당량과 관세, 제한과 면제와 관련된 정책이 시행될 것이다. GATS는 회원국이 사회정책을 위해 시장을 규제하고자 하는 경우나, 정부가 비영리적인 목적으로 비교역재를 공급하고 있는 경우, 제3세계 국가가 도약을 준비하기 위한 재량권을 필요로 하는 경우에는 '적절한 융통성'을 허용하고 있다. '저개발 국가에게 수익이나 손해를 가져다주는 것은 전지구화 자체가 아니라 우리가 이러한 전지구화를 운영하는 방식이다' (Mutchnick et al., 2005: 43). 그럼에도 불구하고 GATS의 임무는 무역 장벽들이 장기적으로는 완전히 사라지도록 만드는 데에 있다. GATS는 보조금의 사례를 들면서 그것의 비전을 다음과 같이 정리하고 있다. '회원국들은 특정한 조건 하에서는 보조금이 서비스 무역을 왜곡시킬 수 있다는 것을 알고 있다. 그러므로 회원국들은 이와 같은 무역 왜곡 효과를 회피하고자 하는 견해를 가지고 협상에 임해야 할 것이다'(World Trade Organization, 1995: 296). 천국이나 유토피아는 하룻밤 사이에 세워질 수 없다. 그러나 GATS의 메시지는 조만간 서비스 무역도 완전하게 개방될 것이라고 말해주고 있다.

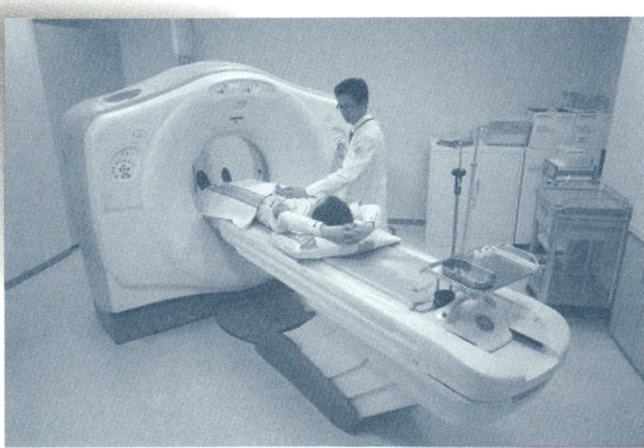

[03 가격]

환사들은 다양한 이유 때문에 나라밖으로 나간다. 하나의 명백한 이유는 가격차이이다. 외국의 일부 병원들은 서유럽, 일본, 혹은 미국 메트로폴리탄 지역의 병원들보다 더 비싸다. 그러나 대부분의 외국 병원들은 아주 싼 가격을 청구한다. 고비용 국가에서 발생하는 비싼 치료비는 경쟁력 있는 치료비를 제시하는 다른 나라에서 시장기회를 창출한다.

이번 장은 저렴한 비용의 유혹에 관한 것이다. 이번 장은 6개의 섹션으로 구성된다. 섹션 1 '가격의 비교우위(Comparative Cost)' 에서는 국제적인 교역물의 가격이 왜 전 지구적으로 동등하지 않은지에 대해 말할 것이다. 섹션 2 '여행을 하려는 의지' 에서는 소비자들이 알지 못하는 것에 대한 두려움을 가지고 있기 때문에 시장이 어느 정도 불완전할 수밖에 없는 현상을 다룰 것이다. 섹션 3 '보험' 에서는 선급금이 외국 병원에 대한 소비자의 선호에 미치는 영향을 살펴볼 것이다. 섹션 4 '자가 지출(Out-of-pocket)' 에서는 모든 비용을 자기 스스로 감당해야 하는 소비자들이 가격에 더 민감하다는 사실을 고찰할 것이다. 섹션 5 '간호와 치유' 에서는 장기 은퇴숙소의 사례를 통해 가격차별에 대해 논의할 것이다. 섹션 6 '가격과 실행' 에서는 가격이 수요량뿐만 아니라 다른 요소들에도 영향을 끼친다는 것을 설명할 것이다.

3.1 가격의 비교우위(Comparative Cost)

긴 말할 필요 없이 다음 사실들을 살펴보자. 무릎대체술 비용은 미국에서는 48,000달러이고 캐나다에서는 15,900달러이고 인도에서는 8,500달러이다. 심장밸브 교체수술은 미국에서는 200,000달러이지만 말레이시아에서는 9,000달러이다, 안면주름 제거에 들어가는 비용은 미국에서는 20,000달러인데 남아공에서는 1,250달러이다. 자궁절제술은 미국에서는 20,000달러이지만 말레이시아에서는 3,000달러면 된다. 코 성형수술은 미국에서는 4,500달러이지만 인도에서는 850달러이다. 치아충전 치료는 미국에서는 400달러, 인도에서는 20달러이다. 심장외과수술은 미국에서는 30,000달러이고 인도에서는 6,000달러이다. 성전환수술은 미국에서는 40,000달러이고, 태국에서는 4,000달러이다. 가슴 보형물수술은 미국에서는 10,000달러이지만 쿠바에서는 1,500달러라는 저비용으로 가능하다. 세 시간에 걸친 모발이식은 미국에서는 12,000달러가 든다. 그러나 브라질에서는 4,000달러면 된다. 12,000달러를 지급하는 것은 어려워도 4,000달러 정도는 충분히 감당할 수 있다. 만약 브라질이라는 옵션이 없다면 대머리 미국사람은 부분가발을 써야만 할 것이다.

외국인에게 청구되는 가격은 지역 가격보다 더 높을 수 있다. GATS에는 차익거래가 불가능한 세분시장(segmented market)에서 가격차별을 금지하는 조항이 없다. 그러나 사람들은 지역 가격이 아니라 자신이 선택할 수 있는 차선책의 비용과 치료비를 비교한다. 통증을 치료하지 않을 경우 생산성이 줄어들 수 있다. 치료비는 지역 가격보다는 높지만 악화된 건강 때문에 발생하는 수입의 감소분보다는 낮을 것이다. 외국인에게 부과되는 가격할증(mark-up)을 고려하더라도 치료비는 근처 병원보다 훨씬 저렴하다. 환자들은 절약되는 금액(악화된 건강 때문에 발생하는 수입 감소분과 국외 치료비의 차액 - 역주)이 적으면 여행을 떠나려고 하지 않을 것이다. 그러나 충분히 큰 금액을 절약할 수 있는 중재안은 많이 있다.

가격은 해당 지역의 통화로 매겨질 것이다. 의료관광객이 정말로 관심을 가지는 것은 그가 치료를 위해 지급해야 하는 자신의 돈이 정확히 얼마냐는 것이다. 국제 가격은 환율에 의해 좌우된다. 2005년에서 2008년 사이에 달러/유로 환율은 24%나 떨어졌다. 달러의 가치가 떨어지는 동안 미국인 환자들은 집에 머물렀다. 반면 외국인 환자들은 저렴해진 달러 덕분에 미국 여행이 유리해졌다. 항공료에 대해서도 같은 설명을 할 수 있다. 유가는 오르락내리락하기 때문이다. 만약 미국이 태국만큼 저렴해진다면, 혹은 만약 한때 최고급이었던 의료서비스가 염가세일을 한다면, 국외의 환자들은 그의 목적지를 수정할만한 인센티브를 얻게 될 것이다.

가격은 실제 지출과 같지 않다. 태국에서 고관절 전치환술 가격은 미국에서의 1/3에 지나지 않는다. 그러나 미국인 환자는 현재 미국에 살고 있고 태국은 지구 반 바퀴만큼 떨어져 있다. 실제 지출액을 따질 때에는 환자와 환자보호자의 왕복 항공료와 숙박료를 고려해야만 한다. 이런 추가적인 비용은 가격격차를 감소시키지만 완전히 없애지는 못한다. 영국인 환자가 키프로스에서 미용수술을 받을 때 드는 비용은 영국에서 수술받을 때의 2/3 수준이다. 이 비용은 교통비와 호텔숙박비, 그리고 2주간의 회복에 드는 비용을 모두 포함한 것이다. 저가항공사 덕분에 의료관광에 드는 비용은 더욱 저렴해졌다. 유럽의 경우, 이지제트(EasyJet)와 라이언에어(Ryanair)가 영국에서 아일랜드, 폴란드, 그리고 헝가리로 출항한다. 동방에서는 타이거(Tiger), 제트스타(Jetstar), 그리고 에어아시아

(AirAsia)를 이용하면 호주와 뉴질랜드에서 미용수술 비용이 1/3에 지나지 않는 페낭이나 푸켓으로 저렴하게 이동할 수 있다. 장거리 비행 역시 엄두도 내지 못할 정도로 비싼 것은 아니다. 과거와 달리 물리적 거리는 더 이상 장애물이 되지 않는다.

목적지가 비수기일 때 여행을 떠나는 것은 지출을 낮추어 줄 것이다. 일부 병원들은 지역의 호텔과 특별한 협정을 맺고 있다. 다른 일부 병원들은 병원에서 직접 숙소를 제공해주기도 한다. 홍콩의 마틸다(Matilda) 병원은 시설내부에 환자 보호자와 수술 후 회복기에 있는 환자를 위한 레지던스를 갖추고 있다. 휴스턴의 M.D. 앤더슨(Anderson) 암센터는 근처에 호텔을 가지고 있다. 이 호텔은 병원과 보행로로 연결되어 있다. 싱가포르의 래플즈(Raffles) 병원은 그 이상으로 좋다. 이 병원은 병원건물 8층에 마련된 독실아파트를 1박에 150싱가포르 달러라는 경쟁력 있는 가격에 제공한다. 보호자들은 9층에 머물고 있는 환자를 보기 위해 단 한 층만 걸어서 올라가면 된다.

모든 것을 고려한 가격은 충분히 지급 가능한 수준일 수 있다. 그러나 전체 가격뿐만 아니라 치료 자체에 소요되는 비용이 얼마인가는 중요한 관심거리가 될 수 있다. 프라하에서 성형수술을 받을 때 들어가는 비용은 미국의 절반 수준이다. 주치의의 진료개입(intervention)은 기본적으로 똑같다. 그러나 가격은 똑같지 않다. 이코노미스트(The Economist)지는 매달 빅맥지수를 발표하는데, 이에 따르면 빅맥 하나가 미국에서는 3.54달러이고, 러시아에서는 1.73달러이고, 노르웨이에서는 5.79달러이다. 싱가포르에서는 하나에 2.61달러인 빅맥이 바로 옆 나라인 말레이시아에서는 1.52달러이다. 이처럼 빅맥지수는 나라별로 큰 차이를 보인다. 의료관광은 확실히 신용할만한 선택이다.

미국인은 고관절 전치환술을 위해 40,000달러를 쓴다. 만약 그들이 캐나다에서 동일한 수술을 받는다면 18,000달러면 충분할 것이다. 심장동맥 우회술의 가격은 두바이에서 44,000달러이다. 반면 태국에서는 아주 유사한 우회술을

11,000달러에 받을 수 있다. 하나의 이유는 근로자의 임금이 싸기 때문이다. 헤릭(Herrick)은 피원조국에 대한 표본조사를 통해서 이들 나라의 의사는 미국 의사에 비해 평균 40%, 간호사는 미국 간호사에 비해 80~95% 적은 임금을 받는다는 사실을 밝혀냈다(Herrick 2007: 10). 비숙련 노동자의 임금은 그보다 더 낮다. 노르웨이와 스위스와 같은 고임금 경제구조를 가진 나라에서는 남반구 국가와 북반구 국가 간 경제적 차이를 활용하지 않고서는 부를 창출할 수가 없다. 반면 멕시코와 태국은 더 낮은 가격의 재화와 더 낮은 임금의 직업을 만들어내기에 좋은 곳이다.

의료서비스는 노동 집약적인 산업이다. 의료서비스 시장의 서로 다른 하부시장은 서로 다른 서비스등급으로 구별된다. 최상등급에는 세계적 수준의 전문가들이 있다. 그들은 현행 국제 임금 수준에 준하는 임금을 기대하며, 그렇지 않을 경우에는 뉴욕으로 이민을 떠날 수도 있을 것이다. 최하등급에는 비숙련 육체노동자들이 있다. 짐꾼들, 청소부들, 그리고 정원사들은 근본적으로 인적 자본이 결핍되어 있으며 보통 노동의 공급이 수요를 초과하는 시장에서 나타난다. 이들은 그들의 몸값을 최소 임금 이상으로 끌어올릴 만큼의 힘이나 생산성을 갖추고 있지 못하다. 그 중간에는 반숙련 노동자들이 있다. 제3세계 국가는 종종 국가 발전 예산의 많은 부분을 기본적인 문자교육과 간단한 기술교육에 투자하곤 한다. 그 결과로 이 국가에서는 상당한 수의 하급 기술자와 준의료 종사자를 찾아볼 수 있다. 이들은 비록 적당한 교육을 받았지만 그들이 원하는 만큼의 임금을 받지 못했다고 해서 이민을 떠날 정도의 위치에 있는 것은 아니다.

의료는 인력으로 이루어진다. 미국에서 인건비는 총 의료비용의 55%를 차지한다(Economist, 2008). 싱가포르에서는 44%를 차지하고 (무역산업부, 2003: 부록 1, 8) 태국의 범룽랏(Bumrungrad) 병원에서는 18%를 차지한다. 저렴한 가격이 가능한 이유는 병원 직원의 임금이 저렴하기 때문이다. 수량효과도 존재한다. 임금 수준이 적정한 지역에서는 병원이 더 높은 병상 당 간호사 수와 병실 당 청소부수를 유지할 수 있다. 그 결과는 더 여유 있고 더 개인적인 의료서비스로 나타나게 된다.

저렴한 인건비는 일부 국가가 다른 지역에 비해 저렴한 의료서비스를 제공할 수 있는 첫 번째 이유이다. 두 번째 이유는 규제 환경에서 찾을 수 있다. 유럽과 미국의 병원들은 교대시간, 구획설정, 다인용 병실, 휴가 등에 관한 엄격한 규정을 따라야만 한다. 때때로 병상수나 전문의의 공급을 제한하는 규정은 진입장벽을 만들어내기도 한다. 그 실질적인 결과는 실험과 혁신, 재배치 기회의 중단으로 나타난다.

신규시장의 병원 중 일부는 더 높은 유연성을 가지고 있다. 그들은 약사들이 처방전을 작성하는 것을 금지하는 법이라든가, 간호사들이 봉합수술을 집도하는 것을 금지하는 법으로부터 더 자유로운 경향을 보인다. 또한 그들은 간접비를 내도록 강제하는 의무적인 교차보조(cross-subsidisation) 제도에 따르는 것을 꺼리는 경향을 보인다. 충분한 이득을 얻어내지 못하는 개인병원은 가난한 환자들이 남긴 채무를 메우기 위해 가격에 자선을 위한 할증분(charity mark-up)을 포함시키기도 한다. 응급실은 손실을 남기지만 규제 때문에 없앨 수는 없으므로 그에 의해 발생한 손실을 보조하기 위해 의료서비스의 가격은 높아지게 된다. 응급실과 같은 서비스는 사회적으로 꼭 필요하다는 점에서 의료 비즈니스를 하는 것이 의미하는 바는 분명해진다. (다시 말해, 의료 비즈니스는 필수적인 의료서비스로 인해 발생한 손실분을 메워주는 역할을 한다 - 역주) 응급 환자의 강제이송은 국내의 의료센터들이 규제로부터 자유로운 국제적인 라이벌들과 가격을 통해 경쟁하는 것을 더 어렵게 만들고 있다.

낮은 인건비가 가능한 세 번째 이유는 의료과실을 대비한 보험의 낮은 비용에서 찾을 수 있다. 의료사고와 관련된 소송은 (그것들은 대부분 사소하거나 기회주의적인 성격을 지닌다) 치료비를 상승시키는 중요한 요소이다. 미국에서 활동하는 의사들은 소송을 대비하기 위해 매년 100,000달러를 보험료로 지급한다. 반면 태국의 의사들은 단지 5,000달러만 지출할 뿐이다. 태국은 비경제적인 손실에 대해서는 피해자들에게 보상을 해주지 않으며 의료과실에 대해서도 미국과 비교해서 아주 적은 보상만을 인정해주기 때문에 의사들이 많은 보험료를 지급할 필요가 없다(Herrick, 2007: 12). 멕시코에서는 의료과실 대비용 보험에 드는 데에 비용이 거의 들지 않는다. 왜냐하면 멕시코의 사법체제 하에서는 제대로 된 소송의 진행이 불가능하기 때문이다. 낸 만큼만 돌려받는다. 그것이 가격이 낮은 이유이다.

끝으로 관리의 경제에 대해 언급할 필요가 있다. 캐나다의 병원들은 하나의 보험사와만 거래를 한다. 영국에서는 의료서비스가 무료로 제공된다. 이와 같은 의료서비스의 중앙 집중화는 미국의 상황과 극명하게 대조된다. 병원이 다양한 업무를 처리하기 위해 다양한 업체들과 거래를 할수록 관리 비용은 점점 더 증가한다. 태국의 범룽랏 병원은 그런 의미에서 가장 효과적이다. 75%의 환자들이 그들의 진료비를 즉석에서 현금으로 지급하기 때문이다.

꽉 찬 침상과 빠른 회전율은 시스템의 낭비를 줄여준다. 캐나다와 영국은 여유 설비를 최소한으로 유지하는 것을 목표로 삼고 있다는 점에서 경제적 이점을 확보하고 있다. 그러나 여기에는 다른 측면도 있다. 기다림은 서비스를 받는 기회를 제한하기 때문에 가격을 대체한다. 모든 사람들이 기다리면서 시간을 보낼 준비가 되어 있는 것은 아니다. 심지어는 의료서비스가 무료인 곳에서도 일부 환자들은 인도로 가는 것을 선택한다. 시간 가격을 고려한다면 무료인 것조차 아주 비쌀 수 있기 때문이다.

급여, 규제, 보험과 관리는 외국의 가격이 더 싼 현상을 설명하는 4개의 중요한 이유이다. 그러나 자본은 시류를 역행하는 힘을 만들어낸다. 의료서비스의 고객들은 레이저나 스캐너와 같은 최신식의 장비를 기대한다. 저축과 외화가 심각하게 부족한 국가는 최신 기술을 수용하는 데에 어려움을 느낄지도 모른다. 가난한 나라의 병원들은 낮은 가격에도 불구하고 경쟁에서 불리할 수 있다.

이에 대한 하나의 해결책은 국내 제조업체들의 저렴한 노동력을 이용하는 것이다. 다른 해결책은 한계비용을 낮추고 장비의 노후를 상쇄하기 위해 최대한의 출력으로 장비를 활용하는 것이다. 그리고 세 번째 해결책은 연수를 통해 고가의 신규 시설을 다루는 직원들의 생산성을 향상시키는 것이다.

GATS의 모드 3과 모드 4 역시 고려될 수 있다. 모드 3을 통해서는 초국가 이주자를 활용하여 자본의 부족분을 채울 수 있을 것이다. 그리고 모드 4를 통해서는 경력을 갖춘 숙련 노동자의 이민을 받아들여 기계설비의 운영에 투입하는 방안을 모색해볼 수 있을 것이다. 그러므로 결과적으로 모드 3과 모드 4는 모드 2를 통해 의료관광을 온 환자가 적절한 가격에 제대로 된 치료를 받는 데에 기여할 수 있을 것이다.

3.2 여행을 하려는 의지

구식 의료관광은 비쌌다. 과거에는 가난한 나라에 사는 부자 환자들이 유럽과 미국으로 떠났다. 그들은 얼마가 되었든 요구받는 대로 돈을 지급했다. 제1세계의 치료는 저렴하지 않았다.

새로운 의료관광은 이전과 마찬가지로 후진국에서 선진국으로 이동하는 형태를 포함한다. 태국 환자들은 정맥류 수술을 받기 위해 호주로 가고 인도 환자들은 종양 절제수술을 받기 위해 미국으로 간다. 그러나 그 밖의 다른 형태들도 존재한다. 방글라데시 환자가 대장 수술을 받기 위해, 혹은 라식 수술을 받기 위해 태국으로 가는 사례와 같이 후진국에서 후진국으로 이동하는 경우도 있다. 또한 미국 환자가 안면주름 제거수술이나 심장수술을 받기 위해 인도로 가는 사례와 같이 선진국에서 후진국으로 이동하는 경우도 있다. 이제 환자들은 더 이상 제3세계에서 제1세계로만 이동하지 않는다. 제3세계에서 제3세계의 다른 국가로 이동할 수도 있고, 제1세계에서 제3세계로 이동할 수도 있다.

새로운 의료관광이 내세우는 슬로건은 '제1세계의 치료를 제3세계의 가격으로' 이다. 의료관광의 필요조건은 치료의 기회가 바로 저기에 있다는 것이다. 그리고 충분조건은 환자들이 그 기회를 잡으려는 의지를 가지고 있어야 한다는 것이다. 미국인들은 미국에서 교육받은 외국인들에게 본국 가격의 절반 이하의 가격에 치료를 받을 수 있다. 그들이 충분히 그런 기회를 얻을 수 있다는 점에 대해서는 논쟁의 여지가 없다. 진짜 문제는 과연 그들이 시장경제적인 합리성이 제안하는 바대로 행동할 것이냐는 점이다.

하나의 장애물은 무지이다. 높은 수준의 학력과 인터넷의 보급에도 불구하고 의료관광의 잠재적 소비자들은 자신들이 비행기에 올라탐으로써 무엇을 얻게 될 것인지를 여전히 잘 모르고 있다. 니콜레 뱅크 비즈니스 펄스(Nicolet Bank Business Pulse)지는 위스콘신주의 북동부에 살고 있는 600명의 최고 관리자들을 표본으로 한 조사에서 응답자의 52%가 의료관광에 대해 들어본 바가 없다고 응답하였다고 발표하였다. 또한 23%는 의료관광이라는 말만 들어보았을 뿐 자세한 것은 거의 알지 못한다고 답변하였다고 한다. 의료관광의 서비스와 가격에 대해 거의, 혹은 전혀 알지 못하는 사람들은 현명한 차익거래의 기회와 그들의 복지를 극대화할 수 있는 기회를 날려버리고 있는 것이다.

그러나 의료관광이라는 옵션에 대해 알게 되자 600명의 최고 경영자들은 의견을 바꾸었다. 약 1/3은 가격만 충분히 저렴하다면 외국에서 치료를 받는 것에 흥미가 있다고 답변하였다. 약 19%는 의료서비스를 제공하는 국가가 고객친화적이라면 서비스를 이용하는 것에 흥미가 있다고 대답하였다. 고객친화성 점수에서 일등은 캐나다가 차지하였고 꼴찌는 러시아에게 돌아갔다. 배우자나 친구와 국외에서 휴가를 보내는 가운데 정기검진과 같은 의료서비스를 받을 수 있는 경우에는 긍정적인 답변이 더욱 증가하였다(Bina, 2007: 49).

의료관광에 우호적인 비율이 50%를 넘는 것으로 나타난 이 조사 결과는 최고 관리자들이 의료보험에 많은 돈을 내고 있고 경제적인 걱정은 거의 하지 않는다는 사실을 고려할 때 특히 놀라운 것이다. 심지어는 뚱뚱한 사람들(the well-padded)조차도 수요의 탄력성에 대해서 알고 있었다. 일반적인 견지에서 보았을 때 이 조사는 사람들이 의료관광을 상당히 긍정적으로 생각한다는 것을 알려준다. 대부분의 조사대상자들은 외국의 더 저렴한 의료서비스에 대해 모르고 있었다. 그러나 그들에게 그 사실을 설명해주자 그들은 곧 의료관광이라는 아이디어에 매료되었다. 의료관광의 영역은 아직 개발되지 않은 가능성으로 넘쳐난다.

그러나 새로운 가능성에 대한 정보를 얻은 뒤에도 여전히 많은 사람들은 집을 떠나는 것을 망설였다. 딜로이트(Deloitte)는 2008년에 18세에서 75세 사이의 미국인 3,000명을 조사하여 위험회피자에 대한 분석을 시도하였다. 첫 번째 요인은 연령이다. 청년 미국인들 가운데에서는 51.1%가 국외에서 선택적 수술을 받을 생각이 있다고 답변한 반면 62세 이상의 노인들 가운데에서는 29.1%만이 그러겠다고 답변하였다. 성별은 또 다른 요인이다. 남성은 44.5%가 국외에서 치료받는 것을 고려해보겠다고 답변하였으나 여성은 33.3%만이 그러겠다고 대답하였다(Deloitte Center for Health Solution, 2008: 5). 인종에 따른 차이를 살펴보면, 아시아인 중에서는 56.8%가, 그리고 히스패닉계 사람들 중에서는 51.1%가 외국으로 떠날 생각이 있다고 답변하였다. 이들은 백인(응답률 37.8%)이나 흑인(응답률 36.9%)에 비해 덜 보수적인 성향을 가지고 있는 것으로 보인다. 그 이유는 아마도 그들 가운데 많은 수가 인도나 멕시코 등과 같이 의료시설이 잘 구비되어 있는 나라에 살고 있는 친척들을 두고 있기 때문일 것이다. 의료보험제도의 혜택을 받고 있는 저소득층과 노인들은 외국에서 진료받는 것에 거의 관심을 나타내지 않았다. 이유는 간단하다. 외국에서 치료를 받을 경우에는 의료보험제도로부터 치료비 지원을 받을 수 없기 때문이다.

딜로이트의 조사에서 응답자들은 의료서비스의 질은 비슷해야 한다고 말하였다. 또한 약 43%의 응답자는 의료관광을 떠나기 위해서는 가격차이가 50% 이상 나야한다고 답변하였다. 그들은 의료관광을 떠나도록 만들기 위해서는 높은 문턱이 요구된다는 것을 솔직하게 알려주었다. 표본조사 결과를 바탕으로 딜로이트는 미국인의 1/3이 국외에서 치료를 받는 것에 관심을 가지고 있다고 추산하였다. 이에 따르면 타겟이 되는 시장의 크기는 4천만 명을 웃돈다. 이는 관성과 두려움에도 불구하고 많은 미국인들이 국외라는 잘 알지 못하는 어둠 속에서 치료의 기회를 찾으려는 의지를 가지고 있다는 것을 보여준다.

딜로이트는 외국으로 치료받으러 떠나려는 의지를 가진 미국인의 비율을 33%라고 생각하였다. 갤럽은 2009년 조사에서 그 비율을 29%로 파악하였다. 이는 딜로이트가 내놓은 결과와 거의 비슷한 수치이다. 평균은 세부적인 차이를 숨긴다. 성형수술의 경우에는 응답률이 고작 10%에 불과했고, 심장동맥 우회술의 경우에는 14%, 그리고 암진단과 치료의 경우에는 24%가 국외치료를 고려해 보겠다고 답변하였다. 의료서비스의 질은 똑같이 훌륭하지만 가격이 훨씬 저렴하다고 가정하였을 경우에는 관심이 증가하였다. 29%는 40%가 되었고, 10%는 20%가 되었고, 14%는 27%가 되었고, 24%는 37%가 되었다. 건강보험에 들지 않은 미국인은 보험을 가지고 있는 미국인보다 더 높은 의지를 보여주었다. 전자는 44%가 응답을 한 반면 후자는 26%만이 응답을 하였던 것이다. 추가적으로 가격은 여전히 저렴한데 의료서비스의 품질이 미국기준을 충족시킨다고 가정하자 응답률은 더욱 증가하였다. 44%였던 것이 51%가 된 것이다(Khoury, 2009).

그러나 말과 실제 행동은 다른 차원의 문제이다. 딜로이트의 조사에서는 응답자의 88%가 만약 비용의 증가 없이 더 좋은 치료결과를 얻을 수 있다면 자신이 살고 있는 지역 밖으로 치료를 받기 위해 떠날 용의가 있다고 대답하였다. 그리고 실제로는 오직 8~12%만이 그렇게 행동한 것으로 나타났다. 그중 국외로 떠난 사람은 1~3%에 불과했다. 여권을 발급받은 미국인의 수는 전체 인구의 1/4 미만이다. 이런 결과는 극히 적은 사람들만이 실제로 진단이나 치료를 받기 위해 미국을 떠나고자 했다는 것을 보여준다. 그러나 그들은 의료관광이라는 옵션에 대해 알고 있다.

딜로이트의 결과는 다른 조사들에 의해 재확인되었다. 톰슨 로이터

(Thompson Reuters)는 2008년 PULSE 조사를 통해 23,000명의 미국인 응답자 중 71%가 의료관광이라는 선택을 알고 있다는 것을 발견하였다. 여행을 떠나려는 그들의 의지는 소득 수준에 비례하였다. 국외의 의료서비스를 받는 것에 관심이 있다고 답변한 미국인 중 약 30%가 150,000달러 이상의 소득을 얻고 있었다. 그에 비해서 소득이 75,000달러에서 90,000달러 사이인 미국인의 응답률은 23.7%였다(Internatonal Medical Travel Journal, 2008c). 아마도 미래에는 상황이 달라질 것이다. 전반적으로 소득은 증가하는 추세이기 때문이다.

유럽인의 경험은 미국인에 관한 연구결과와 거의 비슷한 경향을 보인다. 영국의 국가 치의학 조사(National Dental Survey)에 따르면 2008년에 영국인 중 16%가 (그리고 정년층에서는 16% 이상이) 치과치료를 위해 외국으로 여행을 떠날 의사를 가지고 있는 것으로 나타났다. 국외에서 임플란트 시술을 받을 경우 비용을 60%까지 절약할 수 있고, 아크릴 의치 시술을 받을 경우에는 44%까지 절약할 수 있다. 헝가리에서 치과치료를 받을 때 들어가는 비용은 호텔숙박비를 포함해도 독일에서 치료를 받는 비용의 절반 이하에 불과하다. 이와 같은 비용 절약 비율은 딜로이트에 발표한 50%의 문턱과 비슷한 수준이다.

2007년 갤럽이 수행한 유럽연합의 유로바로미터 설문조사에 따르면 27개 EU 회원국의 시민 27,200명 중 54%가 다른 EU 국가에서 의료서비스를 받을 의사를 가지고 있는 것으로 나타났다. 자영업자의 경우에는 그 비율이 57%로 증가한다. 그러나 여전히 말과 행동 사이의 차이가 문제이다. 응답자의 54%가 치료를 위해 기꺼이 외국으로 가겠다고 답변하였지만 최근 12개월 사이에 실제 국외로 의료관광을 떠난 사람의 비율은 평균 4%에 불과하다. 하나의 예외는 아주 작은 나라인 룩셈부르크이다. 룩셈부르크에서 그 비율은 20%로 뛰어오른다.

딜로이트의 조사결과와 마찬가지로 여행을 떠나려는 의지는 학력수준에 비례하고 연령에 반비례한다. 15~24세 응답자 중에서는 2/3가 여행을 떠날 준비가 되어 있다고 답변한 반면 55세 이상의 응답자 가운데에서는 오직 43%만이 같은 대답을 내놓았다. 지리적인 거리도 하나의 변수였다. 키프로스에서는 89%의 사람이 국외로 나갈 준비가 되어 있다고 대답하였지만 핀란드에서는 그 비율이 27%로 떨어졌다. 이미 외국에서 치료를 받은 경험을 가지고 있는 환자의 경우 외국으로 떠나려는 의지는 평균보다 더 높았다.

가격탄력성과 관련지어서는 포르투갈인(응답률 68%)과 영국인(응답률 66%)이 특히 높은 비율로 치료비가 저렴하다면 외국으로 가고 싶다는 대답을 내놓았다. 반면 헝가리인(응답률 22%)과 라트비아인(응답률 21%)은 가장 낮은 비율의 응답률을 보였다. 왜냐하면 그들 나라의 치료비는 상대적으로 저렴한 편에 속하기 때문이다. 영국인이 가장 치료를 받고 싶어 하는 나라는 독일인 것으로 조사되었으며 (영국인의 60%가 지지), 꼴찌는 3%의 지지를 받은 루마니아였다(Gallup Organization, 2007: 9, 16).

돈이 모든 것을 말해주는 것은 아니다. 중요한 것은 그들이 의료관광을 통해 원하는 것을 얻게 되었다는 사실이다. 트리트먼트 어브로드(Treatment Abroad)가 수행한 연구에서 74%의 응답자가 '대단히 만족하였다' 고 답변하였다. '제법 만족하였다' 고 답변한 비율은 16%를 조금 넘겼다. 650명의 의료관광객을 대상으로 한 조사에서 응답자의 약 97%가 향후 또 다른 치료를 받기 위해 반드시 국외에 나갈 것이라고, 혹은 국외에 갈 의향이 있다고 답변하였다(Treatment Abroad, 2008). 의료관광협회(Medical Tourism Association)가 수행한 연구에서는 그와 같은 답변을 한 응답자의 비율이 88%인 것으로 나타났다. 이 조사에서 응답자의 93%는 그들이 친구나 친척, 혹은 지인에게 국외치료를 추천할 의향이 있다고 대답하였다. 같은 조사에서 응답자의 63%는 국외에서 받은 치료가 미국에서 받았던 치료보다 더 나았다고 답변하였고, 37%는 거의 비슷한 수준이었다고 답변하였다. 국외에서 받은 치료가 미국에서 받은 치료보다 나빴다고 답변한 사람은 아무도 없었다(Medical Tourism Association, 2009: 35, 36).

2008년 영국에서 수행된 설문조사에서 국외에서 치과치료를 받은 경험이 있는 응답자의 91%가 만족한다고 답변하였고 (주요 여행지는 헝가리, 폴란드, 터키), 성형수술의 경우에는 87%의 응답자(주요 여행지는 스페인, 벨기에, 키프로스), 그리고 임신촉진치료의 경우에는 85%의 응답자가 만족한다고 답변하였다(주요 여행지는 스페인, 키프로스, 터키) (Eturbonews, 2008). 맥킨지(McKinsey) 역시 그와 동일한 긍정적인 반응을 발견하였다. '우리가 인터뷰한 의료여행객은 하나 같이 그들의 경험에 매우 만족해하고 있었다. 만약 다시 치료를 받아야할 일이 생긴다면 그들은 외국으로 떠나는 것을 망설이지 않을 것이며, 만약 친구나 가족 중에 그런 사람이 생긴다면 그들은 의료관광을 강력하게 추천할 것이다' (Ehrbeck et al., 2008). 맥킨지는 응답자들이 본국에서의 빠르고 간편한 치료에도 불구하고 의료관광을 선택하려는 경향을 보인다고 보고하였다.

3.3 보험

의료관광의 전제조건은 비용의 지급이다. 아마 외국 병원은 보험 약관이나 신용카드를 확인하지 않았더라도 응급환자에 대한 조기안정 처방을 기꺼이 제공해줄 것이다. 그러나 외국 병원은 그 밖에는 별로 제공해줄 수 있는 것이 없다. 이것이 바로 시장 메커니즘이 의미하는 바이다.

의료관광에는 돈이 든다. 서로 다른 지역에서는 서로 다른 서비스가 제공된다. 가장 성공적인 국제보험은 환자들로 하여금 더 저렴한 의료서비스를 구매하거나 국내에서는 제공되지 않는 치료법을 찾아갈 수 있도록 해준다. 이 섹션에서는 위험분산과 선불에 관한 정책이 환자들에게 국내 시장에서 뿐만 아니라 전 지구적 시장에서 의료서비스를 구매할 수 있는 가능성을 제시해주는 방식에 대해 살펴볼 것이다. 그 다음 섹션에서는 비용 지급을 책임지는 제3자가 존재하지 않아서 환자가 자가 지출(payment out-of-pocket)을 해야 하는 상황에 관해서 논의할 것이다.

3.3.1 조합과 변환

보험회사들이 외국에서 받은 치료를 항상 보상해주는 것은 아니다. 그들이 보상을 거부하는 것은 관세와 동일한 보호무역주의의 논리로 이해할 수 있다. 만약 소비자가 외국에서는 비용의 100%를 부담해야 하는 반면 국내에서는 20%만 부담해도 된다면 무역을 통한 비용 절감효과는 사라질 것이며 이와 같은 경제적인 이유 때문에 국가 간 이동은 자취를 감출 것이다.

일부 소비자들은 한 국가 내에서만 보상을 책임지는 보험회사의 약관에 만족해 할 수 있다. 그러나 다른 일부 소비자들은 국제적인 보상을 선택할 수 있는 약관을 제공하는 보험사를 찾으려고 할 것이다. 경쟁시장이 가지고 있는 굉장한 이점은 서로 다른 업체가 서로 다른 계약 조건을 제시한다는 것이다. 이와 같은 제품차별화는 소비자의 각기 다른 니즈를 만족시켜줄 다양한 상품공급자들을 만들어낸다.

일부 보험은 모든 종류의 의료서비스에 대해 국제적인 보상을 제공해준다. 이와 같은 보험은 중요한 치료와 주변적인 치료를 구별하지 않을 것이다. 다른 일부 보험은 환자가 살고 있는 나라에서는 받을 수 없는 의료서비스에 대해서만 국제적인 보상을 제공해준다. 이와 같은 보험은 의료서비스를 받는 것이 가능한지 아닌지 만을 따질 뿐이며 서비스의 질은 고려하지 않는다. 위험하거나 비윤리적이어서 모국에서 금지된 수술을 외국에서 받았을 경우에는 보험회사로부터 보상을 받을 수 없다. 또한 처형된 범죄자의 장기를 외국에서 들여와 이식받는 경우 수술비용을 보상해주는 보험회사는 거의 없다.

일부 보험사들은 과거 치료에 대해서도 소급해서 보상해주며 청구서에 대해 왈가왈부하지 않는다. 그러나 다른 일부 보험사들은 약관에 정해진 질병 그룹에 대해서만 결재 이전에 치료비용을 지급해준다. 투명성과 문서로 작성된 견적, 그리고 모든 비용이 포함된 서비스 패키지는 쉽게 비용을 셈할 수 있도록 해주며 임의로 부수적인 서비스를 추가하려고 하는 유혹을 방지해준다. 몇몇 보험사들은 어느 의료센터에서 치료를 받았든 상관없이 서비스 당 표준 금액을 보상해준다. 반면 다른 몇몇 보험사들은 모드 2가 적용되는 저비용 국가에서 치료를 받았을 경우 더 적은 금액을 되돌려준다. 이런 인색함은 역효과를 불러오기 마련이다. 이는 금전적인 부담이 가장 가벼운 병원을 찾고자하는 의욕을 사라지게 만든다. 대부분의 일본 병원은 입원 기간이 미국 병원보다 3배나 길다. 기술과 약물에 대한 태도가 다르기 때문이다. 이처럼 국가 간에 차이가 있을 때 보험사가 어떤 비용의 상환에 동의할 것인지는 확실하게 알 수 없다.

몇몇 보험사들은 본국에서의 공공진료 비용을 국외치료에 대한 보상의 상한선으로 두기도 한다. 반면 다른 일부 보험사들은 진료를 국내에서 받든 아니면 국외에서 받든 차별 없이 동일한 공제조항과 상한보상액, 그리고 제한조건을 적용한다. 일부 관대한 보험사들이 제시하는 보험패키지에는 라식수술이나 실험중인 약품의 처방, 혹은 고비용의 합병증에 대한 치료에 대한 보상까지 포함되어 있을 것이다. 반면 어떤 보험사들은 보험료가 낮은 대신 보상액도 적은 보험을 판매한다. 그들은 외국에서 일상적인 치과치료를 받는 것은 보상해주지만 임플란트 치료는 보상해주지 않을 것이다. 임플란트는 진짜 치아가 아니며 따라서 임플란트를 심는 것은 미용목적 수술로 간주되기 때문이다. 보험사는 환자에게 최소한 일 년에 한 번 이상 치과의사의 검진을 받는다는 사실을 증명해줄 것을 요청할 수도 있다. 그들은 그 이유를 환자들의 도덕적 해이(moral hazard)를 방지하기 위해서라고 주장한다. 그러므로 그들은 치아의 건강에 관심을 가지지 않는 환자들에 대한 보상을 거부할 것이다.

몇몇 보험사들은 국외치료에 대한 니즈에 주목하지 않는다. 그러나 다른 보험사들은 국외치료를 장려한다. 일부 보험사들은 더 저렴한 병원을 찾아 여행을 떠나려는 환자들에게 더 낮은 보험료를 요구할 것이다. 어떤 보험사들은 항공료와 호텔숙박비, 그리고 동행하는 보호자가 사용하는 비용도 모두 지급해줄 것이다. 반면 다른 보험사들은 그런 경비를 분담하는 것을 거부할 수도 있다. 어떤 보험사들은 더 포괄적인 패키지를 제안할 것이고, 어떤 보험사들은 현금 인센티브를 제시할 것이고, 또 어떤 보험사들은 의사가 실수로 도구를 몸 안에 흘린 채로 수술을 마무리하는 사고(knife slips)에 대해 법적인 도움을 약속할 것이다.

일부 보험사들은 합병증 발생 시 12개월 이내에 외국 병원에서 치료할 경우 보상을 해주기도 한다. 어떤 보험사들은 외국에서 치료를 받은 환자가 후속치료 및 교정치료는 본국에서 받고자 할 경우 필요한 비용을 지원해 주기도 한다. 몇몇 보험사들은 특정 외국 병원과 환자 수에 따른 비용 할인 조항 등을 포함하는 양자 협정을 맺고 있다. 또한 어떤 보험사들은 외국의 치료센터를 매입하기도 한다. 피보험 환자들이 외국의 자회사에서 선택적 수술을 받을 경우 그 비용이 절약될 것이기 때문이다.

자가 관리되는 직장 보험(self-administered group plan: 보험에 가입한 기업의 정책관리자가 보험의 시행과 기록에 관한 모든 책임을 지는 형태의 보험 – 역주)을 운영하는 일부 보험사들 역시 국외치료에 적극적인 관심을 보이고 있다. 외국으로 눈을 돌리고 있는 보험사들은 대부분 미국 기업들이다. 영국의 주요 보험사 중에는 보험에 가입한 기업이 피고용자를 외국으로 보내 치료받게 하는 것을 허용하는 데가 하나도 없다. 반면 급속도로 치솟는 비용의 문제에 직면한 미국은 가격차에 따른 이득에 굉장히 민감하게 반응하고 있다. 국외치료를 선택함으로써 고용주들은 더 포괄적인 보상이 적용되는 보험에 가입하고 더 합리적인 보험료를 납부하게 될 것이다.

미국의 대형 직장 중 약 1/3은 이와 같은 국외치료 옵션 보험이 성공적으로 자리 잡을 것이라는 데에 동의한다. 최소한 두 개의 주, 즉 콜로라도주와 웨스트버지니아주는 고용하고 있는 공무원들이 외국으로 나가 수술받는 것을 허용하고 있다. 정확한 것은 아니지만 한 표본조사에 따르면 미국의 직장보험 중 11%가 외국에서 의료서비스를 받는 것을 보상해주고 있다고 한다(International Medical Travel Journal, 2008e). 위스콘신주의 세리그래프(Serigraph)사는 보스턴에 본사가 있는 헬스베이스(Healthbase)라는 의료관광 중개업자와 계약하여 직원들을 인도의 아폴로(Apollo) 병원으로 보내고 있다. 세리그래프사는 자체보험(self-funded plan: 피고용인 보험을 전문보험사에 위탁하지 않고 고용주가 직접 운영하는 형태의 보험 – 역주)을 운영하고 있는데 이를 통해 고용주는 의료서비스 및 그에 따르는 후속치료를 보장해줄 뿐만 아니라 항공료와 숙박비, 그리고 현지에서의 컨시어지 서비스 비용까지 모두 보장해주고 있다. 미국 북서부의 몇몇 직장보험은 메드트랄(Medtral)이라는 전문적인 의료관광 중개회사와 계약하여 직원들을 뉴질랜드로 보내 치료를 받게끔 한다. 스위스리(Swiss Re)와 같은 금융중개회사는 직장보험의 지출이 한계예산을 초과할 때를 대비한 재보험을 담당한다. 물론 직장보험이 재보험을 들기 위해서는 치료를 담당하는 외국 병원이 반드시 적합한 인증을 받은 곳이어야 한다거나 의료관광의 관리가 월드메드 어시스트(WorldMed Assist) 같은 허가받은 업체에 의해 이루어져야 한다는 등의 조건을 충족시켜야 한다.

금융중개회사는 초국가적 거래의 중요한 주제이다. 상품 거래의 자유화에 힘입어 의료서비스의 거래가 자유화된 것처럼 보험의 거래 역시 국제적인 경쟁을 시작하였다. 시장에 새롭게 진입한 보험사는 기존 보험사들의 은밀한 카르텔을 위협하기 마련이다. 신규 보험사들은 소비자들에게 합리적인 보험료와 새로운 상품을 제안한다. 국내 보험사들이 높은 피보험자 공동 부담률을 고집할 때 어쩌면 외국 보험사들이 완전보장 보험(first-dollar cover)을 내놓을지도 모른다. 그로 인해 시민들은 더 많은 선택의 기회를 누리게 될 것이다. 업체들이 적절한 규제를 따르고 국제적인 분쟁이 신속하게 해결되는 상황이라면 국내의 보험사들이 국외에 본사를 둔 보험사들보다 더 효율적이고 더 믿을 수 있다고 단정하는 것은 불가능하다.

다양성은 삶의 묘미이다. 보험사들이 선택할 수 있는 세트를 확대해나가는 것은 사고 파는 기회를 한가지로 제한하는 것에 비해서 훨씬 더 매력적이다. 하지만 보험사들이 치료의 질이 반드시 좋아야 한다는 조건을 내거는 것 하나 만큼은 변하지 않을 것이다. 통상적으로 보험사들은 병원이 국제적인 인증을 획득한 곳이어야 한다고 주장한다. 범룽랏 병원은 좋은 예이다. 사우스캐롤라이나주의 블루크로스 블루쉴드(Blue Cross Blue Shield Association)와 앤섬 블루크로스(Anthem Blue Cross), 그리고 위스콘신주의 블루크로스(Blue Cross) (이들은 모두 미국의 유명 보험사이다 – 역주) 등은 범룽랏 병원을 주요 허가 병원 중 하나로 인정해주고 있다. 범룽랏 병원은 JCI 인증을 받은 병원이기 때문이다. 물론 JCI가 유일한 인증기관인 것은 아니다. 또한 몇몇 병원들은 돈을 아껴서 치료에 쓰기 위해 인증받는 것을 스스로 포기하기도 한다. 이처럼 충분한 정보가 제공된다면 소비자들이 충분히 좋아할만한 수준 이상으로 서비스 질의 평가 기준을 높게 세워둠으로써 보험사들은 외국병원의 소개를 제한한다. 그러나 이처럼 품질관리가 되는 상황에서도 여전히 보험의 다양성은 소비자를 더욱 즐겁게 한다. 소비자들에게는 반드시 선택의 기회가 주어져야 한다.

3.3.2 의료보험 : 외국에서 보내는 휴가

많은 사람들이 외국으로 짧은 휴가를 떠날 때 의료보험을 구매한다. 이와 같은 보험은 의료관광 시장을 위해 맞춤으로 준비된 보험과는 다른 것이다. 휴가보험(즉 휴가 목적의 여행객을 위한 의료보험 – 역주)은 피보험자가 응급치료를 받게 되거나 예기치 않게 의무후송이 필요한 상황에 놓였을 때에는 보장을 해주겠지만 계획적으로 의료서비스를 받고자 할 때에는 그것이 치료목적이든 아니면 미용목적이든 관계없이 비용을 보장해주지 않을 것이다. 휴가보험에 가입하는 것은 어렵지 않다. 피보험자의 목적은 어디까지나 휴가를 즐기는 것이고 의료서비스를 받는 것은 확률적인 문제이기 때문이다. 그러나 피보험자가 특정한 건강상의 문제를 가지고 있을 경우 보험에 드는 것은 다소 어려울 수 있다. 만약 피보험자가 보험을 들 당시에 질병을 앓고 있거나 선택적 수술을 받을 결심을 한 상태라면 보험사는 그에게 일반적인 보험약관을 적용하는 것을 거부할 수 있다. 피보험자가 의료서비스를 받을 확률이 너무 높기 때문이다.

의료서비스 비용을 자가 지출할 계획인 의료관광객에게도 여행보험은 필수적이다. 짐을 잃어버릴 수도 있고, 묵으려고 했던 호텔에 방이 없을 수도 있기 때문이다. 만약 비행기를 놓치게 된다면 병원 예약은 취소할 수밖에 없을 것이다. 또한 비행편이 취소된다면 병원에 지급한 선납금은 포기해야 할 수도 있다. 탈장수술을 받으러 갔다가 병상에서 실수로 굴러 떨어져서 다리가 부러진다면 입원기간이 예정했던 것 이상으로 길어지게 될 것이다. 예정된 의료서비스에 부과되는 비용은 보장받을 수 없겠지만 그럼에도 불구하고 예기치 않은 사고나 선납금을 돌려받지 못해 여행에 제한이 걸리는 상황에 대비하기 위해서는 보험에 반드시 가입해야 한다.

불가피하게 논쟁을 벌여야 할 수도 있다. 여행보험은 시신의 본국송환을 책임져줄 것이다. 그러나 만약 환자가 선택적 수술을 받다가 사망하였을 경우에도 이와 같은 조항이 적용될 수 있는가? 여행보험에는 비행 중 응급상황에 대한 지원 조항이 포함되어 있을 것이다. 그렇다면 보험사는 선택적 수술이 실패한 경우에도 피보험자에게 보상을 해주어야 하는가? 불가항력적인 상황 때문에 며칠을 더 여행지에서 묵어야 한다면 그 비용은 여행보험으로부터 보상받을 수 있을 것이다. 그렇다면 유방확대술을 받다가 합병증에 시달리게 된 경우도 불가항력적인 상황이라고 할 수 있을까? 이와 같은 만일의 사태들이 일어날 확률은 대수의 법칙을 가지고 설명할 수 있을 것이다. 그러나 여기에서 문제가 되는 것은 확률이 아니다. 문제는 사망이나 응급 항공수송, 또는 체류기간의 연장과 관련된 사항들이 휴가보험 계약서에 포함되어 있는 상황에서 휴가보험이 어느 정도까지 의료관광보험의 역할을 해주는 것이 합당하냐는 것이다.

계획에 따라 치료를 받고 이에 대한 비용을 휴가보험으로부터 보상받기 위해 만성적인 질병을 숨기는 사람들은 항상 존재하기 마련이다. 이와 같은 사기는 때로는 적발되지만 그렇지 않은 경우도 있다. 중요한 것은 비록 약관은 예정된 치료에 대한 보상을 거부하고 있지만 그와 관계없는 정직한 사람들은 보험을 통해 합당한 보호를 받을 수 있어야 한다는 것이다. 보험사들은 항상 염소 무리 속에서 양을 골라내야만 한다.

보험사들은 정해진 집단의 사람들에게만 의료관광 보험을 판매함으로써 이를 달성할 수 있다. 이와 같은 보험은 허용되는 보험금 청구 신청을 제한하고 높은 수준의 본인 부담금을 부과할 것이다. 그것은 미국에서의 치료를 배제시킬 수 있으며, 연령이 65세 이상인 사람들의 가입은 받지 않을 수도 있다. 이러한 방식을 통해 보험사들은 통계적으로 손실을 유발할 가능성이 높은 사람들로부터 자신을 보호할 수 있을 뿐만 아니라 피보험자가 치료와는 관계없는 예기치 않은 사고를 당했을 때 보호를 제공해줄 수 있게 될 것이다.

3.3.3 의료보험 : 국외 거주자

지구촌에서의 삶은 점점 더 세계적이 되어가고 있다. 여기저기를 이동하면서 사는 사람들이나 하나 이상의 지역과 관계를 맺고 있는 사람들도 점점 더 보험을 필요로 하게 될 것이다.

은퇴한 사람들은 그에 해당하는 인구집단 중 하나이다. 미국인 연금생활자는 멕시코에도 있다. 영국 연금생활자는 스페인에도 있다. 그들이 그곳에 살고 있는 이유는 저렴한 생활비와 합리적인 월세, 그리고 따뜻한 날씨 때문이다. 그들 중 일부는 본국 정부나 민간 보험사, 혹은 집단 보험의 보호를 받고 있을 것이다. 칼퍼스(CalPERS, 캘리포니아주 직원퇴직연금 기금)은 은퇴한 캘리포니아주 직원에게 그가 지구 어디에 살고 있든 보험서비스를 제공해준다. 그러나 그와 달리 칼퍼스의 공공분야 보장제도는 미국 내로 한정된다. 은퇴한 사람은 국외에서의 새로운 삶을 보호받기 위해 민간 보험에 가입해둘 필요가 있다. 가입을 할 수 없는 사람은 언더라이팅(underwriting: 이는 보험 계약 시 계약자가 작성한 청약서상의 고지의무

내용이나 건강진단 결과 등을 토대로 보험계약의 인수 여부를 판단하는 최종 심사 과정을 말한다 – 역주)과 예외 조항, 그리고 더 높은 보험료에 직면하게 될 것이다. 그리고 그들 중 일부는 가입을 거절당할 것이다.

넓은 관계망을 가지고 살아가는 또 다른 인구집단으로는 일시체류 노동자가 있다. 노동시장은 세계적인 망을 가지고 있다. 오늘날 노동자들은 비숙련 노동자든, 관리직 노동자든 아니면 전문직 노동자든 등급에 상관없이 모두 일을 찾기 위해 이리저리 이동한다. 그들 중 일부는 그들이 일하는 회사가 마련해주는 의료보험에 가입할 수 있을 것이다. 또한 다른 일부의 노동자들은 지역정부의 보험제도를 활용할 수 있을 것이다. 어떤 사람들은 운 좋게 문제를 해결할 수 있겠지만 어떤 사람들은 그렇지 못할 것이다. 멕시코나 엘살바도르 혹은 필리핀에서 미국으로 건너온 외국인 노동자들 중 보험을 가지지 못한 이들은 위험에 심하게 노출되어 있다. 캘리포니아주에만도 그런 노동자들이 4백만 명에 달한다.

초국가 이주민들에게 국제 의료보험은 매력적인 해결책이 될 수 있다. 플래닛호스피탈(PlanetHospital)이라는 의료관광회사는 보험이 없는 히스패닉계 사람들을 위해 디아스포라(Diaspora)라는 이름의 저가 보험을 판매하고 있다. 이 기본적인 보험패키지의 가입자들은 한 달에 최고 세 시간까지 검증된 의사와 전화 상담을 할 수 있고, 한 달에 세 번 미국 국내에서 의사의 검진을 받을 수 있고, 제한된 횟수만큼 응급치료를 받을 수 있다. 이와 같은 보장서비스를 모두 받고나면 피보험자들은 치료비의 전액 혹은 상당액을 보험사가 부담하는 조건으로 그들의 고국에서 치료를 받도록 안내된다. 이 보험의 매력은 물가 높은 미국에서 치료를 받게 될 경우에 지급해야 할 비용에 비하면 보험료가 아주 합리적이라는 데에 있다. 많은 히스패닉계들은 멕시코에서 치료받는 것을 더 선호한다. 스페인어를 할 줄 아는 의사가 있고 음식과 문화가 그들에게 익숙하기 때문이다.

한쪽 방향으로 국경을 넘는 보험사가 있다면 반대 방향으로 국경을 넘는 보험사도 있다. SMN(Sistemas Medicos Nacionales S.A.)은 멕시코의 의료기관(health maintenance organization: 회비를 지급하고 가입하는 종합 건강관리 기관 – 역수)인데 캘리포니아주 남부에서 영업할 수 있는 면허를 가지고 있다. 그들은 산디에고에서 19,000명의 회원을 모집하였다. 그들은 응급치료가 필요한 환자가 발생하면 SMN의 네트워크를 통해 국경 너머 티후아나로 보낸다. 캘리포니아주의 블루크로스 블루쉴드(BlueCross BlueShield)도 엑세스 바자(Access Baja)라는 이름의 비슷한 보험을 판매하고 있다. 보통 고용주가 관리하도록 되어 있는 이 보험은 미국에서는 제한된 치료만을 제공하고 그 뒤에 멕시칼리나 티후아나와 같은 멕시코 북부 지역의 블루크로스 블루쉴드 센터에서 더 집중적인(선택적인) 치료를 제공한다. 만약 치료서비스를 캘리포니아주 내에서만 제공한다면 보험료는 최소한 1/3 이상 더 비싸질 것이다.

당연한 사실이지만 모든 히스패닉계 사람들이 멕시코 접경지역에 살고 있는 것은 아니다. 그리고 모든 히스패닉계들이 바자 근처에 살고 있는 친척을 가지고 있는 것 또한 아니다. 불법 입국자들은 다시 돌아올 수 없을지 모르는 위험을 무릅쓰고 멕시코로 떠나려 하지 않을 것이다. 품팔이 노동자나 가정부들은 보험료를 감당하기 어려울 수도 있다. 그들에게는 외래치료나 무료진료서비스가 유일한 대안일 것이다.

단점들에도 불구하고 국제 보험은 인기 있는 상품이 될 수 있다. 부스타만테(Bustamante)는 미국에 거주하는 멕시코 이민자들에 관한 조사에서 62%가 그와 같은 보험을 선호한다는 것을 발견하였다. 그들은 멕시코 공공병원에서의 의료서비스를 보장해주는 보험에 대해서는 월 125달러를 지급할 용의를 가지고 있었으며, 개인병원에서의 의료서비스를 보장해줄 경우에는 월 250달러까지 지급할 의사가 있는 것으로 조사되었다(Bustamante et al., 2008: 169). 미국 인구 중 라틴계가 차지하는 비율은 2005년에는 14%였으며 2050년에는 두 배가 증가하여 29%에 이를 것으로 추정된다. 새로 이주해온 라틴계 사람들의 보험 가입률은 미국 본토출생자의 보험 가입률의 1/3 수준에 머무르고 있다. 미국에 10년 이상 거주한 멕시코 이민자 중에서는 약 62%가 의료보험을 가지고 있으며, 거주 기간이 10년 이하인 멕시코 이민자 중에서는 43%가 의료보험을 가지고 있는 것으로 조사되었다. 나머지 사람들은 가입한 보험이 없었다.

미국 내에서 보험 미가입자의 집중도가 가장 높은 지역은 미국-멕시코 접경지대이다. 국경에 인접한 미국 주들의 보험 미가입자 비율은 30%에 달한다고 한다. '국경에 인접한 주 안에서도 국경에 가까운 지역의 보험 미가입률이 국경에서 멀리 떨어져 있는 지역의 보험 미가입률보다 더 높은 것으로 나타났다'(Brown, 2008: 2037). 브라운(Brown)은 접경지역의 보험 가입률이 낮은 이유를 이 지역에 살고 있는 멕시코인들은 질병에 걸릴 경우 치료비용이 더 저렴한 멕시코로 이동할 수 있기 때문이라고 설명하였다. 이민자와 비교했을 때 토박이들은 국외로 나가고자 할 때 더 강력한 심리적 장벽을 경험하게 된다. 바로 그 때문에 그들은 더 많은 수가 의료보험에 가입한다.

3.3.4 의료보험 : 국제 연합(The Multinational Union)

다자간 협약으로 형성된 경제 블록들은 무역의 자유를 한층 더 강화시키고 있다. 북미 자유무역협정(North American Free Trade Agreements)과 아세안 자유무역협정(ASEAN Free Trade Agreement)은 상품, 서비스, 자본의 단일시장을 구축하기 위해 설립된 관세동맹의 두 사례이다. 유럽연합은 더 큰 야심을 가지고 있다. 유럽연합은 유럽의회와 유럽중앙은행을 통해 공동경제정책을 실시하고 있다. 유럽연합은 국경 없는 무역을 위해 많은 노력을 기울이고 있다. EC 협정 제49조는 국경을 넘어 서비스를 제공할 수 있는 자유를 제한하는 것을 금지하였다. 의료서비스는 국민국가의 속박에서 벗어날 필요가 있는 훌륭한 상품 중 하나이다. 그것은 유럽의 정신을 받아들이는 것을 의미하며 나아가서는 국경지대에 살고 있는 환자들과 국외로 파견된 근로자들, 그리고 모국에서는 불가능한 치료를 국외에서 구하고자 하는 특수한 환자들에게 크나큰 이득을 가져다주는 것을 의미한다.

EU 내에서도 가격은 천차만별이다. 헝가리에서는 고관절 교체술을 받는데 948파운드가 들지만 네덜란드에서는 6422파운드가 든다. 개인보험에 가입한 환자들과 일부 자가 지출 환자들은 이미 가격 차이에서 오는 이득을 얻기 위해 국경을 넘고 있다. 이제 그 다음은 국가의 공공보험에 가입한 EU 시민들의 차례이다.

응급사고는 언제나 보장된다. 예기치 않은 사고는 유럽 의료보험 카드(European Health Insurance Card, EHIC)가 보호해줄 것이다. 그러나 응급치료가 아닌 경우에는 국제 환자들은 오직 모국에서 제공되는 수술에 한해서만 보장을 요청할 수 있다. 특별한 암 치료제 등 모국에서는 제공되지 않는 치료는 보장되지 않는다. 희귀병에 대한 치료는 논쟁거리이다. 희귀병에 걸린 환자들은 종종 새로운 의료상품을 찾아서 외국으로 떠난다. EU의 규정에 따르면 그와 같은 경우는 보장받을 수 없다. EU 체제는 장기이식과 장기치료의 경우도 보장해주지 않는다.

각각의 EU 회원국은 자국민에게 주어지는 보험서비스를 자체적으로 규정하고 있다. 환자들은 모국에서 치료받을 때 드는 비용 이내에서 치료비를 보장받을 수 있다. 숙박과 여행에 드는 비용과 장애 때문에 발생하는 추가 비용은 재량껏 지급해야 한다. 이러한 보험서비스가 만들어낸 한 가지 결과는 국외의 의료센터들이 자기 지역의 보험규정에 따른 보상금보다 더 높은 보상금을 받아내기 위해 국제 환자들에게 금융 인센티브를 제공하기 시작하였다는 것이다. 지역 환자들이 치료를 대기하고 있을 때 외국에서 온 환자들이 이를 무시하고 먼저 진료받는 것은 불가능하다. 의료전문가들에게는 환자에게 치료가 꼭 필요하다는 점을 증명할 것이 요구된다. 환자들은 모국에서 치료가 지나치게 지체되고 있다는 것을 입증해야 한다.

유럽재판소(European Court of Justice)는 1998년(데커(Decker) 판례) 룩셈부르크에 거주하고 있는 데커는 벨기에에서 구입한 안경 처방전에 대해 룩셈부르크로부터 보상받을 권한을 가지고 있다고 판결하였다. 또한 2006년에는 (와츠(Watts) 판례) 고관절 교체수술을 받기 위해 국민보건서비스(National Health Service, NHS)를 1년 동안 기다리다가 프랑스로 건너가서 수술을 받은 환자에게 유리한 판결이 내려졌다. 재판소는 1년이라는 대기 기간은 정부가 자체적으로 설정한 허용치는 충족시키지만 의학적으로는 용납될 수 없다고 (법정 용어로 '부당한 연기') 판정하였다. 한편 개인 치과의는 만날 수 있었지만 국민보건 치과의는 만날 수 없었던 영국인 환자는 EU에 속한 27개 회원국에서 받은 치과치료에 대한 보상청구권을 인정받았다. 그러나 판결에 적용되는 기준이 분명하고 명확한 것은 아니다.

기회는 항상 존재한다. 그러나 그 기회들은 제한되어 있다. 2007년에 EU의 27개 회원국이 국제 의료서비스를 위해 지출한 금액은 전체 공공지출의 1%만을 차지하였을 뿐이다. 신뢰할 수 있는 자료는 찾을 수 없다. 영국에서는 다른 유럽 국가에서 치료받고자 하는 영국인 거주자 중 522명에게만 공식적인 허가(E112)를 내주었다(House of Lords, 2009: 13). 이 환자들은 자기 돈으로 통역을 고용하였다.

외국에서 치료를 받고자 하는 환자가 병원에 하루 이상을 입원해야 하는 상황이라면 그는 반드시 사전에 보건당국의 허락을 받아야 한다. 이와 같은 허가제도는 환자의 자유로운 선택권을 제한하는 것이다. 그러나 영국상원(the House of Lords)의 위원회는 그러한 허가제도가 가지는 검증기능은 공공의 이익에 기여한다고 결론내렸다.

> 우리는 사전허가제도가 필요하다고 생각합니다. 그것은 회원국의 보건의료제도 재정을 보호해 줄 것입니다. 또한 그로 인해 의료전문가는 환자에게 그가 선택할 수 있는 치료의 종류에는 어떤 것들이 있고 각 치료의 장점과 단점은 무엇인지를 명확하게 설명할 수 있게 될 것입니다. 이를 통해 환자들이 확실한 정보에 기초한 판단을 내릴 수 있게 될 것이라는 점은 특별한 중요성을 지닙니다(House of Lords, 2009: 26).

환자들은 어쩌면 적은 고려사항만을 가지고 결정을 내릴지도 모른다. 전문가의 안내 없이 혼자서 내린 결정 때문에 그들은 후회를 할 수도 있다. 각 회원국이 누구에게 다른 회원국의 보건의료제도에 관한 조언을 담당하는 권한을 줄 것인지는 명확하지 않다. 또한 환자의 치료기록이 환자의 모국어로 작성될 것인지 역시 명확하지 않다. 만약 치료기록이 모국어로 작성되지 않는다면 모국으로 돌아온 환자의 후속치료를 담당하게 될 의사는 치료기록을 확인하는 데에 어려움을 겪을 것이다. 폴란드에서 치료를 받고자 하는 영국인 환자에게 폴란드어로 된 수술동의서가 주어지는 상황이 발생할 수도 있다. 환자가 캡토프릴(captopril)이라는 치료제를 처방받았을 때, 이것의 복제약이 영국에서는 에이스프릴(acepril)로 불리고 스위스에서는 에날라프릴(enalapril)로 불리고 덴마크에서는 리시노프릴

(lisinopril)로 불리는 탓에 실수가 발생할 수도 있다. 당국으로부터 국외치료를 허가 받은 환자가 의료과실에 의해 피해를 입었을 때 누가 그 피해를 책임져야 하는지를 두고 논란이 발생할 수도 있다.

회원국은 환자의 유출이 자국의 병원 서비스를 심각하게 교란시킨다고 불평할지도 모른다. 그러나 의료관광의 자유화는 범유럽의 의료서비스가 조화를 이루는 결과를 낳을 수 있으며, 그렇지 않더라도 최소한 지역 의료서비스 수준의 향상을 가져다 줄 것이다. 병원들은 부끄러워서라도 의료서비스의 질을 개선하고 대기시간을 줄이려는 노력을 기울일 것이기 때문이다. 만약 그러한 일이 일어난다면 국외로 나가는 환자의 흐름은 자동적으로 조정될 것이다. 그러나 그럼에도 보건의료제도는 여전히 국가에 의해서 운영된다는 사실에는 변함이 없다. 유럽보건의료부(Europe-wide Ministry of Health)가 설립되기 이전에 고유한 국가기반을 허무는 것은 시기상조이다. 각 회원국의 사법체계는 '사전 허가' 나 '부당한 연기' 와 같은 용어조차도 서로 다른 방식으로 규정하고 있을 것이기 때문이다.

의료보험시장의 자유화는 EU 시민들에게 그가 어느 EU 회원국에서 치료를 받았든 그에 대한 보상을 받을 수 있는 권한을 부여해 줄 것이다. 그러나 이와 같은 아이디어에 대해 비판이 없는 것은 아니다. 어떤 사람들은 이러한 조치가 회원국의 재량권과 자율권을 제한할 것이라고 생각한다. 어떤 사람들은 이러한 변화에 의해 '보완성(subsidiarity)' 의 원칙과 회원국의 다양성에 대한 관용의 원칙이 훼손될 것이라고 주장한다. 또 어떤 사람들은 EU 내에서의 보상이 의무화되면 NHS는 더 저렴한 아시아에서의 치료에 대해서는 보상하려고 하지 않을 것이라는 이유를 들어 이러한 조치를 반대한다. 어떤 사람들은 국내 의료시장이 비영리적인 치료보다 경쟁을 우선시하게 될 것이라고 비판하며, 어떤 사람들은 이와 같은 조치는 충분하지 못하다고 말한다. 보험시장이 단일화되지 않는다면 고관절과 치아를 위한 시장의 단일화는 이루어질 수 없을 것이다.

3.3.5 의료보험 : 의료서비스의 구매와 공급

일부 국가에서는 보상과 치료라는 보험의 두 기능이 분리되어 있다. 미국에서는 블루크로스(Blue Cross) 보험사가 보상을 담당하고 세다스-시나이(Cedars-Sinai) 병원이 치료를 담당한다. 반면 다른 일부 국가에서는 두 개의 기능이 연결되어 있다. 영국에서는 국민보건서비스(National Health Service)가 의료기관의 운용과 그에 필요한 자금조달을 모두 담당하고 있다. 보험사는 외국 병원에서 치료를 받는 피보험자에게 보험금을 지급해줄 수 있다. NHS는 이와 같은 서비스를 제공하기가 훨씬 어렵다. 의료서비스의 구매와 공급이 결합되어 있기 때문에 NHS가 공급하는 의료서비스는 이용할 때 환자에게 따로 비용이 청구되지 않는다. NHS는 자체적으로 운영하는 병원 및 외래환자 센터의 통합 네트워크를 활용하여 환자에게 의료서비스를 제공하는 방식으로 운영되며, 외국의 치료에 대해서는 비용을 변제해주지 않는다. 외국 치료를 보상해주기 시작한다면 종합적인 국가 의료서비스 관리기구인 NHS는 국가의료보험공단으로 그 성격이 변하게 될 것이다.

그러나 최근 영국에서는 공공부문과 민간부문을 이어주는 새로운 협력체계의 등장으로 인해 두 부문 간의 경계가 흐릿해지고 있다. 선택적 수술을 받으려는 NHS 환자는 대기자가 너무 많을 경우 시설에 여유가 있는 민간 병원에서 수술받을 수 있다. 이처럼 보상에 대한 경제적인 책임의 의무는 계속 유지하면서 의료기술의 공급은 위임하는 방식의 도입은 NHS의 성격을 변화시키고 있다. 이와 같은 관점을 취한다면 인도에서 받는 치료는 영국의 윔폴가나 웰링턴가에서 받는 치료의 논리적인 확장으로 이해될 수 있다.

만약 NHS가 인도 센네이에서 백내장 수술을 받는 영국 주민에게 보상을 해주기로 한다면 양쪽 모두가 그로 인한 이득을 챙길 수 있을 것이다. 우선 NHS는 의료서비스의 구매비용을 아낄 수 있을 것이다. 그리고 환자는 긴 대기로 인한 정신적, 육체적 부담을 덜어낼 수 있을 것이다. 그러나 환자에게 있어서 걱정이나 고통의 문제보다 더 중요한 것은 만약 수술이 계속 미뤄진다면 병환이 더 깊어질 수도 있다는 것이다.

2006년에는 약 50,000명의 영국인 환자가 국외에서 치료를 받았는데, 이들 중 오직 357명만이 NHS로부터 재정적인 지원을 받을 수 있었다. 그러나 이는 빙산의 일각에 지나지 않는다. 아랍에미리트연합의 환자들은 국내에서 받는 치료뿐만 아니라 외국에서 받는 치료에 대해서도 정부로부터 보상을 받는다. 반면 영국의 환자들은 국내에서 무료로 치료받을 수 있지만 이를 위해서는 기다려야만 한다. 현재 NHS의 치료대기자 명단에는 120만 명의 환자가 등록되어 있다. 국외에서의 치료는 이처럼 꽉 막힌 상태를 해결해주는 대안이 될 수 있다.

만약 영국이 아랍에미리트연합의 정책을 차용하려 한다면, 우선 NHS는 국내와 국외의 믿을 수 있는 의료기관들로 이루어진 네트워크를 조직해야 할 것이다. 국외의 병원들은 비록 NHS의 정식 자회사는 아닐지라도 실제로는 NHS 외국지사의 속성을 지니게 될 것이다. 환자들이 이런 국외 병원으로 치료를 받으러 가는 것은 여행객들이 관광사가 예약해 준 코스타 브라바(Costa Brava) 호텔로 떠나는 것과 유사하다. 한 무리의 여행객들이 떠나고 한 무리의 여행객들은 돌아온다. 코스타 브라바(스페인 동북부의 해안 휴양지 – 역주)에서의 휴가에 만족한 여행객들은 그 다음은 블랙풀(영국 북서부의 해안 휴양지 – 역주)이라는 말에 약간의 불쾌감을 느낄지도 모른다. (의료관광의 경우에도 마찬가지로, 국외에서 치료를 받고 돌아온 환자는 영국에서 치료받는 것을 꺼리게 될 것이라는 뜻 – 역주)

점진적인 국제화는 세계를 무대로 하는 시장 사회주의와 크게 다르지 않을 수 있다. 그러나 그것이 지니는 또 다른 의미는 점진적인 민영화로서 이는 영국 의료서비스 시장에서 이미 나타나고 있는 현상이다. 영국 주민의 약 13%(730만 명)는 이미 민간 보험을 가지고 있다. 그중 3/4는 직장보험이다. NHS의 사례만을 한정해서 보더라도 상당한 수의 사람들이 치료비를 자가 지출하고 있다. 지금 일어나고 있는 현상은 국내시장의 경쟁이나 보험사 간 경쟁, 혹은 병원 재정의 책임 이양 이상의 의미를 지닌다. 그것은 전체 시장의 공급과 수요가 서서히 변화하고 있다는 것을 의미한다. 돈은 세계를 움직이게 하는 힘이기 때문이다.

기대치는 높아지고 있다. 국가 예산은 한정적이다. 환자들은 선택권을 원한다. NHS 치과의사들은 찾아보기 힘들다. 납세자들은 보건의료시스템을 위해 세금을 내고 있지만 응급치료, 미용목적의 치료, 선택적 치료에 대한 보상을 청구할 수 없는 상황에 좌절하고 있다. 국가창립자들은 사회계획은 반드시 균형을 찾지 못하고 흔들리는 현실에 맞서 궁극적인 승리를 쟁취할 것이기 때문에 국가의 공급이 언젠가는 시민의 수요와 일치하게 될 것이라고 확신하였다. 그러나 모두가 다 국가창립자들의 신조에 동의하는 것은 아니다. 많은 사람들은 점진적인 민영화는 높은 소득탄력성에 따른 불가피한 결과라고 말한다. 점진적인 국제화는 현재에 만족하지 못하는 사람들이 '떠남' 을 선택한 결과일지도 모른다. '남음' 은 그들의 갈증을 해소시켜주지 못한다. ('Exit, voice and loyalty'는 '떠날 것인가, 남을 것인가' 로 번역되는 앨버트 허쉬만의 저서 제목이다 – 역주)

이는 예고편에 불과한 사건일 수 있다. 만약 그렇다면, 환자에게 국외치료를 보장해주는 것은 의료관광을 결심한 소수로부터 전체 구조를 지키기 위한 안전밸브 이상의 의미를 지니게 된다. 소규모에 불과한 의료여행객이 점차 증가하여 사회규범, 수요, 기대에 영향을 끼치기 시작한다면 심각한 문제가 발생하게 될 것이다. NHS는 의료서비스의 구매뿐만 아니라 공급도 동시에 담당하고 있다. 만약 다수의 NHS 이용자가 외국에서 치료받기를 요청하게 된다면 그때의 NHS는 지금과 같은 모습일 수 없다.

한 가지 문제는 불편함이다. 외국의 언어, 문화, 통상적인 의료서비스의 순서는 국내와 똑같지 않을 것이다. 법적 배상 및 보상 절차는 지뢰밭일 수 있다. 아시아는 두세 시간이면 갈 수 있는 곳이 아니다. 아시아까지 가려면 비행기를 타고도 족히 10시간 이상이 걸린다. 치료의 연속성 역시 문제이다. 사회복지사와 방문 간호사, 커뮤니티 서비스, 그리고 가족 주치의는 환자가 떠나있는 동안에는 관계를 유지할 수 없다.

또 다른 문제는 현금 유동성에 관한 것이다. 환자가 치료비를 그 자리에서 우선 지급하고 나중에 배상을 청구해야만 한다면 이는 동등한 필요에 대한 동등한 치료의 제공이라는 NHS 정신에 위배되는 것이다. 치료받은 뒤 외국 병원에 치료비를 우선 지급하고 여행과 숙박에 드는 비용을 감당하기 위해서는 예금과 가족이라는 보호막이 필요하다. 그러나 모든 환자가 예금과 가족이라는 보호막을 가지고 있는 것은 아니다. 배상 청구가 접수되고 배상금이 지급될 때까지는 상당한 시간이 소요되기 마련이다. 이로 인해 몇몇 환자들은 수술을 받은 뒤 현금의 압박에 시달리게 될지도 모른다.

이와 관련된 또 다른 문제로 비용차이에 의한 장벽이 생겨날 수도 있다. NHS의 보상액이 전체 치료비를 대기에 충분한 수준일 것이라는 보장은 어디에도 없다. 만약 국외 치료비가 규정된 치료비 보상한도보다 더 높다면 치료를 받고자 하는 환자는 그 차액을 자기가 부담해야 할 것이며, 만약 그럴 돈이 없다면 치료받을 수 없을 것이다. 이와 같은 경우를 대비해서 몇몇 사람들은 NHS 보상액을 넘어서는 차액까지 보상받기 위해 민간 보험에 가입할 것이다. 반면 일부 사람들은 국내에 남아서 NHS의 대기자 명단에 이름을 올릴 것이다. 대기자 명단에 이름을 올리게 되면 최소한 치료는 무료로 받을 수 있을 것이기 때문이다. 그 결과 의료서비스는 두 등급으로 나누어지게 될 것이고, 이 등급은 불평등한 임금과 가난한 사람의 지급능력 부족을 보여주게 될 것이다. 이와 같은 불평등은 시민권에 내포된 평등의 가치와 상반되는 것이다. 또한 이는 NHS를 국가창립자의 신조에 기초한 국민의 기구로 설립하면서 내세운 철학인 '똑같이 기다리고 똑같은 병실에서 똑같은 치료를 받는다' 와도 상반된다. 국가의 창립자들은 '국민 사이의 분리의식을 만들어내는 자원의 배분은 허용되지 않아야 한다' 라고 선언하였다(Titmuss, 1970: 225). 그러나 만약 사장은 인도의 A등급 병원에 가고 환자는 싱가포르의 B등급 병원에 가게 된다면 치료 결과는 같을지라도 그로 인해 영국인들은 선조들이 남겨준 소중한 선물을 잃어버리게 될지도 모른다.

네 번째 어려움으로는 NHS가 직면하게 될 경제적 위협을 들 수 있다. 만약 환자들이 인도에서 치료를 받으려고 한다면 영국 국내의 병원 중 몇몇은 문을 닫게 될지도 모른다. 저렴한 국외 병실은 국내 병실을 더 비싸게 만들 수 있다. 고정비용은 절감할 수 없는 상황에서 환자 수가 감소하면 평균비용이 상승할 것이기 때문이다. 국외로 치료를 받으러 나가는 환자들은 NHS가 정확한 수요 변화를 예측하는 것을 방해할 것이기 때문에 NHS는 의료서비스의 공급 계획을 수립하는 데에 어려움을 느낄 것이다. 정부는 당혹스러울 것이다. 국민들에게 비용이 예상을 초과했다든가 치료를 받기 위해 대기해야 하는 시간이 심각하게 길어졌다고 발표하는 것을 좋아할 수상은 어디에도 없다.

비록 이런 어려움이 있다고 하더라도 의료시장 세계화에 대한 압력은 여전할 것이다. 인도에 하청을 주는 것이나 태국에 아웃소싱을 주는 것은 영국 납세자들의 부담을 경감시켜 줄 것이다. 수요량의 증가가 가속화되면 최소한 국외의 의료기관들은 의료서비스의 단가를 점점 더 인하할 것이기 때문이다. 보건의료 지출의 절반이 정부 지출인 미국의 경우도 마찬가지이다. 만약 저소득층 의료보험제도(Medicaid)와 노인 의료보험제도(Medicare)가 피보험자들의 국외 치료를 허용한다면 의료서비스의 가격은 훨씬 저렴해질 것이다. 전시효과도 나타나게 될 것이다. 정부의 모델은 영향력을 잃어갈 것이고 의료관광과 국외 민간보험이 부상할 것이다. 직장보험과 보험회사는 모범 사례를 모방할 것이다.

NHS가 영국 주민들을 국외로 보내는 동안 영국으로 오는 환자들도 있을 것인데, 그들 모두가 치료비를 내는 것은 아닐 것이다. NHS의 치료는 이용하는 시점에서는 무료이기 때문이다. 이는 충분한 구실이 될 수 있다. 예를 들면 영국과 상호협정을 체결하지 않은 나라의 소외계층이 무임승차를 하려는 계획을 가지고 영국에 입국할 수 있다는 것이다.

어떤 사람들은 관광비자를 받아 자기 돈으로 비행기 티켓을 사서 입국을 했다가 갑작스럽게 아이를 낳게 되거나 관상동맥 우회수술을 받아야하는 상황에 처하게 될 수도 있다. 비록 그들이 의료보험이나 신용카드를 가지고 있지 않다고 해도 응급치료기관은 그들을 돌려보내지 않을 것이다. 그러나 위급하지 않은 경우에는 환자들에게 보증금이 요구될 수 있다. 왜냐하면 그들은 완전히 결재를 하지 않은 상태에서도 자유롭게 출국할 수 있기 때문이다. 그러한 경우 발생하는 악성채무는 보건당국이 끌어안게 될 것이다. 이로 인한 부담이 가장 심각한 곳은 가장 유명한 관광지들이다. 대만은 종합적인 국민의료체계 대신 국민보험을 운영하고 있는데, 이곳에서 비거주민이 의료서비스를 받을 때에는 거주민에게 부과되는 비용의 2배를 지급해야 한다. 그러니 이러한 조치로는 문제를 해결할 수 없다. 진짜 기회주의자들은 돈을 지급하기 전에 그 자리를 뜰 것이기 때문이다.

3.4 자가 지출(Out-of-pocket)

미국은 민간 보험에 의존하고 있고, 영국은 국민보건시스템을 운영하고 있다. 그러나 이런 안전장치에도 불구하고 소외되는 환자들은 두 국가 모두에서 발생하고 있다. 비공식적인 의료서비스의 수입은 그로 인한 사회의 빈틈을 메워준다.

약 4,800만 명의 미국인(전체의 16%)은 의료보험을 가지고 있지 않다. 그리고 약 1억 2천만 명(전체의 39%)은 치과보험을 가지고 있지 않다. 여기에는 900만 명의 어린이가 포함되어 있다. 많은 사람들은 너무 가난하기 때문에, 그리고 어떤 사람들은 필요한 자격을 갖추지 못했기 때문에 보험에 가입할 수 없다. 그들 중 일부는 개인 보험에 들기 위해 필요한 비용이 너무 높아서 좌절한 저소득층 자영업자들이다(Adams et al., 2007: 1). 자영업자나 실업자, 중소기업 직원은 직장보험에 가입할 수가 없다. 자가 지출은 그들의 유일한 선택이다.

보험에 가입했다고 해서 모든 문제가 해결된 것은 아니다. 약 1560만 명의 미국인들(보험가입자의 18%)은 충분한 의료보험 혜택을 누리고 있지 못하다. 그들은 비록 보험을 가지고 있지만 보상청구권을 한도까지 모두 사용하였거나 예외 조항에 걸려 있는 상태에 처해 있다. 2008년에 발표된 한 연구에 따르면 미국인 만성질환자의 43%가 돈이 없어서 필수적인 치료를 받지 못하고 있는 것으로 나타났다.

치과치료, 심리치료, 성형수술은 별도이다. 보험관리자들은 보상대상의 경계에 서 있는 수술에 대한 보상의 거절할 것이다. 보험에 부분적으로만 가입한 사람들은 충분한 보호를 받을 수 없다. 그들은 치료를 받은 뒤 자신이 감당할 수 있는 액수 이상의 비용을 지출해야 할 것이다. 커먼웰스(Commonwealth) 펀드는 2008년에 수행한 국제적인 연구를 통해 다음과 같은 사실을 발견하였다.

> 절반이 넘는(54%) 미국인 만성질환자는 비용 때문에 권장되는 치료를 받지 못하며, 약사로부터 조제약을 구입하지 못하고, 아플 때 의사를 만나지 못한다. 다른 나라에서 그런 환자의 비율은 7~36%인 것으로 조사되었나. … 미국인 환자 중 작년에 의료서비스를 받기 위해 1,000달러 이상을 자신이 직접 지출한 사람은 전체의 41%에 달하는 것으로 나타났다. 그 비율은 영국에서는 4%, 네덜란드에서는 8%에 불과했다.

미국에서 한 가족이 평균적인 의료보험에 들기 위해서는 대략 12,680달러가 필요하다. 회사가 직원을 위해서 직장보험을 제공해준다고는 해도 직장보험이 직원의 가족들까지 보호해주는 경우는 드물다. 추가적인 보호가 시급하다. 상당한 수의 사람들이 추가비용을 감당하지 못하고 있다. 미국에서 건강하게 살기 위해서는 엄청난 비용이 필요하다. '2006년은 미국인 고용자 및 피고용자에게 분

수령이 되는 해였다. 4인 가족의 평균 의료비가 근로자의 최저임금을 초과한 것이다' (Milstein and Smith, 2007: 137).

점점 더 많은 고용자들이 직장보험을 유지하는 것을 포기하고 있다. 2008년도에는 63%의 회사들이 성인 직원을 위한 직장보험을 운영하고 있는 것으로 나타났지만, 2015년에는 이 수치가 50% 수준으로 떨어질 것으로 예측된다(Adams et al., 2007: 5). 전문 컨설턴트인 마빈 시트롱의 지적한 바대로 몇몇 기업들은 국외로 떠나고 있다. '제가 상담을 했던 기업들 중 거의 대부분이 공장들이 직원들에게 지급해야 할 보험금이 더 적거나 없는 나라, 혹은 국민의료보험제도가 시행되는 나라로 이주하는 이유로 미국의 의료보험 비용이 감당할 수 없는 수준이며 갈수록 치솟고 있다는 점을 들었습니다' (Cetron, York, 2008: 100에서 재인용). 미국에 남아 있기로 한 기업들은 공제율과 피보험자의 부담금을 높이는 방향으로 직장보험의 약관을 변경하는 추세이다. 비용분담제도를 선택한 기업은 2000년 이후 4배가 증가하였다.

비록 보험을 가지고 있다고 하더라도 20%의 자기 분담금 비율 때문에 10,000달러가 넘는 비용을 내야하는 상황이 생긴다면 그는 큰 위기를 겪게 될 것이다. 힘멜스타인(Himmelstein)과 그의 동료들은 다리가 부러지고 인대가 찢어지는 부상을 당하게 된 한 노동자가 수술 후 보험공제액과 자기부담금, 그리고 비보험치료비의 명목으로 총 13,000달러를 청구 받아서 경제적 파산상태에 몰리게 된 사례를 조사한 바 있다(Himmelstein et al, 2005). 그 노동자는 분명히 직장의료보험에 가입되어 있었다. 그러나 그에게 청구된 자기부담금은 도저히 그가 감당할 수 없는 것이었다.

은퇴자들에 대한 배려 역시 갈수록 줄어들고 있다. 1986년에는 200명 이상의 직원을 고용한 미국 회사들 중 66%가 은퇴한 직원들에게 의료보험을 제공했었다. 그러나 2008년에는 그 비율이 31%로 떨어졌다(Edelheit, 2008: 22). 결국 평생보험은 사라지게 될 것이다. 금융긴축과 불황으로 인해 기업들은 비용을 줄

여나가야만 할 것이다. 부가혜택을 받는 사람들은 거의 남지 않게 될 것이다. 미국의 60세 이상 노인인구는 1997년에서 2025년 사이에 90% 가까이 증가할 것으로 예측되고 있으며, 65세 이상 인구는 2배 증가할 것으로 예상되고 있다. 노인들은 비싼 의료서비스를 더 많이 이용하고 있다(Reisman, 2009: 22-33). 의료서비스의 단가도 상승 중이다. 2008년 미국에서 치료비는 연 8% 상승하였다. 보험료 상승과 치료비의 상승으로 인해 은퇴한 노인 직원들을 계속 배려해주는 고용주들의 수익은 점차 감소될 것이다.

결과적으로 많은 수의 고령 연금생활자들이 주정부가 제공하는 노인 의료보험제도(Medicare) 외에 다른 의료보험은 가질 수 없게 될 것이다. 그들은 충분히 많은 예비자금을 가지고 있지 않을 가능성이 크다. 2016년에 65세의 나이로 은퇴하게 될 부부는 그들이 미국인 평균 기대수명대로 남자는 82세, 여자는 85세까지 산다고 가정하면 정부가 제공하는 노인 의료보험 혜택 외에도 추가로 560,000달러가 필요할 것이다. 그러나 미국인의 40% 이상은 50,000달러 이하의 예금을 가지고 있을 뿐이다(Adams et al., 2007: 7). 이와 같은 그룹에 속하는 환자들은 뭔가 다른 새로운 것을 시도해볼 경제적인 인센티브를 가지게 될 것이다.

매년 18,000명의 많은 미국인이 보험료를 낼 수 없어서 사망하는 것으로 여겨진다. 또한 현재 2백만 명에 달하는 채무자 및 그들의 부양가족이 의료서비스 비용을 감당하지 못해 파산에 몰려 있다(Wolff, 2007). 미국의 모든 개인 파산 중 절반 이상은 의료비 때문이다. 하버드(Harvard) 법대와 의대가 수행한 표본조사에 따르면 놀랍게도 질병 때문에 파산한 사람들 가운데 75%가 질병에 걸렸을 당시 의료보험을 가지고 있었던 것으로 조사되었다. 파산에 직면한 미국인들은 평균적으로 11,854달러를 치료비로 지급해야 한 뒤부터 더 이상 보험 혜택을 받지 못하였다. 암환자들은 평균적으로 35,878달러의 채무를 가지고 있다. 합당한 보험료는 건강 문제로 인해 보험을 가지지 못한 미국인들이 특히 관심을 가지는 문제이다. 그들은 심장마비에 걸려서 직장을 잃음과 동시에 직장보험도 함께 잃었을 수 있기 때문이다(Himmelstein et al, 2005).

가장 큰 타격을 입는 사람들은 소득이 적은 미국인들이다. 하버드의 연구에 따르면 가장 평균적인 파산자는 자가 소유한 집에서 살고 있고 약간의 고등교육(tertiary education)을 받았고 자녀를 가지고 있는 41세의 여성이라고 한다. 중산층으로 산다는 것이 모든 것을 해결해주지는 않는다. 그것은 오히려 문제가 되는 지점일 수 있다. 부유한 사람들은 의료보험을 충분히 감당할 수 있다. 극빈자들은 정부에서 저소득층 의료보험제도(Medicaid)를 통해 보호해 줄 것이다. 그 사이에 끼어있는 사람들이 가장 위험하다. 전화는 종종 서비스가 정지될 것이고, 모기지는 체납될 것이다. 환자가 일을 쉬게 되면 소득은 점차 바닥을 드러낼 것이다. 악순환에 빠져서 재정적인 파산에 직면하게 된 미국인에게 멕시코에서 수술을 받거나 캐나다에서 약을 구입하는 것은 안전판이 되어 줄 것이고 나아가서는 인생을 구원받는 길이 될 것이다.

보험을 가지지 않은 사람이 사우스캐롤라이나주의 병원 중 치료비가 평균적인 수준인 곳에서 관상동맥 우회수술을 받게 될 경우에 지급해야 하는 돈은 122,000달러이다. 그러나 똑같은 수술을 방콕이나 쿠알라룸푸르에서 받을 경우에는 15,000달러만 내면 된다. 코스타리카를 찾는 의료관광객의 약 95%는 미국인이다. 그들 중 대부분은 보험에 가입하지 않았거나 부분적으로만 가입한 사람들이다. 대다수의 사람들은 모국에서 감당할 수 없는 빚을 무서워하면서 지내는 것보다 치료비가 저렴한 외국으로 떠나는 것을 선호한다. 만약 합리적인 비용의 치료를 국내에서 찾을 수 없다면 다른 곳에서 찾으면 된다. 그 결과 사람들은 평등한 접근권과 결과를 얻게 될 것이다. 이는 영국 국민보건서비스의 정신과도 일치하는 것이며, 이를 얻는 데에는 돈이 필요하지 않다. 이는 자본주의적인 공급과 수요에 따라 시장에 공급되는 것이기 때문이다.

자가 지출은 시장을 창조하는 힘을 가지고 있다. 만약 정부와 보험사가 치료비 청구서를 책임져준다면 환자들은 가격에 합당한 가치를 제공하는 서비스를 찾을 어떠한 실질적인 인센티브도 찾아내지 못할 것이다. 배상은, 시장청산가격(시장에서 수요-공급 법칙에 따라 결정되는 균형가격 - 역주)과는 달리, 사전에 결정되었고 협상된 수준을 따라가는 경향이 있다. 미국에서는 전체 의료서비스 중 87%가 치료비를 제3자로부터 받는다. 주요한 제3자 기관으로는 민간 보험(35%), 노인과 장애인을 위한 정부 의료보험(19%), 저소득층을 위한 정부 의료보험(15%)을 들 수 있다. 보험을 가지고 있는 미국인들이 치료비 1달러 중에서 자기가 지급하는 돈은 고작 13%에 불과하다. 정부의 의료보험 지원을 받고 있는 노인과 빈곤층은 치료를 받을 때 한 푼도 내지 않는다. '그 결과, 그들은 자기 돈을 쓰는 소비자들처럼 행동하지 않는다. 그리고 그들의 의료서비스 공급자들은 다른 경쟁자들과 거의 가격경쟁을 하지 않는다' (Herrick, 2007: 10).

지난 60년에 걸친 미국 의료서비스 지출의 증가율은 국민소득 증가율의 2배에 달하며, 물가 상승률의 3배에 달한다. 이와 같은 지표들은 의료서비스 비용의 상승이 결코 발전(improvements)이라는 단어로는 설명될 수 없다는 것을 보여준다. '미국에서 노인 의료보험 혜택을 받는 만성적인 환자들의 치료로 가장 뛰어난 실적을 보인 지역에서 그 환자들을 위해 사용한 돈은 미국보다 훨씬 소득 수준이 나쁜 나라에서 환자들을 위해 사용하는 돈보다 적다' (Herrick, 2008: 6). 이와 같은 고삐 풀린 것 같은 비용 상승은 지금과 달리 60년 전에는 자가 지출 환자가 47%에 달했었고 당시의 합리적인 보험 가입자들은 가격에 민감한 소비 형태를 보였었다는 사실을 통해 상당 부분 설명할 수 있다. 지금도 여전히 미용수술 시장에서는 자신의 돈으로 치료비를 계산해야 하는 신중한 소비자들이 합리적인 소비를 하는 모습을 보여주고 있다. '1992년에서 2005년 사이에 일반적인 미용수술에 들어가는 비용은 22%가 상승하였다. 반면 전체 의료서비스의 평균 비용은 77%나 상승하였다. 참고로 물가는 39% 상승하였다' (Herrick, 2008: 8).

보험에 기초한 선불 의료시장은 둔하게 움직이는 경향을 보인다. 미국 국내

의료시장에서 보험을 가지고 있는 소비자들은 (2008년 의료서비스 지출이 GDP의 16.6%에 달할 정도로 컸음에도 불구하고) 특정한 의료서비스가 정확히 얼마인지를 알지 못하는 경향을 보이는 것으로 조사되었다. '소비자들은 새로 출시된 혼다 어코드의 가격은 1,000달러 오차범위 내에서 맞추었으나 4일 간의 입원비가 얼마냐는 질문에 대해서는 12,000달러의 오차가 있는 답을 내놓았다' (Herrick, 2008: 10). 자신이 직접 비용을 지급하는 소비자들은 다르다. 그들은 반드시 가격과 서비스를 비교한다. 그들이 쓰는 돈은 한 푼도 빠짐없이 모두 자신의 호주머니에서 나오는 것이기 때문이다.

인도에서는 의료서비스 지출의 78%가, 그리고 멕시코의 경우에는 51%가 이와 같은 자가 지출의 형태를 띤다. 국제 의료시장의 소비자들은 대부분이 냉정한 현금 지급자이다. 가격에 민감하고 비용에 내한 지식을 가지고 있으며 치료비를 자가 지출하는 환자들은 비용이 얼마인지가 사전에 공개되어야 한다고 강하게 요구한다. 그들은 의료기업들로부터 더 적은 비용으로 더 많은 것을 제공하고 환자들을 기다리게 하지 않겠다는 보장을 받아내고 싶어 한다.

번지르르한 말로 치장된 의료서비스의 감추어진 진실을 직시하고자 하는 소비자들의 경향이 강화되는 것은 의료서비스 상품을 간소화하려는 전문 관리자들의 성향에 대한 대응이라고 할 수 있다. 국제적인 사업을 펼치고 있는 병원 중 일부는 호텔업계나 자동차업계 출신의 지극히 이성적인 경영자에 의해 운영된다. 의사들과는 달리 그들은 단 한 번도 서비스 윤리에 대해 교육받아본 적이 없다. 그들이 제대로 알고 있는 것은 마케팅과 효율성, 그리고 판매기술 뿐이다. 그들은 경쟁에서 살아남기 위해서는 고객들을 반드시 만족시켜야만 한다는 것을 잘 알고 있다. 그들은 자신이 시장에서 경쟁력을 갖추기 위해서는 좋은 질의 의료서비스를 합리적인 가격에 제공해야만 한다는 사실에 대해서도 잘 알고 있다.

만약 미국이 포괄적인 국민의료보험 체계를 운영했더라면 사우스캐롤라이나 주의 환자들이 혈관 우회수술을 받으러 방콕까지 찾아갈 필요는 없었을 것이라고 말할 수도 있을 것이다. 모든 국민들에게 기본적인 치료를 받을 권리를 보장하는 의무 보험이 만들어진다면 미국의 소외된 계층은 더 이상 그들이 구매할 수 있는 치료서비스를 찾기 위해 전 세계를 뒤지지 않아도 될 것이다. 이것은 여러모로 큰 축복이다. 18,000명에 달하는 많은 미국인의 생명을 구함으로써 감히 헤아릴 수 없는 가치를 실현할 수 있을 것이고, 또한 가장 적합한 의료서비스를 찾아 전 세계를 헤매는 사람들은 줄어들 것이다. 더 많은 수요가 제한된 공급을 좇게 되면 의료서비스의 단가는 오르기 마련이다. 수문의 개방은 군중들이 밀려들어오는 결과를 낳을 것이다.

국민의료보험은 가격의 상승과 대기의 장기화로 이어질 수 있다. 전 국민에게 보험을 제공하는 동시에 인증받은 국외 의료서비스에 대한 배상을 보장해주는 것은 이 문제에 대한 하나의 해결책이 될 수 있다. 또 다른 해결책으로는 국민보험은 국내에서만 이용할 수 있도록 하고 대신 국민보험을 통해 얻을 수 있는 서비스 이상을 원하는 환자들에게는 자가 지출을 권장하는 방안을 들 수 있다. 영국의 국민보건서비스와 같은 최상급의 보험제도가 시행되는 곳에서도 규칙에 맞지 않는 비표준적인 요청은 항상 존재한다. 이러한 상황에서 개별적인 요구조건을 가진 소수의 사회성원들은 두 배의 비용을 지급하게 된다 하더라도 만족할 만한 서비스를 찾기 위해 정해진 보험 네트워크 밖으로 떠날 것이다.

어떤 환자들은 대기시간을 줄이기 위해 기꺼이 돈을 지급하려고 한다. NHS의 의료서비스 제공량은 가격이 아니라 대기시간에 달려 있으며 따라서 더 많은 돈을 제시한다고 해서 앞선 대기자보다 더 빨리 치료를 받을 수 있는 것은 아니기 때문에 심한 고통과 스트레스를 받고 있거나 마음이 조급한 환자들은 국외에서 해결책을 찾아야만 한다. 또한 환자들 중에는 섀도우 서비스(shadow service: 국내에서는 치료에 제약이 있어서 은밀하게 받아야 하는 의료서비스 – 역주)를 필요로 하는 이들도 있다. NHS는 임상실험 중인 신약이나 장기를 구입하는 것을 허용하고 있지 않다. 따라서 이러한 치료를 받고 싶은 환자들은 자유로운 국제 시장에서의 거래에 의존해야 할 것이다. 은퇴한 영국인 연금생활자 중 외국에서 살고 있는 사람들에 대해서도 생각해보아야 한다. 그들 중 많은 사람들이 NHS의 혜택을 받고 있는데, 왜냐하면 유럽연합 내에서는 12개월 중 6개월 이상을, 그리고 그 외의 지역에서는 12개월 중 3개월 이상을 국외에 체류했을 경우에만 NHS의 혜택이 제한되기 때문이다. 이를 볼 때, 영국인들이 그들이 평생에 걸쳐 일궈낸 빛나는 태양 속에 살고 있다는 사실을 부인하기는 어려울 것이다. 그럼에도 불구하고 자가 지출은 그들이 자신의 건강을 유지하는 방법이 될 수 있다.

어떤 사람들은 부유하지만 어떤 사람들은 그렇지 못하다. 이를 상기한다면 비교적 저렴한 치료서비스가 절대적인 비용기준에서는 비싼 것일 수 있다는 사실을 쉽게 이해할 수 있다. 그러한 이유에서 의료관광 업체들은 환자들이 가지고 있는 자원의 한계치를 미리 계산해본다. 어떤 환자들은 예금을 가지고 있을 것이고, 어떤 환자들은 그를 보살펴줄 가족을 가지고 있을 것이다. 그리고 극단적인 상황에 처해있는 환자들은 대출을 받아야만 할 것이다.

이자는 치료비용을 상승시킨다. 할부금은 수술 후 회복 중인 환자에게 심리적인 부담을 안겨줄 수 있다. 많은 관찰자들은 의사가 금융회사의 중개자 역할을 맡는 것을 불쾌하게 생각했으며 심지어는 비윤리적이라고 판단하기도 하였다. 담보대출은 집에 대한 두 번째 모기지가 될 것이다. 시장에서 통용되는 자산을 가지지 못한 대출자는 자금을 조달하는 데에 더 큰 어려움을 겪게 될 것이며, 심지어는 자가 소유한 집이 있어도 지나친 유동성 부족 때문에 위험에 민감한 은행으로부터 자금을 빌리지 못할 수도 있다. 경제 위기가 찾아오면 정부는 불량 채권들을 인수하는 것으로 알려져 있다. 그러나 평소에는 은행이 그러한 불량 채권들의 손익계정 운영을 담당한다. 고리대금업자나 범죄자 말고는 돈을 빌릴 곳이 없는 환자들에게 도덕적 해이(moral hazard)에 대한 체계적인 보호책은 충분한 위안거리가 되지 못한다. 심지어는 고리대금업자나 범죄자조차도 그들에게는 돈을 빌려주려 하지 않을 수도 있다.

보험 미가입자 중 비교적 자금의 여유가 있는 이들은 저축해둔 예금을 사용하거나 가족들에게 지원을 받거나 아니면 대출을 받아서 15,000달러만 마련하면 방콕의 병원에서 혈과 우회수술을 받을 수 있을 것이다. 같은 수술이 미국에서는 122,000달러라는 것을 생각하면 이는 충분히 감당할 수 있는 수준이다. 그러나 가진 기술이 없는 사람들, 사회로부터 버림받은 사람들, 직업을 가질 수 없는 심각한 장애자들, 하루 1달러를 버는 최저임금 노동자들과 같은 이들은 그런 자금의 장벽을 뛰어넘는 것이 더욱 어려울 것이다. 자가 지출은 의료서비스에 대한 보장을 뜻하지 않는다. '의료관광' 이라는 긍정적인 이름을 '의료망명' 이라는 부정적인 표현으로 교체할 수도 있다. 그러나 그것은 이 세상에는 최후의 망명지에 도달하는 비용조차 낼 수 없는 사람들이 수없이 많이 있다는 사실을 눈 가리고 아웅하는 식으로 외면하는 것에 지나지 않는다. 가난한 사람들 중에서도 가장 가난한 사람들은 기회조차 잡을 수 없다.

3.5 간호(Care)와 치유(Cure)

거주간호는 국외의 의료센터가 더 낮은 가격을 제시할 수 있는 영역이다.

> 대부분의 미국 지역에서 자택 간호에 들어가는 비용은 연 60,000달러를 쉽게 뛰어넘는다. 그러나 멕시코에서는 1/4 수준의 비용으로 높은 질의 장기 거주간호 서비스를 누릴 수 있다. 월 1,300달러면 세탁, 청소, 식사 서비스와 간호사의 정시 방문 서비스를 제공해주는 고령자들을 위한 스튜디오 아파트 한 채를 임대할 수 있는 것이다(Herrick, 2007: 3).

미국에서의 서비스 평균 비용은 멕시코의 4배에 달한다. 그런 까닭에 현재 멕시코에는 약 80,000명의 미국인 고령자들이 살고 있다. 그들은 정부의 의료보험(Medicare) 혜택을 누리지 못하기 때문에 생활비를 효과적으로 지출해야만 한다. 그들은 그들이 스스로 움직일 수 없게 되어도 멕시코의 의료시설로부터 장기간의 거주간호 서비스를 합리적인 가격으로 제공받을 수 있다는 사실에 안도감을 느낀다.

인도에서도 거주간호는 새롭게 떠오르는 시장이다. 현재 아폴로(Apollo) 병원과 같은 의료체인들과 임팩트 시니어 리빙(Impact Senior Living)과 같은 사업체들이 은퇴숙소에 투자를 진행하고 있다. 이는 가족들이 보살핌을 담당했던 과거의 문화적 전통이 허물어지고 있다는 것을 뜻하며, 또한 친척 간의 연대가 과거보다 약해졌음을 보여준다. 인도에서 은퇴숙소촌에 입주하는 데 드는 비용은 보증금 85,000달러에 월세 250달러 수준으로 서양 국가에서 드는 비용보다 저렴하다(Rai, 2008: 66). 은퇴숙소의 전반적인 분위기는 인도풍에 가까울 것이다. 은퇴숙소 서비스는 처음에는 인도의 부유한 지역주민들 사이에서 인기를 끌 것이다. 2030년이 되면 인도의 65세 이상 고령인구는 2억 명을 넘어설 것으로 예상된다. 또한 수많은 인도인들이 일을 위해 외국으로 떠나갔는데, 이들이 은퇴 후에 인도에 돌아오게 된다면 은퇴숙소는 그들에게 매력적인 대안이 될 수 있을 것이다. 외국인들이 입주하는 사례도 수년째 이어지고 있다.

싱가포르는 도움받는 생활을 찾는 외국인들을 불러들일만한 자원을 가지고 있지 않다. 필리핀이나 태국과 달리 싱가포르에서는 은퇴한 일본인이나 미국인을 위한 합리적인 가격의 간호주택을 찾아볼 수 없다. 싱가포르가 관심을 기울이고 있는 사람들은 인생의 마지막 장을 걱정하는 고령 인구이다. 베이비붐 세대에 관한 한 연구에 따르면 오직 37%만이 남은 인생을 그들의 자녀와 함께 보낼 것이라고 기대하는 것으로 나타났다. 같은 연구에서 다른 14%는 간호주택에서 사는 것도 괜찮다고 답변하였으며, 25%는 은퇴숙소촌으로 이사하기 위한 절차를 밟고 있다고 답변하였다(Chan and Yap, 2009: 69). 한편 약 93%는 그들이 싱가포르에서 계속해서 살아갈 것이라고 대답하였다. 그러나 코즈웨이(the Causeway: 말레이시아와 싱가포르를 잇는 다리 – 역주)만 건너면 말레이시아라는 사실을 잊어서는 안 된다. 말레이사아에서는 싱가포르의 절반 가격으로 거주간호 서비스를 제공받을 수 있다. 말레이시아라는 대안을 선택한다면 상당한 돈을 아끼게 될 것이다.

외국에서의 거주간호 서비스를 받는 것은 확실한 기간이 정해지지 않은 체류의 성격을 지닐 수 있다. 그것은 모국의 집에서 지내는 기간 사이에 샌드위치처럼 끼어있는 장기간의 방문을 의미할 수도 있다. 예를 들면 보호 시스템을 갖춘 숙소나 병원 근처의 적당한 호텔에서 장기간의 휴가를 보내는 경우가 그러할 것이다. 일부 보험사들은 실제로 그런 서비스를 운영하고 있다. 노르웨이나 핀란드에 살고 있는 그들의 고객이 추운 겨울을 고향에서 보내는 것보다 터키나 태국에서 보내는 것이 비용 면에서 그들에게 이득이기 때문이다. 장기체류 여행은 계설적인 측면과 경기적인 측면에서 자유롭다는 이점을 가지고 있다. 비수기일 때, 혹은 불경기로 인해 관광예약이 줄어들었을 때, 국외로 거주간호 서비스를 받으러 가는 은퇴자들은 일괄예약을 함으로써 시설을 할인된 가격에 제공받을 수 있을 것이다.

3.6 가격과 실행(Performance)

가격은 중요하다. 그리고 다른 요인들 역시 중요하다. 가격이 국외 치료의 수요를 결정하는 가장 중요한 요소인지, 아니면 수요 결정에 관여하는 수많은 요소들 중 하나일 뿐인지를 밝히는 것이 이 마지막 장의 목적이다.

3.6.1 비교우위(Comparative Advantage)

리카도(David Ricardo)는 그의 저서 『경제학 원리(Principles of Political Economy)』에서 무역에 참여하는 국가가 각각 경제 활동 영역에서 자신이 가장 잘하는 것을 특화시켰을 때 효율성 획득이 최대화되며, 그 외의 다른 경제 활동 영역에 투입을 늘이면 생산성은 하락하게 된다고 주장하였다. '이와 같은 원리에 따라 와인은 프랑스와 포르투갈에서 생산되어야 마땅하고, 옥수수는 미국과 폴란드에서 재배되어야 마땅하고, 기계와 다른 공산품들은 영국에서 제조되어야 마땅하다' (Ricardo, 1951[1817]: 134).

각 국가가 특화시켜야 하는 분야는 상대적인 우위만 가지고 있으면 되며, 절대적인 우외를 가지고 있을 필요는 없다. 그리고 그 결과는 국가 간 무역을 통한 삶의 질 향상으로 나타나게 된다. 반면 자급자족은 낮은 생산성과 높은 비용을 의미할 뿐이다. 불필요한 의료자격 심사와 같은 비과세 장벽 뒤에 숨어있는 나라는 이러한 사실에 대해 자각해야 할 필요가 있다.

비교우위가 의미하는 것이 무엇인지를 이해하는 것은 수출이 기후, 토양, 천연자원에 의해 결정되었던 초기 경제체계 하에서는 쉬운 일이었다. 광대한 영토를 가진 미국은 인구밀도가 높은 영국으로 농산품을 수출하였다. 풍부한 자본을 가진 영국은 농업국가인 브라질에 기관차를 수출하였다. 사우디아라비아는 석유를 수출했다. 그리고 발리는 변덕스러운 자연이 그들에게만은 관대한 덕분에 아름다운 해변을 수출함으로써 잉여가치를 누릴 수 있게 해주었다.

그러나 후기 경제체계를 이해하는 것은 훨씬 어렵다.

> 컴퓨터 회사가 밀집해 있는 실리콘 밸리(Silicon Valley)에는 … 실리콘 광산이 없다. 그곳은 제록스(Xerox)의 팔로 알토 연구소(Palo Alto Research Center)와 스탠포드(Stanford) 대학과의 근접성, 그리고 휴렛(Hewlett)과 팩커드(Packardt)라는 이름을 가진 두 젊은이를 가지고 있을 뿐이다. 실리콘 밸리는 그곳이 아닌 다른 곳에서도 나타날 수 있었다(Blinder, 2006).

후기 경제체계에서 자연은 주변적인 위치로 밀려났으며, 노동 투입에 완전히 가려져 버렸다. 생산성에서의 우위는 상당 부분 사람에 의해 만들어진다. 그것은 시간에 따라 변화할 수 있으며, 또한 공공정책에 따라 변화될 수도 있다.

바그와티(Bhagwati)는 '만화경 비교우위'라는 표현을 사용하여 국가의 고유한 잠재력이 쉽게 변화한다는 점을 지적하였다(Bhagwati, 1998: 40). 한 국가의 가장 유리한 산업분야는 고정되어 있는 것이 아니다. 그것은 자본이 축적되고 숙련도가 상승하고 자경 농업이 신기술에 자리를 내어줌에 따라 점차 역동적으로 변화해간다. 의료서비스 산업만큼 쉽게 변화하는 분야는 없다. 멕시코는 한편으로는 풍부한 토지와 노동력, 그리고 저렴한 지대와 임금이라는 유리한 조건을 가지고 있으며, 다른 한편으로는 부족한 물적 자본과 인적 자본, 높은 이자율, 그리고 희소한 전문가라는 불리한 조건도 가지고 있다. 이와 같은 장점과 단점의 조합을 가지고 어떻게 경쟁력 있는 비용이라든가 시장 균형가격을 이끌어낼 수 있는지의 문제는 명확한 답을 가지고 있지 않다. 무언가 변화가 일어나기 전까지 이와 같은 조건들은 특별한 의미를 가지지 않는 조건들로 남아있을 것이다.

3.6.2 무역전환

미국에서 의료관광은 부분적으로 높은 국내 치료비에 대한 반작용으로서의 성격을 지닌다. 회사들은 직원들에게 부가혜택을 제공하는 데에 수익을 소진하고 있다. (직장 의료보험 때문에 발생하는 비용이 회사 측에 큰 부담을 주고 있다는 뜻 – 역주) 가처분 소득은 자기 지출분 의료비를 충당하는 데에 쓰고 나면 남는 것이 없다. 의료서비스의 가격은 매년 8%씩 상승하고 있다. 이런 상황에서 소비자들이 절망감을 느끼는 것은 전혀 이상한 일이 아니다. 미국을 떠나는 의료관광객 수가 증가하는 속도는 미국으로 입국하는 의료관광객 수의 증가속도를 능가한다. '이러한 경향이 지속된다면 미국의 의료서비스 공급자들은 매년 수십억 달러에 달하는 손해를 입게 될 것이 자명하다'(Rhea, 2008). 2008년에 미국의 의료서비스 공급자들이 의료관광으로 인해 잃은 수익은 160억 달러에 이르는 것으로 조사되었다. '이 금액은 2010년에는 325%가 증가하여 680억 달러에 이를 것으로 예상되고 있다' (ibid.). 이는 3년간 3% 수준에서 국내 병원에서 국외 병원으로의 무역전환이 일어났을 경우를 가정한 것이다.

그러나 시장경제학은 전환(turning points)에 관한 과학이다. 점진적인 전지구화는 점진적인 균형의 회복을 의미한다. 전지구화로 인해 투입 자원과 소비자가 자유롭게 이동할 수 있게 될 것이기 때문이다. 유럽연합 내에서 치과치료비가 가장 싼 국가는 헝가리이고 가장 비싼 국가는 영국이다. 그러나 차익거래와 합리적인 선택은 이와 같은 상황을 변화시킬 것이다. 치과의사들이 떠나고 환자들이 들어오면서 두 국가의 가격은 점차 같아지게 될 것이다. 인도와 태국의 병원들이 비용 면에서의 경쟁력을 영원히 유지할 수는 없을 것이다. 벌써 몇몇 미국의 병원들은 외국의 가격과 동일한 가격에 의료서비스를 제공하고 있다. 그러나 의료서비스 시장에서 불길한 일이 일어날 것이라고 확신한 콘넬(Connell)은 너무 성급하게 다음과 같이 말하였다. '부유한 나라는 경쟁력을 거의 갖추지 못하고 있으며 구체제를 회복하는 데에 실패하고 있다. … 의료관광은 역전된 방향으로 나아갈 것이다. … 경제학은 의료관광의 부상을 명확하게 예견하고 있다. 대다수의 아시아 국가과 대다수의 선진국 사이에는 상당한 가격 격차가 존재하며 이 격차는 계속해서 벌어지고 있는 중이다' (Connell, 2006: 1095, 1097).

만약 실리콘 밸리가 실리콘 광산 위에만 세울 수 있는 것이라면, 그리고 만약 방콕 헬스가 방콕에만 들어설 수 있는 것이라면, 그들은 자신이 영속적인 비교우위를 가지고 있다고 주장할 수 있을 것이다. 그러나 그것은 사실이 아니다. 병원들이 취할 수 있는 최대한 전략은 공급이 국제적으로 이루어지는 의료서비스의 가격은 낮추고, 대신 모드 1~4의 영향을 받지 않는 의료서비스의 가격은 올림으로써 손실을 만회하는 것이다. 탈장 환자는 현행 시장가격을 제공하는 병원을 찾을 것이다. 그러나 응급 환자나 신장투석이 필요한 환자, 만성폐질환을 가지고 있는 환자는 상황이 허락하는 가장 빠른 의료서비스를 받고자 할 것이다.

가격은 수렴하기 마련이다. 그러나 가격이 완전히 동일해질 것이라고는 확실하게 말할 수 없다. 이동과 숙박은 항상 추가비용을 발생시키기 때문이다. 선발사업자는 브랜드 인지도를 획득하게 될 것이며, 이는 지대와 같이 작용할 것이다. 의료관광의 목적지가 익숙하지 않은 곳일 경우에는 가격이 할인되어야 할 것이다. 생활방식, 언어, 의료서비스에 대한 법적 책임, 안전 등과 같은 측면에서 많은 차이가 있을 수 있기 때문이다. 병원과 의료전문가의 시장 진입을 막는 장벽이 있는 시장은 경쟁적이지 않을 것이다. 또한 환자들은(특히 장기체류 환자들은) 친구와 가족의 보호로부터 멀어지는 것을 원치 않을 것이다. 장거리 비행은 유쾌한 경험이 아닐 수 있다. 비행기를 처음 타보는 사람들도 있을 것이고, 그저 외국으로 나간다는 사실만으로 불안을 느끼는 사람도 있을 것이다. 외국에서 휴가를 즐기는 사람들이 점점 더 많아진다면 이러한 문제들은 아마 덜 중요한 것으로 여겨지게 될 것이다.

국제 정치문제와 지정학적 재난은 환자의 비자 심사를 지연시킬 것이다. 보험사들이 보상을 거부할지도 모른다. '만약 보험사들이 의료관광에 대한 보상을 제공해준다면, 잠재적인 미국 시장의 규모는 아마 연 500,000~700,000명 수준이 될 것이다. … 이로 인해 절약되는 금액은 약 200억 달러에 달할 것이다' (Ehbeck et al., 2008). 환율 통제와 불투명성은 단일 가격의 형성을 가로막는 장애물이다. 수술을 집도한 의사가 후속 치료를 담당할 수 없게 될 경우 발생하기 마련인 (장기) 치료의 연속성 문제도 단일 가격 형성을 방해할 것이다. 의료시장은 국가나 지역의 틀 안에 묶여 있어서는 안 되며, 완전하게 국제적인 것이 바람직하다. 그러나 이와 같은 장애물들이 있는 한 일물일가의 가격의 법칙이 여전히 요원하다.

이러한 장애물들은 분명히 존재하고 있으며, 그것들은 의료관광을 억제하고 있다. 그 결과 경계선 상에 있거나 특별한 이득을 보지 않는 상황에 놓인 환자들은 외국으로 치료받으러 가는 것을 포기하게 된다. '보험을 가지고 있지 않은 미국인 의료관광객들을 대상으로 최근 조사한 바에 따르면, 환자들에게 요구되는 최소 예금액이 10,000달러 수준인 것으로 나타났다'(Ehbeck et al., 2008). 가격은 편차가 클 때 수렴한다. 만약 가격 차이가 10,000달러 이내일 경우 그 차이는 타성적으로 무시될 것이다.

3.6.3 수요곡선과 의료관광

가격은 중요하다. 2008년 영국에서 실시된 설문조사에서 국외치료 경험이 있는 응답자의 83%가 그 목적이 치료비를 아끼는 데에 있었다고 답변하였다. 그중 일부 응답자들은 상당한 성공을 거둔 것으로 나타났다. 구체적으로, 17%의 응답자가 10,000파운드 이상을 절약했다고 답변한 것이다. 유방 확대수술과 무릎 대체수술을 받은 응답자들 몇몇은 여행과 숙박에 들어간 비용을 포함하고서도 거의 60%를 절약한 것으로 조사되었다(Treatment Abroad, 2008).

그러나 더 자세한 조사는 현실이 그보다 더 복잡하다는 것을 보여준다. 갤럽이 수행한 유로바로미터 설문조사에 따르면 의료관광을 떠나는 가장 중요한 이유로 낮은 가격을 꼽은 응답자는 전체의 48%에 그쳤을 뿐이다. 낮은 가격은 매력적이지만 의료관광객들이 일순위로 생각하는 이점은 아니다. 그들은 의료관광을 통해 국내에서는 제공되지 않는 의료서비스를 받을 수 있다는 것(91%), 더 높은 질의 의료서비스를 받을 수 있다는 것(78%), 명성 있는 전문가에게 치료를 받을 수 있다는 것(69%), 대기 시간이 짧다는 것(64%) 등을 낮은 가격보다 더 중요하게 생각하고 있었다(Gallup Organization, 2007: 5, 11).

맥킨지는 2008년에 좁은 의미에서 의료관광객으로 규정되는 사람들(국외의 의료시설에 입원하여 수술 등의 의료서비스를 제공받은 환자들 – 역주)이 국외에서의 입원치료를 선택한 이유에 관한 조사를 다양한 국가에서 동시에 수행하였다. 이 조사에 따르면 40%는 가장 발전된 기술의 혜택을 받기 위해 외국을 선택한 것으로 나타났다. 그 다음으로 32%의 응답자들은 모국에서 (그들의 모국은 대개 저개발 국가였다) 제공되는 수준보다 더 높은 질의 치료서비스를 받고자 했던 것으로 나타났다. 세 번째로 높은 응답률을 보인 답변은 모국에서는 너무 오래 기다려야 하기 때문에 의료관광을 선택하였다는 것으로 15%의 응답자가 이렇게 답하였다. 가격 측면에서의 이득과 관련된 답변들은 응답 순위표의 가장 아래쪽에 포진해 있었다. 단 9%의 응답자만이 외국병원이 의학적으로 필요한 수술을 더 낮은 가격에 제공해주었기 때문이라고 답변하였으며, 선택적 치료의 가격이 더 싸기 때문이라고 답변한 비율은 고작 4%에 불과하였다. 다시 말해 단 13%의 응답자만이 적합한 치료비 때문에 의료관광을 선택하였던 것이다(Ehrbeck et al., 2008).

미국 환자들은 대다수가 가격에 민감하게 반응하는 응답자 그룹에 속하는 것으로 나타났다. 그들 중에는 복벽성형수술, 지방흡입수술, 코성형수술 등의 선택적 수술을 받은 환자들이 특히 많았다. 점차 소득이 증가하면 의료관광 시장은 크게 성장하게 될 것이다. 그런데 13%라는 수치는 너무 작다. 맥킨지가 의료관광객의 범주에 외래환자들과 건강 유지용 치료를 받는 환자들을 포함시켰다면 결과는 달라졌을지도 모른다. 그럼에도 불구하고 맥킨지의 조사결과는 충격적이다. 거리 악사들의 연주는 코벤트 가든(Covent Garden: 영국의 왕립 오페라 극장 – 역주)의 공연보다 싸고, 햄버거는 사보이 호텔(the Savoy: 영국 런던에 위치한 최고급 호텔 – 역주)에서의 식사보다 싸다. 가격은 중요하다. 그리고 다른 것들은 더 중요하다.

[04 서비스의 질]

환자가 국외로 나가는 두 번째 이유는 높은 수준의 서비스를 누리기 위해서이다. 유출 국가(타국으로 의료관광을 떠나는 환자가 모국으로 오는 환자보다 많은 국가 - 역주)의 병원 중 일부는 분명히 세계 최고 수준의 서비스를 제공하고 있다. 그러나 그들 모두가 선두주자로서의 뛰어남을 갖추고 있는 것은 아니다. 최고등급에 속해 있는 인도나 태국의 병원은 테네시주 시골의 그저 그런 동네의원보다 더 뛰어난 장비와 인력을 갖추고 있다. 외국 병원이 제공하는 의료서비스 질의 향상은 의료관광의 고속 성장을 가능케 해주었다. 만약 그런 서비스 질의 향상이 선행되지 않았다면 의사와 보험사는 그들에게 주어진 전문적인 책무를 충분히 수행하지 못하는 윤리적인 문제가 발생하였을 것이다.

서비스의 수준은 아마 더 나을 것이고, 가장 안 좋다고 해도 비슷한 정도로 좋을 것이다. 밀스타인(Milstein)과 스미스(Smith)는 국외의 평균적인 의료서비스를 국내의 평균적인 의료서비스와 비교하는 연구에서 국외치료가 '더 저렴하면서도 국내치료와 거의 구별되지 않는 수준의 서비스 질을 제공해준다' 고 말하였다(Milstein and Smith, 2006: 141). 다시 말하자면 국외치료가 지급한 돈에 합당한 가치를 지닌다는 것이다. 태국 범룽랏 병원의 전 CEO인 커티스 슈로더(Curtis Schroeder)는 '우리는 쉐보레 가격으로 캐딜락을 제공한다' 라고 말하였다(Economist, 2008). 충분히 좋고 그렇게까지 비싸지 않은 병원이 단지 창밖으로 보이는 풍경이 금문교가 아니라 야자수라는 이유만으로 선택의 대상에서 자동적으로 제외되어서는 안 된다.

이번 장에서는 치료의 질에 관한 논의를 6개의 섹션으로 나누어 살펴볼 것이다. 섹션 1 '인식과 현실' 에서는 여행자들이 원하는 것은 무엇이고 실제로 얻게 될 가능성이 높은 것은 무엇인지를 살펴볼 것이다. 섹션 2 '의료사고' 에서는 뭔가가 크게 잘못되었을 때 발생할 수 있는 최악의 시나리오에 대해 알아볼 것이다. 섹션 3 '정보' 에서는 소비자들이 그들이 구매하고자 하는 세품에 관한 상세한 정보를 얻어내는 방법에 대해 논의할 것이다. 섹션 4 '여행 매니저와 중개인' 에서는 다양한 스펙트럼의 선택사항을 마주한 환자의 결정을 도와주는 조언자들에 관해 알아볼 것이다. 섹션 5 '국제적 협력' 에서는 지역에서 활동하는 회사가 명망 있는 파트너와의 협력을 발판삼아 국제적인 수준으로 올라서는 것에 관해 논의할 것이다. 섹션 6 '인증제도' 에서는 병원과 전문의들이 인증제도를 통해 그들이 충분히 좋은가를 검증받는 것에 대해 살펴볼 것이다.

4.1 인식과 현실

외국에서의 치료는 더 나은 치료를 의미할 수도 있고, 반대로 인재와 더 심한 합병증을 의미할 수도 있다. 병원에 들어올 때보다 나갈 때 몸의 상태가 더 나빠지기를 바라는 사람은 없지만 치료의 결과가 어떠할 것인지를 확실하게 예측하는 것은 불가능하다. 의료서비스는 특이한 산업이다. 사람들은 그가 수술대에서 죽을지도 모르는데 그럼에도 불구하고 돈을 지급한다. 바로 그것이 국외치료를 받고자 하는 사람들이 저렴한 의료서비스와 비싼 의료서비스의 차이에 대해 반드시 알아야만 하는 이유이다.

4.1.1 바로 여기에서도 사고는 일어날 수 있다

외국에서 치료를 받는 것은 위험할 수 있다. 그러나 국내에서 받는 치료도 위험하기는 마찬가지이다. 미국에서 수행된 한 표본조사에 따르면 의학적으로 적절한 치료를 받는 환자는 53%에 불과한 것으로 나타났다. 환자가 민간보험에 가입했든, 국민보험에 가입했든, 아니면 보험이 없든 상관없이 그 비율은 동일했다. 미국이나 영국을 의료서비스의 질에 대한 벤치마크 기준으로 삼으려는 시도가 있지만 현실은 불안하기만 하다. 미국 의사들도 돈을 벌기 위해서 전혀 필요하지 않은 수술을 환자에게 권유하며, 영국에서도 항생제의 잘못된 처방에 의해 MRSA(메티실린 내성 황색 포도상구균: 메티실린 등의 항생제에 강한 내성을 가지고 있는 슈퍼박테리아로서 감염을 통해 여러 가지 난치병을 일으킨다 – 역주) 환자가 발생한다.

의학협회(Institute of Medicine)에 따르면 미국에서 의료사고로 사망하는 환자는 연간 적게는 48,000명에서 많게는 98,000명에 이른다. '가장 낮은 추정치를 적용한다고 하더라도 … 의료사고로 사망하는 사람의 수는 오토바이 사고나 유방암, 혹은 에이즈로 인해 사망하는 사람의 수를 웃돈다'(Institute of Medicine, 2000: 26). 존스홉킨스대학은 그 수치를 225,000명으로 추산하였다. '미국에서 의료사고는 세 번째 가는 사망원인이다'(International Medical Travel Journal, 2008e). 의료사고의 원인 중 하나는 절차의 누락이다. 당뇨병 환자의 24~29%만이 정기적으로 헤모글로빈 검사를 받는 것으로 조사되었는데, 이 검사는 합병증을 조기 발견하기 위해 반드시 필요한 것이다. 의료사고의 또 다른 원인은 커미션이다. 병원은 간단한 엑스레이 촬영으로 충분한데도 불구하고 환자에게 MRI 검사를 권할 때가 있다. 의료과실로 인한 손해는 연간 35억 달러에 달한다(Adams et al., 2007: 1, 11). 이 수치가 의미하는 것은 의료사고가 일상적으로 일어나고 있다는 것이다. '미국인 환자의 1/3이 … 잘못된 처방전을 받거나, 의료과실을 경험하거나, 틀린 검사 결과를 받거나, 또는 치명적인 검사 결과를 뒤늦게 접한 것으로 보고되었다'(Health Affairs, 2008). 네덜란드(17%)나 프랑스(18%), 독일(19%)의 의료과실 비율은 그보다 훨씬 낮다. 이들 나라의 환자들은 약 80%가 의사로부터 적절한 치료를 받는 것으로 조사되었다. 이 역시 완전히 안심할 수 있는 수준은 아니지만, 미국보다 훨씬 사정이 좋다는 것만은 확실하다.

영국의 보건의료위원회(Healthcare Commission)에 따르면 선진국의 병원환자 10명 중 1명이 의료과실을 경험한다고 한다. 잘못된 진단 결과가 전달되거나, 다른 종류의 약이나 잘못된 복용량이 처방되거나, 잘못된 부위를 수술하거나, 환자들의 서류가 뒤섞여 버리는 일이 일어나는 것이다. 질병으로 병원에 입원해 있는 환자 중 1/3은 의료과실로 인해 심각한 병에 걸리거나 심지어는 죽기까지 한다. 환자가 경험하는 부작용 중 상당수는 과거의 실수를 충분히 곱씹었다면 충분히 예방할 수 있는 성질의 것이다.

영국에서는 독립감시기구인 인공수정 및 배아발생 관할청(Human Fertilisation and Embryology Authority)의 경계에도 불구하고 2006~2007년에 시험관 시술 10,000건 당 40번의 실수가 발생한 것으로 조사되었다. 2003~2004년에는 10,000건 당 15번의 실수가 발생했었다. 한번은 백인 부부에게서 흑인 쌍둥이가 태어나는 사고도 있었다. 초기치료의 경우 의료과실의 비율은 10,000건 당 80번으로 상승한다. 의료과실의 20%는 환자에게 치명적인 결과를 가져다준다. '영국에서 의료과실로 인해 발생한 비용은 2006/7년에 5억 7900만파운드에 달하는 것으로 조사되었다'(Healthcare Commission, 2008: 30). NHS 트러스트(영국의 국민보건서비스에서 운영하는 보험기금으로 우리나라의 건강보험관리공단과 비슷한 기구이다 – 역주) 환자 중 오직 절반 – 정확하게는 49% – 만이 안전 기준을 충족시키는 치료를 받고 있다.

영국의 국가환자안전국(National Patient Safety Agency)은 2007년 4월부터 2008년 3월 사이에 959,590건의 의료과실과 준의료과실이 보고되었다고 발표하였다. 그 중 7,660건은 심각하게 위험한 경우였으며 사망사고는 3,471건에 달하였다. 또한 환자연맹(Patients Association)은 표본조사 결과를 바탕으로 2002년에서 2008년 사이에 약 백만 명의 NHS 환자가 더러운 환자복을 지급받거나, 수술을 취소당하거나, 불충분한 식사를 공급받거나, 서투른 재검을 받거나, 잘못된 진단 결과를 받거나, 직원에게 무시당하는 등 열악한 치료를 받았을 것으로 추정하였다(Patients Association, 2009: 3). 이보다는 제3세계의 가장 좋은 병원들이 제공하는 치료가 더 나을 것이다.

4.1.2 더 좋은 치료

제1세계의 병원에서도 수술 중 패혈증에 감염되거나 몸 안에 수술도구를 남겨놓은 채로 수술부위를 봉합하는 사고가 일어날 수 있다. 또한 제1세계의 병원에서도 더러운 피의 수혈에 의해 간염이나 에이즈 환자가 발생할 수 있다. 그러나 선진국 국민들은 보통 두바이나 첸나이에서 받는 치료를 충분히 좋은 것이라고 생각하지 않는다. 저개발 국가의 국민들은 반대로 생각한다. 그들은 서양국가의 의료서비스가 그들이 구매할 수 있는 가장 좋은 의료서비스라고 생각하는 경향이 있다.

제1세계의 의료센터는 여전히 큰 인기를 얻고 있다. 맥킨지(McKinsey)의 연구에 따르면 표본으로 선정된 의료여행객 중 40%가 외국으로 떠나는 이유를 최고 수준의 치료기술이 필요하기 때문이라고 답하였다. 또한 32%의 의료여행객은 그들이 모국에서 받을 수 있는 치료보다 더 좋은 치료를 받기 위해 외국행을 선택하였다고 답변하였다. 더 나은 치료를 원하는 의료여행객 중 대부분은 미국행을 선택한 것으로 나타났다. 그들 중 라틴아메리카 출신은 38%, 중동 출신은 35%, 유럽 출신은 16%, 캐나다 출신은 7%인 것으로 조사되었다. 미국으로 향하는 의료여행객들 중에는 가난한 나라 출신이 특히 많다.

그러나 저개발 국가는 서비스의 질이라는 차원에서 인지도를 높이고 있다. 그들은 결과와 편의성의 측면에서 점점 더 높은 경쟁력을 갖추어 가고 있다. 저개발 국가를 저개발 병원과 혼동해서는 안 된다. 어쩌면 낙타들이 짐을 실어 나르는 풍경을 보게 될 수도 있고 보도(five-foot way)가 공중화장실로 사용되는 것을 보게 될 수도 있다. 그러나 그럼에도 불구하고 진료실 내부는 하나부터 열까지 최신식 설비로 이루어져 있을 것이다. 델리에 있는 에스코트 심장전문병원(Escorts Heart Institute)의 사망률은 미국의 심장 수술 사망률의 1/2 이하이며(York, 2008: 100), 지역을 뉴욕으로 한정하였을 경우에는 1/3 수준이 된다. 구체적으로 말해 뉴욕의 심장 수술 사망률은 2.35%인 반면 에스코트 병원의 수술 사망률은 고작 0.8%에 지나지 않는다(Hotel Marketing Newsletter, 2006). 한편 마닐라의 아시안 병원의 심장 수술 사망률은 1.4%로 조사되었다. 미국의 경우 그 수치는 3.09%에 달한다(Santos, 2008: 25).

제3세계 병원 중 몇몇은 인력과 물자의 측면에서 취약한 것으로 널리 알려져 있다. 그러나 국제적인 고객을 상대하는 병원들을 모두 동일하게 보아서는 안 된다. 그들은 다양한 등급으로 나누어진다. 최고등급의 병원들은 치료수준과 안전성이 모두 국제적인 기준에 도달해 있다. 이 병원들은 환자가 HIV나 매독, 혹은 말라리아에 감염되는 것을 방지하기 위해 수혈을 항상 확인한다. 또한 모든 침상의 발치에 알코올 소독약을 비치해두고 있다. 이 병원의 의사들은 대개 북미나 유럽의 이름 있는 병원에서 전문의 훈련을 받은 경력을 가지고 있다. 그들은 미국과 유럽에서 인증받은 최신 장비를 활용할 것이다. 그리고 그들은 수년 간 사시교정이나 혈관우회수술을 집도한 경험을 가지고 있을 것이다. 의사들과 다른 전문가들은 대부분 훌륭한 영어(현대의 국제공용어)를 구사할 수 있을 뿐만 아니라 다른 외국어에도 능통하다. 만약 중국이나 중동에서 환자들이 많이 찾아온다면 중국어와 아라비아어가 특히 유용할 것이다. 방콕의 범룽랏 병원에는 중국어에 능통한 태국인들이 많이 고용되어 있으며, 두바이 헬스케어 시티(Dubai Health-care City)는 아라비아어를 할 줄 아는 직원들을 갖추고 있다.

치료를 받기 위해 외국으로 떠나는 환자들은 단순한 병원관리인이 아니라 전문적인 자문가와 만나게 될 것이다. 한 조사에 따르면 외국에서 치료를 받은 미국인 환자 중 약 85%가 외국의 병원이 미국 병원보다 더 환자 개개인에게 맞추어진 서비스를 제공한다고 말하였다. 외국의 병원들은 숙직 의사의 24시간 비상대기를 보장하고, 높은 수준의 간호사/환자 비율을 유지하고 있으며, 병실은 표준에 부합할 것이고, 병실 안에는 환자의 보호자를 위한 간이침대가 마련되어 있을 것이다. 프런트 직원은 더 상냥하게 환자를 맞이해 줄 것이고, 약속은 더 오랫동안 지속될 것이며, 대기 시간 없이 빠른 시간 안에 치료받을 수 있을 것이다. 만약 빈혈 검사를 받았는데 생각지도 않게 HIV에 감염된 것이 확인되었다면 병원 안에서 다양한 분야의 전문의로부터 치료를 받을 수 있을 것이다. 안전과 청결, 그리고 음식은 외국 병원이 가지고 있는 큰 장점이다. 낮은 비용 외에도 외국 병원은 이와 같은 장점들을 가지고 있다. 고객들은 더 적게 낼 뿐만 아니라 더 많은 것들을 받게 될 것이다.

저개발 국가의 전문의들 대부분이 다른 인종이라는 점은 전혀 문제가 되지 않는다. 영국(의료인력의 34%가 소수민족 출신이고 의사대리의 70%가 외국에서 자격을 받았다)이나 미국(의대생의 25%가 유학생이며 유학생 중 거의 대부분이 제3세계 출신이다) 출신의 환자들은 인도의 의사가 인도인이라는 사실을 너무나 당연한 일로 받아들일 것이다. 인종 구분에 따르면 전 세계의 의사 중 1/5 이상이 인도인이다. 미국 의학회(American Medical Association)에만도 37,000명 이상의 인도 출신 의사가 등록되어 있다. 외국에서 훈련받은 인도 국적의 의사 중 오직 절반만이 훈련을 마친 뒤에 다시 인도로 돌아간다. 미국이나 영국에서 온 환자들은, 이란인에게 검사를 받고, 필리핀인에게 주사를 맞고, 아프리카인의 간병을 받는다는 것이 무엇을 의미하는지를 잘 알고 있다. 제1세계의 몇몇 병원에서 환자들은 의사 이름이 Smith(전형적인 백인 이름 – 역주)이고 간호사가 앵글로색슨인(WASP)이라는 사실에 놀랄지도 모른다. 제3세계에서 치료 받는 것은 모국에서 제3세계 사람들에게 치료받는 것과 전혀 다르지 않다.

제1세계 출신 환자들은 제3세계에서, 비록 바깥 거리에는 소들이 먹이를 찾아 돌아다니고 있더라도, 높은 서비스 질을 경험할 수 있을 것이다. 의료서비스의 수준이 그다지 높지 않은 다른 제3세계 국가에서 온 환자들 역시 그와 같은 경험을 할 것이다. 방글라데시인이 인도로 혈관형성술을 받으러 떠나는 이유는 비용이 저렴해서일 뿐만 아니라 치료가 더 믿음직스럽기 때문이기도 하다. 교차감염은 덜 발생하고, 오진도 별로 없다. 수혈되는 혈액은 감염되지 않았을 것이고, 특효약은 충분히 비축되어 있을 것이며, 방글라데시에서는 제공되지 않는 검사도 준비되어 있을 것이다. 앞 장에서 언급된 조사결과는 환자들이 그들이 받은 치료에 대해 일반적으로 만족하고 있다는 것을 보여준다.

4.1.3 위험

제3세계 병원에서 제공하는 의료서비스의 질은 충분히 훌륭할 수 있다. 고무채취업자의 손자도 얼마든지 좋은 외과의사가 될 수 있으며, 어둠 속에서도 얼마든지 검증된 약을 발견할 수 있다. 그러나 그곳에도 위험은 존재한다. 섹션 4.1.1에서 보았듯이 의료과실과 기록분실은 물자가 낙타 등에 실려 배달되지 않는 나라(즉, 제1세계 선진국 – 역주)에서도 실제 존재하는 문제이다. 이 섹션에서는 가난한 국가에서 찾을 수 있는 특수한 단점들에 대해 살펴볼 것이다. 이 단점들에 대해 알게 된다면 제1세계와 제3세계 환자들은 제3세계 병원을 찾는 대신 영국 할리가(Harley Street)의 병원으로 가려고 할지도 모른다.

외국에는 국내에는 없는 질병들이 존재한다. 외국에 처음 도착한 의료관광객은 면역체계가 아직 발달되지 않은 상태에서 사람들로 붐비는 공항과 택시, 그리고 병실을 경험하게 될 것이다. 물 속이나 대기 속에는 낯선 병균들이 득실거린다. 새롭게 입국한 사람은 반드시 간염 예방주사를 맞고, 강력한 자외선차단제를 바르고, 말라리아 예방제를 복용해야 한다. 에어컨이 작동하는 병원을 벗어나면 더위와 먼지를 마주하게 될 것이다. 음식점에서 제공되는 음식은 설사를 유발할지도 모른다. 이와 같은 환경적인 요인들에 대해 환자들은 서로 다른 반응을 보일 것이다.

비록 시간은 한정되어 있지만, 그렇다고 해서 수많은 단계들로 구성된 치료를 한 번의 방문으로 해치울 수는 없는 노릇이다. 예를 들어, 여러 개의 미용수술을 한 번에 받는 것은 시스템에 부담이 될 수 있다. 비록 해변이 매력적이라고 해도 수술을 마친 환자는 햇볕을 너무 많이 쬐면 안 된다. 선탠을 원하는 환자들은 일광욕 일정을 수술 전으로 잡아야 할 것이다. 귀국하고 싶지만 예기치 않은 합병증 때문에 국외에 더 오래 머물러야 할 수도 있다. 요양은 회복과정의 일부가 될 수 있다. 시차는 수면패턴을 변화시킬 수 있다. 멀미 때문에 신체가 쇠약해질 수도 있으며, 꼿꼿한 자세로 앉아 있었던 까닭에 통증을 느낄 수도 있다. 장거리 비행은 폐색전이나 혈전을 유발할 수 있다. 당뇨병 환자들은 여행을 다시 한번 생각해봐야 할 것이다.

일단 환자가 자신의 나라로 돌아가게 되면 의사는 더 이상 후속조치를 취할 수 없게 되며, 따라서 본국의 전문가들이 그 역할을 대신 담당해야만 한다. 새로운 의사의 진료를 받는 것은 항상 문제의 소지가 있는데, 초진을 한 의사가 멀리 떨어져 있을 때에는 어려움이 더욱 증가하게 된다. 새로운 의사는 초진을 담당한 외국 의사가 사용한 기술, 임플란트, 약, 도구가 무엇인지 잘 모를 것이다. 만약 의료과실이 의심되고 그로 인해 환자가 실질적인 손상을 입은 상태라면 새로운 의사는 환자의 치료에 관여하는 것을 꺼릴 수도 있다. 외국 의사가 가슴확대수술을 망쳐놓았을 때 본국의 새로운 의사가 잘못된 것을 바로잡아주겠다고 약속한다면 그로 인해 그 의사에게 환자의 심각한 부상에 대한 법적 책임이 부과될 수도 있다.

선진국의 의사 중 몇몇은 충분히 검증되지 않은 낙후지에 대해 심각한 거부 의사를 표현하기도 한다. 한 환자는 소수이기는 하지만 일부 의사들은 치료를 계속하는 것을 거부하기도 한다고 말하였다. '내가 외국에서 치료를 받고 돌아와서 예전 주치의를 보러 갔더니 그가 심하게 화를 냈습니다. 그는 미국의 어떤 의사도 외국에서 치료를 받고 온 환자를 치료하려고 하지 않을 것이라고 말했습니다'(York, 2008: 101에서 재인용). 의사들은 환자의 국제적인 이동이나 병원간의 경쟁을 장려할 어떠한 유인도 가지고 있지 않다. 외국에서 치료를 받고 돌아온 환자는 응급실로 보내지거나 낯선 의사에게 보내진다. 아마도 환자는 그 낯선 의사와 계속해서 관계를 이어가고 싶어하지 않을 것이다. 이와 같은 비타협적인 태도는 히포크라테스 선서와 배치되는 것이다. 국제의료관광협회(International Medical Travel Associaion) 회장은 이에 대해 '국제 환자들은 종종 버림받은 것처럼 다루어진다. 치료의 연속성은 환자들의 첫 번째 관심사이고 이를 위해 그들은 종종 모국 의사의 도움을 필요로 한다. … 국제 환자들에게 불이익이 가해지는 일은 없어야 한다. 그들은 다른 환자들과 동등하게 후속치료를 받을 권한을 가지고 있다' 라고 말하였다(International Medical Travel Journal, 2008c).

'병자를 치료하자(To treat the sick)' 는 미국 의과대학(American College of Surgeons)의 슬로건이다. 미국 의과대학은 환자들에게 국외에서의 의학적 치료를 선택하고자 할 때에는 그것에 담긴 의학적, 사회적, 문화적, 법적 의미를 충분히 고려할 것을 권장하고 있지만 그와 동시에 의료시장에 베를린 장벽이 세워지는 것은 반대한다. '우리 미국 의과대학은 환자들에게 가장 높은 질의 의료서비스를 받으라고 권장한다. 환자들은 의사와 의료기관을 자유롭게 선택할 권리를 가지고 있다' (American College of Surgeons, 2009). 그러나 문제는 모든 의사들이 열린 마음으로 국외치료를 바라보는 것은 아니라는 사실이다.

치료를 받기 위해 외국으로 떠나는 환자들은 또 다른 종류의 위험에 노출되기도 한다. 이 새로운 위험은 환자들이 태국의 범룽랏 병원이나 인도의 아폴로 병원과 같은 최고 수준의 병원이 아니라 의료관광의 마지노선에 걸쳐있는 더 저렴한 2류 병원을 찾았을 때 겪게 될 문제들이다. 환자를 유치하는 것은 결국 장사이기 때문에 이들은 인터넷 사이트에 과장된 성공률을 게시해 놓았을 수도 있다. 환자로부터 치료비나 계약금을 미리 받고 병원장이 사라지는 일도 발생한다. 환자의 비밀을 누설하는 경우도 있고, 주방이 비위생적인 경우도 있다. 환자를 적게 치료하는 병원이라면 의사의 치료기술에 문제가 있을 수도 있다. 주변 지역에서 생산된 장비는 세밀하게 조정되어 있지 않을 수도 있고, 주변 지역에서 생산된 복제약은 엄격한 안전성 검사를 받은 것이 아닐 수도 있다. 수입해서 사용하고 있는 스캐너가 중고로 밝혀지는 경우도 있다. 전문의 자격증이 없는 의사나 의대생이 수술을 집도하는 경우도 있다. 통역이 학교선생일 수도 있는데 그들은 의학전용어에 관해 전문적인 지식을 갖추고 있지 않기 때문에 실수를 범할지도 모른다.

외국의 자격인증제도는 신뢰성을 평가하기가 쉽지 않으며 안전하지 않을 수도 있다. 자격시험 감독관이 뇌물을 받는 경우도 있고, 증서가 위조되는 경우도 있다. 2004년에 델리 의학협회(Delhi Medical Association)가 발표한 자료에 따르면, 자격이 없으면서 위조된 자격증을 가지고 약을 판매하는 사람들이 델리에만 40,000명이나 된다고 한다. 델리에서는 의료 사기에 의해 목숨을 잃거나 치명적인 손상을 입게 되는 환자가 매 10분 당 한 명꼴로 발생한다. 사우디아라비아의 보건부(Health Ministry)는 2007년에 20,870개의 자격증을 검사하여 4,000개의 위조 자격증을 발견하였다고 발표한 바 있다(Timmons, 2008: 12). 국외에서 치료를 받고자 하는 사람들은 신중하게 담당 의사를 선택해야할 필요가 있다.

좀 더 거시적으로는 제3세계의 국가는 폭력적인 데모나 불편한 통행금지령, 기회주의적인 폭력, 갱단 간의 충돌, 또는 정치적인 불안의 문제를 안고 있다는 것을 지적할 수 있다. 긴급 수술이 시민들의 거센 시위로 인해 취소될지도 모른다. 회복 중인 환자가 공항에서 벌어진 농성으로 인해 귀국을 하지 못하게 될 수도 있다. 어서 빨리 치료를 받고 다시 집으로 돌아갈 생각만 하는 의료여행객들은 문제가 생기기 전까지는 영국 외무부와 같은 정부 기관이 인터넷에 게시한 주의문에 주의를 기울이지 않는 경향이 있다.

해적, 유괴, 허리케인 등은 우리가 미지의 고난보다 잘 알고 있는 고난을 선택하는 좋은 이유가 된다(해적, 유괴 허리케인 등에 대한 공포 때문에 사람들은 외국으로 나가기보다 국내에서 치료받는 것을 선호한다는 뜻 – 역주). 심지어 어떤 사람들은 과장된 사실이나 예외적인 사실을 이용해서 국외 병원의 평판을 깎아 내리고 모국의 높은 비용은 묵인하려고 하기도 한다. 국제적인 경쟁을 제한하는 것이 법에 의해 금지되어 있는 국가의 경우에도 영구적인 흉터나 잘못된 마취로 인한 뇌사 사고와 같은 끔찍한 이야기들에 의해 비관세 장벽이 만들어질 수 있다. 그런 이야기를 접한 사람들이 외국 병원이 시장에 진입하는 것을 들고 일어나 반대할 것이기 때문이다. 그러므로 의료서비스에는 언제나 그러고 어디서나 수많은 '만약'이 숨어 있다는 균형적인 시각을 가지는 것이 필요하다. 형편없는 외국의 의료기관은 환자의 건강에 치명적인 해를 입힐 수 있다. 그리고 그것은 모국의 형편없는 의사들이나 병원들도 마찬가지이다. 결국에는 아프지 않는 것이 제일이다.

4.1.4 시장의 교정책

국외치료는 의료기록이 불완전하다는 의미를 내포하기도 한다. 의료기록을 처음부터 끝까지 새로 작성해야 할 수도 있고, 일련의 검사들을 새롭게 받아야 할 수도 있다. 오진, 지연, 불필요한 반복, 알레르기 반응, 동시 복용이 제한된 약은 건강과 비용 측면 모두에서 환자에게 쓸데없는 짐이 될 것이다.

그러나 기록이 제대로 구비되어 있지 않다고 해서 국외치료를 포기하는 것은 지나치게 성급한 결정이다. 해결책은 존재한다. 미리 연락을 받은 의사는 자신이 가지고 있는 환자의 기록을 전송해줄 수 있다. 이를 통해 최소한 외국의 의료센터는 환자의 혈액형이라든가 환자가 땅콩 알레르기를 가지고 있다는 사실을 사전에 알 수 있을 것이다. 만약 기록이 전산화되어 있다면 국외의 의료센터들은 전산망을 통해 환자의 전체 의료기록을 열람할 수 있을 것이다. 또는 환자 스스로가 자신의 모든 의료기록을 휴대용 메모리스틱에 담아 갈 수도 있다. 만약 의료기록이 손목시계나 핸드폰에 저장되어 있다면 환자가 의식불명인 상태에 빠져도 기록을 다운로드 받을 수 있을 것이다. 전자혁명은 국외에서 벌어질 수 있는 인간의 실수를 줄이는 데 작지만 중요한 기여를 하였다.

다국적기업의 등장 역시 모국의 기록이 국외로 전송되는 데에 기여하였다. 밀스앤밀스 메디컬그룹(Mills & Mills Medical Group)은 좋은 사례를 제공해준다. 이 기업은 스페인과 영국 양쪽에 병원을 가지고 있다. 그들의 전문분야는 미용치의학과 미용수술이다. 밀스앤밀스는 영국과 아일랜드의 환자들을 끌어 모으는 데 성공한 뒤 환자가 모국 내에서 예비 상담과 후속 치료를 받을 수 있는 서비스를 개발하였다. 비록 환자들의 치료는 스페인의 마르베야에 있는 병원에서 이루어지지만 밀스앤밀스는 환자들이 거주하는 국가에도 오프라인 점포를 가지고 있다.

그와 비슷하게 옥시젠 존(Oxygen Zone)은 맨체스터에 있는 병원과 계약하여 환자들에게 사전 평가와 필요한 후속조치를 제공하고 있다. 옥시젠 존은 세르비아의 병원에서 미용수술과 치과수술을 제공한다. 그들은 환자들에게 12개월 보장서비스를 제공하며, 비수기에는 치료비를 할인해준다. 옥시젠 존은 맨체스터의 파트너 병원이 환자에게 추가적인 치료가 필요하다고 판정을 내리면 추가적인 비행편과 세르비아에서의 숙박을 위한 비용을 환자 대신 지급해준다.

바이탈유럽(VitalEurope)은 런던에서 사전 상담과 후속 치료를 제공한다. 그들의 환자 중 약 95%는 영국 출신이다. 바이탈유럽의 치과수술은 부다페스트에서 이루어진다. 그들은 임플란트 수술을 받은 환자에게 7년 보장서비스를 제공한다. 치료에 관해 상담하기를 원하는 환자들은 회사관계자와 전화나 이메일을 통해서 연락을 주고받을 수 있다. 이 회사는 종종 숙련된 직원들을 주요 국외시장으로 파견한다. 그들은 현지에서 진단서비스를 제공하고 치료절차를 추천하고 합병증의 위험을 지적해준다. 바이탈유럽은 종종 환자들에게 그들이 런던에서 마주했던 의사가 부다페스트에서도 그들을 치료할 것이라는 보증을 제공한다. 바이탈유럽이 2개의 병원에서 서비스를 제공하는 이유는 의료관광 시장의 논리를 이해하고 있기 때문이다. 서비스의 제공자는 그들의 상품을 고객층을 공유하는 다른 국제적인 병원의 상품과 차별화시킬 필요가 있다. 몇몇 의사들은 심지어 수술을 받은 환자들에게 평생 보장서비스를 제공해주기도 한다. 그들은 자신이 치료한 환자들과 이메일과 팩스를 이용해서 지속적으로 연락을 취한다.

4.2 의료사고

실수는 일어날 수 있다. 인접한 장기가 손상을 입고, 건강한 다리가 절단되고, 신생아들이 뒤섞여 버리는 등의 사고가 발생할 수 있다. 의사들도 사람이기 때문이다. 사람은 실수할 수 있다. 어떤 의료시스템들이 다른 것들보다 더 좋을 수는 있어도 완벽한 것은 없다. 바로 그 때문에 수술을 받으려는 환자들은 세부적인 계약서를 작성해야만 한다. 계약서에는 만약 불만족스러운 솜씨 때문에 나중에 다시 교정치료를 받아야 하는 경우가 생긴다면 의료서비스의 공급자가 모든 비용을 보상해줄 것이라는 점이 명시되어 있어야 한다. 또한 계약서에는 만약 수술로 인해 발행한 손상을 치료할 방법이 전혀 없을 경우에는 의료서비스의 공급자가 합당한 보상금을 지급할 것이라는 점도 명시되어 있어야 한다.

만약 진짜 의료과실이 있었다는 사실이 확인된다면 환자에게는 배상을 받을 권리가 주어진다. 이것은 말로는 쉽지만 실제 행동으로 옮기기는 어려운 일이다. 의사와 환자의 관계는 환불이 보장되는 관계를 전제하고 있지 않다. 치료의 결과는 다양하게 나타날 수 있다. 어떤 환자도 다른 환자와 완전히 동일할 수는 없기 때문이다. 인체는 비밀로 가득 차 있다. 이전부터 존재했던 신체적 약점을 미처 발견해내지 못한 탓에 수술이 실패할 수도 있다. 시간은 단서들을 소멸시킨다. 휴면기에는 숨어 있다가 뒤늦게 나타난 감염이나 합병증에 대해 잘잘못을 따지는 것은 어려운 일이다. 환자가 수술 동의서에 서명을 하기 전에 의사에게 모든 필요한 정보를 제공했다는 것을 입증하는 것은 결코 쉽지 않다. 하겠다고 약속하지 않은 것을 가지고 의료진을 고발한 것 역시 쉽지 않다. 치과의사는 단지 치아를 치료해주겠다는 약속만을 했을 뿐이다. 그런데 치료 중 환자 입에 발생한 암을 발견하지 못했다는 이유로 그 치과의사를 법정에 세우는 것이 과연 가능할까?

정보 비대칭, 진료별 지급의 인센티브, 공급자에 의해 유도된 수요 (Reisman, 2007: 56-64) 등은 국외에서 뿐만 아니라 국내에서도 의료과실을 유발하는 원인이 될 수 있다. 의료서비스는 제각기 다르다. 공급자들은 유리한 위치에 서 있다. 모국에서도 의료과실을 추적하는 것은 매우 어려운 일이다. 그리고 언어, 법, 재판 체계가 모두 다른 타국에서 성공적으로 소송을 제기하는 것은 그보다 더 어려운 일이다.

외국의 문화는 걱정, 고통, 불편함 등에 대해 모국과는 다른 해석을 내릴지도 모른다. 모국과 외국을 저울질하고 있는 환자들은 의료과실과 관련된 과거 소송들이 얼마나 만족스럽게 처리되었는지를 알고 싶을 것이다. 또한 법정에서 원고 승소 판결이 내려졌다고 하더라도 그로 인해 환자에게 주어지는 보상이 환자의 국가가 채택하고 있는 양형기준에 미치지 않을 수도 있다. 미국에서는 합의가 실속 있는 보상을 제공해주곤 한다. 그러나 국외 법정에서 그와 비슷한 수준의 보상이 선고되는 경우는 극히 드물다. 의료사고 대비용 보험은 의사들을 미국식 소송으로부터 지켜줄 것이다. 그러나 외국 의사들은 그와 같은 보험을 가지고 있지 않을 수도 있다. 여기에는 장점도 있고 단점도 있다. 보험이 적다는 것은 낮은 비용을 의미하기 때문이다.

제1세계 출신 환자들은 충분히 준비가 되어 있는 경우가 아닌 다음에는 제3

세계에서 의료서비스를 제공받는 것을 꺼리는 경향이 있다. 한 조사에 따르면 조사에 참여한 응답자의 95%가 외국에서 소송을 하게 될 지도 모르는 위험이 '걱정스럽다(76%)' 거나 '다소 걱정스럽다(16%)' 고 답변하였다고 한다(Medical Tourism Association, 2009). 그러나 전 세계 어디에서나 법적 지위라는 것은 생각보다 더 강력한 힘을 가지고 있다.

하나의 예를 들자면, 외국인 피고가 원고의 모국에 물리적으로 출현할 수 있다. 국외의 자본을 평가하고 그에 필요한 후속조치를 수행하기 위해서, 혹은 자신의 회사를 시장에 광고하기 위한 지역 사무소를 개업하기 위해서 외국인 공급자는 피고가 거주하는 나라의 사법관할권 내로 들어올 수 있는 것이다. 이러한 경우 다국적 의료기업은 멕시코의 몬테레이(Monterrey)에서 시작된 소송 때문에 미국 달라스(Dallas)의 법정에 소환될 수도 있다. 피고가 지역에 출현하지 않더라도 양국 간에 민사소송과 관련된 양해 조약이 체결되어 있는 경우 손쉽게 국경을 초월하여 소송을 진행할 수 있을 것이다.

심지어는 국내법을 통해 국외 고객의 권리를 보호해주는 국가도 있다. 태국이 2008년에 제정한 소비자보호를 위한 소송법(Procedural Act for Consumer Protection Cases)이 대표적인 사례이다. 이 법의 제13조는 의료과실로 인한 부담이 피해자에게 돌아가서는 안 된다는 것을 법률에 의해 명시적으로 보장하고 있다. '환자의 생명과 건강에 영향이 있는 과실을 저지른 의료서비스 공급자는 비록 그 과실로 인한 피해가 수술 후에 발생하였다 할지라도 피해자를 최대 10년간 책임져야 한다'. 제40조는 2차 피해를 입은 피해자가 그에 대해 아무 말도 하지 못하게 하는 것은 부당하다고 지적하고 있다. '만약 환자가 추가적인 피해를 입증해 낸다면 판사는 환자에 대한 보상액을 증가시킬 수 있다. 판사는 판결 종료 후 10년 이내에 이를 수정할 수 있다'. 게다가 이 새로운 법은 입증의 책임을 효과적으로 역전시켰다. 이에 대해 사른사막(Sarnsamak)은 다음과 같이 설명하고 있다.

과거에는 민사법원에 원고가 소송을 제기하면 원고 자신이 의사나 의료서비스 제공자들이 의료사고를 저질렀다는 것을 증명해야만 했다. 이것은 복잡한 과정이었는데, 왜냐하면 의사와 의료서비스 제공자들 대부분이 직업적인 실수를 증명하는 데 필요한 증거를 제공하지 않았기 때문이다. 환자는 보상을 받기 위해 오랜 시간을 기다려야만 했다. 그러나 새로운 법률하에서는 의사와 의료서비스 제공자들이 자신들이 의료과실을 저지르지 않았다는 사실을 입증해야만 한다. 만약 그들이 입증에 실패한다면, 법정은 그들에게 가능한 빨리 환자에게 보상금을 지급하라고 판결할 것이다(Sarnsamak, 2008).

고가의 방어적인 의료서비스, 더 빈번하게 발생하는 소송, 그리고 더 높아진 의료사고 보험료 등은 새로운 환자 헌장이 만들어내는 추악한 면이다. 반면 그로 인한 이점은 외국인 환자들도 태국 의사가 치료를 하다 실수를 저질렀을 경우 법에 의해 보호받을 수 있게 되었다는 것이다.

나아가, 환자들 자신이 (직장보험의 경우에는 그들의 고용주가) 국외에서 발생한 의료사고의 피해에 대비한 규정을 가지고 있는 보험을 가지고 있을지도 모른다. 이는 한 시장에서 판매하는 제품이 다른 시장에 발생한 실패를 바로 잡아주는 다양한 사례들 중 하나이다. 어떤 보험은 외국에서의 소송비용을 대신 지급해줄 것이다. 다른 보험은 후속치료, 보수 수술, 합병증 치료에 드는 비용을 변제해줄 것이다. 또 다른 보험은 손실 임금, 의료기밀의 누출, 심각한 손상, 사고사에 대해 보상을 해줄 것이다. 국외 의료전문가를 상대로 소송을 하는 것이 불가능한 경우에도 이와 같은 보험은 환자가 모국에서 적절한 보상을 받을 수 있도록 해줄 것이다.

외국의 의료전문가들 역시 국제적 보험을 구입할 수 있을 것이다. 그와 같은 보험들이 판매 시에 특히 강조하는 것은 그들이 미국 기준의 보상 기준을 만족시켜줄 수 있다는 것이다. 의료소송에 대한 비용과 도덕적 해이로 인한 결과까지도 보호해 준다는 것 역시 그에 못지않은 장점이다. 단점은 비용이고, 장점은 확실한 보장으로 인해 환자들이 확신을 가지게 된다는 것이다.

예약을 담당한 의료서비스 보조원들로부터도 추가적인 보호를 얻어낼 수 있을 것이다. 그들의 지위는 명확하지 않다. 그들은 단지 브로커일 뿐이므로 자기 부서의 직원들이 의료사고에 책임이 있다는 것을 부인할 것이다. 그러나 다른 한편으로 추천과 계약을 짚고 넘어갈 수 있다. 고객은 그가 보조원들로부터 잘못된 지시나 안 좋은 조언을 받았다는 점에 대해 소송을 걸 수 있을 것이다. 여행사는 변덕스러운 날씨 때문에 여행이 취소되는 것과 같은 사고에 대비해서 보험을 들어두고 있다. 그러므로 그들은 어쩌면 외국에서 고객에게 발생한 의료과실이나 본국에서 의도치 않게 고객에게 잘못된 정보를 제공한 것에 대해 소송이 벌어질 경우를 대비한 보험을 가지고 있을지도 모른다. 그들이 서류를 분실했을 수도 있다. 혹은 에어컨 관리를 제대로 하지 못해서 사람들이 재향군인병에 감염되었을지도 모른다. 이처럼 예기치 않은 사건이 발생할 경우 보험사는 합의된 보상액을 지급해줄 것이다. 비용이 많이 드는 소송은 소규모 여행사를 파산으로 몰고 갈 수 있다. 고객에게 즉각적인 보상을 제공해주는 것은 사건을 법정으로 가져가고자 하는 그의 마음을 약하게 만들 것이다.

당연히 보험사는 견실한 경력을 가진 정식 의사를 선택했다는 것을 입증할 수 있는 의료관광 대행사에게만 보장을 제공하고자 할 것이다. 이와 같은 방법을 통해서 보험사는 환자를 사전적으로, 또한 사후적으로 보호하게 된다. 또한 보험사는 보장이 적용되는 구역을 사전에 규정함으로써 자신의 이익 역시 추가적으로 보호할 수 있을 것이다. 한 국가의 규범이 다른 국가에서는 무시될 수도 있다. 인도 병원에 대해 소송을 제기한 미국인 환자는 미국 법원에서 미국식 보상을 받는 것을 더 선호할 것이다. 반면 인도 병원과 병원의 보험사는 피해액을 줄이기 위해 인도에서 재판을 진행하는 것을 더 선호할 것이다. 어느 쪽으로 결론이 나든, 계약의 소재지(domicile)는 사전에 합의되어 있어야 한다.

때로는 의료관광 중개자가 서비스의 연장선에서 사고에 대한 일부의 책임을 자발적으로 수용하기도 한다. 예를 들자면, 라식어브로드(LasikAbroad.co.uk)가 그러하다. 스웨덴에 있는 모회사 살베오 트래블(Salveo Travel)에 의해 운영되는 이 의료관광 전문 여행사는 환자가 이스탄불에서 합리적인 가격의 레이저 눈 수술을 받을 수 있도록 예약을 해줄 뿐만 아니라 수술을 실시할 수 없을 경우 비용을 전액 환불해주고 수술 후 5년 내에 환자의 시력이 다시 나빠질 경우 재수술을 받을 수 있게끔 해준다. 이 여행사는 바스(Bas) 의사와의 거래를 통해 자신을 보호한다. 그는 유럽과 미국의 의료전문가 단체에 회원으로 소속되어 있는 경험 많은 의사이다. 그가 레이저 눈 수술을 집도한 횟수는 50,000번이 넘는다.

만약 다른 모든 시도가 실패로 돌아갔다면, 직장보험에 가입되어 있는 환자는 고용주를 고소할 수 있을 것이다. 재보험에 가입했거나 자체 기금을 가지고 있는 고용주들은 당연히 사용자 책임(vicarious liability: 어떤 자의 행위에 대해 그 자와 특별한 관계에 있는 다른 자가 지는 책임; 고용인이 직무상 제3자에게 준 손해에 대해서 사용자가 지는 책임이나 대리인의 불법행위에 대한 본인의 책임 – 역주)에 대한 두려움을 가지고 있다. 테러, 갑작스러운 홍수, 교통사고, 의료사고 – 고용주는 이런 우연한 사고에 대해 준비되어 있지 않을 것이다. 또한 그는 조언을 구할 자국 의사를 구하지 못했을 수도 있다. 국외 병원에 대해 잘 알지도 못하고 미국 식품의약국(FDA)나 영국 국립임상연구원(NICE)의 인증을 가지고 있지 않은 위험한 치료법들 사이에서 어찌 해야 할지도 모르는 고용주는 의료사고 소송에 말려드는 것을 원치 않을 것이다.

마지막으로 해주고 싶은 조언은 바로 이것이다. 인식은 평가를 왜곡할 수 있다. 신문들은 잘못된 방향으로 가고 있는 일에 대해서만 보도한다. 그들은 잘되고 있는 많은 일들에 대해서는 기사를 쓰지 않는다. 부유한 나라에서도 수술은 실패할 수 있다. 부유한 나라에도 매수자 위험 부담 원칙(caveat emptor: 구매 물품의 하자 유무에 대해서는 매수자가 확인할 책임이 있다는 원칙 – 역주)의 요소는 존재한다. 또한 가난한 나라에서도 사람들은 고소를 할 수 있다. 그리고 전문가 단체와 언론의 감시 기능은 부유한 나라와 가난한 나라 모두가 가지고 있다. 법정 소송의 결과는 논외로 치더라도, 의사는 그의 명성을 잃고 싶어 하지 않을 것이며 회원 명부에서 제외되는 것을 두려워 할 것이다. 또한 병원은 수술 후 합병증 통계치를 상승시키는 데 일조하고 있거나 피할 수 있었던 수술실에서의 사망사고에 관계되어 있는 자격 미달의 의사를 고용하고 있다는 평판에 시달리고 싶지 않을 것이다.

4.3 정보

의료서비스의 구매 전후에 이루어지는 서비스 질에 대한 모든 종류의 평가는 가격, 대기시간, 편의시설, 치료결과 등에 대한 믿을 수 있는 정보에 기초하고 있다. 그 어느 때보나 공적인 영역에 더 많은 정보가 존재한다는 것은 정보시대가 가지고 있는 매력적인 특징이다. 사람들이 어떻게 해서 의료관광에 대해 알게 되었는지에 관한 설문조사에서 응답자의 49%는 인터넷을 통해서 알게 되었다고 답하였으며, 오직 2%만이 주치의에게 들어서 알게 되었다고 대답하였다. 또한 어떻게 해서 치료받을 국외 국가와 병원을 결정하게 되었는지에 관한 설문에서는 응답자의 73%가 인터넷을 보고 결정했다고 답하였으며, 친구에게 소개받아서 결정했다고 답한 비율과 중개자를 통해 소개받아서 결정했다고 답한 비율은 각기 5%인 것으로 조사되었다. 오늘날 정보는 모두 온라인에 존재한다.

정보들 중 일부는 의료서비스 공급자에 의해 제공된다. 외국 병원들은 자신들을 소개하는 웹사이트를 가지고 있다. 이런 웹사이트들은 기본적으로 그들의 모국어로 작성되어 있지만, 그 중 많은 수는 다른 주요 외국어로(영어, 일본어, 아랍어, 중국어, 러시아어는 상업적으로 특히 매력 있는 언어이다) 작성된 병행 사이트를 가지고 있거나 독일의 온메딕스(ONMEDIX)와 같은 다중언어 포탈에 등록되어 있다.

선두적인 의료관광 정보 포탈인 트리트먼트 어브로드(Treatment Abroad)는 '완벽한 영어' 편집 서비스를 제공한다. 이 서비스를 선택하면 이 회사에 소속된 영어권 카피라이터가 외국 웹사이트의 영어 텍스트를 검토하고 문법을 수정해주며 표현을 이해하기 쉽게 바꿔준다. 첫인상은 중요하다. 병원의 웹사이트는 많은 경우에 고객들이 처음으로 그들의 잠재적인 공급자와 만나는 지점이다. 그러나 일본 병원의 웹사이트들은 대부분이 일본어 서비스만 제공한다.

의료서비스 공급자들은 종종 주요 국외시장에 사무소를 개설한다. 그들은 자신들의 관심분야를 소개하기 위해 외국인 중개인들을 고용한다. 그들은 의료서비스 수입국의 의사, 여행사, 보험사 등과 접촉을 시도할 것이다. 그들은 숙박과 관광을 함께 포함시킨 결합상품을 사용한 판매기술에 대해 잘 알고 있다. 그들은 자신들과 반복적인 사업 관계를 체결하면 할인혜택을 제공하겠다고 제안할 것이다. 그들은 비행기에 비치되는 잡지를 활용해서 사업이나 여가를 위해 비행기에 탑승한 고객들을 병원으로 유인할 것이다. 그런 의료서비스가 존재한다는 것을 사람들이 알지 못한다면, 그 사람들에게 그 의료서비스는 존재하지 않는 것이나 다름없다.

또한 의료서비스 공급자들은 신문과 저널에 국제 환자들을 대상으로 하는 광고를 게재하기도 한다. 의료서비스의 광고가 비윤리적인 것으로 간주되고 국내법에 의해 허용되지 않는(일본이 그러하다) 경우에도 종종 의료서비스 공급자들은 그런 광고를 국외에 개제할 수 있는 허가를 받아낸다. 어떤 국가에서는 광고에 화려한 사진들과 만족한 환자들의 추천 글을 포함시킬 수 있지만, 다른 국가에서는 서비스에 대한 설명, 의사의 자격사항, 병원의 주소와 작은 사진 외에 다른 것은 광고에 포함시킬 수 없다. 말레이시아 의료광고청(MAB)은 2006년 자국 병원(외국 병원은 제외)의 광고를 허용하는 법이 제정된 이후로 모든 의료 광고를 승인하고 있다. 그러나 '월드클래스(world class)'와 같은 과장된 표현과 과대 포장된 약속은 사용할 수 없다. 태국의 민간 병원들은 태국 의료 위원회에 브랜드 광고 및 판촉 광고의 시안 검토를 요청해야 한다. 태국의 의료 광고에 관한 가이드라인은 엄격한 금지와 무제한적인 허가 사이에서 중용을 지키도록 되어있다. 약한 규제는 의료서비스 공급자들에게 그들의 상품에 관해 마음껏 떠들 수 있는 자유를 제공해줄 것이다. 베트남을 찾는 관광객들 중 호아빈의 킴 보이 생수(Kim Boi Mineral Water)나 나트랑의 탑바 온천 센터(Thap Ba Hot Spring Contre)를 아는 사람이 과연 얼마나 될까?

병원 웹사이트에는 외국어 사용 능력, 안전, 비밀 유지, 음식, 가용 병상 수 등에 관한 정보가 게재되어 있다. 국제적인 사업을 펼치고자 하는 병원들은 그들의 서비스 질 지표를 널리 알려야만 한다는 현실적인 압력을 이겨내야 한다. 이를 위해 그들은 가격을 공개하고, 과거의 치료 결과를 도표로 제공하며, 특정 수술이 집도된 횟수를 명시한다. 나아가 그들은 개별 의사의 이력서와 자격증, 진료 기록 등을 공개하기도 한다. '많은 의료관광객들이 자국의 주치의보다 국외 병원의 주치의에 대해 더 많은 정보를 알고 있다' (Ehrbeck et al., 2008). 국외 병원들은 치료 전후를 비교한 사진을 웹사이트에 올리기도 하고, 치료에 만족한 환자들의 추천 글을 게재하기도 한다. 혹은 가상 체험을 위한 비디오 기능을 제공하거나 다른 시간대에 살고 있는 환자들이 궁금한 것을 쉽게 물어볼 수 있도록 24시간 상담실을 운영하기도 한다.

국외 병원들은 정보에 대한 요청이 들어오면 보통 과거 환자들 중 몇몇의 이름을 선별해서 제공해준다. 이와 같은 정보공개는 잠재적인 고객들이 '병원 졸업생' 들에게 치료 체험에 관한 상담을 받을 수 있도록 해준다. 상담을 통해 그들은 병원 직원들이 얼마나 정중한지, 또 환자는 어떻게 대하는지를 물어볼 수 있을 것이다. 한편 치료를 받은 환자들은 그들의 평가와 리뷰를 (이는 적절하게 조사된 명예훼손의 문제나 명백한 거짓말, 혹은 천박 상업주의 등을 포함하고 있을지도 모른다) 소셜네트워크 사이트에 올리기도 한다. 이와 같은 사이트들은 병원 시설과 의료서비스에 관한 내부자의 관점을 제공해줄 것이다. 또한 치료의 부작용, 수술 후의 불편함, 긴 귀국 여정의 어려움 등에 대한 정보 역시 제공해줄 것이다.

이처럼 소비자들은 컴퓨터를 통해 정보를 교환할 수 있다. 하지만 이는 직접적인 접촉을 통해서도 가능하다. 개인적인 추천과 구두로 전해지는 정보는 합리적인 선택을 추구하는 환자들에게 적절한 지침을 제공해줄 것이다. 해당 국가에 살고 있는 국외체류자들은 병원을 사전에 방문함으로써 치료 시설을 둘러보고 직원들과 이야기를 나누어볼 수 있을 것이다. 국외 환자들은 전화나 화상통화를 이용한 상호작용을 통해 외국의 의사들과 현재 공급되고 소비되는 치료서비스에 관한 정보를 교환할 수 있는 기회를 얻을 수 있을 것이다.

전문가 단체 역시 정보를 제공해준다. 의료관광협회(Medical Tourism Association)는 미국에서 활동하는 병원, 의료 중개인, 보험사의 서비스 질 지표, 비용, 안전, 위생 등에 관한 정보를 제공하고 있다. 이러한 정보 제공에 특화된 사이트들도 있다. 트리트먼트 어브로드(Treatment Abroad)는 의료서비스의 공급자도 아니고 중개인도 아니지만 가장 많은 접속자 수를 가지고 있는 정보제공업체이다. 2005년에 문을 연 뒤 지금까지 5년 동안 매달 70,000명의 방문자가 www.treatmentabroad.com를 찾았다. 그중 관심 있는 의료서비스에 관해 상세한 문의를 하는 방문자 수는 매달 약 1,500명에 달한다. 그들이 온라인 서비스를 선택한 이유는 눈주름 제거수술이나 임플란트 시술, 그리고 심지어는 심장 수술을 받을 수 있는 병원에 관한 정보를 저렴한 비용으로 간편하게 얻을 수 있기 때문이다.

아일랜드 더블린에 본사가 있는 www.RevaHealth.com 같은 일반 검색 엔진을 통해서도 정보를 얻을 수 있다. 이 검색 엔진은 영국과 아일랜드, 그리고 그 밖의 다른 50여개 국가에서 활동하고 있는 60,000여 의료서비스 공급자(이중 오직 1,000개만이 데이터베이스에 등재되는 것에 대한 비용을 지급하고 있다)에 관한 정보가 입력된 데이터베이스를 가지고 있으며, 이를 통해 가격 및 상품 비교 서비스를 제공하고 있다. 한편 www.treatmentindia.com, www.IndiaCares. com(인도) 그리고 www.treatmentincyprus.com(사이프러스) 등과 같이 특정한 국가에 특화된 정보를 제공하는 웹사이트도 있다. 이런 사이트들은 세계 이곳저곳에서 찾아온 방문자들에게 해당 국가에 관한 최신 정보를 알려준다. www.ArabMedicine.com과 www.arabmedicaltourist.com 같은 지역 포탈도 있다. 이들은 의료서비스를 받기 위해 국외로 떠나는 3백만 명의 아랍인들에게 정보를 제공해주고 있다. 일부 웹사이트는 스폰서 없이 운영된다. 코스메틱 미라클즈(Cosmetic Miracles)가 운영하는 www.cosmeticmiracles.com은 기업들로부터 지원을 받지 않고 다양한 국가의 성형수술 성적표를 제공해준다. 기업의 지원을 받으면 공정성을 의심받게 될 수 있기 때문이다. 반면 개인적으로 운영되는 대부분의 웹사이트들은 병원과 여행사를 광고해 주고 그 대가로 수입을 얻는다.

일부 여행사는 이와 같이 직접 제공되는 정보에 대해 의구심을 표한다. 만약 모든 소비자가 스스로 정보를 찾아서 결정을 내릴 수 있다면, 중개인들은 존재할 필요가 없을 것이다. 직접적인 접촉은 거래비용을 절감시켜준다. 반면 중개업자들은 탐색의 기회비용을 낮춰준다. 시간은 돈이다. 따라서 돈은 많지만 시간이 없는 사람들은 중개업자를 고용하는 것을 더 선호할 것이다. 또한 인터넷을 다루는 법을 잘 알지 못하는 저소득층 역시 중개업자를 선택할 것이다. 양쪽 모두는 업계 내부자에게 결정을 위임하는 것이 더 경제적인 선택이 될 수 있다는 것을 보여준다.

언론을 통해서도 추가적인 정보를 습득할 수 있다. 신문에는 환자들이 겪은 것을 서술한 기사가 실린다. 텔레비전 프로그램과 위성 채널은 여러 선택들의 이점을 비교하는 방송을 보여준다. 『Complete Medical Tourist』, 『Medical Tourism in India』, 『Medical Tourism: A Bangalore Perspective』, 『Mexico: Health and Safety Travel Guide and a Number of Other Guidebooks』 등의 서적들도 판매되고 있다. 의료관광 서적들 가운데 가장 많은

사람들이 참고하는 것은 조세프 우드맨(Josef Woodman)이 지은 『Patients Beyond Borders: Everybody's Guide to Affordable, World-Class Medical Tourism』이다. 이 책은 2007년에 처음 출간되었으며 지금은 국가별 에디션도 판매되고 있다. (싱가포르, 한국, 터키, 태국, 말레이시아, 인도 에디션이 판매 중이다.) 이와 같은 서적들은 지역 사업체들과의 협력체계를 통해 정보를 구하기도 한다. 말레이시아에서는 의료보건부(Ministry of Health)와 말레이시아 개인병원협회(Association of Private Hospitals of Malaysia)가 정보를 제공해주고 있다. 또한 터키에서는 터키 인증병원협회(Accredited Hospitals Association of Turkey, AHAT)가 도움이 되는 정보를 제공해주고 있다. 환자들을 위해 개설된 웹사이트는 그들에게 피드백을 제공해주고, 보완적인 자료를 배포하여 책에 남긴 정보를 업데이트 해준다. 지금은 정형외과 치료에 관한 특별 에디션만 출간되어 있는데, 머지않아 다른 의료서비스 분과에 관한 에디션도 구할 수 있게 될 것이다.

의료서비스 시장에는 너무 많은 정보가 돌아다닌다. 지나치게 많은 것은 지나치게 적은 것만큼이나 나쁘다. 너무 많은 정보에 압도된 나머지 혼란에 빠진 소비자들은 경험에 바탕을 둔 간단명료한 평가에 기대버리기도 한다. 국가 이름과 병원 이름은 성공이라는 이미지를 가지고 있어야 한다. 환자들은 그들이 소비하고자 하는 것이 신뢰와 마음의 평화라는 것을 알고 있기 때문에 보고 듣기에 좋은 것을 구매하고자 할 것이다. 평판은 자본이다. 환자들은 범룽랏(Bumrungrad) 병원이나 싱가포르와 같은 브랜드에 이끌린다. 케이프타운의 그루트 슈어(Groote Schuur) 병원은 심장수술로 유명하다. 포틀랜드가 주는 이미지는 호화롭고 현대적이다. 서구적인 것이 최고의 이미지를 제공해준다.

널리 알려진 실패나 최근의 법정 소송에 대한 소식은 부정적인 효과를 낳을 수 있다. 수술실에서 환자가 죽었다거나 유효기간이 지난 약을 새것으로 속여서 판매했다는 소식을 접한 외국인 환자들은 그 병원에 가려고 하지 않을 것이며, 심지어는 그 국가에 가는 것을 꺼릴지도 모른다. 사람들에게 어떻게 보이는가는 중요한 문제이다. 많은 것들이 마음에 달려있다. 서비스에 대한 선택적인 리콜은 사업을 더 번창하게 만드는 것이 아니라 더 위축시킬 것이다. 객관적인 지표들만큼이나 중요한 것은 노쇠한 건물을 말끔하게 보수하고 직원들에게 의복 수당을 지급하는 것이다.

환자들이 병원들의 성적표를 찾아보는 것, 병원의 대리석 기둥에 감탄하는 것, 이와 같은 현상들은 환자들이 문제들을 스스로 다루는 경향이 점점 더 강해지고 있다는 것을 보여준다. 그들은 그렇게 할 수밖에 없다. '의사의 시간에 대한 수요가 공급을 초과하게 된 것이 의료 체계에 부담을 주고 있다. 그 결과 환자들이 자신의 병이 무엇인지를 직접 찾아보고 가능한 치료 방법을 의사에게 제의하는 기괴한 형태의 역-진료가 일어나고 있다. 이와 같은 환자들의 적극적인 참여는 의사들에게 최고의 꿈과 최악의 악몽을 동시에 선사해 주었다' (Bookman and Bookman, 2008: 60). 교육과 컴퓨터 덕분에 환자들은 더 수월하게 자료를 수집하고 대안들을 비교할 수 있게 되었다. 보험의 자기부담금 제도로 인해 소비사들은 의욕적으로 더 나은 상품을 찾아 돌아다니기 시작하였다. 수많은 도움의 손길이 이런 소비자들의 선택을 돕고 있다. 그 결과 오늘날의 소비자는 그 어느 때보다도 선택의 자유를 실천하기에 좋은 환경을 맞이하게 되었다.

4.4 여행 매니저와 중개인

소비자들은 스스로 선택할 수 있는 능력을 가지고 있다. 그렇게 함으로써 그들은 합리적인 소비자는 어떻게 가격과 한계효용의 비율을 결정하는지를 설명해주는 경제학 교과서를 그대로 따라 하고자 할 것이다. 그러나 의료서비스는 다르다. 상식만으로는 불충분하다. 잘못된 결정은 돌이킬 수 없다. 따라서 자유로운 선택에 직면한 합리적인 소비자들은 실수를 하는 것을 원치 않기 때문에 권위에 기댄다. 그들은 자신의 건강이 손상되는 것을 원치 않기 때문에 대개 중개인을 고용한다.

국외치료는 거의 항상 중개인의 사무실에서 시작된다. 건강이 좋지 않은 환자가 처음으로 만나는 사람은 대개 그가 거주하는 지역의 의사이다. 의사는 환자의 몸을 진단해줄 것이고, 가능한 의료서비스의 종류를 설명해줄 것이고, 대략적인 비용을 제시해줄 것이다. 만약 환자가 요청한다면 그는 국외 의료서비스의 종류와 질에 관해 조언을 해줄 것이다. 그는 적당히 윤색하고 얼버무리면서 국외의 의료센터에 관한 정보를 환자에게 제공해줄 것이다.

의료서비스 수입국의 의사들은 대부분 국외 의사들과의 연결망을 가지고 있다. 다른 모든 산업들과 마찬가지로 의료서비스 산업에서도 참여자들은 네트워크를 통해 정보를 공유하고 기회를 찾아낸다. 그것은 소비자 보호법처럼 시장의 실패를 바로잡아주는 기능을 수행한다. 네트워크를 유지하는 데에는 돈이 필요할 것이다. 만약 네트워크 유지를 위해 돈을 썼다면 그 돈은 제대로 쓴 것이다.

> 경제학자들은 소비재 시장의 가격 편차가 상당하다는 것을 발견하고 혼란스러워 했다. … 사회적 네트워크의 역할에 대한 연구에 따르면, 가격 격차 중 일부는 개인 간 정보소유 격차가 아니라 판매자–구매자의 관계에 기초한 거래의 격차를 반영하고 있다. 가정컨대, 아직 확실하게 밝혀지지 않는 특정한 조건 하에서 나타나는 시장 균형가격과의 분명한 차이는 구매자에게 부과되는 준–보험 비용이거나, 핀매자와 구매자의 장기적인 관계를 위한 투자이거나, 일반화된 호혜성의 체계로 전환하고자 하는 움직임을 의미하는 것으로 여겨진다(DiMaggio and Louch, 1998: 636).

네트워크를 활용함으로써 의사는 멀리 떨어져 있는 상대에게 즉각 조언과 상담을 구하고자 할 것이다. 일차 치료를 담당한 의사는 그의 환자를 검증된 국내의 의료기관에 소개시켜주는 것과 동일한 방식으로 국외의 의료전문가에게 보낼 것이다. 반복적인 사업은 서비스의 수준이 낮아지는 것을 방지해준다. 또한 계속적인 계약은 신뢰를 더 단단하게 하고 불확실성을 감소시켜 준다. 만약 병원이 청구서에 거짓으로 항목을 추가하거나 CNN에 모든 것을 말하는 것을 망설일 경우 그 병원에 환자를 소개시켜 주었던 의사는 계속해서 사업 관계를 맺는 것을 거부할 것이다. 한결같음(embeddedness)은 협력을 촉진시킨다. 그리고 단기적인 자제는 장기적인 이득을 가져다 줄 것이다.

환자는 여행을 떠나기 전에 자국의 의사를 만나서 자신이 여행을 떠나도 좋은지를 확인하는 검사를 받게 될 것이며, 이때 검사 요건은 국외의 의사로부터 전달받게 될 것이다. 이 검사에서 발견된 의학적 사항들은 국외 의사에게 팩스로 전달될 것이다. 필요에 따라 전화회의가 열릴 수도 있다. 일부 환자들은 국외로 떠나기 전에 지정된 의사와 예비상담을 하게 될 것이다. 이상의 상황은 환자가 영국 옥스퍼드의 존 래드클리프 병원(John Radcliffe Hospital)에서 최초 진료를 받은 뒤 스리랑카의 콜롬보(Colombo)에 있는 더던스 병원(Durdans Hospital)으로 이동하여 수술을 받는 사례를 재구성한 것이다. 이때 수술은 영국 의사가 스리랑카로 날아가서 집도하게 된다. 4성급 호텔에서의 숙박을 포함한 전체 의료관광 패키지를 구입하는 데 드는 비용은 영국에서 수술받을 때 드는 비용의 절반에 불과하다.

환자가 수술을 받고 모국으로 돌아온 뒤에는 환자를 알선해준 의사가 후속치료를 제공해줄 것이다. 이는 수술 결과가 확인될 것이며 서비스의 질이 추적 평가될 것이라는 약속을 지키기 위한 것이다. 이와 같은 후속 서비스는 치료의 연속성이 보장되지 않는다는 이유로 국외 치료를 열등하다고 간주하는 인식이 잘못되었다는 것을 보여준다. 정보통신 기술은 환자의 진료기록을 양방향으로 즉각 전송하는 것을 가능하게 만들어주었다. 그 결과 본국의 의사는 환자가 국외에서 받은 수술 및 처방전에 관한 완벽한 기록을 열람할 수 있게 되었다.

환자를 알선해준 의사는 적극적으로 검사를 시행할 것이다. 그리고 이러한 노력은 보험사의 개입에 의해 더욱 강화될 것이다. 의료서비스의 비용을 실제로 지급해야 하는 것은 보험사이기 때문에 그들은 자신의 금전적인 이득을 위해 수술이 비용에 합당한 가치를 지니는지를 확인하고자 할 것이다. 블루크로스(Blue Cross)는 아시아, 유럽, 라틴아메리카의 이름 있는 병원들과 자체적인 협정을 맺고 있다. 이를 위해 블루크로스의 임원들은 해당 국가로 출장을 가서 현장을 방문하고 개인적인 연락을 강화하는 노력을 계속해왔다. 또한 블루크로스의 간호사들은 병원에서 시설의 안전도를 검사하고 서비스가 충분히 편안한지를 평가하는 임무를 수행하고 있다. 이와 같은 노력을 통해 보험사는 그들이 비용을 지급하고 구입하는 것이 무엇인지를 정확하게 파악할 수 있을 것이며, 그들이 구입한 서비스의 질이 충분히 견실하다는 것을 재확인할 수 있을 것이다. 보험사의 방문은 JCI 인증을 보완해줄 것이며 의료서비스의 단가가 적정 수준을 유지하는 데 기여할 것이다.

의료서비스의 질은 보험사에 의해 통제될 수 있다. 따라서 보험사가 대리인으로 역할을 수행하고 보험사와 국외 병원 사이에 협약이 체결되어 있을 경우, 여행 매니저는 국외 병원이 기대를 저버리지 않을 것이라는 합리적인 믿음을 가질 수 있을 것이다. 의료서비스 지원업체들 역시 이와 비슷한 재확인을 제공해준다. 의료서비스 지원업체들은 환자가 모든 단계를 통과할 수 있도록 도와주는 업계의 머슴(factotum)이다.

의료서비스 지원업체는 환자와 의료서비스 공급자의 편의를 위해 의료관광의 소비를 도와주는 회사이다. 의료서비스 지원업체를 경험한 많은 환자들은 스스로 모든 것을 처리하는 것보다 지원업체의 도움을 받는 쪽이 더 빠르고 편안하다는 것을 알게 되었다. 지원업체들은 의료관광 과정에 대한 경험을 가지고 있으며, 환자가 걱정하고 궁금해 하는 모든 사안들에 대해 답변을 해줄 수 있는 능력을 가지고 있다. 예를 들어, 그들은 청결도와 대기시간, 그리고 MRSA에 대해 조언을 해줄 수 있을 것이다. 또한 그들은 물품 보급, 여행과 관련된 예약, 통역, 의료서비스 일정 관리, 후속 치료 관리, 진료 기록의 전송, 공항 픽업 서비스, 병원 입원 전후의 숙박, 여행자 보험 등에 대해 도움을 제공해 줄 것이다. 일부 지원업체들은 24시간 운영되는 개인 코디네이터 서비스를 보장해주기도 한다. 지원업체의 도움을 받아 병원을 이용하는 것이 환자가 직접 병원의 의료서비스를 구매하는 것보다 비용 면에서 더 저렴할 수도 있다(Deloitte Center for Health Solution, 2008: 12).

의료관광 시장에는 약 1,000개에 달하는 지원업체들이 활동을 하고 있는 것으로 추정되고 있다. 대부분의 지원업체들은 미국인을 대상으로 영업을 한다. 중개 서비스는 공짜가 아니다. 그들은 의료비의 20% 가량을 커미션으로 청구한다.

지원업체 중 일부는 호텔 체인이다. 예를 들어, ITC-웰컴 그룹(ITC-Welcome Group)은 환자를 의료서비스 공급자와 연결시켜주는 서비스를 제공한다. 일부는 여행사이다. 싱가포르의 커먼웰스 트래블(Commonwealth Travel)은 일정 계획과 보급 패키지의 구매를 한 번에 모두 처리해준다. 그리고 또 다른 일부는 의료여행 지원만을 담당하는 전문 브로커들이다. 여기에 속하는 주요 업체들로는 PlanetHospital, MedRetreat, IndUShealth, Med Solution, Global Choice Healthcare, Med Journeys, Companion Global Healthcare, BridgeHealth International, Operations Abroad, Medical Tours International, Surgical Tourism Canada, the Medical Tourist Co 등을 들 수 있다.

몇몇 의료서비스 지원업체들은 유명한 국외 병원들과 협력관계를 맺고 있다. 뉴욕의 메디컬 투어리즘 파트너스(Medical Tourism Partners)는 보험을 가지고 있지 않은 미국인들을 방콕에 위치한 호스피탈 메디컬 센터(Hospital Medical Center)나 사미티웨이 병원(Samitivej Hospital)으로 보내주는 서비스에 특화된 업체이다. 이 두 병원은 모두 JCI 인증을 가지고 있다. 미얀마의 SM 투어스(SM Tours)는 지역의 환자들을 방콕의 파야타이 병원(Phyathai)으로 보낸다. 미얀마의 버텍스(Vertex)는 인도 캘커타의 AMRI로부터 인증을 받은 중개업자이다. 모리셔스의 탐탐 투어스(Tam Tam Tours)와 에디오피아의 클라우드 웹 트래블(Cloud Web Travel)은 인도의 아폴로 병원(Apollo)과 협약을 맺고 있는 전지구적 지원업체이다. 미국인에 의해 운영되는 메드덴트(Meddent)는 세르비아의 오쏘덴트(Orthodent)하고만 거래를 한다. 세르비아인이 운영하는 벨가드 의료관광(Medical-Tourism-in-Belgarde)은 환자들을 벨가드에 있는 자신의 모기업인 닥터

쿨자카 병원(Dr Kuljaca Clinic)으로만 보낸다. 르네상스(Renaissance)는 부에노스 아이레스의 산 루카스 병원(San Lucas Clinic)과 성형 수술 환자들을 알선하는 지속적인 관계를 맺고 있다. 리스토어드 뷰티 게이트웨이(Restored Beauty Gateways)는 환자들을 방콕의 파타야 병원(Bankok Hospital Pattaya)과 푸켓 병원(Bankok Hospital Phuket)으로 보낸다. 파키스탄의 아크바르 그룹(Akbar Group)은 영국의 HCA 병원(HCA International Hospital)의 대리업체로 활동한다. HCA 네트워크는 영국에서 가장 큰 사립 병원 그룹으로, 웰링턴 병원, 리스터 병원, 프린세스 그레이스 병원, 포틀랜드 병원, 런던 브릿지 병원, 할리가(Harley Street) 병원 등을 운영하고 있다. HCA는 파키스탄뿐만 아니라 나이지리아, 쿠웨이트, 아랍에미리트 연합, 그리스, 키프로스, 리비아, 이집트 등지에서도 대리업체를 운영하고 있다.

이름 있는 의료서비스 공급자를 대리하는 일부 지원업체들과 달리, 한 국가에 특화된 지원업체들도 있다. 뉴 메디컬 호라이즌스(New Medical Horizons)는 의료여행객들을 미국으로 데려온다. 미국의 70개 이상의 의료관광 대리업체들은 환자들을 인도로 보낸다. 독투어(Doctour)는 환자들을 한국으로 보낸다. 메드트랄(MedTral)은 수술이 필요한 환자들을 뉴질랜드로 보낸다. 데스티네이션 헬스 그리스(Destination Health Greece)는 환자들을 그리스로 보내고, 덴탈 트래블 루마니아(Dental Travel Romania)는 환자들을 루마니아로 보낸다. 뷰티필 홀리데이즈(Beautiphil Holidays)는 많은 수의 필리핀 의료전문가와 협력관계를 맺고 있다. 파나마의 메디컬 투어리즘(Medical Tourism)은 호주와 뉴질랜드의 고객들에게 파나마를 알리기 위해 시드니에서 콜센터를 운영하고 있다. 이 업체는 지역 협력사인 사우스 씨즈 제약회사(South Seas Pharmaceuticals S.A.)로부터 파나마의 수술 병원을 추천받는다. 이 제약회사의 홈페이지인 www.nipandtuckpanama.com는 자신의 사업 내용을 잘 보여준다.

일부 지원업체들이 단일 공급자나 단일 지역과 배타적인 관계를 맺고 있는 것과 반대로 다른 일부의 지원업체들은 비배타적이고 통합적인 방식으로 사업을 운영한다. 그들은 자신들이 오직 환자들과만 계약을 맺는다는 것을 분명하게 해두고자 한다. 이에 해당하는 하나의 사례는 캘리포니아에 본사가 있는 플래닛 병원(PlanetHospital)의 제다(Jeddah) 사무소이다. 이 사무소의 목적은 사우디아라비아와 아라비아만 출신의 의료관광객들에게 그들의 요구에 가장 잘 부합하는 병원을 소개시켜주는 것이다. 또 다른 사례로는 스타 병원(Star Hospital)을 들 수 있다. 인도인 사업가가 소유한 이 병원은 의료전문가가 직접 상담을 해주는 콜센터를 운영하고 있다. 이 콜센터로 상담을 요청해온 환자들에 대한 병원 추천은 의사와 훈련받은 보조원이 담당하며, 추천 작업이 끝나면 이들을 환자에게 해당하는 인도, 싱가포르, 태국의 인증 병원에 관한 정보를 제공해준다.

지원업체가 제공하는 개인 서비스의 수준은 업체마다 크게 다르다. 일부는 예약 업무만 대행해준다. 반면 뷰티필(Beaitiphil)과 같은 일부 업체들은 컨시어지 서비스를 제공해주며 24시간 전화 상담서비스를 운영하고 있다. 리스토어드 뷰티 게이트웨이즈(Restored Beauty Gateways)는 호주 고객들에게 믿을 수 있는 아시아 병원을 알선해줄 뿐만 아니라 호주 분쟁 중재자가 현지에서 고객들을 보호해주는 서비스도 제공해주고 있다. 이 분쟁 중재자는 현지에서 고객에게 문제가 생겼을 경우 개인적으로 그 문제를 해결해줄 것이다. 미국 애리조나의 의사들에 의해 운영되는 메드투고(MedToGo)는 멕시코의 병원이 약속을 제대로 이행하고 있는지를 검사하는 서비스를 제공한다. 이를 위해 메드투고는 현지의 의료전문가들과 인터뷰를 수행하고 직원들의 신원을 조사한다. 또한, 만약 고객이 요청할 경우 회사의 대리인이 고객과 함께 멕시코 병원으로 떠나는 서비스도 제공하고 있다.

의료 지원업체들은 여행을 떠나는 환자와 육로나 항공로로 동행하는 서비스를 제공하기도 한다. 그들은 종종 공항에서 그들의 고객을 맞이해 주고 고객이 현지에 머무르는 동안 그들을 지척에서 돌봐줄 대리인을 고용한다. 지원업체들은 의료서비스와 관계없는 일반적인 여행 서비스 역시 제공해준다. 그들은 티켓과 비자를 확보해주며, 호텔을 예약해주고, 호텔에서 치료센터로의 원활한 이동을 책임져주고, 식이요법에 필요한 준비물을 마련해서 제공해주기도 한다. 또한 지원업체들은 관광, 혹은 해수욕과 보톡스 시술이 포함된 전신 관리 서비스를 결합한 특수한 패키지도 제공해준다. 알로 홀리데이(ALLO Holiday)는 영국인 고객들에게 폴란드에서 성형 수술과 치과 치료만 받지 말고 스키와 같은 겨울 스포츠를 함께 즐기고 오라고 조언해준다. 의료 지원업체인 치과 치료가 함께하는 태국에서의 완벽한 휴가(Absolutely Thailand Dental Makeover Vacation)는 그들의 뉴질랜드 고객들에게 치앙마이에서 미국이나 독일에서 훈련받은 의사들에게 치료를 받은 뒤 치아가 충분히 회복되면 코끼리를 구경하고, 산간 부족을 방문하고, 야시장을 둘러보는 의료관광 패키지를 판매하고 있다.

지원업체들은 미개발된 수요가 존재한다고 생각되는 지역에서 사업을 벌인다. 중개업체는 환사들과 같은 나라에 있는 것이 바람직하다. 현지에 위치함으로써 지원업체는 지역의 지식을 활용하여 자신의 매력을 사람들에게 알릴 수 있을 것이다. 의료관광에 익숙하지 않은 지역의 주민들은 외국인과 계약하는 것보다 그들과 같은 지역의 사람들과 계약을 하는 것을 더 편하게 느낄 것이다. 이런 상황에서 업체를 프랜차이즈(franchise) 방식으로 운영하는 것은 좋은 해결책이 될 수 있다. 호주 퍼스에 본사가 있는 뷰티 게이트웨이즈(Beauty Gateways)는 영국과 뉴질랜드의 투자자에게 브랜드 이름과 사업 모델에 대한 독점적인 영업권을 매도하였다. 최소 계약기간은 2년이었으며, 선불요금은 4만 프랑이었다.

지원업체들은 환자들을 알선해주는 의사나 비용을 실제 감당하는 보험사들과 마찬가지로 의료서비스 질의 유지에 실질적인 기여를 하고 있다. 그들은 수익을 얻고 시장점유율을 높이기 위해서 외국 의사들의 자격을 세밀하게 조사한다. 그들은 그들의 회원 의사들이 최신 기술을 갖추고 있다는 것을 입증하고자 한다. 또한 그들은 병원의 의료장비가 최적의 성능을 발휘하고 있다는 것을 확인하고 싶어 한다. 그들은 호텔 시설 및 음식 공급 시설의 상태가 만족스러운지 확인하기 위해 세탁소와 창고를 방문한다. 서비스가 언제나 뛰어난 질을 유지하고 있다는 것을 확인시켜주는 것은 서비스 공급자의 경제적 이익과도 관련되어 있다. 탈장은 생겼다가 사라지지만, 지원업체들은 계속 영업을 이어나갈 것이다. 그리고 의사들과 병원들은 자신들이 계속해서 지원업체의 목록에 들어 있기를 바랄 것이다.

지원업체들은 그들만의 네트워크를 통해 믿을 수 있는 의료전문가와 최고 수준의 의료시설에 관한 정보를 공유한다. 또한 그들은 주기적으로 열리는 컨퍼런스에 참여함으로써 서로의 연락이 끊어지지 않도록 계속해서 이어나가고, 무역과 관련된 간행물들과 인터넷 게시물을 살펴봄으로써 시장 상황을 개괄한다. 지원업체들은 커뮤니티에 속함으로써 각 서비스 공급자들을 혼자서 처음부터 조사하고 평가하는 경우에 얻게 되는 것보다 훨씬 큰 정보력을 가지게 된다. 문제는 그로 인해 지원업체들이 제멋대로 행동하게 될 수도 있다는 것이다. 지원업체들은 서비스 공급자가 제멋대로 하는 것을 제한한다. 그러나 지원업체가 투명한지, 의무를 제대로 이행하고 있는지를 평가함으로써 지원업체가 제멋대로 하는 것을 방지하는 이는 아무도 없다.

Medical Travel Association, International Medical Travel Association (Pacific Asia Travel Association과 협력관계 체결함), Asian Association of Medical Tourism, the European Medical Tourism Alliance, HealthCare Tourism International 등과 같은 전문 교역 단체들은 그 차이를 메우기 위해 노력하고 있다. 지원업체들이 의학적인 훈련을 받지 않았다는 점에서 그들의 감시 보고서는 특히 유용하게 읽힐 수 있을 것이다. 그러나 산업의 자율규제는 이제 막 시작되었을 뿐이다. 지원업체들이 서로 다른 나라에 본사를 두고 있다는 것, 서로 다른 지역으로 여행을 알선하고, 서로 다른 종류의 의료서비스를 추천해준다는 것은 이 산업 분야가 다양성과 복잡성을 가질 수밖에 없는 근본적인 이유이다. 게다가 이 업계에서는 승인을 받는 것이 의무가 아니다. 여행사들은 인증 제도가 의무화되기 전까지는 인증을 받기 위해 돈을 지급하는 것을 당연히 꺼릴 것이다. 어쩌면 그 해결책은 환자들의 손에 달려 있을지도 모른다. 만약 환자들이 비용을 지급하기에 앞서 멤버십과 인증서를 요구한다면 의료관광 중개업체들은 그들의 경제적 수익을 지키기 위해 기꺼이 평가와 심사를 받고자 할 것이다.

한편으로 의료전문가들에게는 엄격한 기준이 요구되고 있다. 싱가포르 의료위원회(Medical Council)의 윤리규정은 싱가포르 의사들이 중개인과 수익을 나누어 가지거나 환자를 소개해준 대가로 커미션을 받는 것을 분명하게 금지하고 있다. 그리고 다른 한편으로 의료관광 사업체에 대해서는 권고와 지침이 마련되어 있다. 트래블 어브로드(Travel Abroad)는 의료관광 실천을 위한 규정(Code of Practice for Medical Tourism)을 통해 사업에 관한 조언을 제공해주고 있다. 싱가포르 윤리규정은 싱가포르 의료연합에 의해 강제된다. 중개업체와 수익을 나누어 가지는 의사는 면허정지에 처해질 수 있다. 트리트먼트 어브로드(Treatment Abroad)의 규정은 칸트의 정언명령에 의해 지켜질 것이 요구된다. 환자에게 터무니없는 비용을 제시하거나 양질의 조언을 제공하지 않고 회원비만 가로채는 중개업체는 그들이 환자의 돈을 횡령한다든가 해서 법을 어기지 않는 한 이미지가 훼손되고 양심의 가책을 받는 것 외에는 어떠한 실질적인 제재도 받지 않는다. 그러나 그것만으로는 불충분하다.

다른 모든 산업들이 그러하듯, 의료관광 업계에도 카우보이와 악당이 존재한다. 여행이나 의료산업과 관련된 배경이 없는 업체들도 시장에 어렵지 않게 진입할 수 있다. 많은 의료관광 지원업체들은 규모가 너무 작거나 역사가 너무 짧아서 은행으로부터 채권 발행을 거부당하기도 한다. 때때로 중개업체들은 그들의 물리적 위치를 강력하게 통제되는 시장 외부로 이동시킴으로써, 혹은 보험에 가입할 의무가 없는 가상의 대리자를 내세움으로써 규제를 회피하고자 한다. 반면 국가에 의해 규제와 전문가 연합, 그리고 다국적 벤치마크 제도와 초국가적 면허제도는 시장의 바람직한 측면을 보여준다.

지원업체들은 그들의 경력과 보험 상태, 그리고 지식수준을 서술한 포트폴리오를 제출할 수 있을 것이다. 그리고 그 포트폴리오에는 해당 업계의 공급자 측과 수요자 측으로부터 받은 평가(reference)도 포함될 수 있을 것이다. 업계 관계자들로 구성된 리뷰 패널은 그들의 실적이 호텔 예약, 항공사 예약, 분실 수하물 처리, 장애를 가진 여행객들과 관련된 문제 해결 등과 같은 서비스 영역이 요구하는 합리적인 수준을 만족시키는지를 평가할 수 있을 것이다. 사업은 전 지구적이다. 그렇다면 마땅히 따라야 하는 규정 역시 전 지구적이어야 할 것이다.

4.5 국제적 협력

직관적인 통찰(heuristics)은 어디에서나 통한다. 인정받는 기업의 브랜드 이름은 그것이 판매하는 약품이 안전하다는 것을 보장한다. 상업적인 혈액은행은 정부 기관이 보관된 혈액의 오염 여부 및 유통기간을 불시 검사한다는 점에서 신뢰할 수 있다. 국제적인 협력 관계 역시 존재한다. 외국의 의과대학 또는 의료센터와 체결한 양해 각서는 그 기관들과의 협력이 유지되는 한 서비스의 질은 계속 나아질 것이라는 약속의 의미를 지닌다. 또한 그것은 지역 병원이 최신의 의료경향과 관리 기술에 대한 접근권을 가지고 있다는 것을 뜻한다. 이를 활용한다면 지역 병원은 시행착오를 겪을 필요가 없을 것이다.

인도의 워크하르트(Wockhardt) 병원과 두바이의 헬스케어 시티(Healthcare City)는 하버드 메디컬 인터내셔널(Harvard Medical International, HMI)과 제휴를 맺고 있다. HMI는 하버드 의대가 설립한 국제기구이다. 워크하르트 병원은 아부다비의 최신 병원에 수술 및 관리와 관련된 전문지식을 제공해주고 있다. 인도의 아폴로(Apollo) 병원과 파나마의 푼다 파시피카 병원(Hospital Punta Pacifica)은 모두 존스 홉킨스 인터내셔널(Johns Hopkins International)과 협력관계를 유지하고 있다. 파나마의 산 페르난도 병원(Clinica Hospital San Fernando)과 파이털라 병원(Centro Medico Paitilla)은 클리블랜드 병원(Cleveland Clinic), 툴래인 대학병원(Tulane University Medical Center), 사우스 플로리다 침례교 병원(Baptist Hospital South Florida), 마이애미 아동병원(Miami Children's Hospital)과 제휴를 맺고 있다.

마닐라의 성 루카 병원(St Luke's Medical Center)는 컬럼비아 의과대학(Columbia University College of Physicians and Surgeons), 웨일 코넬 의과대학(Weill Cornell Medical College), 메모리얼 슬로언 케터링 암센터(Memorial Sloan-Kettering Cancer Center)와 협력관계를 유지하고 있다. 컬럼비아 의과대학은 파리, 바르샤바, 이스탄불의 병원들과 추가적인 협정을 맺고 있다. 메모리얼 슬로언 케터링 암센터는 홍콩, 바르셀로나, 제네바, 아테네, 상파울로, 이스탄불, 싱가포르의 의료기관과 연계되어 있다.

국제적인 연결은 외국에서 온 환자들에게 그들이 받는 의료서비스의 질이 제휴관계에 있는 환자 모국의 의료서비스 수준에 근접한다는 확신을 심어줄 것이다. 존스 홉킨스는 모든 사람들이 신뢰한다. 반면 칠레의 클리니카 라스 콘데스(Clinica las Condes)는 그리 널리 알려진 이름이 아니다. 그러나 이 병원은 존스 홉킨스와 10년간의 제휴 협정을 체결하고 JCI 인증을 받음으로써 앞으로 더 많은 국내 환자와 더 많은 국외 환자들을 끌어모을 수 있게 될 것이다.

어떤 종류의 협력관계는 느슨하게 유지된다. 예를 들자면, 외국의 파트너 기관이 오직 세균이 통제되고 있으며, 자료가 안전하게 보관되고 있고, 의료 기술진들이 제대로 임무를 수행하고 있다는 것만을 확인해주는 경우가 그러하다. 반면 협력관계에 수직통합적인 요소가 있는 경우도 있다. 진단을 받았거나 국외에서 치료를 받은 환자 중 더 높은 수준의 전문적인 치료가 요구되는 이들을 대도시의 본부 병원으로 이송시켜 치료하는 경우가 그러하다. 협력의 의미는 양방향성에 있다. 협력관계를 통해 미국 환자들은 자신이 국외로 나갈 필요가 있다는 것을 재확인받을 수 있을 것이며 외국 병원들은 국제적 파트너의 뛰어난 의료서비스를 배우는 기회를 얻을 수 있을 것이다. 미국 병원들은 이와 같은 방식을 통해 의료관광 산업분야에 활동기반을 마련할 수 있을 것이다. 때로는 미국에서 훈련받은 외국 의사가 계속해서 미국 의료계와 연락을 유지하기도 한다. 때로는 미국 의사들이 국외팀을 지원하기 위해 현지에 임시로 파견되기도 한다. 양쪽 모두는 국외의 의학 전문지식 향상에 기여할 것이며, 그로 인해 지역 병원들은 활기를 띠게 될 것이다.

국제 협정은 단순한 비준뿐만 아니라 서비스의 공급과도 관련되어 있다. 피츠버그 대학병원은 팔레르모, 키프로스, 카타르, 더블린과 협력관계를 맺고 있으며, 그뿐만 아니라 GE 헬스케어(GE Healthcare)와의 합작투자도 진행하고 있다. GE 헬스케어는 의료진단 장비, 방사선 요법 및 이미징 기술에 특화된 영국 기업이다. 피츠버그 대학병원과 GE 헬스케어는 유럽, 중동, 아시아에 25개의 암 전문병원을 설립할 계획을 가지고 있다. 그들의 프로젝트는 국제적인 협력관계를 가로막는 장애물을 없애줄 완전한 자회사를 설립하는 것 하나만을 남겨두고 있다. 클리블랜드 병원(Cleveland Clinic)은 캐나다에 지부를 가지고 있다. 이 캐나다 지부는 아부다비의 360병상 규모 병원인 셰이크 칼리파 메디칼 시티(Sheikh Khalifa Medical City)를 운영하고 있다. 클리블랜드 병원은 빨리 평판을 쌓고 싶어 하는 신생 병원들의 빅브라더 역할을 하기보다 스스로 이 사업을 수행하는 것을 선택하였다.

국제적 제휴는 의료 훈련의 영역까지도 확대될 수 있다. 코넬 의과대학(Cornell Medical School)은 카타르와 의학 교육에 관한 협력관계를 유지하고 있으며, 서울에서는 자문센터를 운영하고 있다. 듀크(Duke) 대학은 싱가포르 국립대학(National University of Singapore)과 의학 전문대학원의 설립에 관한 제휴 협정을 체결하였다. 외국 의료기관과의 협력관계는 의료서비스의 기준을 보장해주고, 의사 공급을 증대시켜주고, 지역 의료전문가가 계속 지역에 머무르도록 해준다. 만약 지역 병원들이 실무 훈련과 연구기회를 제공해주는 수준 높은 의료기관들과 제휴를 맺지 않았다면, 지역 의료전문가들 중 일부는 저개발된 지역에 남는 것을 꺼려했을 것이다.

4.6 인증제도

상품은 구매하기 전에 상태를 검사하는 것이 가능하다. 그러나 서비스는 그럴 수 없다. 한번 제공 되어진 서비스를 돌이키는 것은 불가능하다. 공급자가 가지고 있는 인증서는 예술가가 캔버스에 붓을 대기 이전에 미리 서비스의 기대치를 예측할 수 있도록 해주는 표준적인 방법이다. 2008년에 수행된 한 설문조사에 따르면, 59%의 환자가 병원의 인증은 '매우 중요하다' 고 답하였고, 22%는 '중요하다' 고 응답하였다. 반면 전혀 중요하지 않다고 응답한 환자의 비율은 단 7%에 불과했다(Medical Tourism Association, 2009: 36).

4.6.1 의사

의료전문가의 하력은 서비스 질의 지표로 빈번하게 활용된다. 언제 어디에서 공부했는지, 언제 어디에서 일을 했는지, 외국에서의 경력 사항은 어떠한지, 주치의로서 집도한 수술 중 얼마나 많은 수술을 성공했는지 등은 능력을 간접적으로 보여주는 지표로 사용된다. 보건부나 의사협회로부터 받은 면허 역시 중요하다. 이런 경력의 주기적인 갱신은 부가적인 가치를 지닌다. 일본 의사면허의 유효기간은 평생이며, 일본 의사들에게 지속적인 교육은 의무사항이 아니다.

많은 의사들이 해외에서 훈련을 받았거나 근무한 경험을 가지고 있다. 키프로스에는 의과대학이 없기 때문에 (2013년에 최초의 의대가 설립될 예정이다. 그러나 정원은 단 70명에 불과하다.) 키프로스의 의사들은 전부 그리스, 영국, 미국, 유럽대륙 등 외국에서 교육을 받은 사람들로 구성되어 있다. 그로 인한 긍정적인 부산물 중 하나는 많은 의사들이 외국의 선진 의사협회 자격증을 보유하고 있다는 것이다. 외국에서 온 환자가 의사들이 등록되어 있는 협회들이 자신의 나라 소속이라는 것을 발견한다면 그는 마음을 놓게 될 것이다. 몰타에서 집도되는 모든 수술은 영국의 종합의료협의회(General Medical Council)에 보고된다. 몰타의 성형수술 전문의는 영국 미용성형협회(British Association of Plastic, Reconstructive and Aesthetic Surgeons, BAPRAS)의 회원이거나 아니면 미국 성형외과학회(American Society of Plastic Surgeons, ASPS)의 회원일 것이다. 또한 치과의사들은 종합치의학협의회(General Dental Council, GDC)에 등록되어 있거나 영국 미용치과학회(British Academy of Cosmetic Dentisty, BACD)의 회원증을 가지고 있을 것이다. 미국 전문의협회(American Board of Medical Specialities, ABMS)는 회원 자격을 심사하는 패널을 운영하고 있는데, 회원 자격은 26개의 주요 의학 영역별로 구성된 24개 기준에 의해 측정된다.

각 나라들은 자체적인 의사 협회를 가지고 있다. 이 협회들의 목록은 트리트먼트 어브로드(Treatment Abroad)의 홈페이지에 게시되어 있다. 브라질 성형외과학회(Brazilian Society of Plastic Surgery)의 예를 살펴보자. 이 학회는 신규 의사들의 배경과 기술을 심사한다. 모든 후보자들에게는 일반의 과정에 더해서 3년간의 전문의 과정을 이수하였을 것이 요구된다. 비록 수술실에서의 확실한 성과가 없더라도, 벽에 걸린 브라질 학회의 자격증은 신뢰의 넓은 그림자를 제공해줄 것이다.

국제적인 멤버십 역시 존재한다. 여기에는 국제미용성형학회(International Society of Aesthetic Plastic Surgery, ISAPS)와 유럽 성형외과연합(European Association of Plastic Surgeons, EURAPS) 등이 포함된다. 해당 단체에 문의하면 등록된 회원 의사들의 이름을 확인할 수 있다. 일부 단체들은 회원 명부를 온라인에 게시해 두기도 한다. 그러나 한 가지 중요하게 짚고 넘어가야 할 것은, 이와 같은 단체들의 멤버십에는 어떠한 권한도 수반되지 않는다는 것이다. 국제면허증은 존재하지만 국경을 초월해서 의료 활동을 하는 것을 허락해주는 자격증은 존재하지 않는다. 새로운 국가로 이주한 의사들은 반드시 재심사를 거친 뒤 새로 인증을 받아야 한다.

의사 면허는 국가의 수준에서 인정될 수도 있고, 자치지역이나 주(state)의 수준에서 인정될 수도 있다. 미국이나 영국과 같은 의료 선진국에서 교육을 받거나 일을 한 경험을 가진 의사들은 다른 의사들보다 유리할 것이다. 더 많은 미국 환자들이 자신의 병원을 찾게끔 하고 싶은 국제 의사들은 자신이 미국 의사들과 동등한 수준의 능력을 갖추고 있다는 것을 보여주기 위해 자발적으로 미국 의사시험에 응시하기도 한다. 태국 범룽랏 병원(Bumrungrad)에서 근무하는 모든 의사들은 신뢰할 수 있는 외국 (대개는 미국) 의사 자격증을 소지하고 있다.

때로는 해외의 의학 교육 자체가 신뢰할 수 있는 인증을 획득한 경우도 있다. 세계적인 의과대학들은 종종 자신들의 의료 기술을 향상시키기 위해 외국의 의과대학과 협력관계를 맺는다. 인도의 의과대학이 하버드 대학이나 듀크 대학의 자문을 받고 있다는 사실을 미국인 환자들이 알게 된다면, 그들은 인도로 의료관광을 떠나는 것을 더욱 매력적으로 생각하게 될 것이다. 심지어는 인도 의료협의회의 시범 교과과정까지도 미국의 의과대학인증평가 심사인정기구(National Committe on Foreign Medical Education and Accreditation, NCFMEA)의 인증을 가지고 있다. 그러나 이것이 인도의 의과대학이 미국 의과대학에 견줄 정도로 좋다는 것을 의미하는 것은 아니다. 이것은 다만 인도의 의과대학 교과과정이 의료기술의 최저 기준을 만족시키고 있다는 것을 확인시켜줄 뿐이다. 현재 세계 의료계에서는 미국이 명실상부한 선두이면서 동시에 선구자인 것으로 보인다. 이러한 평가가 고정관념과 자민족 중심주의를 함축하고 있는 것처럼 들릴 수도 있겠지만, 미국이 어느 정도 벤치마크로서의 역할을 수행하고 있다는 것은 분명한 사실이다. 국제 환자들 중 대다수는 미국인이기 때문이다.

미국에서는 인증을 제공하지 않는 의료기술은 해외 지역의 심사를 통해 (필요할 경우 지역의 교차훈련과 병행함으로써) 능력 수준을 인정받을 수 있다. 싱가폴에서

침구의 같은 중국 한의학(Traditioanl Chinese Medicine, TCM) 의사들은 반드시 싱가폴 중국 한의학 대학이나 베이징 TCM 대학과 같은 신뢰할 수 있는 기관이 발급한 자격증을 가지고 있어야 한다. 인도의 아유베다 전문가는 인증을 받을 수도 있지만, 인증을 받지 않아도 치료를 행할 수 있다. 요가, 최면, 발마사지, 스트레스 관리, 스파, 반사요법, 금연요법 등의 분야에서는 아직 인증을 담당한 적절한 기관이 설립되지 않았다.

4.6.2 병원

의사의 경우와 마찬가지로 병원들은 그들이 위치한 국가의 정부와 준정부기관에 의해 가장 먼저 인증을 받게 된다. 병원의 인증을 담당하는 정부 기관이 영국의 보건부 장관이든, 말레이시아의 건강관리기구(Malaysian Society for quality in Health, MSQH)든, 필리핀의 보건기구 인증협의회(Council on Accreditation of Health Organizations, PCAHO)든, 태국의 병원인증기구(Institute of Hospital Quality Improvement, HA-Thailand)든, 아니면 멕시코의 보건종합협의회(Consejo General de Salud, CGS)든, 인증 시에 확인하는 것은 병원이 최소한의 설비를 갖추었는지, 그리고 의무적인 의료서비스 기준을 충족시키고 있는지의 여부이다. 일부 관료적 요식 행위는 시장의 자유에 대한 비용이다. 병원에 대한 인증 사업은 건전한 투자가 될 수 있다. 의료관광객들은 정부가 3년에 한번씩 병원 인증 심사를 실시하고 이 심사에서 통과하지 못한 병원은 인가를 취소하는 정책을 시행하는 국가를 더 신뢰할 것이기 때문이다.

교역 관련 협회 역시 서비스 질에 대한 심사를 수행한다. 인도에서는 인도 보건의료연맹(Indian Healthcare Federation, IHF)과 병원 및 의료업 종사자 인증협의회(National Accreditation Board for Hospitals and Healthcare Provider, NABH)가 병원의 서비스 질이 저하되는 것을 예방하고 있다. NABH는 품질 검사와 인증 분야에서 핵심적인 역할을 수행하고 있는 민간기구인 인도 품질위원회

(Quality Council of India, QCI)의 부속기구이다. NABH가 채택하고 있는 심사기준은 JCI의 기준과 상당히 비슷하다. 또한 IHF와 NABH는 인도 산업연합(Confederation of Indian Industry)의 지원도 받고 있다.

요르단은 의료인증협의회(Health Care Accreditation Council, HCAC)의 심사를 통해 병원들의 서비스 질을 유지하고 있다. 이 기관은 요르단 보건부와 미국 국제개발처(United States Agency for International Development, USAID)의 합작 프로젝트에 의해 만들어졌다. 캐나다 병원 인증기구(Accreditation Canada) 역시 쿠웨이트, 세르비아, 코스타리카, 브라질 등의 국가들과 비슷한 프로젝트를 진행한 바 있다. 캐나다 병원 인증기구는 이탈리아나 프랑스 같은 선진국에도 자문을 제공하였다.

세계보건기구(World Health Organization)는 모든 국가가 자체적인 인증기구를 운영할 필요가 있나고 권고하였다. 그리고 그와 같은 국가별 인증기구들은 국제 인증연맹협의회(International Accreditation Federation Council, IAFC)으로부터 인증을 받아야 한다고 규정하였다. IAFC는 국제 의료질 관리학회(International Society for Quality in Health Care, ISQua)의 부속기구이다. ISQua는 독립적인 비영리 단체로서 70개 이상의 국가 인증기구에 대한 인증심사를 담당하고 있다. 또한 ISQua는 WHO의 승인 하에 국가 인증기구뿐만 아니라 JCI와 같은 초국가적 인증기구의 인증도 담당하고 있다.

JCI는 가장 영향력 있는 초국가적 인증기구이다. JCI, 즉 국제의료기관 평가위원회(Joint Commission International)는 병원들의 성공지표들을 검사하는 비영리 단체이다. JCI의 본부는 미국에 위치해 있으며, 프랑스, 두바이, 싱가포르에서 지역 사무실을 운영하고 있다. JCI는 미국 건강관리단체인가 협동위원회(Joint Accreditation Commission for Healthcare Organizations, JACHO)의 국제 협력 기구이다. JACHO는 5000여 개의 미국 병원에 대한 인증업무를 담당하고 있으며, 이 병원들은 미국 전체 환자 수용량의 96%를 감당하고 있다.

JCI는 2009년까지 35개국의 242개 의료서비스 공급자(민간 공급자와 공공 공급자 모두 포함)에게 인증서를 발급하였다. JCI의 벤치마크 결과는 『의료원 인증표준(International Accreditation Standards for Hospitals)』이라는 제목의 서적으로도 출간되어 있다. 이 매뉴얼은 다양한 언어로 출판되었는데, 한국어판은 있지만 일본어판은 (관심이 부족하기 때문에) 없다. JCI 인증을 받고자 하는 병원은 인증을 위해 필요한 개선조건이 무엇인지를 확인하기 위한 요청을 JCI 측에 전달하여야 한다. JCI 방문단을 맞이하기 위한 모든 준비가 끝나면, JCI의 병원 현장 검사가 실시된다. 인증 심사는 의료전문가들의 평가에 의해 이루어진다. 3-4명의 전문가들이 병원에서 일주일을 지내고, 직원들과 구조적, 비구조적인 인터뷰를 수행하고, 보고서를 작성한다. 추가적인 개선이 필요할 경우에는 인증기간을 1년으로 제한하는 경우도 있다. 완전한 인증의 효력은 3년간 유지된다. 인증 심사와 그 다음 인증 심사 사이의 기간에는 서비스의 질이 낮아질 수도 있다. 그러나 JCI는 지역 모니터 요원 양성이나 후속 추적검사 시행 등과 같은 방식으로 병원이 인증에 걸맞은 서비스 질을 유지한다는 것을 확인하지는 않는다.

의료기관은 자문과 인증을 위해서 JCI에 비용을 지불하여야 한다. 전체 비용은 30,000달러에서 50,000달러 정도가 든다. 평가 준비에 소요되는 시간에 대한 비용도 추가적으로 부담하여야 한다. 신규 병원이나 소규모 병원으로서는 비용이 다소 부담스러울 수 있을 것이다. 일부 보험사들과 고용주들은 JCI 인증 병원을 고집하지만, 다른 보험사들과 고용주들은 ISQua와 같은 다른 국제 인증기관의 인증을 받은 병원으로 환자들을 보낸다. 그런 국제 인증기관은 다양한 국가들에 본사를 두고 있다. 미국만 제1세계의 의료 기준을 평가할 수 있는 것은 아니다.

대표적인 국제 인증기관들의 목록은 다음과 같다. 영국의 Trent Accreditation Scheme(TAS, 트렌트 지방의 NHS 병원을 평가하기 위해 1933년에 시작한 프로젝트의 결과로 만들어진 인증기관), 영국의 Health Service Quality Accreditation(HSQA), Accreditation Canada International(ACI), Irish

Health Services Accreditation Board(HIQA), Quality Health New Zealand (QHNZ), Australian Council on Healthcare Standards International (ACHSI), Netherlands Institute for Accreditation of Hospitals(NIAZ), Council for Health Service Accreditation of Southern Africa(COHSASA), European Society for Quality in Healthcare(ESQH), 미국의 National Committee for Quality Assurance(NCQA), 프랑스의 Haute Authorite de Sante(HAS). 또한 스위스의 국제표준화기구(International Standardization Organization, ISO) 역시 여기에 포함된다. ISO는 ISO 9002 인증 제도를 시행하고 있지만 병원에 대한 심사 제도를 운영하고 있지는 않다. ISO 인증은 단지 병원이 17,000개의 우수 기준을 충족시키고 있다는 것을 알려줄 뿐이다. 그러나 많은 소비자들은 그 정도면 충분하다고 생각한다.

인증기관이 범람하고 있다. 좋은 것이라고는 하지만 그래도 도가 지나치다. 선택의 폭 때문에 소비자들은 혼란스러워하고 있다. 또한 각 인증서들은 서로 완전한 대체재가 될 수 없다. 각 기관들이 조금씩 다른 심사기준을 적용하고 있기 때문이다. 인증기관 간의 의견 차이는 어쩔 수 없는 부분이 있다. 직원과 병실 위생 상태의 심사에 있어서는 의견의 일치를 이룰 수 있겠지만 의사소통이나 윤리, 프라이버시와 같은 특징들을 계량화하여 평가하는 것은 훨씬 더 힘든 일이다. 주관적인 피드백을 적절하게 고려한다고 하더라도 평균적인 환자가 실제로 어떻게 생각할 것인지를 측정하는 것에 대해 일치된 의견을 내놓는 것은 사실상 불가능하다. 문화 역시 문제이다. 성공지표는 사법체계와 라이프스타일의 차이를 수용할 수 있을 정도로 유연해야 한다. 그러나 인증단체들은 지극히 느린 속도로 그들의 심사기준을 지역 관습과 태도에 맞춰가고 있을 뿐이다.

서비스 질을 심사하는 데는 돈이 든다. JCI보다 저렴한 대안 인증단체들도 있기는 하지만, 그렇다고 해도 행정작업에 소요되는 시간과 인증단체에게 지급되는 비용이 환자의 치료에 사용되었다면 더 좋았을 것이라는 사실은 변하지 않는다. 말레이시아 병원 중 MSQH 인증을 받은 병원은 모두 77개이다. 그러나 인증 받지 않은 병원 중에도 많은 수가 충분한 신뢰를 받고 있으며 왕성하게 환자들을 받고 있다. 병원 운영을 위한 면허는 필수불가결한 것이다. 반면 인증은 케이크 위에 올린 설탕과 같다. (있으면 좋지만 없어도 큰 문제는 없다는 뜻 – 역주) 병원은 많은 비용이 드는 평가팀을 부르는 대신 보험사를 불러서 그들에게 직원관리와 운영 결과에 관한 감사 자료를 확인하게 할 수 있다. 보험사는 정기적으로 환자들을 병원에 보낸다. 만약 병원이 충분히 좋다면 그것을 가장 잘 알 수 있는 것은 보험사이다.

질병의 치료와 건강의 향상은 긴밀하게 연결되어 있다. 그러나 이 연결은 아직 편협한 구분에서 벗어나지 못한 것으로 보인다. 논리적으로 보았을 때, 인증은 메스와 마취제가 사용되는 영역에 국한되는 것이 아니라 피부 관리와 일광욕 영역까지 확대되어야 한다. 의료서비스가 골프 라운딩과 맛집에서의 식사 등과 하나의 의료관광 패키지에 담길 수 있다는 점에서 이와 같은 논의는 특히 중요한 의미를 지닌다. 더 일반적인 규제를 향한 첫걸음을 내딛은 것은 유럽스파협회(European Spa Association)이다. 이 협회는 헬스 리조트 중 위생, 안전, 편안함과 관련된 협회기준을 충족시키는 곳을 대상으로 유로스파(EUROPESPA) 인증을 발급해주고 있다. 병원만 인증서를 받을 수 있는 것은 아니다.

인증을 위해 치러야 하는 비용에는 돈만 있는 것이 아니다. 인증을 받고자 하는 병원은 평가가 이루어지는 분야에만 집중하게 될 것인데, 그렇게 되면 평가를 받지 않는 다른 분야의 업무들은 방치될 수밖에 없다. 방치되는 분야에는 아마도 환자에 대한 친절한 태도, 환자 주도의 혁신, 빈민가 주민들을 위한 무료 봉사활동 등이 포함될 것이다. 좁은 의미의 서비스 질이 넓은 의미의 서비스 질을 구축하고 있다. 선택으로 인해 잃게 되는 것은 전부 다 비용이다. 미소나 친절한 도움으로 인증 검사에서 점수를 딸 수는 없겠지만 그것은 분명 환자의 치료에 큰 도움이 된다.

05 차별화

세 번째 이유는 차별화이다. 일부 환자들은 더 낮은 가격이나 더 짧은 대기시간 때문에 국외로 나간다. 일부 환자들은 국외로 나가는 것이 더 나은 보살핌을 보장한다고 생각한다. 부자 나라의 환자들은 싼 가격에 이끌려 국외로 나간다. 개발도상국의 환자들은 높은 품질에 이끌려 국외로 나간다. 그런데 세 번째 이유가 있다. 환자들은 외국의 대안이 자국에서 경험할 수 있는 것과 아주 다르기 때문에 국외로 나간다.

이번 장의 주제는 방문할 만한 외국의 대체 안이다. 섹션 1에서는 의료서비스와 관련된 특징을 이야기한다. 섹션 2에서는 여러 편리한 장소를 알려 준다. 섹션 3에서는 일상적인 문화의 매력에 대해 알려준다. 섹션 4에서는 의료관광과 위락관광을 관련짓고, 여행은 단지 여행일 뿐이라고 주장한다. 차이점들이 사실이긴 하지만 이 때문에 중복되는 부분을 배제하지는 말아야 한다.

5.1 수속절차와 가능성(PROCEDURES AND POSSIBILITIES)

Sistine 성당은 움직이지 않는다. 그곳의 유명한 프레스코 화들을 보기 원하는 관광객은 로마로 직접 찾아 가야만 한다. 의료 분야에서 비교될 만한 곳으로는 요르단 사해의 캠핀스키 호텔 이슈타르(Kempinski Hotel Ishtar)에 있는 아난타라 스파(Anantara Spa)나 뫼벤픽 리조트(Mövenpick Resort)일 것이다. 그곳은 자외선의 위험 없이 피부에 주름을 완화시키고, 피부를 탄력 있고 생기 있게 가꿔주는 태양광선을 약속한다. 그곳은 또한 건강에 좋은 Dry flotation(따뜻한 물침대 위에 누워 마사지나 랩 등의 트리트먼트를 받는 것 - 역주)이 꼭 필요한 긴장을 완화시켜주는 사해 머드 랩(Mud Wrap)을 제공한다.

쿠바의 클리니카 시라 가르시아(Clinica Cira Garcia)는 다른 병원들이 치유할 수 없다고 하는 피부 질병들과 야맹증을 치료할 수 있다. 폴란드의 비엘리치카(Wieliczka) 소금 광산은 한 해에 백만 명 정도의 관광객을 불러들인다. 그들은 그곳만의 독특한 산소호흡기를 통해 숨쉬기 위해서 그곳에 간다(폴란드에서는 천식, 아토피, 관절염 환자들이나 피부병 환자들이 음이온이 많은 공기를 마시면서 요양을 하고 병이 나았다는 사람들이 생겨나서 폴란드의 소금광산에서는 아예 소금채취는 중단하고 요양소를 만들었음 - 역주). 튀니지에는 매년 150,000명 이상의 방문객들이 탈라소테라피(Thalassotherapy)을 즐기기 위해 온다. 이 탈라소테라피는 해조류를 이용해서 여행객들의 건강이나 아름다움을 향상시킨다. 케냐의 체일 아일랜드(Chale Island)는 피부를 탄력 있고 생기 있게 해주는 유황이 풍부한 늪지대가 있다. 스칸디나비아에는 세계에서 MRSA(Methicillin-Resistant Staphylococcus Aureus, 메티실린 내성 황색포도상구균, 항생제가 듣지 않는 슈퍼 박테리아를 말함 - 역주)가 가장 낮은 병원이 있다. 홍콩의 마틸다 인터내셔널 호스피탈(Matilda International Hospital)에서는 외부적으로 발견하기 힘든 허리디스크의 퇴화와 관련된 병에 대한 해법을 제시하고 있다. 인도에는 미국에서는 이용할 수 없는 독특한 방법의 고관절 성형 수술이 있는데, 그것은 고관절 전체를 교체하는 것보다 후유증이 덜하기 때문에 빠른 회복을 가능하게 한다. 다시 말해서, 흔하지 않은 질환을 치료하기 위해서는 그 질환을 전문적으로 담당하는 곳을 찾아야 한다(Bookman and Bookman, 2008: 59).

침술, 기공 또는 약초치료법 등의 중국의 전통의학(TCM, Traditional Chinese medicine)은 홍콩과 같은 화교 사회(Chinese community)에 '특정 결과에 필요한 최소 집단(critical mass)'을 가지고 있다. 100세 이상의 고령자가 많기로 유명한 중국 남부의 광시자치구는 장수 체험관광을 제공한다 : 깨끗하고 맑은 물과 또아리를 튼 뱀이 병속에 담긴 술 외에 바마 카운티(Bama County)의 상쾌한 공기가 특별히 세간의 관심을 끄는 강점이다. '베이징 선언'을 통해 세계보건기구(WHO)는 전통의학 및 대체의학이 규제와 정식허가를 받는 것은 물론 주류 의료계와 보다 잘 통합되기를 요청했다. 이를 위한 몇몇 조치들이 중국, 북한, 그리고 베트남에서 이루어지고 있다. 비록 더 협소한 범위일지라도 진보적인 조치들이 영국과 싱가포르와 같은 다민족국가에서도 이루어지고 있다. 사례로는 싱가포르의 래플스 병원과 브릭스턴에 위치한 NHS South Western Clinic을 들 수 있다. 두 곳 모두 전통 중국의학을 통증, 약물의존, 그리고 심장질환에 적용하고 있다.

아프리카에서는 인구의 약 80%가 비서양 의학을 사용하고 있다. 필리핀은 hilot(마사지 위주의 필리핀 전통 치료법 – 역주)과 dagdagay(발 마사지)와 같은 고유한 치료법에 폭넓게 의존하고 있다. 아시아의 스파들은 영기(reiki)와 지압(shiatsu)을 활용하고 있다. 인도는 동종요법, 명상, 자연요법, 유나니(unani), 그리고 아유르베다(ayurveda)로 잘 알려져 있다. 케랄라(Kerala, 인도 남서단에 있는 주 – 역주)는 특히 이 중에서도 유명하다. 인도의 치료법에 관심이 있는 외국인들은 축적된 지식과 뛰어난 경험이 계승된 치료를 받기 위해서 케랄라에 갈 수 있다.

물론, 이러한 치료들은 전 세계에서 받을 수 있다. 인도에서만 요가를 배울 수 있거나 빤차 카르마(panchkarma, 몸 안에 쌓여 있는 독소들을 몸 밖으로 배출시켜

신체를 정화시켜주는 치유법 – 역주)를 받을 수 있는 것은 아니다. 필리핀의 hilot은 독일과 일본에서도 이용할 수 있다. 그러나 통합적인 관점은 환자를 살아있는 유기적인 존재로 보지 않는다면 단일 증상이 유효하게 치료될 수 없다고 강조한다. 단일 서비스가 제공되는 주위 여건에 대한 언급과 정확히 일치한다: '정의에 따르면, 전통적인 지식은 커뮤니티 안에서 생산되고, 전통과 역사적 전래에 기반한다. … 전통적인 지식은 전형적으로 암묵적이고, 비체계적이며, 비논리적이다. … 그것은 커뮤니티의 경험들에 깊이 박혀있는 경향이 있고, 세대를 건너 전해지며, 종종 무형의 요소들을 수반한다(Ghosh, 2003: 127). 케랄라는 채식주의자의 음식, 시타르 라가스(인도의 전통악기와 인도 음악의 전통적인 선율 양식 – 역주), 스트레스를 해소시키는 햇빛, 그리고 야자나무에 둘러싸인 아쉬람(Ashram, 힌두교도들이 수행하며 거주하는 곳 – 역주)이다. 덤프리스(Dumfries, 스코트랜드 남부에 있는 도시 – 역주)의 요가와 다르다.

독일은 스파 분야에서 확고한 위치를 점하고 있다. 바덴(Baden), 바덴-바덴(Baden-Baden), 바덴-비르템베르그(Baden-Wirtemberg)와 같은 이름들은 그곳이 로마시대 때부터의 웰니스 관광 역사를 지닌 것을 증명한다. 일본은 화산대로부터 나오는 뜨거운 용천수의 온천을 제공한다. 세르비아는 300개의 광천수 온천을 가지고 있다. 터키는 뜨거운 광천수, 뜨거운 해수, 그리고 터키식 대중 목욕탕인 hammam을 가지고 있다. 태국은 불교 사원인 wat의 맹인 승려에 의한 마사지를 가지고 있다.

한국은 단일 병원에서의 한방. 양방 병용치료 서비스를 계획하고 있다. 서양의학은 동양의학과 결합될 것이다. 한국은 또한 뷰티 관광을 제공한다. 성형 수술을 통해 한국의 남녀배우들의 흠잡을 데 없이 훌륭한 외모처럼 시술해달라는 요청을 받는다. 때때로 환자들은 그들이 가장 좋아하는 스타의 사진들을 갖고 오기도 한다. 한국을 방문하는 의료관광객의 4분의 3 가량은 아름다움의 문제를 해결하기 위해 찾아온다. 한국의 병원들은 마치 서양인들이 백인을 아는 것처럼 자신들이 아시아인의 얼굴을 가장 잘 안다고 주장한다. 아시아인들은 동료 아시아인들의 외모를 돋보이게 해줄 화장, 패션, 헤어스타일 및 성형 수술에 대한 기타 보완술 들에 대해 보다 나은 조언을 제공할 수 있다고 주장한다. 미국인처럼 보이기를 원하는 외국 여성은 그들의 광대뼈, 하얀 피부, 그리고 쌍꺼풀을 위해서 미국으로 가는 것이 더 나을 것이다.

국외에 병원을 설립하는 경우는 드물지만, 일부 한국 의사들은 중국 상해에 병원을 설립했다. 그렇지만 의사들을 찾아가는 환자들이 주로 더 많다. 일본과 중국으로부터 매년 약 만 명의 환자들이 미용성형을 받기 위해 한국을 찾고 있다. 한국에는 서울에만 1,300명의 성형외과의가 있다. 그들은 10년 이상의 정규 교육을 받았다. 그 병원들은 오랜 시술 기간 동안의 연습과 훈련을 통해서 개선되고 잘 연마된 노하우를 가지고 있다. 20대 한국 여성의 무려 절반가량이 성형 수술을 받았다고 얘기되고 있다. 한국 남성들에 대해 말하자면, 현재 그들은 한국에서 행해지는 성형수술의 15%를 차지하고 있다. 미국의 경우에는 9%이다. 남성들이 여성들보다 구매력이 더 크기 때문에, 남성 시장의 큰 성장이 예상된다. 한국에서 성형 수술은 좋은 투자로 여겨지는데 성형 수술을 하면 사회적으로 또 직업을 얻는데도 전망이 좋아지는 것으로 여겨진다.

틈새시장은 외모에 있다. 방콕의 얀희(Yanhee) 병원에서는 환자들의 서류들이 롤러스케이트를 탄 짧은 미니스커트 차림의 젊은 여성에 의해 배달된다. 매년 미스 얀희 뷰티 콘테스트가 개최된다. 얀희 병원은 아시아에서 가장 많은 성형 수술을 시행하는 병원이다. 브라질은 남미 시장에서 높은 인지도를 가지고 있는데 브라질에서는 매년 약 600,000회의 성형 시술이 행해진다. 이것은 서유럽의 모든 국가에서 행해지는 성형 시술 횟수를 합친 것보다 더 큰 수치이다. 이파네마(Ipanema, 리우데자네이루의 해변 – 역주) 해변에는 아름다운 신체를 가진 사람들로 넘쳐 난다. 브라질에서 수술을 하려는 외국인들은 그들이 성업 중인 기업과 거래하고 있다는 것을 안다.

때때로 경쟁 우위는 천부적으로 타고난 자질만큼이나 정해져 있다. 때로는 한국인의 외모만큼 공간적으로 특정(주: 한류 붐 같은 환경의 변화에 따른 미의 기준의 변화 – 역주)된다. 그러나 때로는 법과 제도만큼이나 잘 변한다. 미국 국토에서 태어난 아이에게는 자동적으로 미국 시민권이 부여된다. NHS(National Health Service, 영국의 보건의료제도 – 역주)에 등록된 환자는 치료를 받기 위해 아주 오랜 대기시간을 가져야 된다는 것을 누구나 잘 알고 있다. 두 경우에서 정책입안자는 자국민 치료와 외국인의 치료 중 상대적으로 매력적인 쪽으로 의도적으로 정책을 결정했다.

사해가 움직이지 않으며, 케랄라(Kerala)가 계속 그 우위를 지킬 것으로 보이는 반면에, 사람이 만든 정책들은 최소한 뒤집어질 수 있고, 다시 생각될 수 있다. 부정적으로 말하자면, 미국인들은 싱가포르인들을 모방하여 머물 권리를 박탈할 수 있을 것이다. 긍정적으로 말하자면, NHS는 외국인들에 부응하여 대기행렬을 줄일 수 있을 것이다. 영국은 대기시간을 축소시키기 위해서 병원의 기반시설에 투자하는 동시에 환자가 보다 짧은 시간에 국외로 출국하기 위해 추가요금을 지급하는 인센티브제를 축소하게 될 것이다.

환자들은 원스탑 서비스를 제공하는 곳으로 의료관광을 떠날 것이다. 그들은 또한 포괄적이고 종합적인 서비스를 받기 위해서 그렇게 할 것이다. 두바이, 한국, 바레인 그리고 다른 국가는 헬스 케어 도시들을 건설하고 있다. 이 커뮤니티들은 잘 갖추어진 현대식 병원의 핵심 진단 프로그램과 수술 시설뿐만 아니라 상업용 및 주택용 부지, 호텔, 스파, 영양사, 물리 치료사, 스포츠의학, 뷰티샵, 레저센터, 웰니스 상담사까지 제공하는, 개인 맞춤형의 복합시설이 될 것이다. 예로는 이쓰마르(Ithmaar) 금융 그룹 개발부에 의해 바레인에 계획 중인 딜무니아 헬스 아일랜드(Dilmunia Health Island)를 들 수 있다. 이즈음 되면 그것은 사업상의 제의이다. 만약에 그것이 성공한다면, 그와 유사한 프로젝트들이 이쓰마르에 의해서 말레이시아, 모로코 그리고 더욱 먼 곳에서 착수될 것이다.

의료실행의 차이는 환자들이 국외로 가는 좀 더 자세한 이유이다. 의료실행의 차이는 British National Health 또는 덜무니아 헬스 아일랜드처럼, 상품이지, 변하지 않는 상수는 아니다. 일본에서는 긴 시간 동안 병원에서 기다려야 하는 절차도 싱가포르에서는 당일에 제공할 수도 있다. 어떤 새로운 약은 영국에서는 허가될지도 모르지만, 홍콩에서는 여전히 심사 중일지도 모른다. MRI가 바레인에서는 가능할지도 모르지만, NHS에서는 불필요하여 거부될지도 모른다. 로봇과 유도 레이저가 코스타리카에서는 이용 가능할지도 모르지만, 트리니다드의 국내 병원은 아직 확보를 못하고 있을지도 모른다. 이와 같은 병원의 형식적인 차이들은 케어를 위해서 여행을 가는 좋은 이유가 된다. 케어의 소수지역에서 선두적인 전문가에게 진찰받을 수 있는 기회 역시 그러하다.

환자들은 또한 국내에서는 아마 불법이고 장려되지 않는 수속을 밟기 위해 국외로 간다. 그들은 낙태, 피임, 불임, 성전환, 줄기세포 치료, 그리고 체외수정을 위해서 그것이 가능한 국외로 간다. 어떤 국가는 부부가 그들의 이상을 충족시킬 수 있는 유전자를 선택하기 위해 인공 수정을 하는 것을 허락하지 않는다. 다른 이떤 국가는 맞춤아기에 대한 수비자의 갈망에 더욱 공감하여 부모들이 건강하고, 잘 교육받고, 똑똑하고, 매력적이고, 키가 큰 기증자를 사전에 물색하는 것을 허가한다. 어떤 국가는 성별의 선택을 가능하게 하기 위해서 착상 전의 배아를 검사한다. 어떤 국가에는 먼눈을 인간복제술로 되살린다는 증거 없는 소문이 있기도 하다.

환자들은 의학적으로 승인된 자살을 위해서 국외로 여행을 간다(이를 death tourism이라 한다). 취리히(Zurich)의 디그니타스(Dignitas, 스위스 취리히에 있는 안락사 지원 전문병원 – 역주)는 오직 심한 장애가 있거나 또는 말기 환자에게만 해당할지라도 자발적인 안락사가 법적으로 허용되는 서너 곳 중의 한 곳이다. 이곳의 고객 80% 이상이 외국인이다(고객 각각은 약 10,000달러의 회원요금을 지급한다). 그들은 주로 독일, 프랑스 그리고 영국에서 온다. 오리건, 워싱턴, 벨기에, 네덜란드, 그리고 EXIT협회, 스위스 또한 안락사를 허가하거나 가능하게 하고 있지만 이들은 오직 거주자에 대해서만 이를 시행하고 있다. 죽기 위해 국외로 가는 아픈 사람들은 살기 위해서 국외로 가는 건강한 사람들에 비해 선택권이 거의 없다.

의료 목적의 여행자들은 알코올 또는 마약 중독의 은밀한 치료를 위해서 국외로 간다. 그들은 파파라치들이 그들을 찾을 수 없도록 고안된 약물중독치료과정을 위해 국외로 간다. 그들은 이식의 대안으로서 그 효험이 항상 입증되지는 않는 태반 줄기세포 치료를 위해 국외로 간다. 그들은 또한 성인 줄기세포 치료법을 위해서 국외로 간다. 성인 줄기세포 치료법은 미국에서는 임상실험 지원자를 제외하곤 접근이 어렵지만, 방콕 심장병원(Bangkok Heart Hospital)과 싱가포르의 파크웨이(Parkway) 병원들과 같은 아시아 센터에서 제약 없이 이용가능하다.

국제적인 고객들은 국내에서는 법률상 자궁 임대가 허가되지 않기 때문에 인도(인도에서는 대리모 행위가 2002년 이후 합법화됨)의 대리모에게 돈을 지급한다. 난자에 지급되는 금액은, 대졸 여성의 경우 40,000Rs(루피), 교육을 받지 못한 여성의 경우 5,500Rs(루피)를 요구할 수 있다. 국제적인 고객들은 살아있는 외국인으로부터 자신이 필요한 신장을 구매하기 위해서 슬럼화된 지역을 방문한다. 그들은 자국 내에서의 대기행렬이 너무 길기 때문에 또는 그들이 최우선 순위를 받기에 너무 나이가 많거나 너무 아프다는 것을 알기 때문에 이렇게 한다. 그들은 만약 그들이 기다려야만 한다면 그들의 상태가 악화될 것이라고 생각할 수도 있다. 그들은 그들이 이식을 받기 전에 죽을 것이라고 생각할 수도 있다. 그들은 대도시의 신장이 그들이 지급할 수 있는 이상의 비용일 것을 알고 있을 수도 있다.

영리 목적의 장기(합법 또는 불법 시장)의 밀거래는 부유한 국가로부터의 수요에 의해 발생한다. 그것은 꽤 옳은 일은 아닌 것 같다. 빈곤한 국가의 빈곤층 사람들은 그들의 신체의 일부를 경매로 처분하도록 장려되고 있다. 빈곤한 국가를 방문하는 부유한 국가의 사람들은 현지 가격의 몇 배를 지급하고 장기를 구매한다. 대략 2백만 명의 중국인들이 매년 장기이식을 필요로 한다. 그러나 공급의 제약으로 인해 오직 2만 회의 수술만이 행해진다. 지급 능력이 있어 결국 추가적인 생명연수를 얻게 되는 일부 외국인들에 대해서 새치기에 대한 의구심이 나타나고 있다.

2008년 장기 밀거래 및 이식 관광에 대한 이스탄불 선언이 세계보건기구 및 이식학회와 같은 권위 있는 기구들에 의해서 발표되었는데, 국경을 넘어 살아있는 기증자로부터 장기를 받아 상품화하는 것을 명확히 규탄했다. 중국, 파키스탄, 필리핀과 다른 국가는 현재 외국인에게 장기이식을 공급하는 것을 제한하거나 불법화하고 있다. 병원들은 외국에서 그들의 장기이식 프로그램을 홍보해서는 안 될지도 모른다. 국내 장기이식은 장기 공급의 흐름을 모니터하기 위해서 적은 수의 병원에 한정될 것이 틀림없다. 중국에서는 2009년에 오직 164개의 병원만이 장기이식 수술을 수행할 수 있도록 허가되었다.

법은 그렇게 되어 있다. 법률의 집행이 더욱 어렵다. 사후 장기의 공급은 법 또는 금기에 의해서 제한되기 때문에, 가족 구성원들이 장기를 기부하지 않는 한, 오직 경제적(불법) 시장이 수요에 대한 공급을 맞출 것으로 기대되고 있다. 서류들은 기증자가 마치 혈족인 것처럼 위조된다. 위장 결혼은 관계가 없는 사이의 이식에 대한 금지를 피하기 위해서 이루어진다. 보상받은 기증자들은 그들의 동기가 이타적이라고 답변하도록 교육받는다. 관리들은 못 본 척하는 대가로 뇌물을 받는다. 잠재적인 기증자들은 국외로 밀거래된다. 민간에 의해서 이루어지는 장기 채취는 기록이 남지 않는다. 세계보건기구는 최소 2만 건의 불법 장기이식이 매년 발생하고 있다고 믿는다. 국경을 넘는 범죄의 소추는 드물다. 일단 환자가 그 국가를 떠나고 나면, 법적 시스템이 할 수 있는 것은 많지 않다. 지역 브로커들과 지역 의사들은 이러한 불법적인 거래를 접할 기회가 더 많다.

장기이식자들은 신장을 이식받기 위해서 8,500달러를 지급할 수도 있다: 그들은 거부반응의 신호를 확인하기 위해서 매우 착실하게 추적된다. 기증자는 장기에 대해서 적게는 300달러에서 1,000달러까지 받을 수도 있다. 기증자에게는 후속 치료 또는 정기적인 진료 등이 거의 제공되지 않을 것이다. 한 시각은 그 협상이 달리 선택의 여지가 없다고 보고 있다. 그것은 부분적인 노예계약이고, 무방비의 사람들에 대한 개탄스러운 착취이며, 그들이 필요로 하는 것보다 더욱 많은 돈을 가지고 있는 부자들에 의한 위기이다. 그러나 다른 시각은 장기판매란 아담스미스의 수요 공급의 경제학으로부터 널리 받아들여지고 있는 여분의 대체지급에 지나지 않는다고 보고 있다. 필리핀의 29세 보통 남성의 신장 기증자는 매달 114달러를 번다. 그는 신장 기증으로 평균 2,357달러를 받는다(McIndoe, 2009: A10). 이는 거의 2년 치의 월급과 맞먹는다. 교환이 쌍방으로 고지되고 자발적인 한(Friedmam, 1962: 13), 양쪽 모두 스스로 판단하기에 그들의 사정이 더 나아진다고 기대하는 한, 그 사업 거래의 지지자들은 사회적 웰빙의 총합계가 증가하고, 커뮤니티의 어떤 개인도 이것으로 자신에게 손해가 발생한다고 인식하지 않는다고 말한다.

물론, 그러한 기대치와 같지 않다는 것을 뒤늦게 깨닫게 되었다 : '생체 기증자로 참여했던 많은 인도의 시민들은 합병증을 갖게 되었고 그들 중 79%는 다른 이들에게 그 절차를 추천하지 않을 것이라고 했다(Bramstedt and Xu, 2007: 1699). 인도 기증자의 80%는 그들이 잘못된 선택을 했다고 느꼈지만 너무 늦었다. 의사결정은 항상 미래에 대한 것이지 절대 과거에 대한 것일 수 없다. 선택의 자유는 후회를 돌이킬 수 있는 어떤 것도 제공하지 않는다. 중요한 것은 젊고, 새로운 인도인들이 그 대기행렬에 합류한다는 것이다. 만약에 생체 기증자들에게 수술을 위해 미국 또는 영국으로 여행하는 선택권이 주어진다면, 아마도 더 많은 이들이 그렇게 할 것이다. 장기이식 관광이 장기 이식자를 국외로 나가도록 한다고 생각할 이유는 없다.

다른 것도 더 있다. 2007년 미국에는 간이식을 위한 대기자 명단에 17,440명의 환자들이 있었다. 어떤 종류의 장기 이식 대기자 명단에는 100,000명이 넘는 환자들이 있었다. 평균적인 대기기간은 5년이었다. 신장의 경우에는 전 세계적으로 대기기간이 10년에 다다랐다. 매일 영국에서는 1명이, 미국에서는 19명이 장기이식을 기다리다가 헛되이 죽는다. 장기판매는 생존자의 수를 증가시킬 것이다. 장기이식 관광은 불편함을 감소시키고 계속 진행 중인 악화를 끝낼 것이다. 그럼에도 불구하고 그것에 이르는 길은 좁다. 오직 이란만이 사실상 신체 일부의 거래를 합법화하고 있다.

이란이 제공하는 서비스와 Kerala가 제공하는 서비스는 다르다. 의료관광은 그들이 가진 서비스를 서로 바꾸는 것을 허락한다. 이 섹션 1이 보여준 것은 이것이 누이 좋고 매부 좋은, 즉 서로에게 좋은 것이고, 모든 국가는 전체적으로 전문화로부터 좋은 결과를 얻을 수 있다는 것이다. 차이는 차이다. 서로 다른 국가가 동일한 의료서비스(물건 세트)를 제공하지 않기 때문에, 새로운 국가가, 부득이, 오래된 국가를 극심한 곤궁과 나락으로 몰고 갈 새로운 개혁자가 되어야 한다고 생각할 이유는 없다. Thomas Friedman의 말을 인용하자면:

'인도인들과 중국인들은 우리를 바닥을 향하여 경쟁하게 하지 않는다. 그들은 우리를 최고로 향하게 한다 - 그리고 그것은 좋은 것이다!… 그들이 가진 것이 더 많아질수록, 그들은 소비하는 것도 더 많아지고, 상품 시장이 더욱 다양해질수록, 전문화된 틈새시장도 더욱 생겨나갈 것이다'(Friedman, 2007: 274).

차별화는 틈새(니치)들이다. 의료관광은 니치이다. 핵심역량은 그들이 판매할 제품이 독특한 이상 생산자와 그들의 국가를 보호한다. 얼마 후에 그 변화무쌍한 상황은 다시 섞여질 것이고 새로운 독특함이 나타날 것이다. Albert Einstein은 상상이 지식보다 더 중요하다고 말했다. Einstein과 Friedman은 미래는 고정된

파이의 분배에 대한 것이 아닌 예측할 수 없는 무한대의 기회들에 대한 것이라고 결론내린 것을 인용하자면 :

> '이제 가장 중요한 경쟁은 자기 자신과의 경쟁이다 - 당신은 당신 자신의 상상을 최대한으로 끌어내고 그것을 실천에 옮기기 위해서 항상 정진할 것을 확실히 해야 한다'(Friedman, 2007: 635).

5.2 위치(LOCATION)

때때로 차별화하는 특성은 지리적인 근접성이 될 것이다. 만약 환자 모국에서 원거리 의료 서비스만 가능하다면, 국내 의료 시설 방문 치료는 오히려 심각한 장해가 된다. 반면 Cross-border(국경 간)협정으로 국외 의료 서비스는 국내 서비스와 동일해졌다. 환자는 외국의 의료 시설이 위치상 더욱 편리하다면, 장차 그곳을 선택할 것이다

근접성은 의료관광을 정말 문자 그대로 애매한 경우로 만든다. 맥킨지(McKinsey)는 지도의 그 경계선들이 경제적인 또는 의학적인 중요성을 항상 갖지는 않기 때문에 그들의 의료관광에 대한 연구로부터 매우 가까운 거리의 이동을 분명히 배제했다 : '우리는 … 의료의 이용이 가능한 가장 가까운 인접 지역으로 여행가는 환자들을 배제한다. 그들은 다른 의료관광지를 고려하지 않고 경제적인 부담이 가장 작기 때문이다' (Ehrbeck et al, 2008). 맥킨지는 미국이 법적으로만 아니지 실제적으로는 한 지역처럼 이웃하는 멕시코 및 캐나다와 연결된 이후로 5만 명 미만의 미국인들이 국외로 나갔다고 추정했다. 그것은 인위적인 구별이다. 그렇더라도 근접성은 판매를 쉽게 하기 위한 판매의 포인트가 된다. 가까

운 이웃은 가깝기 때문에 준 독점적이다. 그렇기는 하지만 그것의 시장 지배력은 절대적이지 않고 대안들이 존재한다. 환자들이 라이벌 목적지를 고려하지 않는다고 말하는 것은 오해의 소지가 있는 것이다. 그들은 가까운 곳이 비싸지면 다시 좋은 목적지를 검색해서 다른 대안을 찾을 것이다.

어떤 경우에 지리적 위치는 결정적인 특성이 될 수 있다. 보르네오(Borneo) 정글과 가장 가까운 병원은 말레이시아 동부(East Malaysia) 또는 브르나이(Brunei)에 있다. 대부분의 경우에 근접성은 지원하는 부가적인 성격을 띤다. 약값과 진료비가 밴쿠버나 윈저에서는 훨씬 저렴하기 때문에 캐나다로 가는 미국인들을 생각해보라. 매력은 바로 가격이지만 위치도 부가적인 매력 요소이다. 그것이 바로 미국인들이 인도로 가지 않는 이유이다. 최고급으로 이름난 전문의들이 미국에 있기 때문에 그곳으로 가는 캐나다인들을 생각해보라. 가격은 상대적으로 높겠지만 의료의 수준 또한 더욱 높을 것이다 - 그리고 미국은 고작 몇 시간 밖에 안 걸린다. 메이요 병원(The Mayo Clinic)은 한 해에 만 명의 국제 환자를 받는다. 한 가지 이유는 미네소타가 캐나다와의 국경지대에 위치한다는 것이다.

북쪽에서처럼, 남쪽도 그러하다. 플로리다의 잭슨 메모리얼 병원(Jackson Memorial Hospital)과 시다스 메디컬 센터(Cedars Medical Center)는 라틴 아메리카와 캐리비안으로부터 국제 환자들을 활발하게 모집해왔다. 그 지역은 마이애미에서 비행기로 2시간 거리에 불과하다. 매끄러운 후속조치가 없어도 환자들은 약속에 맞춰 여행할 수 있다.

텍사스의 슈더드 후아레스(Cludad Juarez)에 거주하는 멕시칸들은 종종 그들의 수도인 2,197킬로미터나 떨어져 있는 멕시코시티보다 쌍둥이 도시인 엘 파소에서 전문의의 진료를 받는 것이 더욱 쉽다는 것을 알게 된다. 엘파소는 다리만 건너면 되는 짧은 여행이다. 캘리포니아의 바자(Baja)에 거주하는 멕시칸들은 종종 샌디에고 또는 심지어 로스엔젤레스로 경계를 넘는다. 그들이 여행을 하는 가장 첫 번째 이유는 의료서비스의 높은 질을 즐기기 위해서이다. 그러나 결정적으로 그곳은 미국이고 그들이 가기로 결정한 곳은 그들의 원래 거주지와 멀리 떨어져 있지 않다. 방콕으로부터는 너무 멀고, 미국에서는 너무 가까운, 위치는 그들이 선택을 결정하는데 도움을 주는 부가적인 요소이다.

미국인들은 그들이 비용 효율적인 진료를 위해 방콕을 가지 않고 멕시코를 갈 때 꼭 같은 방법으로 생각한다. 국경을 넘어 Nuevo Progresso(인구:9125, 치과의:70), 또는 Los Algodones(인구:15,000, 의사 및 치과의:250)에 위치한 치과에서는 몇 마일 북쪽에 있는 곳의 치과에서 지급해야 할 값의 20%만 지급하면 된다: '미네소타와 캘리포니아에서 온 사람들은 이 치과 오아시스에서 그들의 치아를 치료받기 위해서 전세비행기를 탄다' (Kher, 2006). 은퇴한 사람들은 그들의 치아 치료를 위해서 잘 구성된 장거리 버스 투어를 한다. 어떤 미국 치과의들은 비용을 절약하기 위해서 멕시코 북쪽에 부수적인 병원을 열기도 했다.

약물, 테스트, 그리고 치료들은 멕시코에서 더욱 저렴하다. 고관절 대체물은 멕시코에서 12,000달러이다. 그것은 미국에서는 43,000~63,000달러이다. 혈관 성형술은 멕시코에서 10,000달러, 미국에서 57,000~82,000달러이다. 비만 수술은 멕시코에서 7,500달러, 미국에서 20,000~35,000달러이다. 보험을 들거나 들지 않았거나, 미국인들은 원가보다 터무니없이 많은 돈을 지급하는 것을 선호하지 않는다. 더 낮은 의료의 질도 걱정거리가 되지 않는다. 국경 가까이에는 캘리포니아 주의 진료관리부와 같은 곳에 의해 수준이 미국과 같은 것으로 입증된 병원들이 있다.

Hospital Angeles Tijuana의 약 40%의 환자들은 미국인 의료관광객이다. Hospital Angeles Cludad Juarez의 그 비율은 70%이다. 그 병원들은 멕시코의 가장 거대한 개인 병원과 호텔 체인인 Grupo Empressarial Angeles의 회원사들이다. 초기에는 성형수술과 치과에 집중하다가, 그 그룹은 심장수술과 종양학으로 확장했다. 호텔과 연회서비스는 5성급이다. 직원들은 영어와 스페인어

둘 다 유창하다. 미국으로 가려고 하는 것 외에 중산층의 멕시칸들은 알맞은 가격에 멕시코에서 최고급의 의료를 즐길 수 있다.

멕시코에 있는 미국인이 운영하는 병원에서 치료를 받고자 희망하는 미국인들은 Grupo StarMedica(8개), International Hospital Corporation(8개), 또는 AmeriMed Hospitals(10개)로 갈 수 있다. 미국에 40개의 병원을 운영하고 있는 Christus Health는 멕시코인이 경영하는 Muguerza 그룹과의 파트너십을 통해서 북멕시코에 위치한 7개의 병원의 공동 소유주이다. Grupo Christus Muguerza는 모두 JCI 인증을 받은 병원을 최소 20개 이상 확보할 계획이다. 그것의 대표병원인 Monterrey의 Christus Muguerza Alta Especialidad는 이미 이 인증을 갖고 있다.

또한 텍사스에서 온 International Hospital Corporation은 국경 바로 넘어에 미국 스타일의 3개의 병원을 소유하고 운영한다. 그 의료그룹은 멕시코시티, 브라질, 그리고 코스타리카에 다른 병원들을 갖고 있다. 이곳의 환자들의 약 11%는 국제 환자이다(그들 중 3분의 2가 미국 환자이다). 이곳의 코스타리카 의료센터 환자의 약 25%는 외국인이다.

국경을 넘는 위치는 가능성의 범위를 넓힌다. 현재 미국에는 수술의 70%가 당일수술이다: 통원 치료를 받길 희망하는 미국인들은 밤새 병원에 머물 필요 조차 없다. 또한 입원 후 전문의의 치료가 필요하다고 진단 받은 환자들은 지체 없이 국경 너머로 소개 될 수 있다. Christus Health는 아픈 환자를 옮길 수 있는 텍사스에 자체 소유의 병원들을 가지고 있다. 만약에 환자가 Bangalore 또는 Kolkata에서 치료를 받고 있다면 이 네트워크 효과는 가능하지 않을 것이다.

근접성은 그만한 가치가 있다. 정확한 자료가 수집되지는 않았지만, 매년 백만 명 이상의 미국 거주자들이 의료 또는 치과 진료를 위해서 멕시코로 여행을 가는 듯하다. 인도인들은 이것을 알고 있다. Narayana Hrudayalaya 병원 체인은 북 멕시코에 3,000~5,000병상의 보건 도시를 건설하는 것을 계획하고 있다.

그 병원체인은 미국 병원들과 다른 투자자들이 참여하여 지원하기를 희망한다. 현재 미국인들은 Narayana병원에서 치료를 받기 위해서는 인도까지 20시간의 비행을 해야만 한다. 북멕시코의 Narayana 병원은 미국인의 문 앞에 인도를 자리 잡게 할 것이다. 인도는 싸고, 텍사스는 비싸고, 멕시코는 가깝다. 어떻든지 간에 위치는 중요하다.

이것은 한국의 Jeju Healthcare Center의 사례이다. 한국의 의학적 우수성과 제주도의 자연적인 매력 외에도, 제주는 비행시간 2시간 내에 5개의 주요도시로부터 집중되어 있다 : 서울, 상하이, 베이징, 홍콩, 도쿄 등이다. 그곳은 몽골리아와 러시아 동부와도 가깝다. 한국 치과가 편하고 좋기 때문에 이미 이 도시들로부터 치과 환자들이 한국으로 오고 있다.

발틱의 국가는 러시아 서부로부터 부유한 환자들을 끌어오기 위해 노력하고 있다. 그들은 스칸디나비아 인들에게 성공했다. 스웨덴인 또는 핀란드인의 10명 중 1명이 라트비아, 리투아니아, 또는 에스토니아의 의사나 치과의를 방문한다. 비용은 북유럽에서보다 60% 싸다. 그곳의 안전 기준은 EU 표준과 일치한다. 그 위치는 이상적이다. 스톡홀롬에서 Riga로의 가장 짧은 비행은 한 시간이 걸린다. 가장 값이 싼 티켓은 46유로이다.

이미 여러 언어를 사용하는 인구를 지닌 세계적인 관광지인 모리셔스는 아프리카, 아시아, 그리고 중동으로부터의 고객을 타켓으로 하고 있다. 동양과 서양 사이의 요충지에 위치한 터키는 World Eye Hospital, Anadolou Medical Center, Memorial Hospital을 갖고 있다 : 의료비는 서유럽의 20~50% 사이이다. 체코 공화국은 오스트리아와 독일에서 성형 수술을 마케팅하고 있다. 헝가리는 치과진료와 안과진료를 제공하고 있다. 소프론(인구 : 20000만, 치과의 및 시력측정의사 : 200)은 비엔나에서 차로 한 시간 거리 이내에 위치하고 있다. 오스트리아인의 3분의 1이 현재 그들의 치과 진료를 위해서 헝가리로 여행하고 있는 것으로 생각된다.

유럽으로부터 짧은 비행시간이면 가는 튀니지아는 프랑스에서 훈련받은 전문가들에 의한 유방확대수술을 프랑스에서 받는 것의 절반 가격으로 제공한다. 리비아인들과 알제리인들이 튀니지아로 가는데 튀니지아의 외국인 고객의 약 80%는 이웃 국가로부터 온다.

싱가포르의 외국인 환자의 84%는 말레이시아와 인도네시아에서 온다. 태국의 외국인 환자의 89%는 현지에 있는 국외거주자거나 아시아인들이다(Lautier, 2008:108). 라오스, 캄보디아, 또는 미얀마에는 좋은 의료서비스를 제공하는 병원이 거의 없기 때문에 환자들은 종종 이웃한 태국으로 온다. 그들에게 가장 가까운 좋은 품질의 병원은 Taunggyi 또는 Savannakhet에 있지 않고 Udon Thani, Khon Kaen, Rayong 또는 Chiang Rai에 있다.

싱가포르인들은 Johore(말레이 반도 남부에 있는 말레이시아의 주 – 역주)의 치과의를 만나기 위해 Causeway를 건넌다. 자메이카인들은 푸에르토리코로 여행한다. 대만인들은 중국 남부로 간다. 일본인들은 대만으로 간다. National Taiwan University Hospital과 Municipal Wan Fang Hospital은 입원부터 퇴원까지의 모든 서비스를 제공하는 국제 입원환자 및 외래환자를 위한 시설을 갖추고 있다. 의료적 치료뿐만 아니라, 그들은 비자와 항공, 그리고 숙박에 대해서 준비한다. 1,000 병상의 Chang-Bing Show Chwean Health Park는 모든 면에서 의학적 특별함을 제공할 것이다. 그곳은 일본, 중국, 그리고 그 지역의 다른 국가로부터의 고객들을 대상으로 삼을 것이다. 직항기 연결이 대만과 중국본토 사이에 시작되면서, 의료관광객들은 군사 전략가들이 내내 알고 있었던 것을 발견하게 될 것이다. Fujian(푸젠성, 복건성)으로부터 온 비행기가 타이페이 상공을 저공 비행하는 데는 간신히 커피 한 잔을 마실 시간이 될 것이다. 세계는 평평하다. 미국은 쿠바와 가깝고 서울은 평양과 가깝다. 금지법이 완화되고 여행이 시작됨에 따라, 인근의 목적지들이 그동안 내내 억눌려왔던 수요들을 이끌어낼 것이다.

위치는 중요하다. 중동 사람들은 두바이가 아랍세계에서 편리한 곳에 위치해 있기 때문에 두바이를 찾는다. 인도네시아에서 일하는 유럽인들은 Parkway가 가깝기 때문에 싱가포르에서 치료받을 준비가 되어 있다. 비록 유럽이 그들의 첫 번째 선택지일지라도, 여전히 거리는 종종 그들이 유럽 대신 가까운 지역 의료센터를 택하게 만들 것이다. 가장 말할 수 있는 것은 확실하게 정해진 것은 아무것도 없다는 것이다. 인도네시아로부터 유럽까지의 저가 항공편은 머지않아 상황에 따른 수익을 약화시킬지도 모른다.

5.3 문화(CULTURE)

문화 역시 상품을 차별화시킬 수 있다. 멕시코계 미국인은 멕시코 삶의 양식에 친숙할 것이다. 아일랜드 혈통의 미국인은 아일랜드 의사 또는 간호사의 숨겨진 교육과정을 공유할 것이다. 인도의 유산을 갖고 있는 영국인 또는 케냐 주민들은 인도의 병원에서 집처럼 편안한 기분을 느낄지도 모른다. 시리아 사람들은 친숙한 아랍어가 읽기에 쉽기 때문에 요르단에서 편안함을 느낄지도 모른다. 세계는 평평하다. 그러나 인간은 그렇지 않다.

어떤 문화에서는 의사들은 듣고 설명하고, 주식은 밥이며, 언어는 영어권이다. 다른 어떤 문화에서는 교육받은 온정주의자가 직업을 갖고, 주식은 감자이며, 간호사들은 그녀들이 중국어로 말하지 않는 한 킥킥거리며 웃는다. 가격 문제와 질은 좋은 것임에 틀림없다. 그렇다하더라도, 문화는 항상 그리고 모든 곳에서 같지는 않다. 고통의 기준치는 습득하는 것이지 본성적인 것은 아니다. 우리가 살아가는 방식은 우리의 특성에 차이를 만든다. 여행객들은 그들이 치료를 위해 어디를 갈 지 결정할 때 문화를 고려한다.

세계경제에서 전에 없이 많은 이주민들이 국경을 넘고 있다. 의료관광을 위한 한 암시는 환자가 고국으로 돌아가는 전례 없는 현상이 발생할지도 모른다는 것이다. 일부 전입자는 아플 때 본래의 고국으로 돌아가기를 원할 것이다. 미국의 남부 아시아 사람들은 좋은 수준의 인도의 의료시설에서는 덜 불안해할 것이다. 국외이주 필리핀인(balikbayan), 국외이주 한국인(교포), 그리고 국외이주 베트남인(Viet khieu)들은 그들의 암묵적인 관습을 포함하는 문화를 가진 환경 속에서 고급 진료나 선택 가능한 복강경검사가 가능하다는 점에 매력을 느낄 것이다. 국외이주자들은 국외에서의 치료를 찾을 것이다. 그러나 그들의 국외 치료는 그들의 깊은 사회화의 면에서, 그다지 낯선 것은 아닐 것이다.

대가족이 나뉘면서, 목적지 국가의 친척들은 외로움을 가라앉히기 위해서 참가할 것이다. 초기 목적은 사교적인 방문일지도 모른다. 기회주의적인 치료는 우연히 어떤 기회에 마련될지도 모른다. 천식으로 병원에 가거나 새 안경을 맞추는 것은 원래 결혼식을 위해 Amritsar(인도 서북부, Punjab주 서북부에 있는 도시 - 역주)에 방문하는 것의 부차적인 결과가 될지도 모른다. 이중국적자들은 종종 지역 가격제도의 할인된 가격으로 지급할 것이다. 그들은 때때로 그들이 태어난 나라에서 의료 서비스를 무료로 받을 수 있는 자격을 유지할 것이다.

문화는 선택하는 데 있어 영향을 미친다. 정통유대교도들은 El Al항공에서 안심한다. 한국인들은 대한항공을 이용할 때 불고기와 김치를 먹는다. 비행기에서처럼, 병원에서도 그러하다. 무슬림 환자들은 무슬림 국가에서의 의료 서비스를 선호한다. 그들은 그들의 기도 시간이 존중받고, 라마단이 이해되고, 전용 주방에서 그들을 위해 halal 식단이 준비되는 것을 확실히 하는 것을 원한다.

의사소통이 문제가 될 수 있다. 모든 병원 웹사이트들이 완전히 영어로 번역되어 있지는 않다. 모든 의료관광객들이 그들의 의사와 영어로 의사소통할 정도로 충분히 유창하지는 않다. 어떤 환자들은 그들의 언어로 복부성형술, 유방재건성형술, 이중우회혈관술에 대해 같이 얘기하는 것을 선호한다. 낮은 비용은 수술이 복잡하고 환자가 중요한 질문을 하는 데 있어 언어적 어려움이 있는 상황에서는 충분하지 않다. - 광동에 있는 대만인 환자들이나 홍콩에 있는 중국인 환자들은 적어도 그의 의사를 전달할 수는 있다.

El Al항공과 KAL은 문화적 요소를 상품화했다. 또한 다른 항공사들도 또한 유대교식의 음식과 장조림 고기를 제공한다. 그들은 차별화 전략이 성공하고 경쟁에서 살아남아야 하기 때문에 꼭 그렇게 해야만 한다. 환자를 만족시키는 의료서비스도 이와 마찬가지다. 태국의 병원들은 무슬림 환자들을 위한 특별 건물을 갖고 있다. 독일의 병원들은 일본 음식을 제공한다. 런던의 병원들은 스페인어를 구사할 수 있는 마드리드 출신자를 고용한다. 전 세계의 병원들이 대동맥과 비장과 같은 단어들을 통역할 수 있는 의료통역사를 고용하고 있다. 이것은 문화적인 요소의 중요성을 과소평가하기 위함이 아니라, 단지 같은 특성들이 다양한 관광지에서 적절히 충족될 수 있는 것을 말하기 위함이다. 그 단서는 앞으로 치료 센터들이 사회적인 차이에 민감해질 것이고 고객이 요구하는 것을 제공할 것이라는 것이다.

5.4 관광과 의료관광(TOURISM AND HEALTH TOURISM)

1950년에 국외여행을 간 관광객들은 2천5백만 명이었고 2005년에는 8억 3백만 명이었다. 일부 연구들은 전 세계적으로 국제관광객이 2030년에는 20억 명에 다다를 것이라고 예측했다. 관광객들은 2조 달러를 사용하게 될 것이다. 아시아에서만 매일 국제 관광객에 의해 15억 달러 이상이 소비될 것이다(Yeoman, 2008: 41). UNWTO는 관광이 1995년에서 2020년 사이에 매년 평균 4.1%씩 성장할 것이라고 예측하고 있다. 이것은 세계 GDP의 성장률을 앞지른다. 동아시아와 태평양으로의 관광은 6.5% 성장할 것이다. 2005년의 총 외래관광객(international arrivals)은 6억 9천4백만 명이었다. 그들은 2020년에는 16억 5천만 명이 될 것이다(www.unwto.org/facts).

관광은 하나가 아닌 여러 개의 시장을 만든다. 전쟁터 관광과 성지 관광이 있고 드라큘라 관광과 우주위성 관광이 있다. 미식 관광과 스스로 길을 찾는 관광도 있다. 의료관광은 단지 관광의 넓은 범주 속의 하나이다.

상품의 차별화는 좁게 정의된 '의학적 만남'을 넘어선다. 국외에서의 치료는 환자에게 그들의 하지정맥류 수술을 국외휴가와 함께 묶는 옵션을 제공한다. 모두가 그렇게 하기를 원하지는 않을 것이다. : Health travel(건강 여행)과 Health tourism(의료관광)은 동의어가 아니다. 많은 환자들은 수술과 관광을 하나로 묶어서 보기보다는 수술로부터 관광을 분리하여 생각할 것이다. 특히 만약 그들이 심각하고 생명에 위협이 있는 상태로 국외에 나간다면, 그들은 의사와 병원이 허가하는 한 빨리 쉬기 위해서 집으로 돌아오는 것을 선호할지도 모른다. 그러나 다른 어떤 환자들은 코를 더 오똑하게 하는 것이 새로운 장소를 보고 새로운 것을 하는데 안 될 이유는 없다고 판단할 것이다. 이 섹션 4는 후자의 환자들과 연관되어 있다. 그들은 국외에서 의학적 치료와 비의학적 요소들을 함께하길 원하는 사람들이다.

5.4.1 질병관광(ILLNESS TOUISM)

질병관광의 경우에 환자들은 아픈 부분을 고치려고 국외로 간다. 그러나 일단 국외로 가게 되면, 환자들은 그 기회를 최대한 활용하려고 한다. 의료와 관광의 묶음판매와 의료를 구매하면 관광을 얹어 주는 판매는 고객에게 더욱 만족을 주고, 비용 효율성 또한 더욱 높은 결합을 만든다. 의료관광객은 방문국(host country)의 무형수출품을 사실상 한 개가 아닌 두 개의 패키지를 구매하고 있다.

'끼워 팔기'는 의료적 요소가 결합상품의 한 부분이 되는 것을 의미한다. 남아프리카는 '외과메스 그리고 사파리' 투어를 제공한다 : 그들의 신경학, 심장학, 지방흡입술뿐만 아니라 환자들이 랜드로버를 타고 아프리카의 'Big Five'(사자, 표범, 코끼리, 코뿔소, 물소 – 역주)를 볼 수 있는 기회를 준다. 불가리아에는 초기 EU회원국 치과에서 드는 비용의 40% 가격인 치과들이 있다 : 불가리아에서는 또한 자전거를 타고 보기에 최고의 경관인 Varna(불가리아의 무역항 – 역주)에서 바라 보는 흑해와 야생의 로도피(Rodopi) 계곡을 가지고 있다. 아르헨티나에서는 만년설로 봉우리가 덮여있는 산들과 피부성형수술 치료 두 가지 다를 약속한다 : The Guardian은 "부에노스 아이레스와 bust(여성의 유방을 의미함 – 역주)"라고 쓰며 이것을 '탱고 그리고 유방확대수술 시간'이라고 묘사했다(Balch, 2006). 말레이시아에서는 이같은 문구로 'sea, sand, and silicon'이 있다.

여행업자뿐만 아니라 병원 또한 시장에 존재하고 있다. 세부 닥터스 유니버시티 호스피탈은 그곳의 심장우회수술과 함께 필리핀 리조트에서의 숙박을 제공하고 있다. 워크하르트(Wockhardt, 인도의 병원 – 역주)는 타지마할로의 여행이 가능하게 준비하고 있다. 아폴로(Apollo, 델리에 위치한 인도의 사립병원 – 역주)는 고아(Goa, 인도 남서 해안에 있는 옛 포르투갈 영토 – 역주)에 있는 병원 자체소유의 호텔에서 수술 후 요양이 따르는 의학치료를 제공한다. 에콰도르에서는 열대우림과 연기가 나는 화산의 멋진 광경과 함께 미국에서 지급해야 할 가격의 15%에 해당하는 가격에 치과진료를 즐길 수 있다.

호텔들은 의료시장에서 활발하게 움직이고 있다. 쿠알라룸푸르 근처의 Palace of the Golden Horses는 휴식과 모든 의료 검사를 포함한 패키지를 만들었다. 그 내부의 의료 센터에서는 5시간 이내에 모든 진단 테스트의 결과를 산출한다. 샹그리라 방콕은 그것의 Chisen 치료를 자랑한다. 전통적인 도인술(Taoist) 치료에 의존하는데 그 목적은 복부의 에너지 흐름을 원활하게 함으로써 긴장을 완화하는 것이다. 생 모리츠(St Moritz, 스위스 남동부의 휴양지 – 역주)의 캠핀스키 그랜드 호텔은 최고의 진단 및 예방 센터와 파트너십을 맺고 있다. 이틀에 걸친 건강검진은 5성급 호텔의 편안함과 결합되어 있으며 호텔 내의 피트니스 시설들을 소유하고 있다.

리츠-칼튼 도쿄는 도쿄 미드타운 메디컬 센터와 연결되어 있다(그곳은 존스 홉킨스 메디슨 인터내셔널과 연결되어 있다). 비록 의료 센터가 호텔 안에 위치하지 않았을지라도 센터와 호텔 둘 다 도쿄 미드타운 타워라는 같은 건물 안에 위치해 있다. 그 두 시설은 겨우 41층의 거리가 떨어져 있을 뿐이다. 호텔이란 요소는 의료검사 풀 패키지(full screening package)가 며칠이 걸리기 때문에 유용하다. 골밀도 검사, 혈액 및 소변 검사, X-ray 검사, 심전도 검사, 초음파 검사, 폐 검사를 준비하거나 간염 및 파상풍 예방 주사의 재접종 일정을 잡는 데에는 시간이 걸린다. 한편, 환자들이 진료를 받지 않을 때 그들은 관광을 하는 기회를 갖는다.

호텔과 병원들은 많은 부분에서 공통점이 있다. 그 공통점을 인정하며, 아폴로 병원은 의료관광객들의 비의료적인 필요에 대응하기 위해서 병원자체 소유의 전문 회사를 설립했다. 아폴로 신두리 호텔 Ltd는 환자들과 가족들을 위해서 첸나이(Chennai)에 3성급 호텔을 운영하고 있고 여행사도 경영한다. 그 호텔은 자동차 렌탈과 같은 컨시어지 서비스를 제공한다. 분명히 공생하고 있다. 병원들이 스스로 이 길로 진출해야 하는지 아닌지는 불확실하다. 여러 제품의 만물박사가 되는 것보다 차라리 병원들은 그들의 의료 기술적 측면에 집중해야한다는 논쟁도 나오고 있다. 그러나 호텔과 여행사들은 같은 또는 인접한 지역에서의 입지를 확고히 하기 위해서 장려되어야 한다.

5.4.2 웰니스 관광(WELLNESS TOURISM)

질병관광은 진단과 치료를 한다. 웰니스 관광(wellness tourism)은 재충전과 회복이다. 질병관광은 사후적이다 : 아픈 사람은 그들의 아픈 몸을 고치기 위해서 국외로 간다. 웰니스 관광은 사전적이다 : 적시의 바늘 한 땀이 아홉 번의 수고를 덜어주기 때문에 건강한 사람이 자신의 건강에 투자한다.

웰니스 관광은 늦잠 자기, 자쿠지에서 느긋하게 즐기기, 허니 와인 랩으로 보살핌 받기, 맞춤형 다이어트 하기, 마늘이 풍부한 유기농 음식 즐기기, 마사지를 받거나 얼굴 마사지 하기, 수영 또는 사우나 하기, 피트니스 센터 가기 등이 될 수 있다. 건강 지향 관광은 수치료법, 동종요법, 자연요법, 장세척, 부분비만치료, 스트레스관리, 체중관리가 될 수 있다. 건강 지향 관광은 흡연자, 마약중독자, 그리고 알코올 중독자들이 침대에 누워 치료를 받을 필요가 있기 전에 그들의 생활근간을 바꿀 라이프스타일 코칭이 될 수 있다. 건강 지향 관광은 만약 사후적으로 그들이 주름제거나 화학적 박피술을 받아야만 한다면, 치료라고 불릴 수 있는 노화 방지 뷰티 치료가 될 수 있다. 영원한 젊음을 얻기 위한 탐색이 필수적으로 외과의사의 수술용 칼을 의미하지는 않는다. 그것은 또한 보헤미아 서부의 스파 리조트로의 2주간의 방문을 의미할 수 있다.

스파에 대한 요구는 기하급수적으로 증가해왔다. 2007년 미국의 스파 수(15,699개)는 전 세계의 스타벅스 매장의 수(13,728개)보다 더 많았다. 나르시시즘이 뜨고 있다. 포도를 이용한 안티 에이징 시설로 알려진 헝가리의 비노센스 스파(VinoSense Spa)에서는 욕조에 한 통의 와인을 붓고 목욕을 한 후 진정마사지를 제공한다. 몰타의 호텔 폰타나 스파 리조트(Hotel Fortuna Spa Resort)에는 자성 매트리스, 살균 침대, 공기 정화장치, 온수 욕조와 사우나, 다섯 개의 수영장, 물리치료사와 단 15분 만에 온몸에 균등한 운동효과를 주는 파워플레이트가 있다. 베니시안 마카오 리조트 호텔(Venetian Macao Resort Hotel)에서, 겜블링을 하기 위해 온 방문자들은 높은 수익을 내는 스파와 피트니스 센터의 서비스를 이용할 수도 있다. 좁은 의미에서 보면 이러한 시설들 중 어떤 것도 치료적인 것은 없다. 그러나 이 모두는 예방을 통해 건강에 긍정적인 작용을 만든다. 사람들은 단순하게 질병의 치료만을 원하지는 않는다. 사람들은 또한 기분이 좋은 것을 원하고 보기에도 좋은 것을 원한다. 전인적이고 총체적인 건강 지향은 사람들에게 그들이 필요로 하는 것을 제공한다.

진짜 어떤 면에서는, 모든 관광이 웰니스 관광이라는 말하는 것은 사실일 것이다. 집에서 어떠한 오락적 요소 없이 충분히 쉬는 것 자체만으로도 치료적인 요소를 가진다. 만약 어떤 사람에게 높은 수입을 쓸 여가가 거의 없다면 높은 수입은 적절하지 않다. 정신적인 질병의 비용은 선진국에서 사고나 세균에 의한 비용보다 더 많이 발생한다. 단순히 정신적으로 포위된 사람들뿐만 아니라 그들의 이윤을 추구하는 상사들도 만약 일상에서의 우울증을 멈추는 편안한 휴가를 떠난다면 값어치 있는 수확을 거둬들일 수 있을 것이다.

육체적인 질병 역시 운동, 평화, 그리고 명상을 통해서 저지할 수 있다. 필리파 헌터 존스는 암 환자에 대한 한 연구를 진행했다. 그녀의 이론은 그들이 생태관광과 아트 갤러리, 태양과 모래, 익명성과 사생활을 통해 자기 치유력을 부여받는다는 것이었다. 그녀는 휴가를 가는 것 그 자체가 '질병과 관련된 문제를 해결하는 매개물' 이라고 결론지었다:

'여행은 일상생활에서 자아정체성 및 자기 자신에 대한 재발견을 하는 데 도움을 줄 수 있다. 많은 정보제공자들을 통해, 휴가를 계획하고 준비하는 것이 개인에게 통제력을 회복시킬 뿐만 아니라 그들에게 계획하고 기대하는 어떤 무엇을 줄 수 있다는 것을 증명했다. 사실상 휴가는 그들이 질병을 초월할 수 있도록 하는 매개물이다'(Hunter-Jones,2003: 193, 194).

꼭 의료 관광이 아니더라도 관광은 당신의 건강에 좋은 것이다. 사정이 그렇다면, 질병 관광만의 순수한 경제적 부담은 실제 비용보다 더 적은 비중을 차지할지도 모른다. 왜냐하면, 총비용에는 비치 발리볼, 뷰티샵, 주롱버드 파크, 아트 갤러리, 지역 주민들과의 즉흥적인 교감 등을 포괄한 것일 수 있기 때문이다. 그것은 일반적으로 통계가 제시되는 방식에 영향을 미친다. 2008년 터키의 20만 명의 보건 관광객 중에서 18만 명이 Wellness 관광객이었던 것으로 추정된다. 그중 오직 2만 명만이 순수하게 수술, 치과진료, 그리고 일반적인 의료를 위해서 방문했다.

5.4.3 웰니스 관광의 영역확대(The Path Coverage)

질병 관광과 웰빙관광에 너무 확연한 차이를 두는 것은 잘못된 이해이다. 탈장 치료를 위해 국외로 간 환자도 증기를 뿜는 진흙욕을 통한 그의 안색 개선과 영양가 높은 채소인 nibitashi를 통한 소화증진에도 투자할 수 있다. 보건관광과 위락 관광을 호랑이와 말과 같이 다르다고 말하는 것은 잘못된 이해이다. 해변에서 모래성을 쌓는 것은 과로한 사람들이 재충전할 수 있도록 돕는다. 관광은 틀에 박힌 삶을 사는 사람들에게 새로운 무엇을 노출시킨다. 질병 관광, 웰니스 관광, 의료관광, 여가 관광 - 그것들은 같진 않지만 그것들이 주는 경험들은 겹친다. 중세 로마인들은 이를 알고 있었다. 스파라는 용어는 때때로 라틴어인 세니타 퍼 아쿠암 - 물을 통한 건강 이라는 말에서 유래됐다고 얘기된다. 다른 어떤 이들은 약효있는 목욕의 일반 용어는 벨기에의 스파 마을에서 유래했다고 말한다. 그 이후에 아쿠아 스파다네로 불린 스파는 중세 로마인들에게 알려져 있었기 때문에 두 유래 모두 옳을 수 있다.

의료관광과 위락관광 모두 수요의 높은 수입(임금) 탄력성을 갖고 있다. WHO는 2020년까지 건강관리가 세계 GDP의 12%를 차지할 것이라고 예측했고, 관광이 11%를 차지할 것으로 예측했다(Yeoman, 2008: 66). 풍요가 더욱 일반화되고 장거리 비행이 재정적으로 덜 벅차지면서, 부호로부터 택시기사에게로 세계에 다가가는 기회가 흘러갈 것이다. 중국 본토의 중산층들은 높은 수준의 의료를 위해 국외로 갈 것이다. 코스타리카의 중산층은 카트만두를 보기 위해서 네팔로 여행갈 것이다. 양쪽의 경우에서 수입이 더 높을수록, 저축이 더 많을수록, 보험에 대한 접근이 더 쉬울수록, 국내에 머무를 필요가 없다는 것을 보여준다. 위락 관광부터 시작이 된다. 그것은 의료관광의 성장을 위한 플랫폼이다. 의료관광은 진료 후에 위락을 원하는 추가적인 외국인들을 유치함으로써 수익창출의 추가적인 여건을 마련해 줄 수 있다.

교육, 텔레비전과 영화는 사람들이 먼 곳에 친숙하도록 만들었다. 사람들은 바깥 세계에 대해 덜 무서워한다. 여행은 그 자체로 더 먼 여행의 계기가 된다. 외국으로의 휴가를 가는 사람들이 많아질수록, 외국 의사를 믿고 진료를 받을 준비가 된 사람들이 더욱 많아질 것이다.

읽고 쓰는 능력과 컴퓨터 사용 능력은 글로벌 시장에 긍정적인 영향을 미친다. 의료관광과 위락관광 둘 다 그 새롭게 모든 것이 다 공개된 것으로부터 이득을 얻는다. 소비자들은 무엇이 이용 가능하고 얼마나 비용이 드는지 빠르게 찾을 수 있다. 그들은 비행기와 호텔, 그리고 의료를 하나의 패키지로서 예약하기 위해 인터넷사이트를 이용할 수 있다. 그들은 자신의 이득을 얻기 위해 정보를 활용하여 어떻게 경쟁을 시키는지 알고 있다. 부유한 국가에서의 증가하는 비용은 제 3세계에 대한 새로운 문을 열었다. 교육과 전자기기는 소비자들이 공급과 수요를 최대한 활용하여 그들의 서비스를 사게 됨에 따라, 그들의 치료 서비스를 사는 것을 훨씬 쉽게 만들어 줬다.

긴강에 대한 관심이 계속 높아지고 있다. 영국에서 건강에 소비하는 총 비용이 1999년 GDP의 5%에서 2009년 GDP의 8%로 증가했다. 사람들은 더 적게 흡연하고 체육관에 간다. 그들은 외모에 대해 관심을 갖고, 나이에 대해 민감하다. 지방제거 수술과 같은 의료관광과 템플 스테이를 예로 들 수 있는 위락 관광 모두 자유재량적인 요소로부터 이득을 얻고 있다. 영국에서는 약 5만 명의 사람들이 성형 수술을 받는다 : 시장은 매년 40%씩 성장하고 있다. 의료관광은 대장암 수술처럼 좁게는 의학적일 수 있다. 그러나 갈수록 더 그것은 또한 그 밖의 것이 되고 있다. Yeoman은 의료관광이 단지 가격할인 수술, 문신 제거술, 모발 이식술일 뿐만 아니라 자기표현에 대한, 편안한 주변에 대한 그리고 수행을 위한 탐구에 대한 것이기도 하다고 말한다 : '때때로 고칠 필요가 있는 육체로서 보이는 것은 더 이상 행복하지 않다. 점점 더 사람들은 "완벽한 전인체"로 보이기를 원한다 … 건강 지향에 대한 수요는 건강에 대한 소비자의 인식이 정신, 육체 그리고 영혼의 복합적인 개념으로 변화함에 따라 솟구칠 것이다' (Yeoman, 2008: 75,

90). 고급스러운 호텔 또는 코를 오똑하게 하는 것, 그 틈새는 중요하진 않지만 모두 다 같은 것이다.

경우에 따라 위락적 요소는 의학적 치료와 치료 사이의 간격을 연결해주는 요소가 되기도 한다. 재활치료, 회복, 추적검사는 모두 시간이 걸린다. 환자들은 다음 일정을 기다리는 동안 아파트에 그냥 오래 머물든지 아니면 무엇인가 할 것이 필요할 것이다. 나미비아 와일드라이프 리조트는 건강지향센터와 헬스 스파를 게임파크 내에 운영하고 있다. 르네상스 크루즈는 수술 후 회복 프로그램을 그들의 크루즈 안에서 제공한다. Gleneagles Penang은 바투 페링기의 해변에서의 요양 서비스를 제공한다. 비록 수술이 당일 수술이라 할지라도, 국외 환자들은 여전히 하룻밤 묵을 호텔이 필요할 것이다. 건강 지향과 관광은 긴밀히 협조하고 있다. 침실과 식사는 치유 과정의 한 부분이 되고 있다. 동반 가족들 역시 체류할 곳과 먹을 것이 있어야만 한다.

의료와 위락, 두 거대한 시장은 고령화 인구로 인해 팽창할 것이다. 나이와 은퇴는 고령자들에게 더 많은 여가시간을 제공한다. 그들은 자유로운 시기에 여행할 수 있으므로, 비수기에 공실이 발생할 수도 있는 호텔에 할인된 방을 이용할 수 있다. 그들은 그들의 수입의 하락과 대가족의 쇠퇴로 인해 비용 효율적인 선택을 하도록 강요된다. 그러나 다른 면도 있다. 고령자들은 종종 활동적이다. 만약 그들이 그들의 건강을 위해 국외로 나간다면, 그들은 종종 휴식을 위해 국외에 머물 것이다. 고령자들은 앞으로 다가올 어떤 세상의 조짐인지도 모른다. 질병, 건강 지향, 의료, 관광, 행사 등의 움직임은 하나로 길이 수렴되고 있으며 모든 신호들이 명확해지고 있다.

[06 의료관광 : 편익]

국제무역은 상품을 거래한다. 미국 환자는 태국으로 여행을 가서 그 지역 병원에서 미국 달러를 사용할 때 서비스를 수입하고 있다. 영국 병원은, 영국의 의료서비스를 처음 구매한 레바논 사람에게 주요한 수술을 제공할 때, 서비스를 수출하고 있는 것이다. 상품에 있어 사실인 것은 무형 상품에 대해서도 마찬가지이다. 국제무역을 통해 양자는 그들이 보기에 더 이익을 얻게 해준다.

이번 장은 수입 및 수출국가 모두가 의료 무역으로부터 이익을 거둘 수 있는 방법을 알아본다. 촛점은 바로 국가에 맞춰져 있다. 모든 국가의 상황이 다 다르기 때문에 일반화하기란 항상 문제가 된다. 아마도 그들은 그들이고 우린 우리다는 생각이 대체로 맞을 것이다. 싱가포르, 인도 그리고 미국은 인바운드 목적지인 동시에 아웃바운드 목적지이다. 선진국과 개발도상국들은 관광거래에 있어서 수요자 측도 될 수 있고 공급자 측도 될 수 있다. 종종 구매국가와 판매국가는 동일하다. 그것은 마치 초콜릿 시장과 어린이 장난감 시장처럼 비슷하다. 그 뿐만 아니라 미용성형수술을 위한 시장과도 비슷하다.

6.1 의료수입국(THE COUNTRIES THAT BUY)

3, 4, 5 장에서는 배경을 이야기했다. 외국의 병원들은 더 낮은 가격 그리고 더 짧은 기다림을 내세우고 있다. 국외 치료는 동일하거나 우수한 기준이라고 할 수 있다. 국외 병원은 색다른 서비스나 독특한 전문의들이 있다는 것을 보장한다. 통제, 선택 그리고 자율성 이 모든 것들이 환자의 웰빙, 자기 인식을 향상시켜 준다. 개인적으로뿐만 아니라 사회적으로도, 그것은 플러스 섬(모두가 함께 득이 되는 게임)이 되는 게임이다. 평범한 사람들은 그들이 자국에서는 감당할 수 없는 치과 임플란트 시술을 코스타리카에서 받을 수 있다. 온정이 있는 사회라면, 달리 전혀 누릴 수 없었을 의료서비스를 외국에서 구매할 수 있는 자유를 가졌다는 사실에 기뻐해야 함이 옳다.

세계에서 처음으로 치과 관광 조사는 2007년 RevaHealth.com에 의해서 수행되었다. 더블린에 기반을 두고 있지만 온라인으로 전 세계적으로 접속할 수 있는 RevaHealth.com은 세계에서 가장 큰 의학, 치과 검색 엔진이다. 그 기관의 국제 조사에서 치료를 위해 국외 여행을 한 환자들의 평균 84%가 만족한다고 밝혔다. 만족도는 헝가리, 폴란드, 태국에서 치료했을 때 가장 높았다. 평균 비용 절감액은 3,200파운드였다. 환자들은 자국에서 치료받는데 필요한 비용의 약 40% 정도를 지급했으며 응답자의 95% 정도는 국외로 치료받으러 가는 주된 이유가 비용 때문이라고 응답했다. 외국에 가기로 결정하고 나서 그들은 좋은 병원을 찾기 위해서 검색 엔진을 사용한다.

설문 응답자의 50%만이 RevaHealth.com에 접속하기 전에 치과에 갔었으며, 54%만이 자신에게 필요한 치과진료에 대해 정확히 알고 있었다(RevaHealth.com,

2008). 영국의 경우 16세~64세 주민들의 약 30%는 최근 2년 동안 권장 치과 검진을 받지 않았으며, 약 20%는 권장 치과치료를 받지 않았다. 영국 국민 7명 중 1명은 치아 상태가 매우 형편없고 극도로 나쁘다고 답했다(Dentale, 2008). 이와 같은 상황의 원인은 바로 비용이다. 비용문제 때문에 치과진료를 주저하기 때문에 치과진료 관광이야말로 사람들에게 새로운 기회라고 할 수 있다.

그러나 이것뿐만 아니라 또 다른 이익이 있다. 국경을 넘는 경쟁자들과의 경쟁 때문에 자국의 의료서비스 업자(심지어 국가에서 독점적으로 운영하는 의료기관들조차)들은 그들의 생산성을 향상시키고, 의료서비스 품질을 높이고 그들의 가격을 낮춰야 했다. 더 많은 선진국의 의사들은 인도나 태국의 제품과 가격에 맞춰야 하는 의무를 가지게 된다. 주민들은 더 나은 수준의 서비스를 받게 된다. 그들은 혜택을 받기 위해 국외로 나가지 않아도 된다.

국외로 나가는 환자 덕분에 나머지 환자들은 의료서비스를 받는데 있어서 여유가 생긴다. 외국에서의 의료서비스 이용은 최소한의 수요분산에 기여한나. 비국에서 건강관리 비용은 다른 선진국들에 비해서 1인당 2.3배나 더 높다. 그것은 2015년까지 83% 증가할 것으로 예상된다(Adams et al., 2007: 1). 공적 그리고 사적인 건강관리 비용은 2008년 GDP의 17.6%를 차지했으며 미국인들은 1인당 $7,421을 소비해왔다. 이것은 세계에서 가장 높은 1인당 수치이다.

세계화는 그런 부담을 덜어주는데 도움을 줄 수 있을 것이다. 적어도 세계화는 과부하 상태에서의 부담을 덜어줄 것이다. 인구의 고령화는 (새로운 기술과 약품의 가격상승과 결합하여) 정신을 집중시키는 '재깍거리는 시한폭탄' 이다. 일본에는 외국인 의료 노동자가 몇 없고, 의료 시설에 있어서도 상당한 압력을 받고 있다. 일본에서 방콕의 일본인 병동으로 가는 것이 진단이나 선택적인 수술을 위해 일본의 지방에서 동경으로 가는 것보다 훨씬 더 많은 비용이 드는 게 아니다. 몇몇의 노인들은 고액자산 보유자이고 개인 보험을 가지고 있다. 다른 사람들은 그들의 치료 필요에 맞지 않을 정도로 아주 적은 자산을 가지고 있다. 국가가 노령화가 진행됨에 따라 보다 저렴한 의료적 치료 국외여행의 선택은 점점 더 중요한 안전밸브가 될 것이다.

건강관리 비용의 인플레이션율이 급상승하는 것을 경험하고 있는 미국은 미국인들의 수요가 방콕으로 돌려질 때마다 비용을 그만큼 덜 쓴다. 비워진 공간은 즉시 국내에서 채워지지 않을 것이라는 낙관적인 추정을 하는 Mattoo and Rathindran은 얻을 수 있는 이득을 수치로 제시하였다. 그들은 만약 자국의 환자들 10명 중 1명이라도 비용이 더 싼 국외에서 15가지 정도의 절차를 통해서 치료를 한다면 미국이 매년 14억 불이나 절약할 수 있다고 추정하였다(Mattoo and Rathindran, 2006). Grail Research 설문은 미국 외의 외국에서 치료를 받는데 절약되는 금액의 평균치는 $15,000이라고 밝혔다. 다시 말해서 US 지급인, 고용인 그리고 환자들의 모든 절약이 107억 달러 정도까지 될 수 있다고 말하였다(Grail Research, 2009: 4). Jagdish Bhagwati는 고객 서비스의 국외업무 위탁과 클레임의 단독 처리과정은 1년에 미국에서 700억~750억 달러 정도를 절감할 수 있다고 추정한다(Economist, 2008). 아웃소싱에 미국인들의 관심이 있다. Modes 1조차 시스템과 고객에 대한 비용을 낮출 수 있었다.

국외로 자금이 인출될 수 있듯이, 자금이 국내로 들어올 수 있다. Modes 1과 2는 국내의 수요를 줄인다. Modes 3과 4는 국내의 공급을 늘린다. 이것들은 국내에서 충족될 수 있는 수입수요에 대한 이득추구자의 반응이다. 새로운 자본이 들어온다. 외국 소유의 병원들은 서비스의 이용성을 증가시킨다. 더 많은 기술들이 들어온다. 외국에서 교육을 받은 전문가들은 그들이 이전한 기술로 그 나라에서 부족한 부분을 줄인다.

때때로 외국인들은 우수한 자격을 가질 수 있다 : 필리핀 의사가 간호사로 일하는 것은 드문 일이 아니다. 때때로 그들은 더 낮은 보수를 받는다: 현지 국민들은 새로운 이민자들이 낮은 계층으로 온다면 더욱 값싸게 그들로부터 치료를 받는다. 어느 쪽이든, 기술적인 노하우에서 가져와지는 국가에 혜택이 있다. 수출국(호스트 국)은 인적 자본을 형성하는데 전혀 비용이 들지 않기 때문에 혜택은 훨씬 더 커진다. 나중에 의대과정을 교육하기 위해서 기반교육에 비용을 지급하는 것은 미국이 아니라 이란이었다. 의료적인 지원을 선진국으로 제공하고 있는 것은 제3세계이다.

더 높은 교육을 받은 가나인의 3분의 1 정도는 그 나라를 떠난다. 의사의 경우에, 60% 이상일 수 있다(Eastwood et al., 2005: 1893). 40% 정도의 나이지리아 의학 대학원생들은 미국, 영국, 아일랜드에 있다(Ihekweazu et al., 2005: 1847). 'brain gain'(열악한 환경에서 살다가 이사온 숙련된 기술자와 전문가들이 늘어나는 현상)은 그들이 정착하고 일하는 나라에 상당한 플러스가 된다. 그러나 외부 경제적으로는 양날의 칼로서 여겨질지도 모른다. 제3세계에서 의료 분야가 확장하면서, 부자 나라로 들어가는 외국 태생 의사들은 또다시 밖으로 나가려는 유혹을 받을 것이다. 많은 의사들이 부자 국가로 갈 것이다. 의료가격은 오를 것이고 외국 인재들에 의해서 모면한 수입은 다시 한번 더 수입이 될 것이다.

6.2 의료 수출국(THE COUNTRIES THAT SELL)

더 많은 서비스에는 더 많은 비용을 지급해야 한다. 외국인 환자를 치료한 병원은 그 지역 사업에서 벌어들인 수입을 증대시키고 종종 가격인상 때 그렇게 된다. 외국인들은 진료비를 바로 지급하지만 그 지역의 시민 보조금 혜택은 받지 못한다. 외국인은 부유할거라 생각하거나 보험회사가 배상책임을 진다는 걸 알면 가격차별을 부추기게 된다. 지역민들은 고급시장 서비스를 이용할 만큼의 형편이 못될 때도 있다. 외국인 환자를 대상으로 하게 되면 전문가들과 자본을 보다 확실하게 갖추게 되므로 비용 상승은 불가피하다.

외국인들은 외화를 가지고 온다. 관광객들은 종종 자신의 거주지에서 선불 패키지 상품을 구매하기도 한다. 그러므로 이들이 실제 지출한 금액의 오직 일부

분만이 관광지 국가에게 돌아가는 것이다. 게다가 의료시설이 외국인 소유이거나 외국인 직원으로 구성된다면 병원 수익과 급료는 본국으로 송금된다. 멕시코에서 벌어들인 돈이 미국에서 소비되는 것이다. 이와 같은 작용력 때문에 병원 이전이라는 가치는 저하되지만 그렇다고 해서 막을 수도 없는 노릇이다.

의료관광객은 여가 관광객보다 꽤 많은 소비를 한다. 미국 여가 관광객들은 하루 평균 144달러를 지출하며, 건강 목적 관광객들은 362달러를 소비한다(Hotel Marketing Newsletter, 2006). 인도에서 의료 여행객 1인당 총 지출액은 7천 달러인데 반해 일반 외국인 휴가객 1인당 지출액은 3천 달러에 불과하다. 국제수지가 좋지 못한 국가는 교환 가능 화폐를 언제나 환영한다. 쿠바는 25,000명의 외국인 환자들을 유치하여 3천만 달러의 수익을 올렸으며, 이스라엘은 20,000명의 외국인 환자들로부터 1억 5천만 달러를 벌어들였다. 수출수요로 국가 준비금이 넉넉해지고 또한 공공재정이 증가한다. 태국의 경우 병원들은 30%의 법인세를 지급한다.

수입 대체는 비슷한 효과를 가진다. 매년 부유층 인도네시아인 최소 2십만 명은 치료를 위해 국외로 나간다. 인도네시아 정부는 이들의 4분의 1 이상을 VIP 또는 VVIP로 분류하여 자카르타의 Cipto Mangunkusumo 종합병원이나 Siloam Hospital Lippo 병원과 같은 세계 최상급 현지 병원으로 유도한다. Siloam Lippo 병원은 인도네시아에서 처음으로 JCI 인증을 받은 병원으로 호주인으로 구성된 팀이 병원을 관리하며 1년에 250,000명 이상의 외래환자들과 입원환자들을 담당한다. 잠재력을 인식한 인도네시아 보건부는 건설 및 장비 비용에 대해 기부금을 지원했다. 독일 정부는 페낭과 싱가포르에 있는 최고 병원에 대적하기 위해 쓰나미가 휩쓸고 간 Aceh에 세계 최정상급 병원 건설을 위해 4천만 유로를 보탰다. 중동에서 지출되어 온 교환 가능 화폐 절약에서 보여 지듯이 그것은 가치가 있을 것이다.

오만의 경우 암센터의 개관으로 정부 보조 암치료여행 건수가 2004년에서 2005년 사이 92% 감소했다. 아부다비에서는 국제경험이 풍부한 심장 수술팀이 꾸려지면서 정부 보조 심장병치료여행 건수가 2004년에서 2005년 사이 55% 하락했다(Ehrbeck et al. 2008).

의료 수출은 국가 예비금을 보호하고 고용을 창출한다. 어떤 기술을 가졌든 모든 사람들이 혜택을 보게 될 것이다.

큰 기술이 필요하지 않은 직종에서는 실업자나 임시직에 종사하고 있는 비숙련 및 반숙련 현지인을 필요로 하며 주로 공사장 일꾼, 정원사, 짐꾼, 요리사, 청소부, 접수담당자로 일하게 된다. 때때로 문서작성, 컴퓨터 업무, 영어회화 등의 현상 입무 훈련을 받기도 하고 바이오디젤 원심분리기나 전자 식기세척기 등의 새로운 장비에 익숙해질 것이다. 이렇게 습득된 지식 덕분에 향후 더 좋은 식상을 얻을 수 있는 실력을 갈고 닦게 된다. 심지어 문화 장벽 때문에 여성의 사회생활이 힘든 국가에서 여성들이 간호사나 의사로서 새로운 기회를 얻을 수 있다.

한편, 높은 수준의 기술이 필요한 분야의 경우 전문성을 갖춘 의사들을 필요로 한다. 빈곤국가의 의사들은 특히 유학이나 국외 교육 경험까지 있다면 국제시장에서의 자신들의 경제적 가치를 잘 알고 있다. 경쟁력 있는 임금을 지급하는 첨단 시설의 병원들은 이들이 고국에서 일하도록 하기 위한 인센티브를 제공할 것이다. 선진국에서 일하면 더 많은 돈을 벌 수 있겠지만 후진국의 물가가 낮다는 것을 그들은 안다. 의료관광 부문에서 활약하는 의사들은 경제적으로 풍족하다. 외국 환자들 덕분에 국외에 남아있었을지도 모를 고급인력을 돌아오게 할 수 있는 일자리가 창출되는 것이다.

이처럼 의료서비스 수출로 인해 지역주민들의 의료서비스 접근성도 향상된다. 외국인을 대상으로 하는 의료센터들도 현지인을 상대할 수 있다. 외국인 환자를 대상으로 하는 시설들의 경우 좋은 평판을 얻게 되므로 좀 더 높은 요금을 책정할 수 있다. 그렇긴 하지만 국외에서는 더 많은 금액을 지급해야 한다는 것을 알고 있는 중산층의 예산 범위 내로 요금을 책정해야 할 것이다. 모든 환자들이 여행을 할 수 있는 것은 아니다. 응급환자나 만성장애를 가진 환자는 즉각적이고 신속한 치료가 행해져야 한다. 이들은 소도시나 더 작은 지역구에 자사 병원을 설립한 대형병원에 고마워할 것이다. 모든 의료관광이 수도 중심에만 집중될 필요는 없는 것이다.

심지어 최빈곤층도 수출 무역 성장으로 혜택을 얻는다. 정부는 때때로 신규로 진입하는 최고급 의료기관들에게 빈곤층에 대한 의료서비스를 요구하기도 한다. 이 같은 정부의 노력으로 빈곤층은 외국인 환자 수요 유입으로 효과적인 지원을 받게 된다. 다만 한 가지 주의할 점이 있다. 부자든 빈곤층이든 모든 사람들이 매력적인 상업병원에서 치료를 받게 될 경우 국가가 공공부문 기관의 병실과 환자 수를 줄여버리는 기회를 갖게 된다는 것이다. 이런 식의 신규 진출은 병실과 의사 부족을 악화시키고 치료비가 비싸지는 결과를 초래한다. 높은 가격은 누진세와 같아서 가장 타격을 입는 것은 저소득층이다.

그러나 국가 부문이 계약의 유혹에 이겨낸다면 개인 부문에서의 확장으로 플러스섬 혜택을 얻게 될 것이다. 외국인의 직접적인 자금 투자는 공공 재정의 부담을 덜어주는데 왜냐면 '채무 없는 투자는 많은 이들에게 매력적인 조건이기 때문이다. 부유층이 새로운 외국 기업이 투자한 병원에 진료비를 지급한다면, 국가는 빈곤층의 의료서비스를 개선하기 위해 공공 부문의 자원을 동원할 것이다(Smith, 2004: 2315). 외국기업 병원과 공공 부문은 한 발짝 더 나아가 함께 정보를 활용하고 비싼 자본을 공유하며 공동으로 직원 연수 교육을 진행할 수도 있다. 이것이 바로 정부-민간 합작이다. 국내 경제의 임계량이 부족하더라도 규모의 경제는 가능하다. 환자층의 확대로 외과의들은 본인의 의료기술을 새롭게 할 필요가 있으며, 전문인력 위탁이 부문 간에 이루어진다. 공공 의료기관에 입원하지 못한 환자는 개인 병원을 이용함으로써 수용력이 초과하게 된다. 민간 부문 의료기관들이 더 높은 수준의 치료를 제공한다고 가정하면, 공공 및 민간 부문이 협력할 경우 치료 품질이 강화되는 뜻밖의 결과가 초래될 것이다.

국내 의료기관들도 의료서비스의 국제화를 통해 혜택을 얻을 수 있다. '인도 정부의 경우 연간 170억 달러 규모에 달하는 인도의 건강관리 산업이 매년 30%의 성장률을 기록하는 의료관광의 덕분에 향후 6년간 매년 13%씩 성장할 것으로 예상하고 있다' (Gupta, 2004). 기하급수적인 성장은 결국 상당한 '돈의 장벽' 이 되어 마치 경기부양책의 역할을 한다.

모든 무역은 총 수요이다. 더 많은 고용은 더 많은 수입을 의미하는데 의사, 간호사, 간호조무사, 미화원은 자신이 번 돈을 상점에서 물건 값으로 지출하기 때문이다. 더 많은 외국인들은 더 많은 소비를 하는데 환자와 환자가족들은 치료비보다 택시, 레스토랑, 호텔에서 더 많은 비용을 지출하기 때문이다. 방콕 Bumrungrad 근처의 Ariyasomvilla 호텔과 FuramaXclusive 호텔의 경우 부숙객의 40%가 의료관광객이거나 환자 가족이다. 페낭의 G Hotel 호텔과 Berjaya Georgetown 호텔은 Gleneagles에서 짧은 거리에 위치해 있어서 많은 혜택을 얻고 있다. 의료관광객의 체제일수는 전체 관광객의 평균 체제일보다 긴 편이다. 의료관광객은 단독으로 여행하는 경우가 드물어 설문결과 약 83%가 동료와 함께 여행한다고 답했으며, 약 95%는 쇼핑이나 관광과 같은 비의료적인 활동에 심취한다고 답했다(Medical Tourism Association, 2009: 34, 35). 이와 같은 부수적인 일련의 활동들 덕분에 관광객 체제일수가 늘어난다.

의료관광으로 건설, 커뮤니케이션, 교통 분야도 이 새로운 수요를 공유한다. 예전에는 수입에 의존했던 약품과 설비를 대량 생산하는 현지 사업체들도 마찬가지이다. 글을 모르는 어부들조차도 수술을 받고 요양 중인 환자들에게 해변에서 코코넛을 팔기도 한다. 전후방 연계작용들로 일자리가 창출되고 부가가치가 더해진다. 지역의 승수효과가 강력해지고 이는 국가의 의료체계에 대한 투자이기도 하다. 생활수준이 높아져 질병률 및 사망률이 낮아진다. 결국 건강 자본은 향후 경제 성장에 기여한다.

의료관광을 국가의 주요 성장 동력으로 삼을 수 있는 국가는 전무하며, 대개는 안정적인 레크리에이션 관광 활성화에 주력한다. 다행히도 아름다운 아드리아 해와 함께 성형 수술 기술이 뛰어난 크로아티아에서 의료관광은 2차적 성장 동력에 불과하지만 빈곤과 사회적 배제를 치료할 수 있는 해독체로 환영받을 수 있다. 특히, 외국인 직접 투자로 무기력한 악순환에서 벗어나 후방 경제가 흔들린다면 그렇게 될 것이다. 외국 자본이라고 해서 단순히 돈이라는 자금 투입에만 그치는 것이 아니라 경영 능력, 현대 과학기술, 형식 파괴적인 전문지식, 기업가적 사고방식도 함께 유입된다. '국외여행으로 국경과 문화를 뛰어 넘는 아이디어의 보이지 않는 유입이 활발해지면서 무역을 통해 얻은 역동적 수확이야말로 경제 발전을 위한 가장 큰 혜택일 것이다. 경제적 측면에서 이러한 아이디어의 흐름은 더 높은 생산성과 부문 간의 긍정적 외부효과를 일으킬 것이다(Skerritt and Huybers, 2005: 25). 노하우와 혁신은 모방을 통해 전파된다. 초일류의 기업의 시장 진출은 전시효과를 가져 온다. 새로운 장르의 활동들이 펼쳐진다. 이것이 기폭제가 되고 외부경제인 것이다. 양과 질 모두가 향상된다.

더 많은 경쟁으로 현지 국가의 의료 시장은 깨어날 것이며 현실에 안주하는 과점이야말로 새로움과 차별화의 도전을 받게 될 것이다. 요금과 프리미엄에 대해 좀 더 융통성이 발휘될 것이다. 자체 대학병원을 운영하는 외국의 의과대학들은 잘 훈련된 현지 인력을 확장할 것이며 기술이 이전되고 인적 자본이 탄탄해질 것이다. 외국 모기업(병원)과의 공동 연구를 현지 상황에 일반화되도록 조정할 것이다. 다국적 네트워크에 회원으로 가입하면 시너지 효과가 있을 뿐만 아니라 여러 가지 교류도 가능해지며 또한 제약 회사와 설비 업체와 비교해서 현지 업체들의 협상 위치도 강화된다.

현지 국가에 유입되는 국외 자본은 새로운 병원을 위한 것이지 쪼들리는 공공 부문 의료기관이나 현지의 신규 민간 의료기관을 위한 것은 아니다. 때때로 호텔 사업으로 돈을 벌어들인 현지 기업이 사업 다각화를 꾀하기도 하고 현지인들은 은행에서 벤처자금을 빌리거나 새 채권을 발행하기도 한다. 그러나 이러한 옵션들이 가능하려면 국부의 도약 단계에 있거나 사업이나 의료부문에서의 훌륭한 실적이 있어야 한다. 도약대가 부족한 경우 'Mode 3'으로 시장의 빈 공간을 메울 수 있다.

Mode 4도 있다. 유입되는 외국인들로 호텔의 빈 객실이 채워질 것이며, 이들 대부분은 행동에 의한 학습을 전달할 것이다. 소득이 증가하고 사회가 고령화되면서 현지 인력으로는 감당할 수 없는 의료 인력 수요가 늘어날 것이다. 간호사 부족 현황을 살펴보면 영국 35,000명, 미국 270,000명, 호주 31,000명, 캐나다 16,000명일 정도로 그 규모가 큰 편이다(Smith et al., 2009: 598). 부유한 나라의 의료 노동자들은 스스로 외국으로 진출할 것이다. 이 중 일부는 보다 나은 실력과 어려운 상황에 대처할 수 있는 현장능력 및 기술을 갖추고 결국에는 돌아올 것이다. 지식의 보급만으로도 그 자체가 상당한 도움이 된다. 병원 적자가 계속되든 일시적이든 간에 이 문제를 해결하기 위해 결국엔 외국기업이 개입하게 되어 있다.

높은 임금을 얻으려고 애쓰는 현지인들은 본국으로 임금을 송금할 것이다. 2008년 영국 내 이민자들은 총 40억 파운드를 송금했으며, 이 같은 돈의 흐름은 삶의 기준을 크게 바꾸어 놓는다. 2008년에 송금된 금액이 타지키스탄의 경우 국민 소득의 45%, 몰도바는 38%, 온두라스는 25%를 차지했다. 지난 10년 간 송금액은 730억 달러에서 작년 한해 급격히 증가하여 2,830억 달러까지 치솟았으며, 이는 수많은 최빈국들의 대외 원조량을 능가하는 수치이다(Margolis, 2009: 14). 필리핀의 경우 항상 약 8백만(노동 연령 인구의 25%)에 달하는 국민들이 국외에서 일을 하고 있으며, 그 중 3분의 1은 미국에 있다. 2008년에 필리핀으로 약 120억 달러가 송금되었다. 멕시코에서는 동등한 수치로 230억 달러로 이는 오일 다음으로 2번째로 가장 큰 외화 공급원이었다. 2008년 필리핀으로 송금된 금액는 필리핀 GDP의 약 10%에 달했다. 주기적인 경제 침체의 영향을 받기 쉬운 직종이 있는 반면, 건강관리 전문가로 고용된 필리핀인들은 해고될 가능성도 평균 이하일 것이다.

[07 의료관광 : 비용]

의료서비스 교역은 수입과 수출 양면에서 이익을 얻게 되지만 이득뿐만 아니라 위험도 도사리고 있다. 이 장에서는 의료교역이 항상 이익을 낼 것이라고 생각하는 것이 잘못된 생각일 수도 있다는 점을 설명하고 있다.

7.1 의료서비스 구매 국가

의료교역에서 의료서비스 수입 국가에게는 출구 옵션(국외로 환자를 내보내는 것이)이 그 나라 의료시스템의 근본적인 문제의 해결을 지연시킬 위험이 있다. 미국에서 보험을 들지 않은 사람들과 보험에 들 수 없는 사람들은 국가에서 그들에게 저렴한 의료 혜택을 보장할 수 없기 때문에 미국 외의 국외에서의 치료를 선택하게 된다. 영국에서는 의료보험(National Health)이 환자들의 진료대기 시간을 효과적으로 줄이는 데 실패함으로 인해 부자들과 그러한 서비스에 불만을 가진 사람들은 국외에서의 치료를 선택하게 되었다. 고비용을 지급할 능력이 있는 중산층은 대기시간을 줄일 수 있는 대안을 선택하게 되고, 그러한 비용을 지급할 능력이 없는 빈곤층은 그들에게 주어진 선택 이외에는 다른 대안을 갖지 못하게 되는 엄연한 사회적 이중기준(dual standard)이 적용되게 되는 것이다.

세계화는 곧 민영화를 의미한다. 민영화는 기회의 대대적인 변화를 의미한다. 민영화는 교육을 잘 받은 사람들과 주류 사회를 위한 피난처가 되며, 시장은 발언권이 가장 큰 계층을 위해 높은 기준과 보다 나은 시설을 제공한다. 그렇게 되면 고령층이나 저소득층 등 중산층과 거리가 있는 사람들은 자신들을 위한 효과적인 로비를 하기가 힘들게 된다. Titmuss는 1948년 영국 국민건강보험은 파괴되기 위해 만들어진 것이라고 했으며, 영국 국민건강보험은 바로 명확히 이러한 계층적 분리를 보여주고 있었다 : "1948년에 국민건강보험 서비스에 가입된 중산층은 위에 언급된 것과 같이 행동 했었고, 그 이후 그들은 그 체계 속에 대부분 남아있다. 그들의 지속적인 참여, 그리고 개선을 위한 더욱 명확한 요구는 서비스 기준의 전반적인 상승에 중요한 요소가 되었다."(Titmuss, 1968: 196)

의료서비스 수입옵션(국외환자송출)은 자금 부족을 겪는 시설에 대한 압력의 일부를 해소한다. 이는 양면성을 지닌 혜택이라 할 수 있다. 이러한 임시땜질 방식으로 인도나 태국은 미국이나 영국에 매우 필요한 개선에 대역역할을 하고 있을 수도 있다. 태국의 Bumrungrad 병원 최고경영자는 2007년 자신의 병원에서 치료받았던 6만 명의 미국인에 대하여, 그의 병원이 좁히고자 했던 격차에 대해 더 이상 솔직하지 않을 수 없었다고 말했다 : "우리는 우리들 자신이 미국의 의료 문제에 대한 해결책의 주도적인 위치에 있다고 보고 있지 않으며, 오히려 우리들은 우리들 자체가 이러한 문제의 결과물이라고 보고 있다. 우리는 미국 의료시스템에 뭔가 문제가 있다는 것을 잘 보여주는 사례이다. 그렇지 않으면 미국의 환자들은 오지 않을 것이다. 그들은 태국음식을 좋아하기 때문에 오는 것이 아니라, 다른 선택의 여지가 없기 때문에 오는 것이다."(커티스 슈뢰더, Einborn, 2008에서 인용).

> 미국인들은 그들의 의료시스템에 실망했기 때문에 국외로 나가는 것이지 미국 국민들이 미국의 이러한 국민건강에 대한 접근법에 대해 지지하기 때문이라고 볼 수는 없는 것이다. 이러한 현상은 더 악화될 가능성이 있다. : "의료관광을 조장함으로써 미국인들은 미국에서 의료서비스에의 손실의 위험을 더 크게 할 수 있다"(Bies and Zacharia, 2007; 1150). 즉, 미국이 필요한 것은 의료서비스의 단순한 해결책이 아니며, 그들이 정말 필요한 것은 보다 저렴한 가격의 포괄적인 시스템이다. 의사이며 경영자인 Arnold Milstein은 어떤 이들은 '성공지표'라고 부르고 어떤 이들은 '도움을 구하는 외침'이라고 부르는 것에 대하여 다음과 같이 명확히 했다. : "부유한 미국인들은 전국민 일반의료보험을 위해 세금이나 조정소득 건강 보험료 등을 충분히 지급할 용의가 없기 때문에, 가난한 미국인들과 그들의 고용주는 적극적으로 보다 실현 가능한 해법을 찾고 있다. 그들의 관심은 보다 저렴한 비용으로 국제적 수준의 서비스를 제공하기 위해 적극적이고 영구적으로 리엔지니어링된 미국의 의료 시스템을 구현하는 것에 쏠려있다. … 현재 미국 의료비 지출의 30~40 퍼센트가 비효율적으로 구성된 의료서비스 공급과정에 기인한다(Milstein, 2006 : 2)."

미국인구의 상위 5%가 의료비 지출의 50%를 차지한다. 미국인들의 GDP당 건강 관련 지출은 세계 1위이지만, 그들의 의료 접근성 및 결과지표는 세계에서 37번째에 불과하다. 많은 미국인들이 재정적 압박과 우울한 대안 사이에서 선택을 해야만 한다. 국외로 나가는 의료서비스는 미국인들이 의료 위기를 다룰 수 있는 하나의 방법이지만, 그것은 유일한 방법은 아니며, 또한 그것이 반드시 최선이라고는 할 수 없다.

영국도 역시 승자와 패자가 있다. 치과의료관광은 NHS가 1948년에 시작할 때 공약했던 약속이 지켜지지 않았음을 입증한다. 영국의 국민건강보험은 치과치료에 대해서도 보장하도록 되어 있다. 그러나 그런 약속에도 불구하고, 2008년에 7천4백만 명의 영국인들은 국민건강보험의 혜택을 받을 수 없었다. 한 조사에 따르면 영국 국민의 절반은 국민건강보험의 치과의사에게 전혀 등록되지 않은 것으로 나타난다. 국민건강보험에 등록된 치과의사를 찾기가 쉽지 않기 때문이다. 이에 대한 대안은 바로 치과의사의 개업으로 나타났다. 영국의 개업치과의사는 미국의 치과의사에 비해 약 세배 정도의 높은 진료비를 받는다. 이와 비교해서 국외에 있는 외국의 치과의사는 훨씬 저렴한 비용으로 진료를 한다. 헝가리에서는 크라운을 하는데 199유로의 비용을 청구하는 반면, 영국 민간 부문의 평균 비용은 550유로이다. 헝가리에서는 근관치료법은 69유로이며, 영국에서는 210유로이다. 임플란트는 헝가리는 550유로 영국은 1,800유로이다. 임플란트 전체 시술비는 헝가리에서는 3만 유로, 영국에서는 7만 유로이다. 심미치과진료는 영국의 보건의료제도에서는 어떠한 경우에도 보장되지 않다. 헝가리인들은 이러한 사실을 잘 알고 있다. 그들은 영국에서 사람들이 무엇을 활용할 수 있으며, 비용은 어떤지 파악하는데 도움이 되는 공개세미나 등을 연다. 그들은 헝가리의 치과에 방문하는 것이 어떤지 보여주기 위해 과도할 정도로 치장된 상담실을 설치한다. 11개의 영국 공항에 헝가리 직항편이 있으며 저가 항공사도 활용할 수 있다. 오래 전부터 독일인들과 오스트리아 인들은 치과치료를 위해 동유럽 쪽으로 갔었다. 영국인들도 이제는 역시 이에 포함된다. 2006년에 약 55,000명의 영국인들이 치과치료를 위해 폴란드 또는 헝가리를 방문했다(주간 텔레그래프, 2008: 37).

의료패키지는 헝가리의 스마일세이버스와 같은 전문 기관을 통해 제공된다. 스마일세이버스는 헝가리에 있는 치과에 예약을 하고 방문단을 조직한다. 스마일세이버스는 호텔이나 항공권 또는 관광 등을 예약해준다. 그래서, 스마일세이버스를 이용하는 고객들은 연간 50 퍼센트 가량 증가하고 있다. 헝가리는 경력이 많은 숙련된 치과의사들이 많이 존재한다. 이러한 헝가리로부터의 저렴한 치과 서비스 공급 외에도, 영국의 구조적인 수요 또한 존재한다. 영국에서는 치과의사가 매우 부족하고, 또 치과진료 또한 매우 비싼 편이다. 외국으로부터의 좋은 서비스는 국내 서비스의 위축으로 귀결될 것이다. 영국사람들의 상당수는 외국의 치과진료서비스를 받고 있으며, 아일랜드도 역시 이와 같이 마찬가지 상황에 놓여있다. 아일랜드의 공정거래위원회는 고칠 수 있는 시장의 결함을 해결하지 않아 직접 국내에서 치료할 수 있는 환자들까지도 국외에서 치과진료서비스를 받도록 국민들의 등을 떠밀고 있다고 믿고 있다.

> 치과라는 직업은 아일랜드에서 불필요한 수많은 법률과 규정들로 인해 제대로 활성화되고 있지 못하다. 치과들 간의 경쟁은 치과 서비스를 원하는 고객들에게는 바람직한 현상이 아니다. 따라서, 어떤 소비자들은 일부 치과 서비스를 다른 나라에서 받기를 선택하기도 한다. 경쟁의 의욕을 잃었을 때 국외로 치과진료를 받기 위해 환자들이 떠나는 현상이 발생하는 것은 그게 놀라운 일이 아니다(아일랜드 공정거래위원회, 2005: i).

아일랜드의 치과진료수가 1990년과 2004년 사이에 140% 상승한 반면 일반 의료 인플레이션은 129%를 기록했다. 소비자 가격 인플레이션은 단지 56%에 불과하였다. 공정거래위원회의 보고에 의하면, 이러한 일들은 당사자들 스스로가 만들어낸 시장실패의 결과라고 한다. 치과의사들은 광고나 할인이 허용되지 않았다. 치과의사들은 그들이 새로운 서비스를 소개하려 할 때 장애물에 직면했다. 치과 기공사들은 치과의사가 사전에 진찰하지 않는 한 의치를 맞추고 판매하는 것이 허용되지 않았다. 숙련된 치과의사의 수는 이윤추구의 결탁에 의해 인위적으로 제한되어 있다. 환자를 우선시하기 위해 필요했던 것은 가격인하와 규제 완화였다. 그들에게 주어진 것은 부다페스트와 같은 곳에서의 의료행위에 대한 안전망으로써의 엄격한 전문성이 전부였다. 아일랜드 정부는 국민들에게 직면한 문제를 해결하기보다는 국외에 나가는 것으로 문제를 해결하려 했다. 부다페스트의 치과 진료는 이류일 수도 있다. 영국 치과의료 연맹은 국외에서의 치과진료는 조잡한 치과진료이며 특히 가격이 매우 싼 경우에는 형편없을 것이라고 경고했다. 치과 의사가 잘못된 교육을 받았을 수도 있고, 의사자격시험은 변별력이 부족할 수도 있다. 장비는 소독이 잘 안 되어 있을 수도 있다. 절차가 무시될 수도 있다. 합병증이 발생할 수 있다. 이에 비해 환자들을 치료하는 것은 단순히 이를 한번 때우는 것보다 훨씬 더 복잡한 일이다. 질환이 복잡할수록 서투른 외국 치과의사는 멀쩡한 생니를 뽑아버릴지도 모르는 일이다.

그것은 억지 주장일 수 있다. 일부 외국인들은 영국에서 교육을 받았다. Guy' s의 키프로스인은 Guy' s의 영국인보다 선천적으로 솜씨가 없는 것은 아니다. 또한, 외국 기준은 실제로 높을 수도 있다. : 영국이 최고라고 해서 라트비아가 최고가 되지 말란 법은 없다. 국외에서의 치과치료가 위험하다고 말할 근거는 없다. 수준 이하의 치과진료수준은 영국에 필요한 치과 의사가 충분하지 않다는 점을 강조시킬 뿐이다. 부다페스트에 갈수가 없다면 영국인들은 1948년 그들에게 약속된 바를 지키게 하기 위해 국회의원들에게 압력을 가해야 한다.

이런 상황에 대한 타협안은 헝가리의 치과의사를 영국에서 개업하게 하는 것이다. 그것은 소비자가 아니라 공급자를 이동시키게 하는 방법이 될 것이다. 이러한 방안의 이점은 환자가 치료를 받기 위해 굳이 비행기를 탈 필요가 없다는 것이다. 단점은 의료개방이 가져올 부작용들이다. 예를 들면 외국의사들이 아무런 허가 없이 특정 지역 내에서 의료행위를 시작하는 경우, 해당의사들은 지역주민들이 요구할 권리가 있는 의료기술이나 사명감이 없는 경우가 있을 수 있다. 한편, 의사들의 국제자격증은 그러한 위험은 줄여 줄 수 있을지는 몰라도 완전히 제거할 수는 없을 것이다. 또 다른 대안은 있다. 국외의 의사는 초기 진찰을 하고, 후에 환자가 부다페스트에서 돌아오면, 영국 내 파트너가 후속 치료를 제공하게 할 수 있다.

추가적으로 유입되는 외국인 노동력이 미래에는 부담으로 작용하게 될 수 있다. 만약 외국인 의사와 간호사들이 의료비용이 높은 국가에 진입하고 있고, 국가의 의료보험 예산이 고갈되는 경우, 값싼 외국인들이 현지인들로부터 직업을 빼앗을 가능성이 있다. 인력의 공동화 현상은 의료 인력과 그들의 임금에 부정적으로 작용될 수도 있다. 이러한 효과는 눈덩이처럼 불어나게 될 수도 있다. 외국인들이 들어오기 때문에 임금이 내려간다면, 이러한 현상은 현지 의료인 육성에 장애가 될 것이다. 각 국가가 고령화 현상을 보이면서 지역 의료인들의 나이가 퇴직 연령에 접어드는 경우, 이는 전문 의료 인력의 부족으로 악화시킬 것이고, 그 기간은 예측하기 어려울 정도로 더욱 악화될 수 있을 것이다.

외국인들은 영구적이라기보다는 일시적으로 자신들의 계획에 따라 이동하는 경향이 있다. 따라서 그들에게 최첨단 서비스를 제공해야 할 경우에 필요한 노하우를 직업 교육으로 제공하는 것은 비경제적이다. 모드 4는 통과무역이 될 수 있는데, 이는 장기적인 해결책이기보다는 임시방편적이다. 이는 부가적인 비용이 들 수 있고, 새로운 사람들이 현지 문화에 익숙해질 정도로 충분한 시간이 주어지지 않는다. 그들은 현지 언어를 구사하지 못할 수도 있다. 사우디아라비아는 필리핀 간호사들에게 가장 큰 시장 중 하나이다. 하지만 많은 간호사들이 배고픔이나, 갈증이나 통증에 관해서 아랍어로 환자에게 질문할 수 없을 정도로 현지어에 능통하지 못하다.

환자들이 국외로 나갈 때 더 취약하며 위험에 더 노출되어 있다. 중간공급자의 불필요한 개입은 의료서비스 수입 국가가 고려해야 할 추가적인 비용이다. 많은 국경 간 의료서비스는 소비자 주도적이어서, 환자는 중간공급자를 거칠 필요없이 전문의에게 직접 진료를 받을 수 있는데, 이러한 중간공급자와 소비자 간의 비대칭 정보는 비경제적 낭비로 이어질 수 있다. 소비자 주도 공급에 의한 또 다른 결과가 도출될 수 있는데, 만약 환자가 중간공급자의 개입을 요구할 경우 의사 외에는 환자가 자신의 동기를 재검토해야 한다는 말을 할 사람이 없다는 것이다. 중간공급자는 소비자들과의 거래를 선호할 가능성이 크고, 이는 거래가 성사되기 위한 환자의 최선의 이익이 아닐 수도 있다.

외국의사가 자격과 증명서가 있으며 위험과 치료성공 확률이 투명하고 이해할 수 있게 설명되었더라도 단 한 번의 진료로는 이를 효과적으로 전달하지는 못할 것이다. 성형외과 의사는 나이가 들고 매력 없어 보이는 사람들에게 가슴 확대를 통해 낮은 자존감이 향상될지 여부에 대해 진정으로 조언을 하지 않을 수도 있다. 많은 사람들이 자신은 지방흡입수술을 받지 않고서는 거리로 나갈 수 없다는 말을 의사에게 할 때, 그들은 환자들이 가진 잘못된 의학적 지식을 지적해 주기 어려울 것이다. 의료서비스는 기술에 관한 것이기도 하지만, 동시에 감정적인 공감 또한 중요한 서비스의 영역이다. 모든 환자들이 순수하게 이성적으로 행동할 수는 없으며, 일부는 정보가 잘 전달되지 않고, 목적이 불투명하여 지나치게 감정적이거나 아니면 굉장히 곤란한 환경에 놓여있는 경우가 있다. 국내에서는 일반의가 환자와 지속적인 관계를 가지고 자세한 얘기를 할 가능성이 크다. 국제시장에서는 동일한 견제와 균형이 존재하지 않는다. 이는 주관적일 뿐 아니라 지급의 비용 문제이기도 할 것이다.

의료서비스 수입 국가의 최종적인 비용은 외화의 손실이다. 심장질환 치료는 나이지리아에 비해 유럽에서는 약 20배나 많은 비용이 든다. 나이지리아 정부는 국내에서 여섯 구역에 심장혈관 센터의 건설을 제안하고 있다. 설사 가장 어려운 수술을 위해 외국 외과전문의를 데려온다 할지라도, 국외여행의 제한은 외화소득의 손실을 초래할 것이다. 2008년에 두바이에서는 자국 국민들의 국외치료를 위해 6백5십만 달러를 지출하였다. 하지만, 두바이에 조성되는 새로운 의료도시는 그러한 외화의 유출을 방지할 것이다.

2008년 미국에서 재정 유출은 21억 달러였다. 그것은 2012년 210억 달러가 될 수도 있고(이코노미스트, 2008), 2017년에는 702억 달러가 될 수도 있다(헬스 솔루션 딜로이트 센터, 2008: 14).

긴급하지 않은 치료를 위해 국외로 간 75만 명의 미국인들이 치과 및 의료소비를 국내에서 했을 경우, 2008년 미국 GDP는 160억 달러 이상 조정되었을 것이며 외환계정은 보다 덜 압력을 받았을 것이다. 그런 점에서 의료관광은 미국정부에 다소간 골칫거리로 작용한다. 실업자가 많고 국제수지 적자를 지닌 국가는 국외에서 의료인력을 들여오려는 계획에 신중을 기해야 할 것이다. 대비가 불충분하며 복지비용이 증가하는 국가는 실패하기 전에 충분히 생각해야 한다. '너는 그것을 해도 저주받을 것이고 그것을 하지 않아도 저주받을 것이다' 라는 말처럼 선택의 문제이다. 미국 대통령들이 취임하고 나서 눈에 띄게 늙는 것은 놀랄 일이 아니다.

7.2 판매 국가

의료서비스 수출 국가에게도 역시 비용은 발생한다. 의료관광은 지역주민생활을 더 어렵게 만들 수 있다. 외국인 환자는 아무런 희생 없이 주어지지 않는다.

우선 재정적 복지가 필요하다. 창업 보조금, 관세 면제 및 면세기간은 외화를 벌어들이는 병원들이 생겨나게 하기 위해 제공될 수도 있다. 장학금은 최고수준의 의료서비스를 받고 싶어 하는 주민들에게 가까운 미래에 최고의 의료서비스를 제공한다는 약속의 일환으로 지속적 지원을 보장받게 될 가능성이 높다. 공공자금, 보조금 및 세금면제는 박차를 더하기 위해 지급되지만, 이러한 것들이 문제를 일으킬 수도 있다. 이러한 곳에 쓰이는 예산은 더 나은 학교와 깨끗한 식수에 쓰였을 수도 있었던 것이다.

초과와 중복의 간접적 낭비도 있다. 방콕의 민간부문은 공공부문보다 더 많은 감마 나이프를 보유하고 있다. 시장에서 국내 및 국외부문 사업을 위해 활발히 경쟁하는 병원들은 유명 브랜드 의료기기를 구입하여 더 많은 매출을 예상하며 지출을 하고 있다. 사업상 매력적인 것이 경제적인 측면에서도 꼭 매력적일 수는 없다. 방콕에서의 활용률은 50% 정도로 낮을 수도 있다(Janjaroen 및 Supakankunti, 2002: 97). 기술자에게 갑자기 장비를 사용하게 하면 품질이 저하될 수 있다. 환자처리 숫자는 규모의 경제가 적용되지 않을 수 있다.

공급업체들이 잠재력을 발휘하지 못할 때, 실망한 경쟁업체들은 치열한 가격경쟁을 할 수 밖에 없다. 임금은 자본부담을 감소시키기 위해 상승이 저지될 수 있다. 의료전문가들은 자유재량에 의한 이윤극대화 추구로 부당한 방법으로 가격을 상승시킬 수 있다. 공급자에 의한 수요 유도와 기회주의적이며 이윤 추구적인 방법으로는 신뢰를 훼손하고 비용을 상승시킬 수 있다. 내국인뿐만 아니라 외국인들도 최첨단인 병원이라도 광고를 하지 않으면 의료관광객이 오지 않을 것이기 때문에 광고에 많은 비용을 지급한다.

비경제적인 평균 비용은 의료 인플레이션의 원인이다. 그러나 제조업과는 달리 의료인력 시장은 이와는 다른 경제논리가 적용되어야 하는 것이다.

의료부문 비숙련 노동자의 임금은 제조업에 비하여 인상되어야 한다. 생산성 향상을 통해 임금인상을 흡수하기 어려울 것이기 때문이다. 서비스는 대량 생산에 적합하지 않다. 전문적인 관점에서 세계화는 국제시장을 창조한다. 외국인 환자가 입국함으로써, 지역 의료전문가들은 그들을 국내에 유치하기 위해서 경쟁력이 있는 요금을 제공해야 한다. 의료서비스는 노동집약적이어서 궁극적으로 가격이 상승할 수밖에 없다. 그렇지 않으려면, 민간 부문이 원하지 않는 자질이 떨어지는 인력만을 고용하여야 할 것이다.

국내에서 채워지지 않은 수요와 새로운 국외 수요는 비용 상승의 원인이 된다. 우선적으로 보장이 되는 외국보험은 효율성이 높지 않은 불필요한 가격상승의 원인이 될 수 있다. 위급한 처지에 처한 고소득자들은 비용이 많이 들더라도 고가의 의료전문가들을 우선 찾아간다. 이러한 고소득층을 따르는 현지인들은 보조금을 받지 않는 외국인들이 제공받는 값비싼 서비스를 잘 알기 때문에 더 많은 편익을 추구하고자 가능한 한 복제약을 받는 것을 거부한다. 초과수요 인플레이션은 수요를 저지시킨다. 이는 현지인들의 건강관리를 향상시키는데 필요한 반대급부로써 보다 많은 병상과 의사들이 필요하지만 현지인들을 의료시장에서 오히려 배제시킬 수도 있다는 것을 암시한다.

환자들의 접근성이 항상 보장되는 것은 아니다. 많은 침상과 의사들이 고급 손님들을 위해 예비되어 있는 그러한 지역에서는 풍족하다는 시설과 의료인력이 그곳 주민들의 삶을 개선시키는 데에 도움이 되지 않는다. 호화로운 병동들은 그것을 감당할 수 없는 주민들을 위한 것이 아니다 : '외국인 한 명의 치료를 위해 사용되는 자원은 3~4명의 태국 환자를 치료할 수 있는 수준이며, 그 작업량은 3~4백만 타이환자를 위해 투여되는 양과 동등할 수도 있을 것이다. 다른 것들이 동등하다는 전제하에, 돈이 많이 있는 곳으로 의사와 시설이 몰리기 때문에 3~4백만 태국 환자들은 적절한 치료를 받지 못하고 있다. 2003년부터 2008년까지 태국정부의 5년 의료관광 계획의 결과로 태국 간호사들과 의사들은 빠르게 확장하는 민간부문으로 이동했다. 그리하여 2008년 말에는 태국 공중보건부분에는 수십만 명의 의료인력 부족현상을 겪었었다.

빈곤층은 부유층이 그들의 몫을 가져가기 때문에 시장에서 소외당한다. 국가는 이러한 낙오자들을 위해 준비되어 있어야 한다. 국가가 이러한 상황을 방치하게 되면 건강보험증을 지닌 가난한 사람들은 진료할 심장병 전문의가 없다는 말을 듣게 될 것이다. 반면 돈과 보험을 많이 보유한 부유한 사람들은 심장병 전문의가 항상 대기하여 필요할 때 진료받을 수 있을 것이다. 시장 세분화는 이렇게 가용성과 기준의 큰 차이를 의미할 수 있다. 의료서비스 수출 국가가 기대할 수 있는 혜택들이 이런 이중 의료시스템(dual standard)으로 조금씩 사라질 것이다.

Chee(2008: 2152)는 “정부가 의료관광을 홍보하기 위해서는 부족한 의료인력이 의료관광으로 인해 국내에 머물게 될 것이라는 데에 주안점을 두어야 할 것이다. 이는 민간 부문의 전문성이 전체 인구에 접근이 가능할 경우에만 그것이 전체적으로 나라를 위해 도움이 된다고 할 수 있는 것인데, 하지만 이는 현재의 이중 의료 시스템의 경우 해당되지 않는다.”

별도의 특별한 시설이 있는 곳의 치료는 소수에게만 혜택이 있고 반면에 대부분의 사람은 예전과 마찬가지 형태로 서비스를 받고 있을 것이다. 사실은 의료관광객으로 인한 경쟁은 현지인들에게 위협이 갈 만큼 위협적이지 않을 것이다. 2012년 싱가포르의 외국인 환자수가 백만 명이었어도 각 의료관광 전문의료진은 여전히 하루에 외국인 환자 두 명만 진료했었다. 이는 2000년에는 0.4명이었다(통상산업부, 2003: 부록 1, 5). 공공부문에서는 그 이하일 수도 있을 것이다. 고급 시설들 역시 국내 비즈니스를 필요로 할 것이다. 이는 만약 드러내지 않고 민영화가 될 경우, 그 원인은 적어도 나라 수만큼 많을 것이다. 붐비는 국내 환자들은 다룰 의사들은 인기가 떨어진 국내 노령층 의사들일 것이다.

그러나 외국인 환자들 중에서 백인들은 자주 두드러진다. 비거주자들은 제3세계를 헐값으로 모든 것을 판매하는 곳으로 여기는 새치기하는 이방인들로 그들을 여긴다. 외국인 혐오증은 자신들의 선택으로 생긴 근본적인 경제적 문제를 증오의 언어로 해석하기 쉬운 방법이다. 그것은 그러나 단순화이다. 의료 제국주의자들은 국내에 있는 최고급 시설이 지역 현지 상류층만 독점적으로 이용했다 하더라도 유효 수요의 법칙은 여전히 유효할 것이다. Blouin은 이전의 의료관광의 간격은 사회적 불평등만큼 오래되었다는 것을 보여주기 위해 통계를 인용한다. :

많은 개발도상국에서는 기존의 공중 의료시스템은 모든 시민에게 동등한 서비스를 제공하고 있지 않다. 종종, 건강에 대한 공공 지출은 부자들에게 집중된다…. 1994년 가나에서, 인구의 가장 가난한 5분의1은 건강에 대한 공공 지출의 12%를 받은 반면, 가장 부유한 5분의1은 33%를 받았다. 인도에서 1995년부터

1996년까지, 가장 가난한 5분의1은 건강 공공 지출의 10%를 받은 반면, 가장 부유한 5분의1은 32%를 받았다(Blouin, 2006: 183).

이 문제를 외국인들에게 책임을 지울 수는 없다. 국외와 한 지역의 유효 수요는 대도시로의 공급 집중의 효과가 있다. 외진 농촌지역은 많은 혜택을 못 받을 수도 있다. 이러한 지역에 의료에 대한 접근성을 줄인다면 그러한 지역으로 부터의 내부적인 인재유출이 일어날 것이다. 유명한 개인 병원의 월급에 비해 공중병원의 월급은 낮다. 의사와 간호사가 도시의 개인 병원으로 옮겨 두 배 이상 소득을 올릴 수 있음에도 불구하고 의사와 침상이 부족한 곳에 남아있도록 하기 위해서는 그들의 큰 헌신이 필요하다. 우수한 의료진이 먼저 이동을 하고 주로 뒤에 남아있는 이들은 '낙오자들' 이라고 간주되기도 한다. 만약 이것이 사실이라면, 그것은 곧 비용을 의미한다. 그것은 의료관광의 결과로 저하되는 것이 의료진의 숫자뿐만 아니라 품질도 포함되게 되는 것이다. 이중의료시스템은 불평등한 시스템이다. 부유한 계층들이 새로운 외국 섹터로 이전하게 되면 불균형은 증가할 수 있다.

내부 인재유출이 있으면 외부 인재유출이 동반된다. 임시적으로 또는 영구적으로 중동에서 있는 필리핀 간호사가 위험지역인 민다나오나 메트로 마닐라의 필리핀 환자를 치료하지 않는 것은 분명한 사실이다. 이러한 낙후지역의 차별이 심화되면, 전문의 집단은 그 지역을 떠날 것이며 환자들은 경험이 부족한 B급 의료진에게 의존해야 할 수도 있다. 전문의료진의 부재, 과중한 업무량과 낮은 사기는 보다 빠른 이직률의 결과를 초래할 가능성이 크다. 결국 전문 의료인력은 줄어들 것이다. 연구 및 개발도 친 외국인 성향을 가질 수 있다. 가난한 나라에서 의약품이 개발되고 생산되고 있다는 사실이 현지인들이 필요한 약을 얻는다는 것을 의미하지는 않는다. 과학자들이 자신의 연구의 투자비를 회수해야 한다면 그 반대의 현상이 생길 수 있다 :

지난 20년 동안 제약회사들은 … 1만 2천 개의 새로운 화합물을 발명했다. 이 중 11개의 화합물만이 열대 질병을 치료할 수 있도록 개발되었다. 세계보건기구는 건강에 대한 전 세계의 지출은 연간 560억 달러를 초과한다고 보고한다. 그러나 이 돈의 10% 미만만이 인류의 90%에게 피해를 입히는 질병에 사용된다 (Kierzkowski, 2002: 52).

연구소는 노동과 실험비용이 적게 들기 때문에 가난한 나라에 위치한다. 테스트 중인 약물들은 돈벌이가 되는 약물들이다. 이 약물들이 열대지방에서 빈번하게 발생하는 수면병 혹은 사상충증을 치료하는 것들이 아니다. 저소득 국가에서는 연간 1인당 평균 22달러가 약물, 의사 및 의료 관련서비스에 지출된다. 세계인구의 15%는 세계 약물 소비의 85%를 차지한다. 영리추구를 기본으로 하는 기업들은 나머지 85%를 위한 생산이 동기부여가 되지 않는다. 필요가 있지만 유효수요는 없다; 가난한 사람들은 약물을 구입할 수 없다. 그래서 그들에게 많은 질병에 대한 연구는 거의 없다(Stiglitz, 2009: 364). 제3세계 국가의 절대빈곤층에게는 불균형적으로 피해를 입히는 환경에는 자금이 거의 사용되지 않는다. 따라서 말라리아는 가난한 사람들이 지급해야 하는 대가인 것이다.

그들이 피실험자로 사용되는 경우, 그 외에 다른 대가가 따를 수 있다. 모든 약물은 부작용이 있다. 안전 기준은 취약할 수 있다. 외국 참가자들은 자국에서 용납되지 않을 위험에 노출될 수도 있다. 무지한 자원 봉사자들은 위험을 인식하지 못할 수도 있다. 부유한 나라의 의약품은 가난한 국가의 건강을 손상시킬 수 있다. 한편, 아프리카에서는 매년 15만 명이 체체파리로 계속 사망한다. 파리를 없애기 위한 상업적인 유인책이 없다(Ghosh, 2003: 129).

의료 세계화를 부정적으로 보는 비평가들은 추가적으로 발생하는 비용에 대해 지적한다. 세계 시장에서 회피 가능한 의존은 소위 그들이 말하는 총 수요의 불안정성을 증폭시킨다. 1998년 싱가포르에 도달한 '아시아 위기' 에 싱가포르에 오는 외국인 환자의 숫자는 39%가 떨어졌다. 인도네시아의 입원 치료 환자는

54% 줄고 당일 수술 환자는 57% 줄었다(Khoo, 2003: 2). 환자들의 입국은 5년간 완전히 회복되지 않았다. 미국에서 의료의 문제는 더욱 위협적이다. 미국은 언젠가는 의료 네트워크에 존재하고 있는 격차를 줄일 것이다. 의무보험, 국민의료보험, 보험료 보조제도, 잘 보장된 저소득층 의료 보장제도(Medicaid), 의료적립 예금, 기존의 조건에 대한 공동체 등급, 연간 또는 평생 최대한계의 제한 제도는 미국인들이 외국으로 치료차 나가는 것을 줄일 것이다.

불안정성은 항상 존재한다. 선택치료과목인 피부과는 주기적인 경기의 변동에 크게 영향을 받을 수 있다 : 불경기에 환자들이 비용을 절감하기 위한 새로운 방법을 찾을 것이기 때문이다. 특정 서비스는 언제든지 대체물 또는 국외의 경쟁자에 의해 도전받을 수 있다 : 이는 특히 클리닉 또는 국가가 전체의 일부분에 모든 것을 걸었을 경우에 극명하게 나타난다. 관광을 포함하는 패키지 상품은 계절적 특성과 호화로운 요소의 높은 가격 탄력성을 드러낸다. 또한, 이러한 의료관광 패키지 상품은 사소한 다른 요소들 예를 들면 해변에서의 범죄, 현지 휴양지의 오염이나 숙박 시설의 부족으로 인해 위험에 처해질 수 있다는 것을 의미하기도 한다.

불안정하기는 하지만 모든 산업에는 변동성이 있다. 의료관광이 훨씬 더 변덕스럽다는 증거는 없다. 자기의존은 국외로 부터의 악영향을 차단하는 유일한 방법이다. 경제 자립 정책은 무역으로 인한 변동성으로 부터 지역 주민들을 보호하는 장점이 있다. 그러나 그것은 또한 생활수준을 떨어뜨리기도 한다. 그것은 현지 사람들을 물질적으로 덜 부유하게 할 수 있다. 어떤 경우도 이제는 시간을 되돌리기에 너무 늦었다.

7.3 도덕적 손실로써의 '상업화'

의료관광 수입국가나 수출국은 양자 모두 이익추구를 위한 거래의 새로운 결합체가 될 수 있다. 의료관광은 소비자 우선주의를 조장할 수 있다. 치료에 관련된 직업들이 상품화될 수 있다.

관계는 시장을 통해 조정된다 : '우리가 식사할 수 있는 것은 정육점 주인, 양조장 주인, 빵집 주인의 자비에 의한 것이 아니라 자기 자신의 이익에 대한 그들의 관심 때문이다.'(스미스, 1961년 [1776] 1, 18). 어떤 관계들은 옳고 그른 기능의 관계이다: '나의 능력과 판단에 최선을 다해 환자를 도와야 한다'는 히포크라스적 헌신은 (로이드, 1978: 67) 서비스의 절대적 가치에 때문에 이윤을 추구하는 거래를 불가능하게 하는 구호가 될 뿐이다. 관광업은 시장 점유율과 '탐욕은 좋은 것이다' 라는 신념을 조장할 수 있다. 의문점은 의료관광의 가격을 최저가격으로 낮추는 것이 동등하게 적합한지이다.

의료관광에 대해 생길 수 있는 비판은 서비스 정신을 '사업적 계약' 으로 변형시킨다는 것이다 : '수술가격을 알아보는 것은 최저가격의 항공 요금을 찾으려고 노력하는 것과 같은 것이 된다'(뉴먼, 2006 : 581). 환자는 이익을 극대화하고자 하는 고객이 된다. 건강관리는 경제적 거래가 된다. 외국인 직접 투자는 개발원조와 다르다. 모든 것이 매매가 되고 의료종사자들은 배당금을 위해 일하게 되어, 직업윤리나 훌륭한 가치 및 비영리적 기관의 이상이 자본과 연말 보너스에 집착함으로 무너질 위험에 처하게 된다.

자본은 드세게 흥정을 한다. 사업은 사업이지만 국가에게는 사업만이 전부가 아니다. 의료관광이 보건정책의 전부가 아니다. 외국인 환자를 받아들이는 나라라도 숭고한 정신을 잃지 않고 싶어 한다. 의료관광은 도덕적인 사람들이 현명하게 저항할 수 있는 다른 유혹보다 더 나쁜 것 그 이상은 아니다. 의료전문가들이 균형감과 책임감을 유지하는 한, 외국인을 치료하는 것은 의사나 간호사를 필요로 하는 다른 사람을 치료하는 것과 마찬가지로 부끄러워할 필요가 없는 것이다.

08 의료관광과 공공정책

시장은 가격과 선택, 수요와 공급이다. 시장은 때때로 지역 사회의 합리적인 기대를 충족시키기도 한다. 때로는 그러지 않는다. 그렇지 않은 경우에는 국가의 규제와 공공 대책은 시장 실패를 해결하기 위해 필요할 수 있다.

이 장은 혼재된 건강 경제 정책에 대해 기술하였다. 이 장은 국가가 건강 교역에서 이익을 극대화할 수 있는 방법을 검토하는 반면에 잠재적 단점을 최소화하는 방안에 대해 논의하려 한다. 여섯 섹션에서 그러한 주제를 다룰 것이다, 그것은 '세금 및 보조금', '법규 와 제도', '인프라', '마케팅', '글로벌 공공 유출 효과' 및 '치료받을 권리' 등이다. 공익의 성장, 고용, 경쟁과 정의는 자유무역 의해 항상 제공되지는 않는다. 이 장에서는 실용적인 국가가 유망한 길로 인도될 수 있는 사용 가능한 정책 도구들을 점검한다.

국가가 할 수 있는 공헌을 과장하는 것은 좋지 않다. 정부는 완벽한 정보를 가지고 있지 않다. 때로는 뇌물, 부패 또는 선거 승리와 같은 문제가 있을 수 있다. 자신의 특정 분야에 대한 특별한 권한을 요구하는 고위층들 혹은 산업계의 거물들로부터 압력이 있을 수 있다. 상품들이 유형적인 반면 서비스는 감지할 수 없는 것이라는 잘못된 이해가 있을 수 있다. 국가에게 너무 많은 것을 기대하는 것은 잘못된 것이다. 그것은 공공정책의 공헌을 과소평가하는 것처럼 마찬가지로 잘못된 것이다.

8.1 세금과 보조금

세금감면은 사업을 하는 사람들에게는 비용절감의 효과가 된다. 국내 혹은 국외투자를 장려하고자 하는 정부는 보건과 같은 우선 영역에 처음 투자를 하고자 하는 회사의 자본 및 건설비용에 대한 세금공제를 제공하기도 한다. 이는 치료센터가 세계시장에서 경쟁하기 위한 장비와 약품의 무관세 수입을 정당화하기도 할 것이다. 이러한 논리는 글로벌 시장에서 경쟁하기 위해서는 투자가 필요하다고 주장하여 치료 센터에서의 장비와 약품의 무관세 수입을 허용하도록 할 것이다. 그것은 유아들이 장기적으로 수익적자를 만회하게 할 것이라는 기대하에 가속적으로 비과세 자산의 감가견적을 확대시킬 것이며 면세기간 연장을 제공할 것이다.

위에 언급한 그러한 면세 혜택들은 외국인 전용 병원의 외국인 환자들에게 집중함으로써 정책을 세밀하게 조정할 수 있게 될 것이다. 사실 이러한 혜택은 제조업에 오래 전부터 부여되어왔던 것이다.

의료서비스의 확장은, 그들이 납세자와 위험을 공유하는 것이다. 그러나 이익을 공유할 것이라는 기대는 없는 것이다. 의료서비스 확장을 통한 사회적 파급효과는 한참 후에나 나올 것이다. 이것들은 교역 창출, 실업 감소와 성장의 역동적인 형태를 취할 것이다.

따라서, 필리핀에서 보니 파시오 글로벌 시티에 있는 600개의 침대를 보유한 세인트 루크 의료센터(St Luke's Medical Center, 이곳은 미국의 대다수 95%의 병원보다 더 나은 장비를 갖추는 것을 목표로 하고 있다)는 국세 및 지방세를 5%의 할인율로 세금을 납부한다. 이곳이 이런 조건이 가능한 것은 '의료관광 특구'로 필리핀 경제구역청에 등록되어 있기 때문이다. 외국인에게 독점적으로 제공되는 서비스로부터 창출되는 수익은 초기 4년간 면세 혜택이 주어졌다. 고정자본은 면세로 투자가 가능하다. 말레이시아의 상황도 매우 흡사하다. 말레이시아 산업개발청이 포트 딕슨(Port Dickson)에 61평방 킬로미터 규모의 '웰니스 구역'을 설립했다. 해당 구역에서 의료시설을 만들고자 하는 투자자들은 수많은 재정적 장려책으로 환대 받는다. 이 중 하나는 외국인에게서 생긴 기업 소득의 70%의 세금감면(10년간 유효기간)이다.

병원에 대한 면세처럼 관광객을 위한 리베이트가 있을 수 있다. 상품에 소비된 부과세와 상품 및 서비스 세와 같은 간접세는 비거주자들에게는 공항에서 환불되곤 한다. 예를 들면, 컴퓨터를 새로 구입하는 외국인들은 세금을 돌려받는다. 하지만 탈장수술의 경우는 면세가 적용되지 않으며 환자들은 스스로 모든 비용을 부담해야 한다. 일부 국가에서는 간접세가 25% 정도가 될 수 있기 때문에 면세가 적용되는 국가와 적용이 안 되는 국가 사이에서 갈등하는 고객들에게 지대한 영향을 줄 수 있다.

국외로 치료를 받으러 가는 경우 재정지원을 받을 수도 있다. 국내병원에 환자가 너무 많아 국외에서 치료받기 원하는 환자들은 자신에게 과세되는 의료서비스에 대한 세금에서 국외치료 비용분을 공제받을 수 있다. 이는 특히 국민건강보험 가입자의 경우 국내에서 이미 지급을 한 경우, 그들은 두 번 돈을 지급해야 한다는 것이 불공평하다고 느낄 것이기 때문이다.

여기에서 의료관광과 일반관광 사이의 차이가 중요해진다. 납세충당금은 공인된 기관에서의 치료를 위한 것이다. 그것은 요트에서 보내는 휴가를 위한 것이 아니다. 그 규칙은 간단하나 현실은 괴리가 매우 심하다. 국민건강보험은 성형수술이나 의도된 자살 같은 것에 급여를 지급하지 않는다. 국세청이 엄격한 잣대로 법적책임으로부터 타당한 것을 분리할 때, 필요사항과 요구사항 사이에서 똑같은 잣대로 그러한 차별을 적용시킬 수 있는 것인가? 그렇게 함으로 그것은 국외에서 소비되는 필수품에 대한 당연한 권리에 대한 허용을 승인하겠지만, 이와 동시에 보건복지부가 표준 이하로 정의한 중요하지 않은 사치품에 대해서는 공제를 거부할 것이다. 그러한 기준은 규정하기란 쉽지 않다. 한 사람의 사치가 다른 사람에게는 필수불가결한 것이 될 수 있다. 이러한 상황에 대한 온정주의적인 대안은 국가가 감당하기가 불가능한 무제한적인 세금 경감이다.

세금경감, 특권의 허여, 보조금과 같은 방법들을 활용하여 정부가 토지의 주요 소유자인 경우, 정부는 유리한 조건으로 국가 땅을 양도할 수 있다. 정부는 수출드라이브에 기여한 새로운 병원들에게 지원금을 제공할 수 있다. 정부는 다른 곳에서 치료받았을 수도 있는 외국인환자에게 이러한 인센티브를 제공할 수도 있다. 지역주민보다 외지인을 우대하는 정책은 서로를 매우 당황스럽게 만들 수도 있다. 직업이 생기고 상승효과가 줄어들면, 정부는 장기적인 이익이 단기적 반감보다 크다고 결정할 수도 있다. 은행신용이 경색되어 있을 때 특히 그러하며, 스스로 자금 확보가 충분하지 않거나 실적이 부족할 때, 명세 계정, 정치적 접촉 혹은 규모의 경제가 벤처 자본을 유치하기 위해 필요하다.

모든 산업의 입문자와 기업가는 초기 자원조달을 중요한 장벽으로 여기기 마련이다. 인도의 아폴로병원은 대출을 협상하거나 새로운 사업을 시작할 수 있을 만큼 크고 충분히 성공적이다. 그것은 앞서 언급한 의료관광 컨퍼런스에서 건강투자자의 투자와 같은 행사에서 성공사례로 인용될 것이다. 규모가 영세하고 새로 생긴 병원들은 의료관광의 발판을 찾는 것이 어려울 것이다. 그들은 국가로부터 대출을 받으려 하거나 다양한 지원책을 기대할 것이다. Mianach 벤처 캐피털로부터 자금을 받은 RevaHealth.com은 싱가포르에 60개를 포함한 전 세계에 병원들이 있다. 중요한 것은 이들 중 매우 많은 아일랜드 소재 병원들이 '엔터프라이즈 아일랜드(Enterprise Ireland)' 라는 국가보조금을 받을 자격이 있다는 것이다. 반면, 비영리적인 국가에서 받는 지원 없이는 RevaHealth.com의 병원들은 모든 비용을 만회할 수 없을 것이라는 논거가 형성될 수 있다.

모든 공공정책과 마찬가지로 세금 및 보조금은 공평하고 투명해야 한다. 국영병원들은 그들에게 할당된 보조금 외에 추가적인 혜택을 누리면 안 된다. 국가 소유의 경쟁업체가 효율적으로 되기 위해서는 추가적인 독립적인 재원이 요구될 수 있다. 고위 공직자의 가까운 친척이나 비즈니스 파트너에게 혜택을 주는 등의 의혹은 발생해서는 안 된다. 보조금이 없어도 동일한 투자를 할 사람들이 인센티브를 요구하는 기회주의 사업가가 될 수도 있는 것을 감시하는 것은 매우 어렵다.

사람들이 어차피 할 것에 대해 돈을 지급하는 것은 아무런 의미가 없다. 어느 사업가가 지원을 효율적으로 받기 위해 과장을 하고 있으며, 어떤 이가 실제로 무관심 속에서 곤경에 빠져있는지를 구별하는 것은 결코 쉽지 않다. 그러나 누락으로 인한 실수는 재정과잉 공급만큼 심각한 것이다. 시장에서 적자를 바로 잡을 수 없는 경우, 국가는 사회적 관심이 우선하는 곳에 재정지원을 해야 할 것이다.

8.2 법률 및 규정

자본가들이 마음 놓고 투자를 하기 위해서는 재산권이 잘 정비 되어있어야 한다. 계약 관련 법률은 공평하게 시행되어야 하며, 이의제기가 필요할 경우를 대비하여 이의제기를 위한 인정할 만한 체계가 존재해야만 한다. 환자들은 제도적으로 보호되어야 한다. 새로운 내시경이나 특효약이 쉽게 불법 복제되는 경우, 선진국들의 혁신제품들이 국외로 수출되지 못할 것이며 지적재산도 개발되지 못할 위험이 있을 것이다.

8.2.1 지적 재산권

한편으로는 시장성 있는 연구를 할 수 있는 재정적인 인센티브가 있는 반면에 독점의 비효율성으로 인한 경제적 순손실이 있기도 하다. 현존하는 기술의 복제의 한계 비용은 매우 낮기 때문에 도용 배제에 대해서는 논란의 여지가 있다. 아담 스미스 이후 경제 성장론자들은 위험과 비용을 가치 있게 하는 단기적 흑자를 강력히 지지했다. 새로운 발견은 기존의 틀을 깬다 : '아담스미스는 대중은 새로운 아이디어를 무상의 이익으로 얻으려고 기대하면 안 된다고' 라고 주장했다.

일부 경제학자들은 지적재산권(TRIPS)의 무역 관련한 WTO의 협정과 같은 형태의 제한 및 보호에 만족하는 반면 다른 이들은 이에 대해 덜 동조한다. WTO 스스로 도하 선언에서 인류의 건강이 우선이라고 확언했다 : 우리는 지적재산권(TRIPS)협약은 공중위생을 보호하기 위해 조치를 하는데 조약국들을 방해하지 말아야 한다는 것에 동의한다…, 그리고 특히, 모두에게 의약품에 대한 접근을 촉진하는 것에 대해서는 … (WTO, 2001).

Stiglitz는 약물에 대해 구체적으로 집필했는데, 소유권의 배타적 보장에 대한 심각한 의문을 표명했던 사람 중 한 명이다 : '건강에 가장 부정적인 결과는 복제약에 대한 접근을 제한하도록 제정된 무역 협정의 조항에서 발생한다' (Stiglitz, 2009: 364). 피해자들은 새로운 유방암 BRCA 검사의 경우 비용을 감당하지 못할 수 있다: '미국에서 BRCA 환자의 검사자인 Myriad Genetics는 유전학 검사에 대해 2,500달러 이상의 비용을 부과할 것이며 검사를 받았을 수도 있는 많은 여성들이 적절한 치료를 받는 대신 막대한 비용 때문에 죽게 될 것이다' (Stiglitz, 2009: 364). 유명상표의 약들은 지역에서 판매되는 복제약 보다 8~10배 정도로 더 비싸다. 가난한 사람들이나 매우 많은 국가가 국제무역수지적자가 심하여 정품약 수입이 어려운 경우에는 그 비용을 지급하기가 어려워 많은 사람들이 높은 비용 때문에 죽게 될 수도 있다. 특허 보호는 싼 가격의 복제약이 필요한 환자들에게는 재앙과도 같은 것이다. 특허 보호는 제약회사들의 로비를 정당화하여 유명브랜드의 독점적 지위와 부의 영향력을 보호한다.

빈민 구제기관인 옥스팜은 국외에 결핵과 에이즈 치료제를 판매하는 미국의 10대 제약 회사의 높은 수익에 대해 경고한다 : '미국의 10대 제약 회사는 2002년 359억 달러를 벌어 들였고, 주주들의 배당률은 27.6%이었다. 이것은 Fortune 500 기업의 평균 배당률인 10.2%의 2.5배 이상이었다(Oxfarm, 2003: 2). Stiglitz 개인적인 보상과 사회적 수익 사이에 상관관계가 없다고 본다. 그는 뜻밖의 횡재는 함부로 낭비되기 마련이라고 말한다 : '제약회사들은 연구보다 광고와 마케팅에 훨씬 더 많은 예산을 지출하고, 생명을 구하는 의약품에 보다 돈이 되는 생활 개선을 위한 의약품에 대해 훨씬 더 연구를 집중한다' (Stiglitz, 2009 : 364).

연구개발의 세계적인 왜곡 현상으로 인해 가난한 국가는 더 위험에 노출된다. 부유한 국가는 잘 알려진 대로 돈으로 많은 보호를 받는다. 이러한 불균형으로 인한 결과 중 하나는 많은 특허를 보유한 국가는 여유가 없는 후진국들에게 매우 비싼 가격을 요구하게 되는 것이다. 데이터 독점은 세계적인 공공의 이익의 관점에서는 필요가 없는 것이다. 저개발 국가는 다행히도 2016년까지 지적재산권(TRIPS)이 면제되었다. 2005년부터 WTO회원국들은 특허보호조약에 가입하였고, 이들 양자 간에 만들어진 자유 무역 협정은 종종 그 보호를 강화한다.

지적 재산권은 물론 100% 안전하지 않다. 생산자들은 그들이 교역을 하는 각각의 국가에서 특허 신청을 해야 한다. 일부 재판권의 개선은 그러한 가치를 부가시키는 기구들에 달려있다. 규정의 미세한 조정을 통해서도 지속적인 독점을 가능케 할 수 있다. 그것은 지난 20년간의 지적재산권(TRIPS) 조항의 일련의 세세한 갱신을 통해 이루어졌었다. 법률의 경우는 상황이 다를 수 있다 : 동일한 절차는 한 지역에 통용되지만 그렇지 않은 경우는 자유롭게 공개되는 경우도 있다. 그러한 법률의 모방은 때때로 허용되기도 하며, 법령의 단서조항은 그 내용이 상대적으로 작은 것일지라도 종종 원본과 달라야 한다는 것이 공식화되어 있다 할 수 있다.

때로는 심지어 등록된 특허도 법적으로 보장되지 못하는 경우도 있다. 그것은 브라질, 태국 등의 국가에서 발생했다. 세계 무역기구는 이러한 예외는 '몹시 위급한 국가 비상사태' 의 경우라 여긴다(세계 무역기구, 2001). 이러한 HIV(에이즈 바이러스-역주) 항바이러스제인 Kaletra와 Plavix 같은 약물의 복제약은 합법적으로 특허 소유자의 동의 없이 대량 생산될 수 있다. 태국에서만 58만 명 이상의 사람이 에이즈에 걸린 것으로 알려져 있고, 전 세계적으로는 4천2백만 명에 달하는 사람들이 이러한 복제약으로 생명을 구할 수 있을 것이다.

복제약 성격의 에이즈 약품은 2000년에 1만 달러에서 호가하던 것이 2009년에는 130달러로 줄었다. 130달러가 보험에 들지 않은 하루에 1달러 정도로 생활하는 빈민가 거주자에게는 여전히 부담스러운 가격이지만 이는 하위 중산층도 감당할 수 없었던 1만 달러보다 매우 낮은 것이다. 국경을 넘어 치료를 하러 가는 환자들에게는 가격 절감의 혜택이 있을 수 있다. 일부 환자들은 마침내 그들이 감당할 수 있는 치료를 위해 국외여행을 떠난다. 약을 구매하기 위한 관광객들은 국외에서 그들의 나라에서 보다 더 낮은 가격에 사실상 동일한 제약 제품을 구입할 수 있다.

8.2.2 품질 및 안전

각 나라의 보건부는 생존과 회복이 세계적인 좋은 관행에 따라 보장되기 위해 의료행위의 결과를 추적해야 한다. 각국의 보건부는 건강에 도움이 되는 전문적으로 승인된 규약을 시행해야 한다. 예를 들면, 식당의 주방은 위생적이어야 하며, 비상구가 있어야 하며, 비상용 발전기가 있어야 하며, 혈액은행은 보건부의 허가를 받아야 한다. 진료기록은 보관되어야 하며, 금융계정을 정기적으로 감사를 받아야 하며, 지급 준비금, 채권 및 보험 등은 충분히 준비되어야 한다.

의료기관 종사자들은 적절한 자격증이 있어야 하며, 의료계 종사자와 환자에게 가치 있는 보호를 제공할 지침과 점검이 주기적으로 이루어져야 한다.

하지만 불가피하게 이러한 것들을 제대로 이행할 수 없는 상황이 발생할 수도 있을 것이다. 가격과 편의성과 다양성이라는 측면에서 국가의 지침은 비용을 고려하여 결정될 것이다. 전산화된 서비스는 구축비용이 매우 비싸거나 또는 감시 기능 자체가 불가능할 수도 있을 것이다. 일부 내국인 환자들은 국외에서의 치료를 선택함으로 이러한 다양한 규제를 벗어날 수 있다. 국내에서는 포기될 수밖에 없었던 간이식은 국외에서는 가능할 수도 있다. 하지만, 국내에 남아있는 내국인 환자들은 국가의 법률 틀 안에 살아야 한다. 금지와 면허는 종종 서투르게 차단된 경제적 복지를 의미한다. 일자리 및 소득은 영양 결핍이나 빈곤과 사투를 벌이는 빈곤한 사람들에게 매우 중대한 영향을 줄 것이다.

자유화가 성장에 도움이 되는 경우, 그리고 성장이 건강에 도움이 되는 경우, 그때 그 자유 세계시장은 인도주의적 주장이 될 수 있을 것이다. 그러나 그것을 결정할 입장은 명확하지 않다. 빈곤 지지, 보건 지지 법안 제정은 규제를 없애는 것보다 절대 빈곤층에 더 유익할 것이다. 또한, Pigovian세금(공적인 목적을 위한 간접세) 및 보호 관세의 철폐는 빈곤층을 위한 주택 및 병원 자금을 마련하는데 사용할 수 있었던 공공재정의 예비금을 줄일 수도 있다. 자유방임주의는 개도국에는 반드시 좋은 것만은 아니다. 때로는 현명한 가부장주의는 국민들의 건강 보호를 위해 더 유익할 것이다.

8.2.3 가격 지침과 통제

국가는 의과대학 입학 및 의료관련 직업의 수를 제한할 수 있다. 국가는 새로운 병원이 허가되기 전에는 필요한 입증된 증거를 요구할 수 있다. 국가는 또한 가격에 대한 주도권을 잡을 수 있다. 국가 주도적으로 공시된 의료수가는 아담 스미스적인 시장 주도의 청산 거래 메커니즘의 체계가 미약할 수밖에 없다. 그러나 여하튼 이렇게 정부 주도로 고정되거나 제안된 가격은 불필요한 비용이 억제되고 환자들이 무지로 인해 착취되지 않는다면 우수한 대안이다.

수요와 공급이 재화 시장에서는 가격 결정 메카니즘으로 충분히 신뢰될 수 있으나 의료는 상황이 다를 수도 있다. 정보의 비대칭성, 돌발적 불확실성, 공급자 유발 수요와 이익 동기는 히포크라테스 윤리에 심각한 위협이 될 수 있다. 이런 요소들은 공급자들이 모두 자신의 이익을 극대화하는 방법으로 가격결정을 할 수도 있다는 것을 의미한다. 따라서 이러한 상황을 대처하기 위한 한 가지 대안은 의사로부터 부가의견을 받아 불필요한 수술을 최소화하도록 하기 위한 시스템이 장려되어야 한다는 것이다. 또 다른 추론은 책임요금설정(responsible fee-setting)은 수요와 공급에서 모두 삭제되야 할 수도 있다. 상호용인가격은 불공평하면서 비효율적이기 때문에 비용은 이사회, 정부 또는 협회로부터 추천되어야 할 수도 있다.

싱가포르 공공부문에서 진료비는 보건부에 의해 결정된다. 민간부문의 진료비는 그렇지 않다. 그것은 거래가 성사될 수 있는 한도에 의해 설정된다. 2006년 이전에는 싱가포르의료협회(SMA)에서 비용에 대한 지침을 내놓았다. 이러한 제도의 시행은 환자의 고통과 불안한 상황을 이용하여 소위 바가지를 씌우는 민간부문 의사의 농락을 제한했다. 개업 의사들은 이런 권장요금에서 벗어날 수 있는 반면, 그들은 사전에 그들의 가격을 공지해야 했다. 그들이 그런 규정을 따르지 않았을 경우에는 환자들은 차액 환불 요구를 할 수 있도록 되어있다.

2006년 공포된 경쟁법(Competition Act)은 오히려 의료수가지침과 전문치료 비용이 올라가도록 하는 결과를 가져왔다. 의료관광객은 특히 이러한 상황에 노출되었다. 단기간의 치료를 위한 방문을 하는 그들로서는 현지 일반의사들의 도움 없이는 가격을 비교할 기준이 없었다. 그들에게 제시된 요금견적이 합리적인지 아니지 그들은 알 수가 없었다. 개인의사들은 의료수가지침이 공표되기 이전에 2천7백 달러에서 4천4백 달러에 하던 무릎재건술을 3만 2천 달러를 청구하는 것으로 알려져 있었다. 그들은 담낭절제술을 위해 의료수가지침이 3천5백 달러에서 5천5백 달러를 제안했을 때 그들은 10만 달러를 요구했다. 리(Lee, 2008: A23)는 싱가포르의 이러한 정책이 실수가 있었던 것을 확신했으며 따라서 그에 대한 해답은 규제여야 한다고 했다 : '의료는 상품이 아니기에 … 의료수가지침을 부활시키는 것은 과다하게 요금을 징수하는 문제의 해결책을 제공할 것이다'라고 주장하였다.

한국의 보건복지부는 의료수가지침을 강제하고 있다 : '의료비용은 엄격하게 정부에 의해 통제되어 있고, 미국 그리고 심지어 중국과 싱가포르보다 저렴한 가격을 유지한다' (리, 2009). 한국에서 치료비용은 미국의 1/5에서 1/3 사이이다. 주된 이유는 가격이 보이지 않는 손에 놓이지 않기 때문이다. 그러나 오직 자국민들만 조절된 요금이 적용된다 : '많은 외국인들이 2~3배 더 지급하고 있다 … 저렴한 의료를 희망하고 한국에 오는 관광객들은 사기 당한 느낌을 받을 수도 있다' (리, 2009). 택시와 호텔 요금 또한 만만치 않다. 병원들은 외국인을 치료하는 것이 더 많은 비용이 든다고 주장한다. 이중가격은 한국인을 보호하기는 하지만 의료관광객의 신뢰를 얻는 데는 거의 도움이 되지 않는다. 외국인환자들은 바가지 쓰기를 바라지 않는다.

싱가포르와 한국은 국가가 직접적으로 혹은 전문가 단체들을 통해 요금을 스스로 조정하는 데에 영향을 미치거나 고정하는 제도가 시행되고 있다. 그러나 자유시장이 본질적으로 의료수가를 책정하는 것에 있어서 무능력하다고 단정 짓는 것은 시기상조일수도 있다. 자유시장이 성공할 기회가 부여되지 않아 사실상 시장 실패가 발생하기도 하기 때문이다.

이전 장들에서 언급된 대로 개인의 문제는 반드시 단순하게 협상하고 다룰 문제는 아니다. 주요정책이 결정될 때 가정의, 의료컨설턴트, 외부전문가, 보험회사 등과 협의하여 한다. 주택구매는 부동산을 리스트를 제시하는 역할을 하는 부동산 중개인과 법적하자 여부를 확인하는 법무사 및 감정인 등의 역할을 전제로 한다. 주택의 구입은 사과의 구매보다는 훨씬 더 복잡하다. 이렇듯 언젠가는 의료분야에서도 의료수가지침 없이 거래를 할 수 있는 방법을 찾을 것이다.

지원 없이는 실패할 수밖에 없어 지지된 선택이 성공하는 경우에는 국가는 공급의 조건을 완화시킬 수 있다. 국가의 가장 중요한 임무 중 하나는 적절한 정보가 공개되도록 하는 것이다. 국가는 의료비용을 인터넷이나 언론에 발표하여 환자들이 올바른 정보를 얻을 수 있도록 해야 한다. 국가는 때로는 소비자들이 대안을 가질 수 있도록 하기 위해 의료광고를 장려할 수 있다. 국가의 중요한 기능 중 하나는 데이터와 통계에 대한 접근을 용이하게 하는 것이다. 시장 기능을 보완하여 국가는 선택이 보다 더 합리적이고 집중적으로 이루어지도록 권한을 위임할 수도 있다.

국가는 동시에 공정한 경쟁을 보장하기 위해 경제정책을 사용할 수 있다. 국가는 의료 소비자들이 전 세계적으로 자신들의 치료를 위해 쇼핑할 수 있는 자유를 누리게 하기 위해 건강보험이 전 세계에 통용되도록 보장하는 것을 주장할 수 있다. 노동과 자본의 이동을 원활히 하여 국제인력시장을 활성화시킬 수도 있다. 국가는 직업면허가 너무 제한적이지 않도록 할 수 있다. 국가는 막대한 임대료가 빠져나가지 못하도록 직업기준이 관례주도적이지 않을 것을 요구할 수 있다.

국가는 비경제적인 현지 기업이 다국적 기업과의 경쟁에 밀려 도태되는 결과가 발생할지라도 관세, 할당제도, 우선 조달 및 외환규제 등을 단계적으로 폐지할 수 있다. 일반 사회보장의 국가이념이 시대와 함께 변화하는 경우 국가는 국민건강 혹은 국민보험제도로부터도 독점 권한을 철회할 수 있다. 국가는 민영화의 사례를 탐구해야 할 수도 있다. 의료사업가 등장 및 경쟁의 활성화는 비용 절감을 가져 올 수도 있을 것이다. 중앙계획시스템은 다른 선택의 여지가 없는 소비자를 만족시키기 위한 장려책이 부족할 수도 있다.

시장자유주의자들은 유사한 대체재들이 공급업체들로 하여금 고객에 호응하고, 융통성 있고, 만족시키는 데에 더욱 적극적일 것이라고 한다. 그들은 냉장고,

컴퓨터와 어린이 장난감이 세계적인 저가 판매의 냉정한 상황으로 노출되었을 때마다 서비스 제공자들 간의 제조부문에서 관찰된 품질개량과 가격하락을 경쟁으로 기인한 것으로 본다. 어쨌든 실용주의는 필수적이다. 규모의 경제를 주창하는 사람들은 의료시스템이 자연적으로 독점이 될 수밖에 없을 것이라고 할 수도 있다. 질서 있게 조성된 시장은 공모와 카르텔로 부터 기인한 것일 수도 있다. 시장자유는 허울 좋은 수단일 뿐이다. 문제는 그것이 끝이 아닐 수 있다는 데에 있다. 때로는 공공의 이익이 가격 전쟁보다는 대규모 조직과 협력 네트워크로 더 잘 구현될 것이다.

8.3 사회 기반 시설

아담 스미스는 국가가 '어느 개인이나 소수의 사람들의 이익이 되어서는 안 되는 어떤 공적인 건설 작업물이나 공적인 기관들을 세우고 유지하는 임무'를 이행해야 한다고 했다(스미스, 1961년 [1776] : II, 209). 그는 이윤을 추구하는 사업체는 도로, 운하 및 항구를 제공하는 것으로 경제적인 인센티브를 얻지 못한다고 말했다. 국가가 이러한 기초적인 전제 조건을 제공하지 못하고, 또 그것들을 세금으로 지급하지 못한다면 이것은 실로 위험을 초래할 것이며 인프라는 제공되지 못할 것이다.

모든 관광처럼 의료관광은 필수적인 서비스를 제공하는 믿음직한 인프라를 필요조건으로 한다. 아담 스미스에 말대로, 상업적인 측면이 무임승차하려는 여러 외부 요소에 의해 방해받는다 하더라도 국가는 그러한 시설들이 사용 가능하도록 보장해야 한다.

8.3.1 핵심 패키지

첫 번째로 제일 중요한 것은 법과 질서가 있어야 한다는 것이다. 관광객과 의료관광객은 전쟁, 쿠데타, 통화 위기, 폭력시위, 테러, 무질서, 민족갈등과 정치적 불안정의 상황을 전혀 좋아하지 않는다. 안전과 보안이 보장되어야 한다. 여행자가 공격받고 공격적인 집시가 도로를 어지럽히며, 거리에서 폭탄이 터지고 부패한 경찰이 뇌물을 요구하는 나라에서 그 누구도 진찰받기 원하지 않을 것이다. 사법부는 공정해야 하며, 환자는 계약이 제대로 준수되지 않은 나라에서 치료받는 것을 꺼려할 것이다.

은행 시스템은 믿을 수 있고 효율적이어야 한다. 환전 또는 자금을 이체해야 하는 환자들은 비밀규정을 위반하고 파산할 가능성이 있는 은행을 기피할 것이다. 그들은 예측할 수 없는 환율과 복잡한 규정에 대해 실망할 것이다. 반면에, 그들은 거래를 수월하게 하는 유로와 같은 안정적인 통화를 선호할 것이다. 그들은 호텔에서 체크아웃 전에 항목별 청구서를 원할 것이다. 그것은 결과적으로 결국 의료 기록들을 추적할 수 있는 정교한 컴퓨터 네트워크를 전제로 한다.

사람들은 자유롭게 오고 갈 수 있어야 한다. 출국을 위한 허가와 여권 취득의 높은 비용은 국외로 가는 것을 방해하는 요소가 될 수 있다. 모든 관광처럼 의료관광은 법적 절차가 최소한으로 요구되는 곳에서 가장 번창할 것이다. 의료관광객 수입 국가는 자신에게 맞는 준비를 해야 하며, 수출 국가는 고객을 유치하는 인프라의 한 부분으로써 출입국이 쉽게 가능하도록 해야 한다.

비자면제는 좋은 예이다. 푸에르토리코는 출입국의 목적에 관해서는 미국의 일부로 여겨진다. 태국과 싱가포르는 방문카드의 정보만으로 EU와 미국 국민의 입국을 허가한다. 북미자유무역협정(NAFTA)은 미국인이 자유롭게 라틴아메리카를 여행하는 것을 허가한다. 말레이시아는 선진국에서 후진국까지 각 나라의 국민이 비자 없이 단기 체류하는 것을 허가한다. 말레이시아에서 더 체류하고자 하는 환자들(그들의 상황을 적절한 재정 및 의료 문서로 설명할 수 있다면)은 특수의료비자 신청이 가능하다. 그것은 6개월간 유효하다. 그것은 원래 30일 동안 유효했었다. 개인이 단체관광객으로 그 나라에 출입해야 한다는 요구사항은 없다. 환자에게 합병증이 발생하거나 수술 후 관리가 필요할 경우, 연장 허가를 얻는 것은 어렵지 않다. 한국에서 장기치료 비자는 1년 동안 유효하다. 쿠웨이트인과 같은 일부 국적인은 단기 체류를 위한 비자가 전혀 필요하지 않다.

인도에서 이에 상응하는 비자는 36개월 동안 유효하다. 인도의 M-비자는 환자와 최대 두 가족 구성원에게 복수 출입을 허가한다. M-비자는 일반적으로 48시간 이내에 발급된다. 기다리고 싶지 않은 환자는 일반 관광객으로 입국할 수 있으며, 병원에 그들의 비자 상태를 변경해달라고 요청할 수 있다. 긴급 의료 상황에 대해서는 대개 도착 즉시 비자가 발급될 수 있다. 빠른 호전은 굉장히 중요하다. 단순화된 절차 및 조기결정은 의사를 보기 위해 10일 이상 기다릴 수 없는 환자에게 큰 영향을 미칠 것이다.

인프라는 법과 질서이다. 이는 도로도 마찬가지이다. 의료관광객은 비포장도로를 지나가거나 배기가스를 흡입해야 하는 꽉 막힌 고속도로에 갇히기를 원하지 않을 것이다. 정부는 아픈 사람들이 어디든 가고 싶은 곳에 갈 수 있도록 해주는 고속도로가 존재하는지 확인해야 한다. 그러나 그것은 좋은 점도 있지만 나쁜 점도 있을 수 있다. 공적 투자금은 5성급 휴양지와 매혹적인 치료 센터 대신에 새로운 도로들을 건설하는 데에 쓰일 수 있을 것이다. 그러나 그 도로들은 그 자체로는 바람직하지만, 환경보존에 대한 시장접근 방식을 옹호하는 조용한 마을은 고려하지 못하는 것일 수 있다. 부유층에서 서민층으로 흘러가는 현상은 궁극적으로 오로지 특권층을 위한 일이 될 것이다.

여행이 여러 나라를 거치게 되는 경우, 육로에 대한 투자는 다국적으로 이루어져야 한다. 지리적 이동은 종종 하나 이상의 국가에 걸친다. 바레인은 사우디아라비아와 카타르와의 좋은 연결도로가 필요하다. 라오스는 태국에 빨리 접근하는 길이 필요하다.

많은 관광객들은 도로가 아니라 비행기로 이동할 것이다. 더 나아가 사용자에게 친숙한 국제공항은 의료 인프라에 중요한 요소이다. 이스라엘의 Hadassah

대학 의료센터는 Ben Gurion 국제공항에서 한 시간이 채 안 걸린다. 모스크바와 성 페테르스부르크에는 이스라엘이 환자를 유치하는 Eilat으로의 직항편이 있다. 파나마시티에는 항공편으로 직접 로스앤젤레스, 뉴욕, 휴스턴, 마이애미 및 기타 목적지로 갈 수 있는 직항편이 있다. 환자는 비행기를 갈아타지 않는 것을 원한다. 치앙마이는 점보제트기에 적합한 활주로가 있다. Iloilo에는 없다.

공항은 장애인과 중환자를 위한 시설을 갖추고 있어야 한다. 산소, 침대, 휠체어와 들것과 같은 시설이 사용 가능해야 한다. 긴급한 심장병 발생 환자 이송을 위해서 구급차의 비행기 활주로 진입이 허용되어야 한다. 에어엠블런스 착륙할 곳이 마련되어 있어야 한다. 헬리콥터와 헬리콥터 이착륙장은 진입로가 울퉁불퉁하고, 계절풍 때문에 도로가 혼잡하고 폐쇄된 경우에는 필수적이다. 보다 일반적으로, 국제공항에 도착하는 의료여행자는 오랜 대기시간과 간접비 및 불친절한 세관 직원과 부딪치고 싶지 않을 것이다. 첫인상은 매우 중요하다. 건강한 사람들처럼 의료관광객들도 편안한 좌석과 고급스럽게 제공된 대기실과 시내로의 쉬운 접근성을 선호한다.

교통뿐만 아니라 이런 것들이 상업 발전을 위해 제공될 수 없는 경우 기본 지원프로그램에 대한 공공투자가 있어야 한다. 전기와 물 공급은 필수 불가결한 것이다. 정전이 발생하거나 물 공급이 끊길 경우 환자는 생명을 잃을 수도 있다. 전화 및 우편 서비스는 중요한 통신을 담당한다. 좋은 통신은 원활한 치료를 가능하게 한다. 하지만 모든 지원프로그램이 공적이어야 할 필요는 없다. 식수는 구입 또는 판매될 수도 있다. 모바일 핸드폰은 일반전화만큼 좋을 수 있다. 병원은 자체 발전기와 정수기가 있어야 한다. 상업 텔레비전, 인터넷 링크와 위성방송수신안테나는 모두 국영 독점에 대한 사회적 의존도를 줄인다. 상업화는 국가가 할 수 없는 많은 것을 할 수 있다. 하수구, 신호등 및 수로 등에 대한 수요가 충분치 않아 이익이 되지 않는다면 사람들은 이것들을 국가에 부담을 시킬 것이다.

국가는 최후의 수단이 되어야 한다. 교육 및 기술에 대한 공공투자가 없으면, 의료 인력의 심각한 부족이 나타날 가능성이 있다. 인도는 2007년~2012년의 열한 번째 5개년 계획에서, 인력적자가 치과의사 2십만 명, 의사 6십만 명, 간호사 백만 명에 도달할 것으로 추정하고 있다. 임금인상은 입학 인원수를 증가시키고 학생들을 많이 배출할 것이다. 그럼에도 불구하고 우선적으로 지급되야 하는 학비는 진입장벽이며 의과대학은 이러한 학생들의 이익을 위한 경제적 비용을 국가에 청구할 수는 없을 것이다. 장학금, 보조금 및 공공준비(금)에 의존하는 것 외에는 아무 대안이 없다.

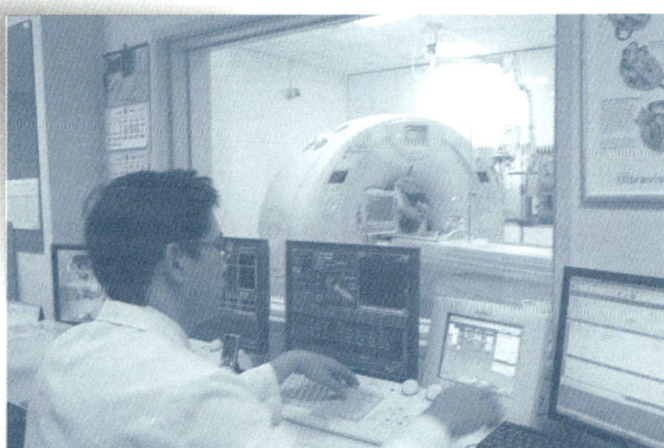

8.3.2 Critical Mass의 경제학

"Critical Mass"는 공공의 선 또는 복지를 위해 요구되는 사회시스템 일부분의 일이나 행동으로 혁신적인 자그마한 시도가 사회 전체의 공감대를 형성하여 변화를 이끌어 낼 수 있는 것을 의미한다. 철강산업은 솔링겐(Solingen)과 셰필드(Sheffield)에 집중되었다. 인쇄는 플리트 거리와 패터노스터 광장에 위치해 있었다. 알프레드 마샬은 산업구역이 업체 간의 상호의존으로 수익성이 높은 네트워크라는 데에 조금의 의심도 없다고 했다 : '사람들은 이웃의 아이디어에서 이득을 얻는다 : 사람들은 새로운 실험들을 하려는 자기 자신의 신념에 관심이 있는 사람들과의 접촉에 의해서 자극을 받는다.' (Marshall and MArshall, 1881 [1879]: 53). 실리콘 밸리는 지역적인 시너지의 21세기 형 사례이다. 광범위한 의료건강 분야에서 발생하고 있는 Critical Mass로 향하는 수많은 벤처기업들 또한 그러한 예이다.

마하라시트라에서 라바사 메디시티는 병원이나 5성급 호텔, 컨벤션 센터, 골프 코스뿐만 아니라, 옥스포드 대학에서 운영되는 비즈니스 연구 센터도 갖출 예정이다. 영국에서 맨체스터 헬스시티는 피카딜리 철로 중심지 옆에 들어서게 될 것이다. 그것은 영국, 유럽 대륙, 미국으로부터 건강 사업 공급자들을 끌어들일 것으로 예상되고 있다. 한국에서는 제주도에 모든 것을 아우르는 헬스케어 타운 설립에 관한 계획이 있다. 복합 리조트뿐만 아니라 그 단지 내에는 광범위한 병원과 치료 및 의료시설들을 구비할 것이다. 런던의 할리 거리와 같이 제주도의 헬스 케어는 one-stop 쇼핑이 가능한 장소가 될 것이다. 서비스는 편리해 질 것이고 단지 내에서 모두 가능해 질 것이다.

이들과 같은 메디시티들에 주목할 만한 점은 이러한 개별 투자자만으로는 전체 프로젝트에 대한 성공을 보장할 수 없다는 것이다. 옥스퍼드대학은 라바사에 관여하고 있다. 존스 홉킨스대학은 나그퍼와 계약이 되어 있다. 말레이시아에 기반을 둔, 베르자야 회사는 제주도와 파트너쉽 관계를 맺고 있다. 캘리포니아에 기반을 둔 KPC 헬스케어 서비스는 서 벵갈에 계획 중인 통합적이고 전반적인 헬스케어 도시 건설에 참여하고 있다. 의료 단지 건설은 중요한 작업이다. 많은 당사자들이 참여할 것이며 그들은 일, 비용, 그리고 책임을 분배할 것이다.

세부의 예를 생각해 보라. 필리핀의 세부 헬스건강의회(CHWC)는 그 섬을 치료센터로 선두에 자리 잡으려 하고 있다. CHWC는 병원, 치과의사, 호텔, 리조트, 부동산 개발업자, 관광 여행업자, 여행 에이전시의 협력체이다. 필리핀 치과협회와 세부의 스파 및 건강 협회가 그 멤버들이다. Metro Pacific도 그렇다. 홍콩 기반의 어떤 그룹은 이미 홍콩 관광객들의 절반을 차지하며 확실히 자리 잡은 오락산업들에 상당한 투자를 할 의도를 가지고 있다. 홍콩 관광무역산업부도 이 컨소시움에 속해 있다. 그들의 참여는 대중들로 하여금 적절한 관심을 갖도록 해 줄 것이다.

세부에는 치과 임플란트와 여러 학문이 학제간 연구가 가능한 오럴 케어센터도 있다. 국가자본이 아닌 벤처 자본과 함께 총 23명의 치과의사들이 단독 시설을 건립하기 위해서 뭉쳤다. 그 치과의사들은 공동연구자들이자(그들이 센터와 그 섬들을 향상시킨다는 측면에서) 동시에 경쟁자들(그들이 그들 개인의 시장 점유율을 확대하려고 한다는 측면에서)이다. 그들의 협력 벤처는 푼자브의 13만 평방피트의 아이비 헬스 몰을 상기시킨다. 그 몰에는 건강과 관련된 다양한 서비스들이 한데 모아져 있다. 외국인들과 현지인들은 다 같이 개별적 또는 상업적 협력을 통해 이익을 취하고 있다.

태국에는 4층짜리 방콕 의료복합단지가 있다. 싱가포르 태평양 헬스케어와 연합하에 개발된 이 단지는 의료, 치과 클리닉, 스파, 유기농 슈퍼마켓, 체중 감량 센터 등 라이프스타일과 관련된 다양한 시설들을 수용하고 있다. 매장은 부띠끄, 아파트, 식당 등이 같이 있어 교차 판매가 가능해 이러한 비즈니스 모델은 상업적으로 성공할 수 있으며 결코 실패하지 않을 것이다.

상호 보완적인 주주들 간의 결합은 매력적인 상품을 만들어 내는 데에 기여한다. 항공사와 병원의 결합체는 좋은 본보기이다. 유니온 병원과 드래곤에어홀리데이(캐시 퍼시픽의 자회사)는 홍콩에서 중산층의 중국 본토인을 끌어 들이기 위해서 협력하고 있다. 방문자들은 풀코스의 의료 검진과 더불어 항공편, 단골고객 마일리지, 숙박, 관광, 쇼핑을 제공받고 있다. 좀 더 남쪽으로 내려가면, 말레이시아 항공은 쿠알라룸프르에 비슷한 단기 체류 상품을 내놓고 있다. 이 상품은 뷔페

아침식사가 포함된 좋은 등급의 호텔뿐 아니라, HSC 의료 센터에서 5개의 진단 절차에 대한 선택을 제공한다. 혈액, 소변 검사, 심전도, 엑스레이, 복부 초음파, 골격 스캔, 64 단층 MSCT(컴퓨터 단층촬영의 일종-역주)가 그 선택사항들에 속해 있다. 승객들은 TCM(열전도 모듈-역주) 전문의에게 상담을 요청할 수도 있다.

항공사와 병원들은 상호보완적일 수 있다. 공항도 그렇다. 한국에서 인천 국제공항 옆에 국제응급의료센터를 건설하고자 하는 계획이 그 예이다. 같은 재벌에 속한 세 업체인 한진건설, 대한항공, 인하대학교 병원이 이 프로젝트의 배경에 있다. 이 그룹은 의약뿐만 아니라, 건설과 여행에도 기반을 갖추고 있다. 이 센터는 지역 주민들의 필요뿐만 아니라 항공 승객들과 공항스탭의 필요에 상응한 서비스도 제공할 것이다. 특별히 그것은 정기검진, 성형수술 또는 매우 정교한 시술이 필요한 처치 등을 이러한 허브에서 일괄적으로 받기를 원하는 의료관광객들의 유치를 가능케 할 것이다.

이러한 곳은 공항 그 자체가 의료관광의 목적지가 될 것이다. 그것은 이미 뮌헨에서 일어나고 있다. 뮌헨국제공항(민영화된 기업)은 두 개의 수술실과 13개의 침대를 갖춘 클리닉을 운영하고 있다. 성형수술, 부인과, 정형외과 치료들과 다른 전문의들을 예약할 수 있다. 이 클리닉은 비행기에서 승객들을 안내받아 출입국 사무소로 데리고 간다. 첫 방문 이후 그들은 계속해서 자신이 원하는 것을 할 수 있다. 이러한 결합은 상당히 논리적이라 할 수 있을 것이다. 공항이란 입국을 위한 편리한 장소이며 심지어 런던에서 이스탄불 행의 데이-케이스 절차를 위해서도 편리하다.

항공사와 공항 간에도 결합이 있을 수 있다. 숙박과도 결속이 가능하다. 베트남의 아스코트 인터내셔널은 소메셋 서비스 아파트의 주민들이 BNH병원과 같은 의료시설에 접할 수 있도록 해 준다. 버스도 항시 제공된다. 날마다 의사를 만나야 하는 환자들에게는 이동이 중요하다. 단기 체류 단위 또한 안전하고 편안한 환경을 통해서 의료관광에 기여할 수 있다. 집중 치료실 근처의 호텔은 산소농도를 유지하도록 요구받고 있다. 그들은 응급 처치 요원들을 상대로 소생법을 훈련시켜야 하고 심장 마비에 대응하도록 가르쳐야 한다. 고객들은 스트레스가 없는 환경, 영어가 가능한 직원 그리고 편리한 룸서비스를 원할 것이다. 그들은 종종 저지방이나 글루텐이 없는 특별 요리가 필요할 것이다. 그들은 욕실에서 특수한 용품도 필요할 것이다. 이러한 모든 것들은 메리어트나 라마다 또는 인터컨티넨탈과 같은 익숙한 이름의 숙박시설에서 제공될 수 있다. 그런 점에서 호텔체인과 치료센터는 단일 상품의 제공에 서로 협력할 기회가 있다.

형태가 컨소시엄이나 Joint Venture나 또는 결속이든 간에, 분명한 것은 민간의 주도에 의한 기여가 평가 절하되어서는 안 된다는 점이다. Critical Mass는 빅토리안 시대의 자유방임주의의 무간섭 시대 하에서조차 솔리건이나 파테노스터 광장에서 가능했다. Critical Mass가 더블린의 베이컨코트나 두바이 헬스케어시티에서 자발적으로 발달했을 것이라고 상상이 가능하다. '어떠한 개인이나 소수의 개인들의 이익을 위해서가 아닌' 이라는 아담 스미스의 기준은 자기추구 교환을 통한 상호이익에 대한 아담 스미스의 잘 알려진 약속에 묻힌 듯하다.

그러나 그럼에도 불구하고 공공과 민영의 협력에 대한 예가 있다. 목적이 단일 사이트에서의 여러 기관들이 있는 곳에 있고, 만약 그러한 조직이 국가를 포함한다면, 의료복합단지는 상당히 발전될 수 있다.

국가는 총체적인 계획이 있다. 도시계획에서와 같이 경찰과, 소방서, 공항, 개발은행과 특별경제구역 간의 연관성을 볼 수 있다. 전체는 그것의 부분들의 합보다 크다.

> 의료관광이 활기를 띠기에 필요하거나 충분한 이점은 아무것도 없다. 그러나 몇 가지 조합이 있는데 … 싼 인력을 갖추는 것으로는 충분치 않다. – 그들은 또한 교육받은 사람들이어야 한다. : 이와 같이 단지 병원을 갖추는 것만으로는 충분치 않으며 전기와 수도도 연결되어야만 한다(Bookman and Bookman, 2008: 95).

조화란 기차가 정시에 운행되도록 하게 하는 입출력 표와 같다. 건강은 법과 반드시 연결되어야만 한다. 그리고 법은 또 반드시 교통과 연결되어야만 한다. 이들 중 한 부분이 빠지면 국가가 그 부분을 메워야 한다.

국가는 부족한 부분을 채울 수 있다. 국가는 또 여러 기구와 업체들을 연결시킬 수 있다. 그것이 서로 전혀 다른 업종간의 결합이라도 특별히 큰 비용을 들이거나 불화를 일으키지 않으며 그것들을 결합할 수 있다. 몰타에서는 의사와 병원, 스파, 여행사 그리고 공공기관들을 한데 모으는 역할을 하도록 몰타 관광청과 몰타 보건청을 함께 동원하였으며, 이 두 공공기관은 수익성을 기대하고 그러한 역할을 하는 것은 아니었다.

더구나 국가는 최후의 보루이다. 사업은 잘 될 때도 있고 아닐 때도 있다. 국가가 비즈니스와 다른 것은 어떠한 상황이 오더라도 계속 지속된다는 것이다. 국가의 빚이 기업에 비해 좋은 대우를 받고 국가기관들이 좀처럼 혁신하지 않는다는 사실은 위험감수자(Risk-taker)와 지방정부 그리고 외국인들에게는 손해가 아니다. 인터헬스캐나다는 병원들을 개발하고 관리하는 것을 전문적으로 하는 곳이었는데 국가는 인터헬스캐나다가 자기 자신의 지분을 유지하게 하면서 25년 된 프랜차이즈를 무상으로 제공했었다. 두 개의 영국 재정 기관들은 영국 주민들이 수술, 여행, 숙박에 대해 지급할 수 있는 몰타 헬스케어 신용카드를 발급한다. 그들은 몰타 헬스케어가 불안정하게 운영되고 있다고 생각했다면 이것을 하지 않았을 것이다. 바텔레와 다른 연구자들은 한국의 첨단기술단지에 매력을 느낀다. 그들은 국가가 그들이 필요로 하는 보완적인 비즈니스들을 그 단지 안으로 끌어 올 것으로 생각하고 있다. 이것은 경영, 신용, 네트워크가 등 전문가의 부재에서는 상상할 수도 없는 것이다. 그러나 이러한 것이 자동적으로 성사되는 것이 아니고 이러한 계획이 중앙정부에 정책으로 입안이 될 때 까지 기다려야 한다는 것이다.

8.4 마케팅

모든 관광과 마찬가지로, 의료관광은 소문이 중요하다. 만약 잠재고객이 장점을 충분히 알지 못한다면 가격과 품질만으로는 충분치 않다. 어떤 경우에는 웹사이트를 방문하고 여행사와 상담했던 사람들이 고객이 될 것이다. 그러나 일반적으로는 주도적으로 행동해야 하는 쪽은 공급자 쪽이다. 의사들은 잠재 고객들에게 나서서 손길을 뻗쳐야 한다. 병원들은 상점과 마찬가지로 돈이 벌리는 사업을 끌어들여야만 한다.

개별병원들은 이미 판매 기법을 활용하고 있다. 그들은 그들의 서비스를 홍보하고 그들의 동맹을 네트워크화한다. 그들은 전문 여행업자, 보험업자, 자영업자들과 계획을 함께하는 지속적인 연결성을 키워 나간다. 그들은 리조트, 호텔, 참여 의사들과 새로운 동맹을 만든다. 그들은 소수 이민자들에게 접근하여 그들의 출생지의 의료 자원들을 알려 준다. 그들은 국외의 은퇴 커뮤니티 개설을 알리기 위해서 자립 단체에게 전단지를 나누어 준다. 그들은 남아프리카의 세로콜로와 같은 의료 협력자들과 함께 일한다. 이런 것을 하는데 있어서, 의사들과 병원들은 경계를 넘나드는 기업가 정신이 피할 수 없는 현실임을 인지하고 있다. 그들에게 있어서 아픈 사람들이 그들의 문지방을 건너오기를 수동적으로 기다리는 것으로는 충분치 못하다.

몇몇 경우에, 홀로 행동하기보다는 민간의료서비스 공급자들이 함께 힘을 합칠 수도 있다. 예로는, 인도의 헬스케어 연합이 있다. 모든 민간병원에 개방되어 그들에게 자신들의 상품을 패키지로 홍보하게 하고 있다. 6개의 건강 컨소시엄, 3개의 민간 병원들, 7개의 대학, 호텔의 연합으로 이루어진 코스타리카 의학홍보협회(PROMED)는 코스타리카를 의료 중심지로써 홍보하기 위해 존재한다. 폴란드의 의료관광 상공회의소는 폴란드 헬스케어를 홍보하기 위해서 민간 주주를 참여시킨다. 의료관광협회와 같은 국가 간 단체는 정부에게 압력을 행사하고 주도적으로 홍보를 한다. 영국의 런던 메디슨은 민영기관들을 대표한다. 국립 건강 시스템 국외기업(NHSOE)은 공공 공급자들을 대상으로 한다. 합작 마케팅은 규모의 한계를 넘어 확산된다. 오직 하나의 책자만이 인쇄되고, 오직 하나의 순회 공개 방송이 보내지며, 국제회의서 오직 하나의 전시대만 설치된다. 그것은 또한 Critical Mass가 공공재라는 것을 인지하는 것이다. 싱가포르 제너럴이 능력을 강화시킬 수 있다는 것을 시장이 인지하도록 만든다는 것은 시장이 싱가포르 자체가 의료의 핵심지이며, 싱가포르 제너럴의 이득이라는 점을 인지하도록 만드는 것이다. 이로 인해 래플즈와 글레니글즈도 역시 이득을 얻는다.

그러나 그것은 정확히 민간 컨소시엄이 효과적으로 마케팅을 할 수 없는 이유이다. 회원 가입이 강제적이지 않으므로, 참여하지 않는 자들은 다른 사람들에 의해 형성된 관심에 무임승차를 할 수 있다. 참여하기를 주저하는 자들을 끌어들이기 위해 그 집단은 아마도 호텔이나, 항공사, 제약회사에게 대량 할인구매와 같은 '선택적 인센티브'를 제공할 수도 있다. 회원에게만 혜택을 부여하는 제도는 참여를 더욱 적극적으로 만들 수 있다. 산업 전체가 포괄적으로 움직인다면 마케팅 비용을 절감할 수 있을 것이다. 힘을 합치는 것은 실제로 존재하는 카르텔이 가격을 올리고 폭넓은 대중의 이익을 희생하면서 새로운 진입을 저지하는 것을 용이하게 해줄 것이다. 공모는 매우 매력적으로 느껴질 것이다. 그러나 그렇다 하더라도, 절제하고자 하는 의견은 커질 수 있을 것이다.

그 해답은 국가에 있을지도 모른다. 국가마다 국외 의료관광 마케팅에 참여해 왔다. 이러한 책임을 받아들이는 데 있어서, 국가는 개별의료서비스 공급자들뿐만 아니라, 전체 국가가 국외여행객 유치를 놓고 경쟁을 해오고 있었음을 인식해 왔다.

대부분의 나라에서 그 나라의 관광국은 그 나라의 다른 매력물들을 홍보하는 것처럼 헬스케어를 홍보한다. 터키의 문화관광부는 톱카피 박물관과 카파도키아 케이브 호텔뿐만 아니라 병원들도 홍보한다. 그리고 대행사들과 다른 외국인들이 터키가 무엇을 제공 하는지 알게 하기 위해서 런던, 안탈리아 등과 같은 장소에서 전시회를 연다. 인도에서는 마케팅 개발원조(MDA)의 도움으로, 관광부와 타밀 나부 관광개발공사에 의해 주도된 계획은 첸나이로 헬스케어 관광객들을 끌어들이기 위한 목적으로 비영리 목적의 메디투어 인디아를 지원한다. 그것은 런던의 인디아 투어리즘의 의료관광 엑스포에서 전시된다. 특히 JCI 인증된 병원들만이 이러한 패키지에 포함된다.

태국에서 태국관광국(TAT)은 태국 대사관들과 웹사이트, 그리고 적절한 곳에 위치해 있는 사절단 등을 통해서 정보를 주게 한다. 아시아의 부상하는 경제가 특별한 잠재력을 가지고 있다고 믿으면서, TAT는 인도와 베트남 같은 아시아 시장에 집중해 왔다. 인도네시아에서 유명 여배우가 출연하는 건강 관련 광고를 촬영하기도 했다.

태국에는 TAT가 있지만 의료대행 전용회사는 없다. 다른 나라는 좀 더 집중적이고 목표가 설정된 접근을 선택해 왔다. 키프로스에는 키프로스 헬스서비스 판촉부가 있다. 한국에는 한국 국제의료진흥협의회(KCMP)가 있다. 한국관광공사와 35개의 민영의료서비스 공급자들(그들 중 몇몇은 홍보와 판매에 경험이 있다)의 합작 후원을 받으면서, 국내의 클리닉들과 외국인 의료관광 여행자들을 연결시키기 위해 매스컴의 관심과 주도적인 마케팅을 사용한다. 웹사이트를 운영하고, 소책자를 발행하며, 국제회의에 회원들이 대표로 참석하기도 한다. 한국에서의 판매에 있어서, 그것은 한국 보건복지부와 함께할 뿐만 아니라 여행사들과 의료관광 전문업체들과 함께 일한다. 보건복지부는 그 예산의 반을 부담한다.

공공 부문은 또한 한국보건산업진흥원을 운영한다. 이 기관은 워싱턴 DC, 베이징, 상하이에 사무실이 있다. 미국환자들은 한국에서 외국환자들의 34%를 차지한다. 그들 중 다수는 한국계 미국인들이다. 미국에는 거의 2백만 명의 한국인이 있다. 그들 중 상당수는 자영업에 종사하며 건강보험을 가지고 있지 않다.

서울의료관광센터를 통해 서울시는 전 세계의 환자들을 모으기 위해 병원들과 여행사들의 네트워크를 구축해왔다. 서울시는 영어, 중국어, 일본어와 같은 외국어를 구사하는 의사들로 이루어진 국제부서가 있는 병원들의 목록을 보유하고 있다. 특히 한국이 쿠웨이트, 몽골, 러시아와 같은 새로운 시장으로의 진입을 시도할 때에 의사소통이 가장 주요한 애로사항이다. 대부분의 한국 사람들은 외국어에 능통하지 못하기 때문이다.

2005년 한국은 760명의 외국 환자들을 유치했다. 2008년에 그 숫자는 2만 7천8백 명이 됐으며, 2013년까지 한국은 외국인 환자 10만 명이 한국을 찾을 것이라고 예상하고 있다. 그 환자들은 1억 9천9백만 달러의 가치를 창출할 것이다. 성장, 고용, 비가시적인 수출에 대한 순수 이익은 상당한 수준이 될 것이다. 민간의 몫뿐 아니라, 국가적인 이익이 있음을 인식한 정부는 충분한 병상이 사용 가능한지 확인하기 위해서 고정 할당제를 사용해 왔다. ('가장 큰 4개' : 서울대병원, 삼성병원, 아산병원, 연세세브란스병원을 포함한) 44개의 가장 큰 병원들은 2009년부터 그들의 병상의 5%를 국외 환자들을 위해서 준비하도록 되어 있다. 대안은 외국인 전용병원에서 비슷한 숫자의 병상을 준비하는 것일 것이다. 병상에 대한 강조는 과장된 것일 수도 있다. 모든 의료관광객들이 병원 침대가 필요한 것은 아니기 때문이다.

말레이시아에는 보건 기업정책과 보건부의 보건산업부서가 있다. 그것은 말레이시아 헬스케어 관광위원회라 불리는 핵심 단체로서 말레이시아 국외무역개발기업, 말레이시아 관광청, 말레이시아 관광여행사협회, 말레이시아 항공, 말레이시아 민간 병원 연합과 협력한다. 말레이시아 항공사의 기여는 인도의 항공사의 기여와 비슷하다. 관광부는 제트에어웨이, 킹피셔 또는 에어 인디아로 여행하는 의료관광객의 동반객에 대해서 무료 항공이 가능하도록 해주는 것에 대해 합의했다.

필리핀에서는 보건부가 필리핀 의료관광 프로그램이라 불리는 다자가 함께 하는 계획에 참여한다. 터키에서는 보건부와 문화관광부가 의료관광을 증진시키는 협회를 후원하고 있다. 타이완에서는 보건부가 의료관광 대책위원회에 예산을 지원한다. 세 가지 모든 경우에서 국가에 의해 후원을 받는 목적은 그 나라가 제공하는 서비스를 홍보하는 데에 있다. 기저에 깔려 있는 전제는 시장 부족분이다. 민간 영역 그 자체는 그것이 할 수 있는 한 기능을 할 것이지만 그것만으로는 잠재적 고객의 유치를 최대화시키기는 불가능할 것이다.

이스라엘에서 준국가기관인 국제의료서비스(IMS)는 국외에 12개의 사무실을 운영한다. 일류 시설들이 별로 없는, 몽골, 나이지리아, 우크라이나, 카자흐스탄, 러시아와 같은 나라에 주로 있다. 이러한 국외사무실들은 이들이 환자들을 이스라엘에 있는 치료센터인 IMS로 이송시키며, 국가 브랜드가치를 제고시키고 입소문을 더욱 확산시킨다. 쿠바에는 쿠바노 투리스모 살루드와 서비메드(SERVIMED)가 있다. 호주에는 오스헬스(AusHealth)가 있고 싱가포르에는 싱가포르 메디신(Singapore Medicine)이 있다.

2003년에 시작된 싱가포르 메디신(Singapore Medicine)은 다수의 내행사로 구성된 협력체이다. 그것은 보건부, (신성장 산업과 개척자들에게 지원하기 위한) 경제개발부, (그 지역으로 비즈니스 확장 서비스에 나서는) 국제기업 싱가포르, (수익과 직업을 위하여 오락시장을 성장시키기를 추구하는) 싱가포르 관광부로부터 자금을 받는다. 그것은 Joint Venture와 새로운 재정기반을 제시한다. 그것은 국외 비즈니스 사례에 대하여 정보를 교환하며 기존의 사업 네트워크와의 연결을 제공한다. 그것은 싱가포르 시설들을 홍보하고 인터넷서치를 간소화하기 위해서 싱가포르 데스티네이션 메디신과 같은 온라인과 협력한다. 싱가포르 메디신(Singapore Medicine)은 사기, 뇌물, 엉터리, 바가지 또는 과장 광고를 하는 지역 의사들이나 기관들은 거부한다. 소비자는 싱가포르 메디신(Singapore Medicine)을 통해 악명 높은 사이비 의사들이 모두 제거될 것이라고 확신한다. '이러한 종류의 정부 관계 기관으로부터의 국가적인 지지는 치료를 위해 그 나라로의 여행을 준비하는 환자들에게 안도감을 줄 수 있다.'

싱가포르 메디신(Singapore Medicine)은 국내에 오는 여행객들에게 원스톱 서비스를 제공한다. 컨소시엄으로 협조함으로써 각 부서와 정부 기관들이 각각의 캠페인을 베끼기 보다는 협력하도록 하게 할 것이다. 싱가포르 메디신(Singapore Medicine)은 의료관광 패키지를 마련하기 위해서 주로 민간의료인들과 협력하지만 가끔은 공적인 의료인들과 협력한다. 그것은 입국하는 외국인환자가 비자를 받고, 적합한 의사를 찾으며, 숙박을 마련하도록 도와주며 국외의 자문센터를 통해서 싱가포르를 홍보한다. 의료관광소비자 박람회, 의료관광전시회, 국제 건강관광 전시회, 국제 의료관광 국제회의, 의료관광 세계회의, 헬스케어 소비에 관한 국립회의, 의료관광에 대한 국제회의, 그리고 다수의 다른 건강 관련 무역박람회들과 같은 국제 비즈니스 포럼들에서 싱가포르의 의료관광을 홍보한다. 월드트래블마켓과 같은 일반적인 여행박람회에서 지역의 의료서비스 공급자들을 대표하기도 하고 세계의료회의와 세미나에서 홍보를 하는 것으로 알려져 있다.

싱가포르 메디신(Singapore Medicine)은 성장 가능한 시장들을 설정하는 데에 있어서 능동적이었다. 이러한 것들 중 하나는 중동이었다. 싱가포르 메디신(Singapore Medicine)은 두바이의 아랍 헬스와 같은 세간의 이목을 끄는 행사에서 싱가포르 병원들을 대표한다. 그것은 'Patients beyond Borders' (국경 너머의 환자들): 싱가포르 판의(온라인으로도 구독이 가능한) 아랍어 번역에 협력하기도 했다. 싱가포르 정부가 아랍 에미리트와 같은 외국 정부들과 양해각서를 맺는 데에 도움을 주었다. 범룽랏 병원은 국내에서의 비용으로 태국에서 치료를 받도록 하는 계약을 두바이, 그리고 사우디아라비아와 체결했다. 싱가포르 메디신(Singapore Medicine)은 싱가포르 의료관광의 확고한 위치를 확보하기 위해서 주도적으로 일하고 있다.

개인 의사들은 자신들을 광고하고, 민간 병원들은 힘을 합칠 수 있다. 그러나 규모의 경제를 유지하기 위해서는 비용이 고려된다. 모든 것을 고려해 볼 때, 국가에 의해서 부족한 부분이 채워지는 빈 공간이 있을 것임을 경험적으로 보여준다.

8.5 공공재의 전 세계적 확산효과

공공선의 생산과 공공악의 방지는 오랜 세월 동안 국가가 수행해야 할 중요할 역할 중 하나로 여겨졌다. 아담 스미스는 '화재의 확산을 막기 위해 집단 사이의 벽을 쌓을 의무' 라는 논리를 '절대 다수의 최대행복' 이라는 말을 끌어옴으로써 자신의 논리로 설명했다. 사회의 안정을 위협하는 몇몇 개인의 천부인권적(natural) 자유의 행사는 그것이 이루어지는 배경이 자유로운 정부이든 억압적인 정부이든 실제로 모든 정부의 법률에 의해 제한되고 있으며 또 제한되어야 한다.' (Smith, 1961[1776]: 344–5)

피구는 아담 스미스처럼 자유시장과 자본주의를 경제적 무정부상태나 서로에게 손실만을 가져다주는 '가격을 지급하지 않은 서비스와 청구되지 않은 피해(uncharged disservices)' (Pigou, 1932[1920]: 191)와 같은 일이 일어나지 않게 하는 것이 정부가 해야 할 일이라고 보았다. 피구는 인정 많고 모든 것을 다 아는 정부가 세금, 보조금, 특허법, 그리고 지휘 및 통제권을 통해 개인의 소득 장려책이 사회적 한계비용과 넓은 범위의 이웃들과의 교역에 관여할 수 있는 사회적 이익을 위해 사용되도록 장려하곤 하였다.

아담 스미스와 피구는 무임 승차자들을 떼어낼 수 없으며 소비에서의 확산효과가 경쟁구도로 이루어져 있지 않고, 사유재산권이 법으로 보호받고 있지 못한 상황에서는 정부는 상업이 위축되지 않도록 정치적 제재를 통하여 이를 보호할 의무를 가진다고 말했다. 이를테면 아동용 우유에 멜라민이나 과도한 색소를 첨가하는 것과 같은 상황에서는 관련법규를 통하여 이를 금지하는 법안을 통과시키는 것과 같은 책임을 가져야 한다는 것이다. 발암물질을 배출하는 행위에 대해서 무거운 세금을 부과하고 생명을 구하는 일과 관련된 기초과학의 관련 절차를 간소화시키는 것 등도 이러한 일에 포함된다. 확산효과가 있는 공공재의 부족한 공급이나 아무런 효과가 없는 공공재의 초과공급과 같은 일들은 아무런 규제를 받지 않는 자유시장의 어두운 부분들이기도 하다. 국가는 이러한 일들을 하도록 선거를 통해 국민의 대표로 선출되는 것이다.

하지만, 세계화는 이러한 논의의 본질을 뒤바꿔버린다. 보증수표를 들고 있는 것과 마찬가지라고 여겨졌던 긍정적 확산효과는 은행실패와 같은 사태에서 사실상 완전히 멈추어버린 것이나 다름없었다. 더욱 더 세계화된 국제경제는 더 많은 관세장벽들을 철폐할 것이고, 인터넷을 더 많이 보급할 것이며 여행객들을 만나는 현지인들이 그들을 더욱 더 거리낌 없이 대하게 될 것이다. SARS, AIDS, TB, HINI, H5NI, Ebola, Nipha 바이러스와 같은 바다 속의 물고기들과 같은 국제적 폐혜는 정부의 허락이 없이도 국경을 자유롭게 넘나든다. 의학적인 연구와 교육, 그리고 Salk-Sabin백신과 같은 것들은 천연두를 박멸하거나 전 지구적 유행병을 박멸하는 것과 같은, 또 그러한 일에 자신들의 돈을 투자할 수 없는 국가에게도 건강을 선물로써 주는 범세계적인 공공재이다. 강에 몰래 버려진 오폐수는 외국 어부들의 생계를 위협할 수 있다. 화전 농업은 각종 연기와 해로운 매연을 온 나라에 내뿜는다. 세계화는 어디에서나 찾아볼 수 있다. 이것은 그저 국경을 건너는 의료관광객들만을 지칭하는 말이 아니다. 이것은 대중의 건강과 질병까지도 포함한다.

확산효과는 그 영향을 미치는 영역이 무궁무진하다. 그리고 스미스와 피구는 확산효과의 영역을 확장시키는 데는 정부가 결정적인 역할을 한다고 믿는다. 하지만 여기에는 약간의 문제가 있다. 그것은 바로 초국가적 주권, 효율적인 재판을 할 법정, 그리고 국제 경찰력의 부재이다. 전 세계를 대상으로 세금을 부과하거나, 검역을 하거나 혹은 법령 등을 강제할만한 범세계적인 권력이 없고, 피구와 스미스가 지향하는 법으로 인해 발생할지도 모르는 수출의 감소나 실직, 잠재저축과 소비승수로 인한 희생자 발생과 같은 문제에 대처할만한 초국경적 재무부 같은 것은 존재하지 않는다. 또한, 최근 전 세계적으로 수요가 증가하고 있는 소아마비 예방주사를 병원들에게 확실히 보장해줄 수 있는 초국경적 보건부처 또한 존재하지 않는다.

정치적 제도는 경제 현실에 비하여 한참 뒤쳐져 있다. 전염성이 있는 질병이나, 환경오염, 구조적 불평등은 모두의 문제이기 때문에 특정하게 누구만의 문제도 아니고, 이는 심각한 문제로 이어질 수 있다. 약은 온라인으로도 판매되기 시작하고, 원격 의료진단 서비스는 국가 간에도 수요와 공급이 이루어지고 있다. 하지만, 이렇게 증가하는 공급이나 공급되는 서비스의 품질에 대해서 책임을 질만한 권위나 단체는 그 어디에도 없다. 전염병의 창궐과 예방접종은 안방에서도 얼마든지 진행 상황을 지켜볼 수 있지만, 전 세계적으로 보았을 때는 선한 사마리아인과 나쁜 사마리아인들이 자신들이 별로 하고 싶어 하지 않는 행동들을 하도록 정치적으로 인도되는 것 같지는 않아 보인다. 정치적 공동상태는 여전히 존재한다. 그리고 그 공백은 다음과 같은 문구로 채워져야 할 것이다. '열린 국경과 사적인 경제 활동의 흐름은 세계화의 한 축이다. 세계화가 사람들의 삶을 파멸로 이끄는 것이 아니라 개선시키는 것이 되기 위해서는 국경 간에 이루어지는 공동의 공공정책 활동들은 국경 너머의 국가와 똑같게 이루어져야 한다'(Kaul, 2003; 2-3).

국제 협력이 노숙자 문제를 해결하는 경제방식의 확산효과와 같은 내용을 담을 수 있다면 전 세계적으로 진행되는 공공정책이 반드시 필요할 것이다. '국제적 문제에 지역적 대처가 필요할 뿐 아니라, 지역적 문제에 세계적인 대처가 필요하다.' 라는 말에 많은 대중들이 동의할 것이다(Smith and Woodward, 2003: 260). 범세계적 정부, 심지어는 작은 지자체라도 리카르도의 풍요와 향상되는 생활수준에 대한 초국가적 상호 연관성에 대한 문제점을 잘 인식하고 있을 것이다. 원칙적으로 국가의 리더십에만 의존하고 있을 동안 전 세계의 시민들의 복지와 자아를 향상시키기 위한 여러 가지 자구책들이 시도되고 있다.

여러 자구책들 중 하나는 범국가적 규제이다. 양자 간 자유무역 조항(FTA), 유럽연합(EU)과 같은 단일시장, 북대서양조약기구(NAFTA), 그리고 카리브공동체

(CARICOM), 중미공동시장(CACM) 등과 같은 지역관세동맹들을 포함한 이와 같은 모든 기구들은 좋은 상품의 판매를 촉진하고 나쁜 상품의 판매를 금지하는 조항을 가지고 있다. 무역관련 지적재산권에 관한 협정(TRIPs)은 특허, 저작권, 상표와 디자인에 관한 초국가적 보호를 보장한다. 유럽사법재판소(ECJ)는 전자상거래 소비자에게 전자상거래의 계약 내용을 공시함으로써 그들을 보호한다.

국제보건기구(WHO)는 항상 법적 규제력을 가지는 것은 아니지만, 일관성 있는 의료수준과 전염병의 확산을 방지하기 위해서 국제보건규칙을 발행한다. 국제보건기구는 공공보건에 해로운 영향을 줄 수 있다고 판단되는 무역을 금지할 권한을 가지고 있다. 그 규제가 가지는 유일한 제약은 해당 규제가 해당 제품의 원산지를 이유로 들어 차별하거나 수입국과 수출국의 분쟁을 일으키려는 의도가 있을 때이다. UN은 분쟁 당사국들 상호 간에 납득할만한 도덕적인 설득을 도출하기 위해 그들의 권한을 사용하는데, 예를 들면 UN의 인간복제에 관한 선언(Declaration on Human Cloning)같은 경우는 권고안이 될 수는 있어도 법적 구속력을 가진 규제는 되지 않는다. 그러한 법적 구속력을 가진 법령을 공표할 권한을 가진 것은 UN 안전보장이사회(Security Council)뿐이다. 법적 구속력을 가지지 않은 제재는 실행하기가 쉽지 않다.

범국가적 규제뿐 아니라, 범국가적 지원 또한 존재할 수 있다. 유럽과학재단(ESF, European Science Foundation)은 30개 유럽 내 국가가 초국가 수준에서 진행하는 고난이도의 기초과학 연구를 지원하고 있다. 만약에 이러한 지원이 없었다면 연구의 주제는 기초과학이나 사회의 요구보다는 수익성을 우선시하는 사유기업들에 의해 정해지는 주제가 되었을 것이다(Ghosh, 2003: 122). UNICEF와 같은 다정부 기구들과 미국국제개발처(USAID)와 같은 단일정부기구들은 정부가 재정상의 문제로 다룰 수 없는 가난한 나라의 빈곤층의 건강문제를 해결하기 위한 일을 한다. 아동용 면역주사 제공이나 말라리아 박멸과 같은 일들은 인도주의적일 뿐 아니라 가격대비 효율적인 일이기도 하다.

비국가적 수준에서, 개인 자선 사업가들이나 범국가적 자선활동은 세계의 건강상태를 개선시키기 위해서 활발히 활동하고 있다. 예를 들면 빌 앤 멜린다 게이츠 재단(Bill and Melinda Gates Foundation)을 들 수 있는데, 이 재단은 1999년부터 2006년까지의 WHO의 전체예산과 맞먹는 금액인 미화 60억 달러를 필요대비 충분히 투자가 이루어지지 않고 있는 질병인 에이즈와 HIV바이러스, 그리고 결핵퇴치를 위해 사용하기로 약속했다. 시장실패를 바로잡을 수 있는 주체는 정부 뿐만은 아닌 것이다.

이 돈은 엄청난 액수이다. 그렇기는 하지만, 매년 2백만 명의 어린이들이 백신만 맞았다면 예방이 가능했을 질병 때문에 죽어가고 있다. 공공재가 전 세계적으로 적절한 수준까지 공급되기 위해서는 민주적 강요와 높은 세금이 필요할지도 모른다. 국제적인 수준에서의 의무적 부과금은 너무나 미미하고 아직 너무 부족하다. 규칙은 절대적으로 지켜져야 한다, 하지만 다음과 같은 주장도 존재한다.

> "천연두 박멸을 위한 투자는 현재까지 전 세계에서 이루어진 사회적 투자 중 최고의 투자였을 것이다. 또한 그것은 수백 만의 생명을 구했다. 하지만, 반복되는 WHO의 재정지원 요청에도 불구하고, 1959년에서 1966년 사이에 이러한 노력에 재정적 지원을 한 국가는 8개국에 불과하고, 전체 모금액은 2만 7천 달러에 그쳤다. 이것은 무임승차의 존재에 대한 놀라운 증명이기도 하다. 만약 이러한 특별한 속성을 가진 전 세계적인 공공재가 자발적인 지원을 받지 못한다면, 아마도 앞으로 인류는 그러한 혜택을 누리기 어려울 것이다" (Barret, 2007: 124).

질병 퇴치는 모든 국가의 희망사항이다. 하지만 실제로 그에 상응하는 대가를 지급한 국가는 오직 8개국에 불과했다.

국가 간 규제는 필요하다. 국가 간 지원과, 실질적인 도움의 제공 또한 필요하다. 만약 국가에 상관없이 복지를 위해서라면 대승적인 차원에서의 통합적 지원 또한 본질적으로 필요할 것이다. 협력만으로는 약간의 긍정적인 효과만을 가져올 수 있고, 하나의 국가는 인도양과 같은 거대한 바다에 쓰나미 예보시설을 세우기에는 역부족이며, 핵무기가 세계를 멸망시키려는 미치광이의 손에 들어가는 것을 막을 수 없다. 그러한 일을 막기 위해서는 공동의 공공협력절차가 요구된다. 다른 방법은 없다. '만약에 세계가 한 국가에 의해 구원받는다면, 이 세계는 세계를 구하려는 그 국가의 노력에 아무런 공헌을 할 수 없었던 국가를 포함해서 모든 국가를 위해 구원받은 것이다'(Barret, 2007: 3).

초국경적 지원은 지역적 관심사가 될 수 있다. 아래의 설명은 서아프리카의 주혈흡충병 근절에 대한 것이다. 사상충증을 일으키는 흑파리는 바람을 잘 탈 경우에 500km까지 이동이 가능하다. 이 말은 이 질병의 매개체를 없애는 데에는 이 지역 근방에 위치한 11개의 국가의 적극적인 참여가 필요하다는 뜻이다.

이 프로그램은 60만 명의 희생자를 예방할 수 있었다. 개발의 측면에서는 흑파리 때문에 사용할 수 없었던 2백5십만 헥타르의 경작 가능한 땅을 농업개발에 사용할 수 있게 되었다. 경제적인 측면에서 이 프로그램은 투자한 비용의 20%에 해당하는 이득을 얻었다. 이러한 모든 결과는 각 국가가 질병에 대해 개별적으로 대처 했더라면 이룰 수 없었을 결과이다. 국제적인 협력은 필수적이었다(Barret, 2007: 121).

혼자서 할 수 없는 일이라도 모두가 함께 하면 가능하다. 그것은 마음이 한데 모이도록 해준다.

초국경적 지원은 국제적인 지원을 유도할 수도 있다. 국경을 넘는 것은 환자와 의사뿐만이 아니고 세균과 의료혁신도 있다. 에이즈는 처음으로 발견된 이래로 2백5십만 명의 생명을 앗아갔다. 이를 통해 질병의 접촉을 추적하기 위해서는 대중관광시대에는 합동대응이 중요함을 알 수 있었다. 한 나라의 신용위기는 전 세계의 불경기를 가져오고, 이러한 점에서 중앙은행들은 서로 협력함과 동시에 자기보호적인 정책을 최대한 피해야 한다. 미국에서 7차례 발병했었던 결핵은 타국에서는 더 흔한 질병이고, 타 국가는 적절한 조기대처와 격리조치를 통해 세계의 보건상태를 향상시키는데 이바지할 수 있다. 피부암과 백내장은 자외선 노출에 의해서 발병하는데, 완충역할을 하는 오존층은 전 세계의 가정용 집기들을 새로 디자인하지 않는 한 프레온가스에 의해 계속해서 얇아질 것이다. 한 국가가 자신의 영역 내에서 프레온가스 배출량을 규제할 수 있긴 하지만, 그것만으로는 충분하지 않다. 오존층은 전 세계적인 공공재이다. 모든 사람의 건강을 확실히 보장하기 위해서 세계적으로 이루어지는 공공정책은 필수 불가결한 것이다.

정치는 지금까지 그랬던 것보다 더욱 더 초국가적인 면모를 보이고 있으므로 정부의 본질은 재평가되어야 한다. 각기 다른 이해당사자들은 서로 다른 것들을 원한다. 그 소망의 강도는 시간, 장소, 사람에 따라 전부 다르다. 비정부기구들은 국민들의 대표로 선출된 자들을 음해하기 위한 정부 외적인 반대세력이 되어서는 곤란하다. 민주주의는 지금까지 널리 퍼져온 것만큼 그 성숙도도 더욱 깊어질 것이다. 이러한 수요는, Held와 McGrew가 묘사했던 '이중민주화의 과정', '국가 사회의 테두리 안에서, 그리고 민주주의의 형태와 민주화과정을 영토경계선 건너편으로 확장시키는 민주주의의 심화인 양면화 과정…(중략). 이러한 양면적 접근은 법적인 정당성을 가지는 정치적 행위가 전통적으로 국가가 국경과 제한되지 않은 영역에 기반을 두고 있는 것과의 단절을 통해 재구성 하는 것을 포함한다' (Held and McGrew, 2003: 194). 사해동포주의는 새로운 시민권이 될 것이고, 전 세계를 대상으로 하는 정책은 정책 입안자들이 시장실패를 막기 위해서 하는 노력의 일환이 되는 것만큼이나 중요한 사안이 될 것이다.

8.6 보호받을 권리

공공보건의 보장이 침해받을 수없는 당연한 자격이라고 주장된다: '가장 높은 수준의 건강상태는 인종, 종교, 정치적 신념, 경제나 사회적 신분에 상관없이 모든 사람이 기본적으로 누려야 할 권리이다. … 정부는 국민의 건강상태에 관한 책임이 있다' (WHO, 1962[1946]: 1). 가끔씩, 자연권에 관한 존 로크의 인식과 T.H.마샬의 시민권 합의 형성에서(Reisman, 2007: 223-9) 확실한 것은 건강과 보건에 관한 문제는 종종 그다지 중요하지 않은 문제로 여겨지기도 했다. 하지만 건강과 보건은 절대적으로 중요한 문제이다. '관광은 상대적이다: 관광은 공공보건 부서의 정치적으로 요구된 기본적인 전제는 공유되지는 않는다' . 어떤 정부도 시민들이 해변에서의 휴가를 즐길 권리가 있다고 주장하거나 렌트카 사업자에게 보조금을 지급하지는 않는다(Bookman and Bookman, 2008: 69). 관광은 경제적인 문제와 결부되지만, 보건은 감정과 마음의 문제이다.

공공보건은 자연권이라는 주장이 있다. 만약에 그렇다면, 의료관광은 더 많은 사람들이 치료를 받고 나을 수 있다는 그 이유 하나만으로도 충분히 환영받아야만 한다. 하지만 공공보건은 국가가 해결해야 할 과제이지, 선천적으로 타고난 권리는 아니라는 주장도 있다. 이러한 주장은 한 집단의 방해받지 않는 주권이 요구하는 편향적인 주장이라는 느낌을 줄 때도 있다.

만약 건강에 대한 권리가 우리 자신의 의지와 노력에 달린 것이라면, 의료관광객들은 우리의 경쟁자이지 형제는 아닐 것이다. 현지인들의 기준에서 '우리'가 아닌 '그들' 인 의료관광객들은 현지인들이 고통 받거나 심지어는 죽음에 이르게 할 수도 있다.

의사나 의료지원이 열악한 가난한 국가에서 현지인들과 외국인들의 차이는 특정한 문제의 원인이 된다. 인도를 예로 들 수 있는데, 인도는 그들의 의료서비스에 대한 값을 지급할 수 있는 중상위층의 계층들에게는 세계적인 수준의 의료서비스를 제공한다. 하지만 빈민가에 살고 있는 사람에게는 훨씬 못한 서비스만 이 제공되는데, 다음 글은 이러한 상황을 잘 설명해준다.

> 50% 미만의 인도의 주요 의료기관만이 분만실이나 검사실을 갖추고 있고, 1/5 미만이 전화 시설을 갖추고 있다. … 더군다나, 1/3 미만의 의료시설에는 마약이 있으며, 이는 대도시에 위치한 대부분의 신설 의료 기관과는 대조되는 현실이다. … 인도 변두리 쪽의 공중보건 실태는 계속되는 숙련된 의료진의 부족과 자금 부족, 그리고 부패로 인하여 매우 열악한 실정이다. 개인 개업의 들과는 극명한 대조를 이루며, 많은 수의 요양원들은 엉터리이거나 의료서비스를 전혀 제공하지 못하고 있는 형편이다(Chinai and Goswami, 2007).

미국에서는 1,000명당 26명의 의사가 있고, 영국에는 23명이 있지만, 인도에는 6명뿐이고, 잠비아에는 1명뿐이다(WHO, 2009: 98, 102). 빈민가와 소수민족들에게는 불평등한 처우가 존재하며, 이러한 불평등한 대우는 의료관광객들이 방문하기 이전에도 존재했었다.

많은 인도의 의사들은 아폴로(Apollo)뿐만 아니라 런던이나 샌프란시스코까지 진출할 수 있게 해준 세계화가 제공해주는 이득을 톡톡히 누리고 있다. 내부적이든 외부적이든, 두뇌유출의 결과는 항상 같다. 비버리힐즈에 있는 의사는 빈곤지역인 비하르에 있는 의사가 아니다. 한편, 외국에서의 의료관광객들이 몰려옴에 따라 인도에서의 의료비는 증가하였고, 한 추정치에 따르면 태국에서 10만명의 의료 수요가 발생할 때마다 240명에서 700명의 두뇌유출을 가져온다고 한다. 이러한 사실은 태국에서의 의료전문 인력의 부족을 더욱 심화시켰고, 특히 변두리지방 공공부분에서 그 피해규모가 더욱 크다(Arunanondchai and Fink,

2007: 20). 정부는 그들의 시설 지원을 외국인들로부터 지원이 절실한 현지인들에게 돌리려는 시도를 하는 것 같지는 않아 보인다.

원격의료는 이러한 차이를 조금이나마 줄일 수 있는 매개체가 될 것으로 보인다. 이는 점진적으로 대도시에 있는 현대적인 병원의 첨단의료센터를 외부와 격리되어 있거나 저소득층이 살고 있는 곳으로 옮겨놓는 효과를 가져 올 것이다. 하지만 샨다의 경우는 이와 같은 의견이 설득력이 떨어진다고 주장한다. 샨다는 원격의료는 전기보급과 관련 지역 의료 전문가들의 부족으로 거의 쓸모없게 될 것이라는 전망을 내놓았다. 또한, 그는 원격의료는 가난한 사람들의 건강상태를 개선시키는 데에 기여할 수 있는 행위보다 자신들에게 더 이익이 되는 가격이 비싼 의료행위에 자신들의 부족한 자원을 집중할 것이라고 주장했다.

현재 많은 개도국들이 겪고 있는 통신수단과 에너지 인프라의 부족으로 원격의료는 비용대비 비효율적일 수 있다. 이러한 사례에서, 원격의료를 위한 공공재원은 질병의 예방이나 치료를 위한 기초 건강관리 센터나 저소득층에게 직접적인 영향을 줄 수 있는 곳에 투자되는 것이 더 효과적인 것으로 보인다. 원격의료의 리스크는 변두리지역과 주요 의료시설의 수익을 감소시키고 이를 특정 전문 의료센터로 몰리게 한다는 것이다. 따라서 이것은 개발도상국에 몇몇 의료센터에 기술을 집중시키는 결과로 귀결될 것이다(Chanda 2002: 28).

이러한 조치는 지역적인 조치인 것처럼 보이지만 실질적인 수혜자는 그렇지 않다는 반론이 제기되기도 한다. 장기는 주로 외국인들에게 이식되는데, 왜냐하면 현지인들에게는 장기 이식을 위한 비용을 지급하는 것이 현실적으로 불가능하기 때문이다. 의료관광은 외국의 식민통치나 다를 바가 없는 것이다. '그들에게 더 많이' 가 의미하는 것은 공공정책이 민간부분에서 할 수 없는 것을 하지 않는 한, '우리에게는 더 적게' 라는 의미밖에 되지 않는다.

한 가지 방법은 5성급 병원이 실제로 치료가 필요한 협의된 숫자만큼의 현지인들에게 무료나 저렴한 가격으로 치료를 제공하는 것이다. 이러한 계획에서 병원이 환자들에게 무료로 치료받을 수 있는 기회를 확충한다면, 병원 측은 특정 자격이나 세금 공제 혜택을 얻게 될 것이다. 이러한 일은 저소득층에의 의료서비스와 같은 채산성이 적은 사업을 제값을 받아낼 수 있는 방향으로 전환하는 일이 될 것이다. 이러한 사업 중 몇몇은 외국인들이 주도하게 될 가능성도 있다. 외국인을 치료하고 싶어 하는 병원들은 사회보장보험이나 빈곤층의 치료를 받아들이는 일 또한 떠안아야 할 것이다. 그렇지 않으면 해당 병원들은 의사들이 개인의료업을 하기 위해 제공되었던 그들의 의료교육에 대한 사회적 투자를 되돌려주어야 할 것이다.

서비스무역에 관한 일반협정(GATS)에는 정부가 최첨단 병원에 특별한 세금을 물리거나 가난한 현지인들이 정부보조금의 실질적인 혜택을 입게 하기 위해 외래 지역에서 온 환자들에게 더 높은 가격을 책정하는 것을 허용하는 조항이 없다. 지역 주민들의 소득은 면밀히 조사되어서 그들이 손해 보는 만큼에 대한 부수적인 지원이 제공되어야 한다. 이러한 모델은 내부의 교차적인 지원이 억지로나마 보험미가입자들을 위해 준비되는 미국의 민간부분들의 모습에 해당될 것이다. 저소득층 의료보험에 대한 저이자 상환이 이에 대한 한 방법이 될 수도 있고, 악성 채무를 변재해주는 방안도 있다. 이러한 복지사업을 하는 병원들은 그들이 요구하는 가격을 지급할 수 있는 환자들에게 복지 사업으로 인해 보상받지 못했던 가격인상분을 청구할 것이다.

이러한 행동의 의도는 하위계층을 위한 분배에 있다. 하지만 결과는 종종 이와 다른 결과가 나오기도 한다. 소요되는 비용 등에 대해 명확히 제시하지 않은 계약이 있는 경우, 병원에서는 성의 없는 진료상담, B급 장비 사용, 부주의한 환자관리 등과 같은 방법을 통해 계약의 모호함을 빌미로 수익을 착취해낼 수 있다. 그러한 것에는 항상 관리되지 않는 불이행뿐만 아니라, 족벌주의, 부당거래, 인맥인사, 그리고 명백한 사기 등과 같은 것들 또한 따라붙는다. 공공부분, 사적부분, 그리고 병원 또한 그러한 거미줄에 걸려들기 마련이다. '치료비를 내지 않아도 되는 환자가 환자 명단에 있는 경우, 대부분의 경우 그 환자는 병원 스태프의 친척이거나, 고위 공무원인 경우이다' (Duggal, 2003). 외국인들이 소유한 병원이 그들의 소유권을 사들일 때 상업적인 가치를 가진 대가를 조건으로 건 것이 아니라 비밀스러운 조건으로 사들이는 방법을 썼다는 사실에 대해 많은 사람들은 반감을 가지고 있다. '외국 의료기관이 지역 주민들을 위해 주요 서비스를 제공한다는 생각은 국가 주권에 대한 침해로 받아들여질 수도 있다' (Arunanondchai and Fink, 2007: 2).

이전 가능한 지출은 이러한 문제에 대한 해결책이 될 것이다. 세금으로 구매되는 쿠폰, 소득조사 후 지원되는 보조금, 의료 저축계좌, 대학 유니버셜 보험과 같은 것들은 전부 환자 주도적인 이점을 가지고 있다. '이러한 2중구조로 연결되는 문제에 대한 해결책으로는 정부의 보건 보조금이 환자의 선택에 따라 쓰일 수 있도록 하기 위해 정부 보조금을 유동적으로 함으로써 개인병원의 사용을 가능하게 하는 방법이 있다' (Blouin, 2006: 179). 돈이 환자를 따라가기 시작하면, 공공병원과 개인병원은 모든 소득수준에 있는 사람들을 유치하기 위해 경쟁할 것이다. 더 많은 사람들이 이러한 활동에 참여하게 됨에 따라 전체의 평균비용은 낮춰질 수 있을 것이다. 정부는 병원에 지원을 해주겠지만 실질적인 혜택은 환자에게 돌아가게 될 것이다, '환자들이 지원을 받을 여지가 많은 특성은 의료설비와 의료 전문가들에 대한 접근성의 불균형을 어느 정도 해소시켜 줄 것이다' (Ministry of Trade and Industry, 2003: Annex 2, 9). 심지어는 외국 병원들도 이러한 경쟁에 참여할 수 있다. 종종 지역 의료기관들이 적절한 치료를 하지 못하는 것을 감안하면, 이런 상황에서는 가난한 사람들이 자신들이 사용할 수 있는 지원금을 외국에서 쓰지 못하게 해서는 안 되는 것이다.

경쟁은 공급자들을 계속 경쟁하게 한다. 그리고 또 새로운 경쟁자는 계속해서 시장에 진입한다. 국외자본을 사용하는 여행객들은 지역경제에도 도움을 준다. '국가 정책 입안자들은 외국인들에게 의료체계를 개방하는 것이 전체적인 균형을 다시 잡는 데 도움을 준다는 점을 고려했었을 것이다'(Blouin, 2006: 183). 이러한 지원혜택이 지속되는 한, 이것에 흥미를 가진 국외의 새로운 병원들은 계속해서 국내 진입을 시도할 것이고, 이러한 움직임으로 지역 주민들 또한 수익을 올릴 수 있게 될 것인가에 대한 논의가 진행될 것이다. 진료예약에 대한 공급은 늘어날 것이고, 대기시간은 줄어들 것이고, 국외여행을 해야 하는 희생을 감수해야만 했던 환자는 같은 기준의 의료서비스를 집 근처에서도 받을 수 있을 것이다. 외국 자본은 내국인들의 보완재로 대접받을 것이다. 이것은 윈-윈 게임이다.

정부는 고가의 개인 의료부분을 만들 수도 있고 그에 영향을 미칠 수도 있다. 하지만 건강에는 최첨단 기술 이외의 다른 것들이 더 필요하다. 보건 상태를 향상시키려는 정부가 할 수 있는 가장 효과적인 행동 중 하나는 병을 예방하는 사회적 인프라에 투자하는 것이다. 정부가 위생시설의 청결상태 유지, 식수의 안전상태 확보, 보건교육, 가족계획, 면역체계의 확립, 공기 중 먼지 최소화의 의무는 언제, 그리고 어디에서나 요구되고 있다. 치료의 단계에서, 접근이 어려운 지역에는 가난 때문에 오는, 이를 테면 나쁜 위생상태 때문에 걸리는 설사, 그들이 매일 접해야 하는 바이오매스 연료가 일으키는 호흡기 질환, 또는 일반적인 환경에서도 걸릴 수 있는 고혈압, 암, 당뇨와 에이즈와 같은 질병까지도 처리할 수 있는 지방병원이 필요하다. 또한 이런 방법 외에도 전체 의료 서비스의 품질을 고르게 유지하는 방안도 있다.

병실, 인력과 장비는 아직 공급 부족에 시달리고 있다. 대개 돈 많은 외국인들이 요구하곤 하는 최첨단 기술에 쓰일 돈을 비교적 덜 특성화되고, 덜 자본 집약적인 곳에 투자하게 된다면 더 많은 수의 사람들의 건강상태를 좋게 할 수 있을 것이다. 하지만 어떤 점에서 이것은 이전까지 했던 주장들을 번복하는 것에 불과하다. 한 곳에 쓰인 자원은 일단 한번 사용되고 나면 그걸로 끝이다. 언뜻 보기에는 거래가 일어나는 것 같아 보일지도 모른다. 빈민가의 빈민들과 마찬가지로 외국의 의료관광객들 또한 납득할 만한 이득을 얻게 해주는 것은 국가의 당연한 책무이다.

정부가 마치 로빈후드처럼 개입해서 외국인 환자의 숫자와 외국계 병원의 유입을 억제하고 국내의 두뇌유출을 억제한다면 의료서비스의 하향평준화로 나타날 것이다. 하지만 이런 방법은 의료관광을 경제발전의 핵심전략으로 내세우는 사회에서는 적절한 선택이 아닐 것이다. 상향평준화는 양쪽의 타협이나 물질적인 진보, 혹은 선택의 자유에 대한 관용 없이도 모두가 평등한 서비스를 받게 할 수 있는 방법이다.

지리적, 사회적으로 소외된 계층들의 이익을 보장하기 위해 의사들이 부담하게 되는 손해를 메꿔 주는 방법은 그들에게 법으로 정해진 수당보다 높은 수당을 지급하는 것이다. 외딴 지역에서 일하는 의사들은 다른 의사들과는 다른 1인당 의료수가와 특수수당을 제공받을 것이다. 의료 인프라 또한 개선되어야 한다, 북부 가나의 2/3에 해당하는 지역에는 소아과 의사가 없으며, 개인 주거공간은 형편없고 의사의 자녀를 위한 학교의 숫자 또한 매우 적은 편이다. 국외에서 교육받고 돌아오는 의사들에 대해서는 주택수당과 소득세 공제 또는 국외로의 교환교육 같은 혜택을 보장할 수 있을 것이다. 신규 졸업생들은 직업보장, 노후연금, 높은 급여, 단축된 커리큘럼과 최신 장비의 제안이 효율적일 것이다. 그들은 아마 공공부문과 일반부문 양쪽에서 일해도 된다고 제안을 받을 것이다. 양쪽에서 일할 수 있게 하는 이중지명은 공공부분 공급을 증가시킬 뿐 아니라 보조금을 지원받은 환자들이 가장 뛰어난 전문의들에게 진료를 받는 것이 어려울 것이라는 우려를 약화시킬 것이다. 의사들은 연구프로젝트에 참여할 수 있는 기회를 얻게 될 것이고, 그러한 프로젝트의 일부는 그들에게 국제적인 연구 결과를 그들의 현장 상황에 적용할 수 있는 기회를 제공해 줄 것이다.

개인의 이익이 돈 자체보다 더 중요하며 그렇게 되어야만 할 것이다. 태국의 개인병원 의사들의 소득이 해당 공공부서에 있는 사람의 소득보다 10배나 많기 때문에 정부에게는 민간부분의 소득만큼을 맞춰주는 것이 불가능해 보인다. 과로, 잦은 결근과 낮은 사기는 그들의 지위를 결정하게 된다. 근무지의 부족과, 커리어 계발을 할 기회와 대학원 과정의 부족이 어린 의료진들을 외국으로 내몰고 있다. 이들을 유인하고 국내에 남아 있도록 할 전략이 필요하다. 의료인력들이 개인병원이나 대도시, 혹은 국외로 나가버린다 하더라도 그러한 전략들은 기술과 사회적 지원의 균형이 무료 진료소나 마을의 보건소에서도 차별받지 않을 수 있게 할 것이다.

저소득층을 지원해주는 또 다른 방법은 모든 전문 의료인들이 공립학교 혹은 국가 장학금으로 공부하게 하여 그들에게 3년에서 5년 정도의 법으로 정해진 기간 동안 국가를 위한 의료업에 종사하게 하는 것이다. 그들이 그 기간 동안 일할 때에는 의사가 정말로 필요한 사람들에게 의료서비스를 제공할 수 있을 것이다. 의학 교육은 정부에 의해 많은 지원을 받고 있다. 압박을 받는 것은 국가의 정부 재정뿐만이 아니다. 아프리카를 떠나는 한 명의 전문의는 아프리카에 18만4천 달러의 손실을 안겨준다. 뉴질랜드로 간 남아프리카에서 공부한 600명의 의사들은 3,700만 달러의 금전적 부담을 안겨준다(Eastwood et al., 2005: 1894). 해결책이 아주 없는 것은 아니다. 수혜 국가에게 의료 전문가들의 이민으로 개발도상국가가 지급해야 했던 세금에 대해 보상을 요구하는 것이다. 하지만 이런 해결책이 채택될 가능성은 매우 낮거나 없어 보인다.

하지만, 가능한 대안은 의과대학을 확대하는 것이다. 만약 외국인들이 몰려오고 자국인들 또한 더 많은 의료 서비스를 원한다면 국가의 의료교육기관의 수용능력을 확장하는 방법 외에 다른 대안이 없는 것이다. 건물과 좌석은 부족할 것이기에 새로운 의료교육기관과 함께 관련 인력들을 확충해야 할 것이다. 교육

품질의 저하 없이 이러한 일들이 빨리 이루어질 것이라고 기대하기는 어려울 것이다.

당연히 이러한 제안은 빈곤국이 더 많은 졸업생들을 양산해야 된다는 뜻은 아니다. 영국에서는 28%의 내과 의사들이 외국에서 교육을 받았다. 노르웨이에서는 12.7%가, 프랑스에서는 3%의 의사들이 그렇다. 일본에서는 1%이다(Mullan, 2005). 만약 부유한 국가가 국내로의 의사 인력 공급을 증대시킬 생각이었다면, 가난한 국가에서 관련 의료전문인력을 확충하는 것이 훨씬 더 효율적인 일이었을 것이다. 이러한 전략은 예견된 손실의 방어막 역할을 해 줄 것이다. 인도나 다른 빈곤한 국가에서는 전문 인력의 유출을 막는 것이 새로운 기회일 것이다.

양자 간 조약은 이러한 전문인력의 유출을 막을 수 있는 확실한 방법이 될 것이다. 수혜 국가는 자신들의 인력난을 비 거주 전문가들로 해결할 수 있을 것이지만, 이러한 일들은 주기적인 순환근무를 통해서 진행돼야 할 것이다. 정기 근무자에게 허가증을 발급하는 방법은 외국인들에게 제한된 기간 동안 일할 수 있는 인센티브로 제공되고 나중에는 다른 인력으로 교체하게 되는 것이다. 이러한 인력의 회전은 비용이 많이 드는 인력의 교육비가 부유한 국가에 제공되는 셈이겠지만 전체적인 인력에 대한 투자는 자신들의 국가에 여전히 남아있게 되는 셈이다.

만약 현지 학생들이 자신들의 기본적인 기술 습득을 위해 외국으로 나갈 필요가 없다면 이러한 계획을 실행하는 것이 더 쉬울 것이다. 자격이 갖추어진 현지인들은 돈을 벌기 위해서가 아닌 고급기술을 배우기 위해, 나중에 외국으로 나가면 된다. 그들은 그들의 조국으로 가져올 수 있는 최첨단의 전문기술을 습득하게 될 것이다. 18세 정도의 어린 청년이 외국으로 5, 6년 이상 떠나있게 되면 다시 국내로 돌아오는 것은 사실상 어려운 일일 것이다. 지역 사회에 강한 유대감과 긴밀한 관계를 가졌으면 더욱 좋았을 지역의 의과대학이나 치과 대학이 가져야 할 위치에 대해서는 아직 많은 것이 논의되어야 한다. 사하라 이남의 아프리카에는 47개의 국가 중 24개의 국가에 단 한 개만의 의과대학이 있다. 11개에 달하는 국가에는 아예 의과대학이 없다(Eastwood et al., 2005: 1893). 만약에 이 지역의 의대생들이 이미 서구세계에 살고 있다면 그러한 학생을 그 나라에 머물도록 하는 것은 어려울 것이다.

지역 의과대학은 해당 지역의 질병의 패턴과 의학 기술의 수준의 균형을 맞춘 커리큘럼을 제공해야 한다. 서구의 사고방식으로 행동하도록 교육받은 학생들은 이러한 문제점들과 낙후된 의료 장비, 그리고 그들의 조국인 제3세계의 도전에 대해 만족하지 못할 수도 있다. 이상적인 정부는 국가의 낙후된 지역에까지도 의과대학을 설치해야 한다. 그렇게 하면 그 지역 학생들은 해당 지역에 남으려고 할 것인데, 왜냐하면 그들은 이미 그 지방에 깊은 연고가 있기 때문이다. 가나의 북쪽 지역이나 비하르에서 5, 6년 동안 살면서 소득을 얻은 사람들은 아마도 그곳에서 사는 것이 꼭 나쁘지만은 않은 결정이라고 생각할 수도 있다.

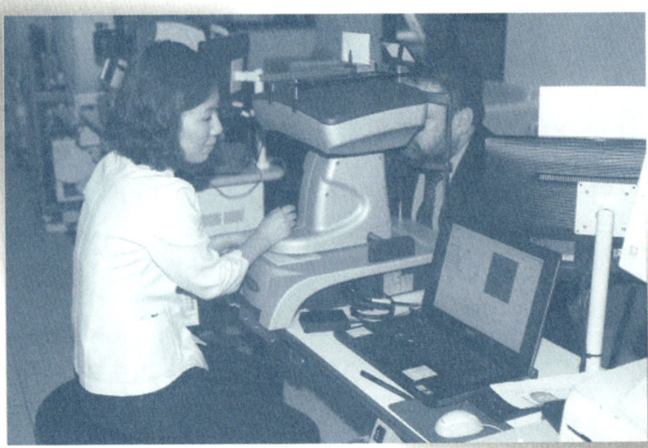

[09 싱가포르의 경험]

아시아의 의료관광은 2007년에 34억 달러의 수익을 창출했는데 이는 세계 의료관광 수출의 12.7%를 차지한다. 이미 1년에 160만 명의 의료관광객을 유치하고 있는 아시아의 의료관광은 매년 20~30%의 성장률을 보이고 있다(Velasco, 2008: 13,15). 2012년부터는 그 수익이 44억 달러를 넘어설 것으로 보고 있다(USA Today, 2006).

시장 주도국은 태국, 인도 그리고 싱가포르이며 이외에 다른 활발한 아시아 시장은 한국, 말레이시아 그리고 필리핀이다. 이 장에서는 의료관광의 허브가 되는 것이 무엇을 의미하는지를 보여주기 위해 싱가포르를 예로 들고 있다.

9.1 서비스부문(THE SERVICE SECTOR)

싱가포르는 적도에서 85 마일 북쪽에 위치해 있는 작은 도시국가다.

싱가포르의 인구는 499만 명에 불과하며 면적은 692.1㎢이다. 싱가포르는 개방 경제의 국가이다. 무역(수출과 수입)과 GDP의 비율은 360%로 세계에서 가장 높을 것이다. 국제수지는 거의 항상 흑자이다.

하지만 싱가포르는 고임금 경제체제이다. 제조업 노동자들의 시급은 2007년에 8.35달러(US$)에 머물렀다. 미국의 등가 평균은 24.59달러이며 일본은 19.75달러, 덴마크는 42.29달러였다. 싱가포르에서의 생산직 노동자들의 급여는 동등한 수준에서 미국의 34 퍼센트 밖에 되지 않았다. 그렇다고 해서 안심할 것은 아니다. 타이완 생산직 노동자들의 급여는 6.58달러, 홍콩에서는 5.78달러, 필리핀에서는 1.10달러, 스리랑카에서는 0.61달러(Bureau of Labor Statistics, 2009: Table 8)였다. 싱가포르에서 더 높은 생산성을 올리기 위해 조정을 한 후에도 값싼 외국인들이 제조 기지를 공동화할 위험이 현존해 있다.

초소형 전자 공학, 제약 회사, 석유 화학 분야는 아직 세계 시장에서 경쟁력을 갖고 있다. 싱가포르가 가치 체인을 높여야 한다는 것이 상품 생산의 모든 것을 포기해야 한다는 뜻은 아니다. 그렇지만 섬유 산업과 자동차 조립 산업은 이미 국외로 진출했으며 다른 사업들은 중국, 베트남, 미얀마로 재배치하는 것을 고려하고 있다. 싱가포르는 새로운 기회를 찾고 있는데 이것은 손실을 메우기 위한 고급 서비스의 시작일 수도 있다.

몇몇 나라에서는 첫 번째에서 두 번째, 두 번째에서 세 번째 부문으로 가는 역사적인 발전이 있었다. 1810년 농업에 종사하던 미국 노동력의 84%가 2006년에는 2%에 불과했다. 1960년에 약 35%의 비농업 노동자들은 제품을 만들었고 65%는 서비스를 제공하였다. 2004년에는 각각 17% 그리고 83%가 되었다(Blinder, 2006).

미국이 서비스업으로 발전하고 있는 반면에 싱가포르는 항상 상점이었고 화물 집산지였다. 싱가포르의 서비스 부문은 2007년의 GDP의 66%를 담당하였고 이것은 직업의 76.7%를 차지한다(Ministry of Trade & Industry,2008: [5]; Ministry of Manpower, 2008: 7). 제조업은 1965년 독자적으로 GDP의 13.6%였다. 2000년에 28%로 최고조에 달했으나 2007년 25%로 떨어졌으며, 앞으로 더 떨어질 전망이다. 농업이 차지하는 비중은 거의 없고 계속해서 성장해 나갈 분야는 서비스업뿐이다. 싱가포르는 항상 서비스 산업에 의지해왔다.

하지만 결정적으로 과거의 많은 서비스업은 노동집약적이었다. 그것은 저부가 가치 산업이었고 시장성이 낮았다. 구두닦이와 창문청소와 같은 서비스업들은 싱가포르의 인구가 많았을 때 생겨났지만 성장에 조금 기여했을 뿐, 수출에 있어서는 어떠한 기여도 하지 못했다. 미용사, 세탁소, 택시 운전사들이 존속시키면서, 미래에 싱가포르가 필요한 것은 현지에서 닭볶음밥을 파는 행상이 아니라, 점점 더 치열해지는 글로벌 환경에서 국가를 번영시킬 수 있는 기술 집약적 선두인 것이다.

서비스 수출은 서비스 수입을 앞지르고 있다. 2007년 싱가포르는 무역외 수지에서 86억 달러의 흑자를 얻었다. 전에는 적자였다. 세계 무역총액은 세계 GDP보다 빠르게 증가하고 있다. 서비스 무역은 전체적인 세계 무역보다 더 빨리 증가하고 있다. 국제 무역에서 20%를 차지하며 빠르게 성장하는 서비스업(Smith, 2004: 2313) 때문에 Ricardo의 와인과 섬유 산업의 예시들은 이상할 정도로 시대에 뒤떨어져 보인다. 싱가포르의 총 서비스 무역(서비스 수출과 서비스 수입의 합계)은 2000년 GDP의 62.2%였으며 2007년에는 93.1%였다. 이것은 싱가포르 경제에서 서비스 국제 무역의 중요성을 강조하는 것이다. 2007년 서비스 수출은 주로 아시아(50.2), 유럽(20.3), 북아메리카(15.3)로 했다. 싱가포르로 수입된 같은 수치의 서비스 수입은 각각 31.8%, 27.4%, 27.6%였다(Department of Statistics, 2009: 2, 7).

가장 시장성이 높은 서비스는 항상 수송이었다(서비스 수출의 35.2%와 서비스 수입의 38.9%). 비록 2007년에 11억 달러의 적자가 났지만 적어도 그 불균형은 시간이 지나면서 줄어들고 있다. 싱가포르 항구는 세계에서 두 번째로 큰 선박 톤

수를 다룬다. 창이공항은 화물 운송과 승객들에게도 중요한 곳으로써 19번째로 바쁜 공항이다. 이런 시설들과 연관해서 창고업, 대여, 선구업, 선박 수리업 같은 공생 활동을 하거나 지원한다. 무역 관련 서비스는 23.5 %의 무형의 수출과 7.8%의 무형의 수입을 창출해낸다.

여행과 관광이 두 번째 집중 산업이다. 관광은 세계적으로 농업이나 방위산업보다 더 많은 부가가치를 창출한다. 관광 성장률이 세계 GNP 성장률보다 두 배 성장한 것은 2005년의 총 10%였으며 그 해 세계 수출의 성장률은 8%를 나타냈다(Bookman and Bookman, 2008: 5). 관광 부문에서는 세계 전체를 통틀어 2억 3,800만 명을 고용했고, 이 수치는 세계 노동력의 8.4%를 나타낸다. 2007년 1,070만 명의 관광객이 싱가포르를 찾았고 그들은 싱가포르 GDP의 3%에 기여했다(www.stb.gov.sg). 여행 수입은 2007년 138억 달러(S$)로 15.3% 증가했고, 11.4%의 서비스 수출과 16.6%의 서비스 수입이 여행 서비스에 의해 창출되었다. 총 적자는 50억 달러(S$)이지만 줄어들고 있다(Department of Statistics, 2009: 3). 국외의 증가하는 수입은 외국인들이 싱가포르로 오는 것을 가능하게 한다. 예상대로 외래 관광객이 1,700만 명으로 증가하면 호텔, 레스토랑, 카지노에서 쓰는 돈을 모두 합하면 적어도 300억 달러가 될 것이다. 아시아 태평양 지역에는 대략 5억 명의 관광객이 오고 있고 그들이 만들어내는 수입은 총 6조 4,000억 달러가 넘는다. 관광객의 70%는 아시아인이다. 중국은 세계에서 가장 중요한 관광 목적지인 프랑스(2009년 선두주자), 스페인과 미국을 몰아내려 하고 있다. 동남아시아 전체는 관광지로 인기가 있는 좋은 자리에 위치해 있다.

세 번째 서비스 부문은 기업 관리이다. 싱가포르는 자문업, 물류, 광고, 회계, 마케팅과 법률에 전문성이 있다. 싱가포르에서 물건들이 제조되지 않아도 싱가포르에서 판매될 수 있다. 동남아시아와 무역하는 기업들은 지역본사를 싱가포르에 둔다. 기업 서비스는 싱가포르 서비스 수출에서 9.4%, 서비스 수입에서 7.8%를 차지하며 2007년 총 수출은 115억 달러(S$), 수입은 88억 달러로 집계됐다. 수입에 비교하여 더 높이 증가한 수출은 27억 달러의 상당한 흑자를 냈다 (Department of Statistics, 2009: 5). 엔지니어링, 커뮤니케이션과 정보 기술(IT) 같은 기업 서비스는 경영의 요소를 완전하게 한다. 이것은 4.7%의 추가적 수출과 3.8 %의 수입에 해당한다.

앞으로의 서비스 부문은 은행업, 금융과 보험이다. 서비스 수출의 약 10.2%와 5.6%의 서비스 수입은 예금 획득, 중개, 인수, 신규 발행 채권, 외상과 외화 같은 돈과 관련된 활동에서 발생한다. 싱가포르, 홍콩, 상하이는 이러한 활동에서 주요한 지역적, 국제적 인지도를 가지고 있다.

마지막으로 인적 서비스가 있다. 이중 하나는 건강이다. WHO는 건강관리에 있어서의 국제 무역은 건강에 대한 세계 지출의 1%도 안 될 것이라고 추정한다. 다른 부문의 세계적 서비스에 비해서는 천천히 증가하고 있지만, 상황은 바뀔 것이다. 경제검토위원회(ERC, The Economic Review Committee)는 2003년 의학적 관심이 최고급 서비스 산업의 허브가 될 탈공업화 시대의 싱가포르에게, 일자리 및 부가 가치와 수출에 있어 떠오르는 자원으로 외국인들에게 공급될 수 있다고 밝혔지만 여전히 많은 과제들이 있을 것이다. 의료관광 수입은 2007년 싱가포르 총 관광 수입에서 4%에 불과했다.

9.2 허브로서의 헬스 서비스(HEALTH SERVICE AS A HUB)

아시아는 최대의 잠재력을 가진 시장이다. 2050년까지 대략 아시아의 인구는 56억 명이 될 것이고, 그 인구는 세계 인구의 60%가 될 것이다. 아시아에서 건강관리 서비스와 상품에 대한 모든 소비자의 지출은 2013년까지 6,100억 달러(US$)에 이를 것이다(Ministry of Trade & Industry, 2003: Annex 1, 1). 싱가포르에서 건강에 대한 소비자 지출은 39억 달러가 될 것이며, 중국에서는 646억 달러, 일본에서는 4,219억 달러가 될 것이다.

건강관리를 위해 국외를 찾게 될 아시아인들의 숫자에 대한 믿을 만한 추정치는 없다. 하지만, 측정에 대신 적용할 수 있는 근거자료는 수입이 될 것이다. 아시아 지역 시장, 동쪽, 남쪽, 동남쪽은 이미 적어도 매년 5만 달러의 가구 소득을 가진 480만 중산계층 가족들의 고향이다. 480만의 수치는 ASEAN지역에서 매년 3~5%의 비율로 증가하고 있고, 중국과 인도에서는 5~7%가 증가하고 있다. 몇몇 추정은 중국의 50%가 넘는 가구들이 (그리고 인도에서는 4억 가구의) 2020년이면 적어도 8,000달러의 수입을 갖게 될 것이라고 예상한다. 아시아에는 합리적인 가격의 양질의 의료 관리 상품을 구매할 수 있고, 그것을 위해 기꺼이 지급할 사람이 곧 3억 명이 될 것이다. 아시아에서 의료 케어 비용이 6%에서 미국에서와 같은 수준인 33%까지 증가할 것이다(Grail Research, 2009: 5).

수입은 증가하고 있고 인구수 역시 증가하고 있다. 게다가 각 국가도 점점 고령화되고 있나. UN은 60세 이상 인구가 세계적으로 2000년의 6백만 명에서 2050년 20억 명 정도로 증가할 것이라고 예측한다. 아시아에서의 50년 내의 승가는 310만 명에서 대략 12억 명이 될 것이며 동남아시아에서만 38만 명에서 170만 명이 될 것이다(United Nations Population Division, 2009) 동남아시아에서 40년 동안의 증가는 대략 430%가 될 것이다(Credit Suisse, 2008: 15). 노년층 인구는 그들의 수요를 유효수요로 바꿀 수 있을 것이다. 2015년까지 싱가포르, 일본, 한국, 타이완, 홍콩, 호주의 65세 이상 노년층은 1조 5,354억 달러 이상의 자산을 가질 것으로 예상된다(Hedrick-Wong, 2007: 86).

그것은 실재로 존재하는 엄청난 시장이다. 구매력이 증가하고 기대수명이 늘어나면서, 아시아인들의 지출도 증가할 것이다. 사적 지출은 공공지출과 비 아시아인들의 지출에 의해 증가될 것이다. Mitra는 엄청난 돈이 걸려있다는 것은 의심의 여지가 없다. '의료관광 시장은 2005년 200억 달러의 세계적 수익을 냈으며 … 인도, 싱가포르, 태국, 말레이시아로 구성된 아시아 시장의 수익은 2006년에 약 25억 달러였다(Mitra, 2007). 이 수치는 십년 안에 두 배가 되거나 그 이상이 될 것이다. 130만 명의 관광객으로부터 벌어들인 40억 달러라는 수치는 실제보다 적은 추정일 수도 있다(Hotel Marketing Newsletter, 2006).

특히 미국시장이 아직 제대로 열려 있는 것은 아니다. '이는 일본 자동차 산업이 미국의 차 제조업자들에게 한 것을 미국 의료 체계에 할 잠재성을 가지고 있다' (Uwe Reinhardt,quoted in Kher, 2006). 이미 북미로부터의 국경을 넘은 환자들의 45%가 그들의 의료적 필요에 의해 아시아로 여행을 오고 있다. 불과 26%가 더 가까운 라틴 아메리카로 향하고 있으며 무시해도 될 정도의 2%는 중동으로 향하고 있다. 라틴 아메리카 사람들은 흥미롭게도 오직 1%만이 아시아를 선택하고 있다 : 87%는 미국에서의 의료 관리를 선호하고, 12%는 다른 라틴 아메리카 국가를 선택한다(Grail Research, 2009: 4). 45%라는 큰 수치에도 불구하고 싱가포르 같은 아시아 국가는 미국에 의존하지 않는다. 싱가포르의 의료관광객은 주로 아시아, 중동 그리고 태평양 지역으로부터 온 사람들이다. 아시아에서 시작된 모든 의료관광객의 93%는 아시아에 남아 있다. 싱가포르는 최첨단의 기술을 보유하고 있으나 대부분의 지역은 그렇지 못하다.

잠재력은 엄청나다. 부유한 외국인들, 아시아인들, 그리고 아시아인이 아닌 사람들은 그저 자신들의 국가에서가 아니라 싱가포르에서 건강관리를 구매할 수 있게 될 것이다. 외국인들은 예상외로 터무니없이 많은 돈을 쓴다. '외국에서 온 병원 환자들은 싱가포르에서의 내국인의 평균비용인 758달러(싱가포르달러)인 반면 2,680달러를 쓰는 사람들로 분명히 비교되는 높은 비용을 지급하기 위해 준비 한다' (Handerson, 2004: 177). 외국인들은 A클래스의 병동을 선호하며, 보다 더 복잡한 절차를 거쳐야 한다. 외국인들은 그들의 의사에 대한 신의가 두텁다: 그들은 심지어 불경기로 인해 여가 관광이 위축될 때조차도 추가 상담을 위한 재방문을 예약한다. 외국인들에게는 추가적으로 발생할 수 있는 숨겨진 지출 요소들이 많이 있다. 보통 호텔, 식당, 상점을 이용하는 가까운 친척과 동반한다. 방문객이 쓰는 1달러는 싱가포르 경제에서 0.63달러의 추가적인 수요를 창출한다 (Ministry of Trade & Industry, 2003: Annex 1, 5).

2000년 15만여 명의 외국인 환자가 싱가포르에 치료를 받기 위해 모였으며, 이들로부터 3억 5,400만 달러를 벌어들였지만, 외국인 환자들은 그저 싱가포르 GDP의 0.19%의 부가가치에 기여했을 뿐이다. 같은 시기 미국에서의 같은 항목의 수치는 9억 1,500만 달러였다. 경제검토위원회(ERC)는 그 잠재력이 거대해서 싱가포르가 받아들여야만 하는 데는 의심할 여지가 없다고 했다.

싱가포르는 외국 환자 방문객의 수를 2012년까지 매년 백만 명씩 늘리는 것을 목표로 하고 있다. 이 중 10만 명은 입원 환자, 당일 수술 환자가 될 것이며, 대부분은 외래 방문 환자들이 될 것이다, 이는 약 26억 싱가포르달러 어치의 부가가치를 창출시키고, GDP를 약 1% 성도 증기시킬 수 있을 것이다. 본 계획은 13,000개의 새로운 일자리를 만들어낼 잠재력을 가지고 있다 (Ministry of Trade and Industry, 2003; 1).

2000년 외국 환자들은 싱가포르 전체 환자의 4.3%에 불과했다. 그것은 고작 GDP의 0.25%로 계산되었고, 그것은 획득할 수 있는 최대치가 아니었다. 2012년에 그 목표 수치가 현실적이지 못한 것을 증명했을지라도 그 기본 사항들은 믿을 만하고 전망이 밝다.

경제검토위원회(ERC)의 활동시기(2001년을 말함 - 역주)에 싱가포르는 약 230,000명의 의료관광객을 유치하고 있었다. 싱가포르의 입국신고서가 방문 목적에 대해 묻지 않고, 병원이 환자의 출입국 상태(특히 외래 환자)를 보건부(Ministry of Health)에 보고하지 않으면서, 통계를 확실하게 하는 것은 불가능했다. Singapore Tourist Board에 의해 Changi 공항에서 10,000명의 방문객으로부터의 출국 설문조사를 통해 2008년에 약 646,000명의 의료관광객이 방문했다고 추론했다. 여건이 좋았던 2006년에는 410,000명의 의료관광객이 있었지만, 불경기와 H1N1(독감 바이러스의 일종 – 역주) 유행에 의한 공포가 팽배했던 2007년에는 때에는 고작 348,000명이 있었다(Velasco, 2008: 13). 명백한 감소는 측정 에러의 결과였을 지도 모른다. : '이 감소는 2007년 모든 병원들이 더 높은 환자 입장료와, 환자 일당 경비가 전년과 비교할 때 더 높았다는 점에서 놀랍게 다가왔다. … 이런 의료관광객들에 의한 지출은 같은 기간 동안 30% 가까이 증가하여 17억 달러(싱가포르달러)에 근접하였다(Ministry of Health, 2009a).

또한 2007년 지출 설문조사에서는 관광객 지출의 10%가 의료와 건강과 관련된 서비스에 쓰였다는 점을 발견했는데, 싱가포르의 이름과 좀 더 일반적으로 연관된 식음료에 대하여 14% 가깝게 쓰였다(Singapore Tourist Board, 2008: 8). 동반한 친척들과 함께 넘치는 쇼핑을 하게 됨에 따라 얻는 것은 그보다 훨씬 많은 것이 되었을 것이다. 심지어 그 해가 어려운 한 해 일지라도, 의료관광은 그 위기를 잘 넘길 수 있는 좋은 사업이다.

비록 가끔씩 참가자수가 감소(표본추출 오류에 의한)할 때도 있지만, 추세는 상승의 분위기가 비교적 명확하다. 아직 그 숫자가 크지는 않다. 약 15만 명의 외국인 환자들이 2003년 인도를 방문했고 2007년에는 45만 명이었다(Velasco, 2006: 307). 태국에서는 2005년에 73만 명의 외국인 환자들이 방문했고 (Yoopetch, 2006: 307) 2007년에는 총 154만 명의 외국인 의료관광객이 방문했다(Grail Research, 2009: 5). 이것은 2007년에 싱가포르가 태국으로 몰려가는 의료관광객 숫자의 3분의 1 미만을 유치한 것이다.

싱가포르를 방문한 외국인 의료관광객의 국적은 주로 인도네시아(51.7%), 말레이시아(11.4%), 미국과 캐나다(5.1%), 영국(3.7%), 일본(2.9%)의 순이다. 인도네시아 시장만 볼 때 2005년에 3억 5,860만 달러(S$)를 소비한 것으로 추정된다. 베트남은 국가가 발전하면서 중요한 사업의 원천이 되고 있다. 2008년 3만 명의 베트남인들이 치료를 위해 국외로 나갔으며 그들 중 대부분은 싱가포르를 선택하였다.

지역에 대한 이러한 편향은 – 약 70%의 싱가포르를 방문하는 의료관광객들은 ASEAN 국가에서 온다. – 이러한 의료관광이 전 세계적으로 한 곳으로 모이지 못하고 있다는 것을 생각나게 한다. 쿠바로 떠나는 의료관광객들은 주로 라틴 아메리카 또는 캐러비안에서 오는 이들이며 요르단으로 떠나는 의료관광객들은 주로 아랍 문화권의 중동에서 온 이들이다. 그 이야기는 싱가포르는 주변국들을 넘어서 다양한 국적의 의료관광객들로 인해 활기차 보인다는 이야기이다. 인도, 중국, 방글라데시, 러시아, 우크라이나와 미국으로부터도 수요가 늘고 있다.

약 3만 명의 의료관광객들이 암의 치료, 심장 절개술 및 다른 중요부위 절개술을 위해 싱가포르를 방문하며, 그 중 대다수의 사람들은 정기검진과 탈장 치료 같은 간단한 수술을 위해서 방문한다. 또한 입원하지 않고 하루 만에 가능한 수술들이 그들의 필요를 채워주고 있다. 싱가포르에서 1996년에 실행한 모든 수술의 36%가 당일수술이었고, 2006년에는 57%가 되었다.

외국인들은 싱가포르를 앞으로도 방문할 것이고 싱가포르인들은 국외로 나갈 것이다. 거래는 호혜적 관계인 것이다: '우리는 이러한 증가하는 국경을 넘는 경쟁구도에서 우리의 소비자들이 이익을 누리도록 할 것이다' (Khaw, 2009). 역사적으로 싱가포르인들은 외국에서 치료를 받으려면 자기 돈으로 또는 개인 보험을 통해 지급해야 했다. 의료를 위해 지정되는 저축 계좌 "Medisave"는 싱가포르에서의 치료만 가능하게 제한되어 있었다. 심장 마비 같은 응급 상황의 경우에만 외국에서 할 수 있도록 예외를 두었으나, 2009년부터 이러한 체계는 보다 자유로워졌다. 국외에서의 치료에 대한 비용지급 원칙에 합의됐다. 싱가포르 어디서나 단계적으로 조금식 진행이 이뤄질 것이다. 주의사항은 계속 주안점으로 남아 있게 될 것이다.

국외에서의 Medisave 사용은 치료와 당일 수술로 제한되어 있다. 외국의 병원은 싱가포르 내 Medisave 승인 병원과 계약이 체결되어 있어야 한다. Medisave는 다음 경우에 한해서 싱가포르 병원을 통해서만 청구된다. 1 국외 Medisave의 이용은 일반적으로 싱가포르 국민 혹은 영주권자로 제한된다. 2 싱가포르 내 현지 의사는 환자의 상태와 치료의 필요성을 위해 자격증을 따야 한다. 3 추천 지역 병원은 환자가 싱가포르에서 치료받는 것처럼 그 똑같은 기준에서 외국 환자의 만족도 및 진료 결과에 대해 책임을 져야 한다(Ministry of Health, 2009c).

환자들은 외국의 공신력 있는 의료 제공자들로부터 원하는 절차들을 찾아봄으로써 그들의 Medisave 비용을 절약할 수 있다. 그래도 과도한 비용, 사기, 조잡한 솜씨 등을 막기 위한 안전조치들이 마련돼 있다. 의료절차들은 싱가포르 내의 Medisave 규정 하에 허락된 것만 될 것이다. 의료서비스 제공자들은 그들을 잘 아는 싱가포르 병원이 검증하는 병원들이 될 것이다. 보다 제한된 시나리오는 테스트를 아웃소싱하고 환자들을 그대로 유지하는 것이었을 것이다. 전적으로 수요 주도로 이뤄지지 못하고, 채택 된 타협안은 제시될 수 있었을 최소한의 느슨함도 없다.

때로는 Medisave의 국제적 통용성에 제약이 되는 것이 비관세 장벽이라는 비판이 제기된다. 싱가포르에서 몸 전체를 검사하는 데 750달러가 든다. 태국 범룽랏에서는 500달러가 든다. 백내장 제거술은 싱가포르에서 2,500달러가 들고, 말레이시아에서는 1,800달러가 든다. 수요 중심 시장에서의 의료서비스 구매로 인해 환자들은 가장 좋은 돈의 가치를 달성하게 할 것이다. 그 반대의 것은 익숙한 것인데, 지식이 불충분한 이들은 합리적인 선택을 할 수 없기 때문에 의료적 가부장주의는 꼭 필요하다는 것이다. 하지만 또 다른 고려해야 할 점이 있다. 만약 싱가포르인들이 치료를 위해 다른 나라를 정기적으로 방문한다면 의료 서비스 허브로써의 싱가포르의 이미지에 별 도움은 되지 않는다는 점이다.

9.3 병원과 환자(HOSPITAL AND PATIENTS)

싱가포르에 있는 공공 부문으로는 14개의 공공병원과 전문 의료기관들이 존재한다. 이들 병상의 72% 정도가 채워져 있으며 현재 이들은 싱가포르 내 거주민 환자 중 80%를 보살피고 있다. 또한 이 뿐만 아니라 16개의 개인 병원과 많은 수의 클리닉도 존재한다(Ministry of Health, 2009b). 국영 부문 병원의 입지는 점점 커지고 있는 추세이다. 싱가포르 종합병원(Singapore general hospital)은 1,516병상이며, Tan Tock Seng 병원은 1,400병상, Gleneagles는 380병상을, Mount Elizabeth는 505병상을 보유하고 있다. 싱가포르에 있는 모든 주요 병원들은 JCI 인증을 받았다.

사적 부문에 있어 두 개의 주요 그룹은 Parkway Holdings Limited와 the Raffles Medical Group이다. Parkway는 마켓리더의 역할을 맡고 있다. Parkway는 싱가포르 개인 병원의 70%를 차지하며 4개의 병원을 가지고 있는데 Gleneagles, Mount Elizabeth, East Shore와 Novena 지역에 있는 350병상의 병원인데 이 병원은 경기 침체시기에 건설되었음에도 불구하고 낙관적인 전망을 보이고 있다. Parkway는 규모의 경제를 지키기 위해 중앙 조달 시스템을 실시하고 있으며, 또한 이들만의 Parkway 대학을 만들어 간호학과와 건강관련 학과를 운영하고 있는데 그 목적은 인재풀을 확보하고 간호 인력의 부족을 완화시키기 위함이다.

한 지역에서 16개의 병원과 3300개 이상의 침대를 보유한 Parkway는 아시아에서 가장 큰 건강관리 서비스 제공자이다. 싱가포르에 의학적인 문제로 입국하는 환자들의 거의 절반을 치료하는 것이 바로 parkway이다. 싱가포르 내 약

40%의 환자들과 이익은 외국인들로부터 나오는 것이다. 59%의 외국인 환자들이 인도네시아에서 왔다(Credit Suisse, 2008, 11). 자카르타에서 비행기 한 시간만 타면 올 수 있는 거리이기 때문이다. Planet hospital이나 Companion global healthcare같은 미국 에이전시는 Parkway를 선호하는 의료 제공자의 하나로 그들의 세계적인 네트워크에 놓아두려 하고 있다. 진단관련 비용은 사전에 협상되었다.

Parkway는 그들의 의사에게 다른 많은 나라에서 세미나를 개최하도록 장려하고 있다. 어떤 강의는 한 달에 몇 번씩 국외에서 개최되기도 한다. 이런 방법으로 Parkway는 소개(referral)와 후속 조치(follow-up)를 위해 하나의 네트워크를 만들어 내고 있으며, 세간에 회사의 이름을 알리고 있다. Parkway는 국외에 판매하며 광고도 하고 있다. 또한 중국, 우크라이나, 아랍 에미리트연방, 사우디아라비아, 우즈베키스탄과 러시아를 포함한 18개국에 환자 지원 센터를 가지고 있기도 하다. 러시아는 믿을만한 의료서비스 공급보다 수입이 빠르게 성장하기 때문에 떠오르는 시장이다. 서부 지역의 러시아인들이 종종 독일로 가는 것을 선호하는 반면에, 시베리아나 극동 지역의 러시아인들은 아시아가 더 편리하다고 판단한다. 싱가포르에 있는 Parkway도 한 달에 약 80명 정도의 블라디보스톡과 프리모르스키 지역에서 온 환자들을 받는다.

The Raffles Medical Group는 싱가포르 내에 66개의 GP(일반의)와 전문의 클리닉과 네트워크를 가지고 있다. 이 그룹은 싱가포르 내에서 일본인 환자를 전문으로 하는 센터를 갖고 있다. GP 방문은 일년에 4.5~5회 정도이기 때문에 위성치료야말로 경기 침체기에도 믿을만한 수입원이다. Raffles는 공화국에서 가장 큰 가정 의학 및 치과 진료 네트워크를 가진 조직이다. 따라서 이곳은 그 병원의 전문의에게 환자를 소개하고 외래 환자의 치료한다. 몇몇의 외래환자들의 치료와 대부분의 입원 환자 치료는 Medisave 상환으로 자격이 부여된다. 그룹의 주력인 Raffles 병원은 380병상을 가지고 있다. 병원의 의사들은 월급을 받으며 성과에 따른 보너스를 제공받기도 하며, 환자가 부담하는 비용은 병원에게 직접 보내진다. Raffles 병원 운영비의 70%가 인건비로 나가고 있다. 인건비가 매우 비싸기 때문이다.

2008년에 35%의 환자가 외국인이었지만, 2002년에는 20%의 환자가 외국인이었다. 이들은 120개의 국가에서 왔으며 가장 큰 부분을 차지하는 나라로는 인도네시아, 말레이시아를 포함하여 일본, 러시아, 방글라데시, 베트남과 몽골 등과 같은 나라도 새로운 비즈니스의 공급원으로 주목받고 있다. 의사수급이 원할치 못한 나라의 환자들은 미쳐 발견치 못한 병명을 갖고 있는 경우가 종종 있다. - 한가지 병명으로 입원했다가 이어서 다른 병명들에 대해서도 치료를 받게 된다. Raffles의 마케팅을 돕기 위해 그들은 국외 모집책들이 있다. 그 예로, 미국의 가장 큰 건강 유지 기관인 Kaiser Permanente와 초국가적 계약을 체결했다. Rafflo 그룹은 또한 그들의 기업 고객인 많은 국외 거주자들도 그들의 고객으로서 환대한다. 이미지를 의식한 처사이다. 로비에는 그랜드 피아노가 있으며 벽에는 액자가 걸려있다. 경쟁을 위해 인테리어를 '럭셔리' 한 테마로 꾸며놓았다.

Raffles는 그 자회사인 국제 의료 보험(IMI, International Medical Insurer)을 통해 기업과 개인에게 건강 복지 자금을 제공한다. 래플즈는 새로운 주식 발행을 통해서 사업 확대 자금의 일부를 조달하고 있다. 싱가포르 주권 복지 기금의 일환인 Temasek Holdings와 카타르 정부가 그 주식을 사들였다. 각각 당사자들의 지분이 큰 것은 아니지만(전체 지분의 4.9%), 이것은 강력한 투자자를 얻기 위한 전략적인 움직임이다.

거대한 두 그룹이 존재하는 것처럼 사유 부문에는 수많은 작은 병원들도 있다. 이는 West clinic, Mount Alverinia Hospital, Thomson Medical Centre를 포함하며, Pacific Healthcare와 Camden Medical Centre같은 사설 병원들도 있다. 이런 병원들은 이동식 치료에 특화되어 있다. 응급상황에서도 병원들이 멀리 있지 않은 것이다. 통합적인 멀티플렉스, Farrer park에 위치한

Connexion은 19층의 건물 안에서 많은 호텔과 병원들을 선택(189개의 사적인 의료 스위트룸, 220병상의 3차 진료기관, 230실의 럭셔리한 호텔)할 수 있도록 제공하고 있다. 주요 병원들 근처에 위치한 의료 스위트룸의 임대료는 비싸다. 2009년에 Mount Elizabeth 병원 옆에 위치한 파라곤 쇼핑센터는 11개의 층을 의료 스위트룸으로 만들어 놓았다. 의료 스위트룸은 싱가포르에서 새롭고 크게 주목받지 않는 부동산 붐을 일으켰다. 싱가포르에 있는 모든 사설 의료 시설들은 1999년 개인 병원과 의료 클리닉 법(개정)에 의거해 보건부(Ministry of Health)의 허가와 점검을 받아야 한다. 이들 보건부의 허가, 점검 기준은 매우 높다고 한다.

5명 중 4명의 외국인 환자들은 사적 부문에서 병을 치료(Khoo, 2003: 3)하는데, 국가 부문은 시장에서 보다 활발하지 않기 때문이다. 개인 병원과 다르게 95%의 공공 부문 병원의 환자들은 싱가포르 시민 혹은 영주권자이다. 의료관광객들이 보조금이 나오는 병상에 자격이 부여되지 않기 때문에, 그들이 공공 부문의 치료를 선택할 어떠한 재정적인 인센티브가 없다.

공급자들 자신들에게 있어서, 공공 병원들은 외국인들을 타겟으로 하는 사업을 중요시 여기지 않는다. 숙련된 교수진과 침대, 지역 환자들이 부족해서가 아니라 보건부가 해명했듯이, 우선적으로 공공 병원의 우선순위는 이것이기 때문이다. '공립 병원에 있는 우리에게 있어서 우리의 임무는 매우 명확하다. 우리의 주요한 목적은 싱가포르인들의 건강, 특히 선택권이 없는 중하층 인구의 건강을 돌보는 것이다. 당신이 만약 중산층 이상이라면, 당신은 개인 병원이나 심지어 외국 병원에 가는 것을 고려해볼 수 있다. 그러나 중하층의 서민 인구에게는 우리만이 그들의 의료제공자이다. 우리는 절대 현지 환자들을 등한시 하지 않을 것이며 단순히 외국인 환자를 쫓지 않을 것이다' (Khaw, 2009).

주민에게는 자격이 주어진, 적절한 가격의 헬스케어가 보장되어야만 하지만, 이는 공공 부문이 국제적인 비즈니스나 그에 따른 이익에 무관심해야 한다는 것은 아니다. 보건부는 그 위치를 분명히 해왔다. 싱가포르의 명성과 수준에 이끌려 싱가포르로 온 외국인들 역시 따뜻한 환영을 받아야 한다 : '나는 그들이 외국인이라는 이유로 그들을 거절할 이유가 없다고 생각한다. 우리는 그들을 우리의 역량과 수용력에 따라 치료해야 한다. 우리가 장기적인 계획을 세울 때, 그것이 인력이던 능력이던 간에 외국인 환자들을 감안해야 한다.'

모든 병원들은 JCI로부터 인증을 받았고 그들의 우수성은 국제적인 명성을 가지고 있다. 네팔 샴쌍둥이의 성공적인 분할이 싱가포르 종합병원(Singapore General Hospital)에서 이루어졌고, Singapore National Eye Centre에서는 성공적인 줄기세포 각막이식술이 이루어졌다. 싱가포르는 동남아시아에서 첫 번째로 살아있는 성인 기증자의 간이식을 성공시켰고, 아시아 최초로 신장과 골수 이식술을 성공했으며, 싱가포르는 세계 최초로 관계없는 기증자로부터 지중해 빈혈(thalassemia) 환자에게 제대혈 이식술을 성공시켰다. 국립 암 센터(The National Cancer Centre)와 통합 신경과학 센터(Integrated Neuroscience Centre), Singapore General Hospital에 위치해 있는 이 두 공립 시설은 모두 동남아시아의 주요한 추천 시설(major referral centre)이다. 싱가포르 병원(Singapore General)은 큰 화상을 입은 환자들을 치료할 수 있는 유일한 현지 병원이다. 상하이 병원개발센터(Shanghai Hospital Development Centre)와 협력 계약을 맺은 싱가포르 종합병원(Singapore General Hospital)은 또한 Bao Zhong Tan Traditonal Chinese Medicine Clinic과도 연계되어 있다. 그 병원은 상하이에서 도입해온 한방 치료 같은 중국의 전통적인 치료법을 제공하며 필요하다면 서양의 엑스레이, 혈액 검사, 수술 등을 제공한다. 이런 연결 상품들은 현지 중국인들에게 매력적이다. 또한 한 곳에서 다양한 선택을 할 수 있는 선택권을 환영하는 다른 지역의 새로운 환자들에게도 매력적이다.

싱 헬스 그룹(SingHealth Group)은 싱가포르의 네 개의 공공부문 집단 중 하나로, 싱가포르 내 자사 병원에서 치료를 받았던 방글라데시 인들을 위해 Dhaka's Square Hospital에서 사후 관리를 준비한다. 방콕 병원의료센터(The

Bangkok Hospital Medical Centre)도 방글라데시의 환자들을 위해 비슷한 준비를 해 놓고 있다. 싱가포르 제약(Singapore Medicine)이 외국에서 주최되는 의료부문 행사에서 싱가포르의 공공부문을 대표한다. 민간 부문과 함께, 이는 의료 시설과 옵션의 판촉을 위해 그렇게 노력한다.

공공부문은 예기치 않은 거래 파트너들과 거래를 타결 짓는 것으로 알려져 있다. 미국의 슈퍼마켓 체인인 Hannaford Bros사가 한 예가 될 수 있다. Hannaford Bros사는 2만 7천 명의 직원을 위해 회사에서 의료보험을 제공한다. Hannaford사는 직원들이 국립대학병원(The National University Hospital)에서 골반대체수술을 8,000달러에 받을 수 있도록 하기 위해 NUH와 합의를(Aetna 통해 재보증함) 했다. 환자와 배우자의 여행비용을 포함한 총 금액은 고용주가 지급한다. Snow Summit Ski Resorts와 같은 다른 미국 회사들도 싱가포르에서 비슷한 합의를 찾고 있다. 이러한 계획들이 성공할지 실패할지에 대해서는 아무도 모르지만, 2008년 말까지 Hannaford사의 단 한명의 직원도 히프의 문제로 싱가포르 여행의 기회를 이용해 본적이 없었다는 사실을 주목해야 한다.

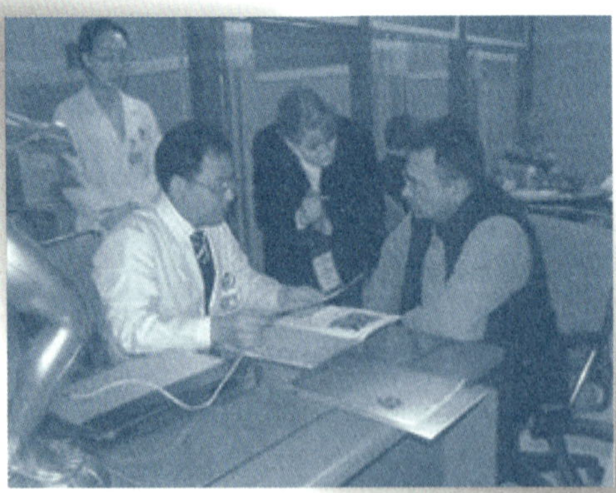

9.4 강점과 약점(STRENGTHS AND WEAKNESSES)

헬스 케어는 싱가포르가 탁월할 수 있어야 할 영역이다. 싱가포르는 항공로와 해상로에서 좋은 위치를 차지하고 있으며, 큰 시장인 인도네시아, 인도, 북아시아, 중동과도 멀지않다. 또 싱가포르는 항구를 가지고 있으며, 월드 클래스의 광범위한 네트워크의 직항 항공편도 가지고 있다. 싱가포르는 범죄와 방해물이 없는 깨끗한 녹지이다. 또한 싱가포르의 시설들은 사회적 갈등이나 몬순 기후에 의한 홍수 등의 것에 의해 마비되지 않았다. 따뜻한 기후와 높은 퀄러티의 인프라, 스파를 갖춘 럭셔리 호텔은 이들의 장점이다. 그들은 방문자들에게 친절한 입국절차를 제공하며 수년간의 관광산업 경험을 지니고 있다. 그들은 회의를 할 수 있는 좋은 시설과 인센티브 투어, 컨벤션 그리고 전시장(MICE) 시장을 제공한다. 또한 싱가포르는 세계 정상급의 카지노를 두 개나 보유하고 있다. 싱가포르는 치료를 위해 싱가포르에 자신의 주변 사람을 데리고 오는 중요한 무리의 외국인들에게는 집과 같은 곳이다.

싱가포르는 다문화 사회이다. 양질의 교육을 받은 전문가들은 영어뿐만 아니라 말레이어, 타밀 혹은 만다린어(중국 본토어 – 역주)를 구사할 수 있다. 다른 언어를 유창하게 구사하는 의료 통역사들 역시 필요하다면 언제든지 찾을 수 있다. 외국 의사들은 국립 대학병원(NUH)에서 환영받는다. 예로 오스트리아인, 그리스인, 러시아인, 인도인 그리고 그 밖의 나라의 의사들이 전체 의사 수의 21%를 차지하고 있다. 15%가 이슬람교인 싱가포르는 이슬람 계율에 따른 음식들, 여의사, 기도용 방석, 기도하는 사람들만을 위한 방, 이 모든 것들을 제공할 수 있다. 많은 현지인들이 국외에서 거주해 왔다. 영국 환자들에게는 그들이 가장 좋아하는 것이기 때문에 머핀이 제공되었다. 병원들은 아랍어와 러시아어로 된 뉴스도 이해할 수 있다.

규제에 대한 확신 : 싱가포르 보건과학청(HSA, Health Sciences Authority)은

약물, 피, 그리고 장비들에 대해 엄격한 표준을 적용한다. 병원들은 편안하고 현대적이며 좋은 장비를 지니고 있다. 진보된 기술과 의학적 실험은 넓은 범위의 방법들에 대한 판단을 확실하게 해준다. 싱가포르는 단지 지역회사로서의 장을 차지할 뿐 아니라 Johns Hopkins나 West Clinic과 같은 국제적인 명성을 떨칠 수 있다. 마케팅 계획들을 통해 세계는 싱가포르에 대해 관심을 가져 왔다는 것을 알 수 있다. 2000년 싱가포르는 WHO에 의해 아시아 최고 순위, 세계에서는 6번째임을 인정받았다. 싱가포르는 좋은 브랜드를 가지고 있다.

싱가포르는 임상의 탁월함으로 명성을 얻고 있다. Singapore Tourist Promotion Board가 시행한 설문조사 응답자 중 72%의 환자들이 싱가포르를 선택했음을 밝혔다. 왜냐하면 그들 혹은 그들의 의사들은 믿을만하고, 그곳의 수준은 가히 최고라고 생각했기 때문이다(Ministry of Trade & Industry, 2003: Annex 1, 4). 싱가포르는 장기이식과 줄기세포이식, 그리고 다른 고급수술들로도 유명하다(Grail Research, 2009: 5). Koncept Analytics는 아시아의 경쟁적 이점을 가진 공급자들에 대한 자료를 수집했는데 싱가포르를 아시아의 최고, 또한 세계의 최고로 선정했다. 반면에 Koncept Analytics는 태국에 대해서는 낮게 평가했다 : 태국은 인도와 말레이시아의 저가격 치료와 싱가포르의 고급 의료 서비스 사이에서의 심한 경쟁에 빠져있다. 싱가포르와 태국에서의 가격 차이 또한 상당한 비율로 감소하고 있다(International Medical Travel Journal, 2008d).

싱가포르의 10개의 병원과 3개의 의료 센터들은 Joint Commission International의 인증을 받았다. 이에 상응하는 수치를 볼 때, 인도는 10개, 태국은 4개, 필리핀은 2개, 말레이시아는 1개이다. JCI로부터 인증을 받은 아시아(터키를 포함)의 병원들은 불균형적으로 싱가포르에 몰려있다(Woodman, 2007: 58). 싱가포르의 병원들은 JCI의 인증이 국제적 비즈니스를 유치하는데 꼭 필요하다고 인식하고 있다. 흥미롭게도, 처음으로 공인받은 곳은 2004년의 비영리 국립 대학병원(National University Hospital)이었다. 암 치료를 받기 위해 국외로 나온 아랍 에미레이트 환자의 85%는 Johns Hopkins 싱가포르 국제 의료 센터에서 치료를 받았다. 대부분은 정부의 지원을 받았다. 싱가포르는 대우받고 있지만 여전히 그 시장은 틈새시장 수준이다. 싱가포르는 한 해에 걸프지역으로부터는 1,200명의 환자만을 받고 있다.

최소한 민간 부문에서는 의사들은 항상 있다. 국제환자나 현지의 개인 환자들은 대기시간이 짧다. 캐나다의 관절 대체 수술의 평균 대기시간은 253일이지만 싱가포르에서는 일주일 안에 이루어질 수 있다(Grail Research, 2009: 6). 공공부문의 병실점유율은 국제 대학병원에서 84% 이상, Tan Tock Seng에서 89%, Shanghai General에서 99%인 반면, 민간부문에서는 활용 가능한 병실이 충분히 이용되지 않고 있다. Parkway Group의 병실 점유율은 60%이다. 이것은 단기치료의 선호가 증가하고 있음을 반영하고 있으며 2008년에는 전체 입원의 42%를 차지하기도 했다(www.parkwayhealth.com). 2009년 특정 날짜에 Raffles Group에서는 단 55%의 병실점유율을 보이기도 했다. 이는 정확히 하기가 힘드나 380개의 침대 중 250개가 운영되었다는 것이다. 수요가 있을 때, 추가의 침대들이 사용가능케 될 것이다.

싱가포르 병원의 침대 수는 1997년부터 점점 감소하고 있다. 2003년에는 11,885의 병원침대가 있었다. 2008년에는 11,457개의 침대가 있었다. 그 시기에 전체 병원의 입원 수는 8% 상승했다. 민간 병원의 입원 수는 25%가 상승했다(Credit Suisse, 2008, 27). 입원수의 차이는 수용력의 차이를 반영했을 것이다. 그렇다면 그 제약은 극복되는 과정에 있다. 민간부분은 Novena를 추가한 반면, 공공부분은 550병상을 그린필드 Khoo Teck Puat 병원을 통해 550개의 침상을 추가하고 있다. 공공부분은 Jurong 과 Woodlands에 병원 추가를 계획하고 있다.

그러나 수요가 많아질수록 가격도 오르고 있다. 질과 명성은 싱가포르의 강한 장점이다. 그러나 높은 가격과 상승하고 있는 비용은 아킬레스건이다.

싱가포르의 가격은 지역 표준에 비해 싸지 않다. 싱가포르의 눈의 지방을 없애기 위한 안검미용성형의 비용은 S$2,500에서 S$5,000 사이이다. 미국에서는 최소 S$5,800만큼의 비용이 든다. 태국에서는 단 S$600의 비용이 든다. 심장 우회수술은 싱가포르에서 US$18,500이 든다. 같은 수술이 태국에서는 US$11,000, 말레이시아에서는 US$9,000의 비용이 들고, 미국에서는 최소 US$130,000이 든다(Wooden, 2007: 8). 더 쉬운 계산으로 무릎 관절수술은 싱가포르의 Gleneagles에서 S$16,000이 들고 Penang의 Gleneagles에서 S$10,000이 든다. 어떤 Gleneagles가 더 좋다고 할 수 있을까?

Deloitte Center for Health Solutions는 조사를 통해 인도의 평균 치료비용이 미국의 20%라고 주장한다. 말레이시아와 필리핀은 25%이다. 태국은 30%이다. 싱가포르는 35%이다(Deloitte Center for Health Solutions, 2008: 6). 심지어 북아시아는 더 적은 비용이다. 골반 대체수술은 대만에서 US$5,900이나 싱가포르에서는 US$10,000이다.

싱가포르로 오는 환자들은 자기가 선택해서 오는 사람들이다. 그들은 싱가포르의 최상의 서비스를 원하고 기꺼이 그에 대한 비용을 지급하려 한다. 그들이 보내는 신뢰는 찬사이기도 하며 또한 유혹이기도 하다. 그러나 이론적으로 체계적인 차별화 가격이 존재하지 않고, 계획적인 '보상적 이중가격'(Cross-subsidisation)이 존재하지도 않는다. 외국인들과 보조금을 받지 않는 지역민들은 같은 의료비를 견적 받는다. 만약 통역 및 이동이 필요하다면 그것은 따로 청구된다. 내부 스케줄에 따른 표준 청구서는 환자들이 출신에 관계없이 같은 잉여수입을 벌어 주도록 하고 있다. 하지만 민간부분은 다를 수 있다. 민간부문의 의사들은 'Director of the National Neuroscience'가 경고한 바와 같이, 기존 조건하에 허용되는 비용을 얼마든 청구할 수 있으며 실제 청구를 한다.

나는 한 인도네시안 환자가 실제로 민간 부분에서 보통 $10,000의 비용이 드는 간단한 쓸개 복강경 제거술에 $100,000을 지급한 사례를 알고 있다. 이처럼 일부 병원들이 폭리를 취해서 나쁜 평판을 얻게 만드는 사례가 많다. 정부는 의료관광을 촉진시키길 원한다. 그러나 과한청구금의 사례는 매우 빠르게 국외로까지 퍼지고 있다. 어떠한 조치가 취해지지 않는다면 탐욕이 황금 거위를 죽일 것이다(Lee, 2008: A23).

비록 모든 환자들이 정보의 비대칭으로 인해 경쟁가격에서의 낭비적인 소비 과잉으로 조종당할 수 있지만, 외국인들이 현지인과 다른 경우는 둘러볼 시간을 가질 수 없기 때문에 조금 더 취약하다고 볼 수 있다. 보건부(Ministry of Health)에 의해 가격과 결과에 대한 정보가 웹사이트에 게재되면 투명성과 선택할 수 있는 범위 내의 비교를 가능하게 하며 너 촉진시길 것이다. 그러나 어쩌면 그것 자체로는 정보가 충분치 않을 수도 있다. 싱가포르의 좋은 평판은 가치 있는 비즈니스 자산이다. Dr. Lee는 싱가포르의 브랜드 네임이 단기이익을 위한 위험에 빠지는 것에 대해 경고하고 있다.

또 다른 위협도 있다. 2008년의 일반 물가 상승률은 6.5%였고 치료비용 상승률은 7.5%였다. 2009년에 절대적인 수치는 내려갔지만 높은 숫자는 경고의 의미를 지닌다. 치료비용의 상승이 다시 가속될 가능성은 매우 크다.

싱가포르는 고령화의 위험에 처해있다. 2008년 65세 이상 인구는 전체의 8.5%였다. 2030년에는 18.9%가 될 것으로 전망된다. 노년인구는 치료 자원부족에 대한 압박을 가져올 것이다. 순전히 그 수치는 더 많은 치료를 의미한다. 수명 연장은 계속되고 있다. 이민자들은 들어오고 있다. 시민들과 거주민들은 2050년에 650만 명이 될 전망이다.

새로운 기술들과 고가의 의약품들은 제한된 예산에 중압을 가하고 있다. 증가하는 소득은 일반 사람들이 건강에 더 많은 돈을 쓸 수 있도록 만들고 있다. 강제적 Medisave로부터의 배상은 더 자유로워지고 있다 : 당뇨병이나 뇌졸중 같은 상태도 리스트에 올라갈 수 있게 되었고, 정부의 Medishield(저가의 싱가포르 국가 의료보험제도로, 오랜 투병을 요하는 중환자 등 중증 질병 치료에 대비하기 위해 마련된 보험제도로, 메디세이브에 저축된 금액으로 의료비용을 충당하지 못하는 경우에 사용되며 중환자실 사용, 일반 수술, 이식 수술, 간 치료, 암 방사선 치료 등 거의 모든 병원 치료에 이용됨 – 역주)는 현재 전 인구의 80%를 보장한다 : 2008년, 고용인부담 비율은 가장 큰 병원 청구서에서 사실상 60%에서 30%로 감소하였다. 개인 보험은 선택권을 더 확장시키고 있다 : 공공 부분의 Medishield는 한 해에 고작 S$50,000까지 밖에 배상하지 않는데 반해 생명보험 코스에서는 S$200,000, 몇몇 사적인 보험은 한 해에 S$500,000, 평생 무제한의 숫자로까지 제공된다. 이것들은 모두 가격을 올리는데 기여한다.

가격차등 정책은 그 자체가 인플레이션을 조장할 수 있다. 비거주민은 보조에 대한 자격이 주어지지 않는다. 영주권 취득자는 시민 보조금의 80%의 자격이 주어진다. 자산조사는 값싼 비용의 병동을 가진 자들에게 더 비싸지게 만든다. 이와 같은 사회적 사실의 결과, 비싼 A-class 침대의 수요와 민간부분 수요를 왜곡할 수도 있다는 점이 밝혀졌다. 민간부분에 대한 소비는 1997년 아시아 경제위기 시기와 경제 불황기였던 2008년 기간 동안 GDP보다 더 급격하게 증가하고 있다: 연간 11%로, 8%와 대조된다(Credit Suisse, 2008, 7). 개인 병원들은 수익배분을 하고 있다. 의료관광은 민간부분으로의 진출에 공헌하고 있다. 민간부분은 더 많은 비용이 들며 치료비용 지표는 상승하고 있다.

증가하는 양과 가격으로 인해, GDP에서 치료가 차지하는 몫이 증가하고 있다. 분자의 빠른 성장과 분모의 느린 성장은 그 상승속도를 더 빠르게 하고 있다. 몇몇 추정들은 치료 관련 몫이 2030년에는 7~8%에 이를 것임을 시사한다. 그러나 이를 상쇄시켜 주는 힘들이 작용한다. 당일 수술과 진단 관련된 단체에 의한 보상은 평균적인 청구금액을 낮추는 경향을 보인다. 빠른 처리량은 규모의 경제를 가져오는 것을 의미한다. 더 큰 볼륨은 고가의 자본이 무용지물이 되기 전에 감가상각의 가속화를 가능케 한다. 민간 부문에서의 잉여 침상과 인력은 임계상태의 운영에서는 불가능 할 정도로 비용 상승을 막아 준다. 마지막으로 다른 지역허브 들과의 경쟁에서 오는 영향이 있다. 정보력 있는 소비자들에게 의미 있는 선택의 여지들이 있고, 국외 다른 나라의 가격이 싱가포르보다 더 천천히 오르는 한 싱가포르의 병원에서 청구할 수 있는 비용엔 분명 한계가 있다.

9.5 사업의 국외 진출(THE OVERSEAS WING)

환자들이 싱가포르에 오듯이, 싱가포르 또한 환자에게로 다가갈 수 있다. 싱가포르를 기반으로 한 자본의 국외시장 침투는 두 가지 형태를 띤다.

첫째로 포트폴리오 투자를 들 수 있다. 이 경우, 시역 투지지가 국외에 위치한 물적자산의 지분을 구매하는 것이다. 따라서 싱가포르에 등록된 Health Management International은 말레이시아에 위치한 Mahkota Medical Centre의 대주주이다. Temasek은 Bumrungrad의 지분을 매입했다. 미국에 근거를 둔 The Texas Pacific Group은 Parkway Holdings의 지분을 지배하고 있다. Parkway Holdings는 9개의 최우수 병원으로 이뤄진 Malaysia' s Pantai 체인병원의 40%를 점유하고 있다. 말레이시아 정부의 투자회사인 Khazanah Nasional은 나머지 60%를 가지고 있다(Chee, 2008: 2150). Khazanah Nasional은 Parkway Holdings의 23% 지분을 소유하고 있으며 이는 그들의 자회사인 Mount Kinabalu Investments 를 통해 이루어진다.

Parkway는 Pantai 체인의 운영권을 보유하고 있지만 Parkway가 외국계인데다 이 산업은 전략적으로 중요하다 여겨져, 지분의 40%를 넘을 수 없도록 되어 있다. 또한 상업적 요인이 있었을지 모른다. Pantai는 모든 국외인력의 건강검진을 감독하며 공공 병원에 지원서비스 또한 제공한다. 이와 같은 특전 사업들은 매우 수익성이 좋은 것으로 생각된다.

Parkway와 Pantai간의 관계는 소유권이 반드시 투명할 필요가 없음을 시사한다. 마르크스주의 신봉의 임금노예가, 그 수하에서 힘들게 일한, 거부의 국적과 이름까지 알고 있었던 19세기 때 삶은 훨씬 단순했다. 하지만 지금은 모든 것이 뒤섞여 있다고 할 수 있다. 미국인이 이집트 항공을 통해서 두바이로 성형수술을 받으러 가고, 이 수술은 영국에서 훈련받은 태국인을 통해 이뤄지며, 이 수술이 이뤄지는 병원은 독일인 매니저가 운영하고 있고, 컨소시엄 소유이다. 지분은 정체불명에, 제약이 없으며, 소유권은 사방 팔방에 있다.

싱가포르 업체가 국외 진출할 수 있는 두 번째 방법은 직접투자를 통하는 것이다. FDI는 한 가지 제품만 생산하는 회사가 대기업이 되지 않고도 사업확장 하는 것을 허용하고 있다. 많은 경우에 이는 수직적으로 통합된 네트워크의 구심점들을 포함하는 기업계획의 일부다.

그 예로, Parkway Group을 들 수 있다. 그들은 싱가포르 밖에 위치한 13개의 병원을 소유하고 있으며 말레이시아의 Penang에 있는 Gleneagles Medical Centre과 Kuala Lumpur의 Intan Medical Centre를 소유, 경영하고 있다. 또 동시에 경영과 자문을 제공하고 있는 Pantai 병원의 주주이기도 하다. 싱가포르, Penang 그리고 Pantai로 구성된 그룹 이 그 자체와 경쟁관계에 있다.

Bandar Seri Begawen에서 Parkway Group은 20병상 규모의 Gleneagles JPMC Cardiac 센터를 운영한다. Mumbai에서는 500병상 규모의 Khubehandani 병원의 50퍼센트의 지분을 보유하고 있다(초기 투자는 8천3백만 달러였다). - 그들의 파트너는 Mauritius에 기반을 둔 사설회사 Koncentric Investments이다. Kolkata에서는 Apollo Gleneagles 병원 운영을 위해 Apollo Group과의 50대50 지분으로 공동 투자하고 있다. - 병원의 위치는 Sikkim, 네팔과 방글라데시 그리고 북동부 인도에서 온 환자들에게 이상적이다.

상하이에서는 중국 국민들과 중국내 외국인거주자들을 Gleneagles Medical and Surgical 센터에서 외래환자로 진료한다. 클리닉은 주의를 끌도록 명명된 Tomorrow Square에 위치해 있다. 불필요한 국외 방문 없이, 싱가포르에 있는 전문의들의 진료를 텔레컨퍼런싱과 비디오컨퍼런싱을 통해 받아볼 수 있다. 물론 필요 시 환자는 싱가포르의 주요 Parkway병원들과 바로 연결될 수도 있다. 이는 노동의 국제적 분업인 것이다. 일상적 절차는 국외에서 이루어지며 고급 절차는 싱가포르에서 이루어진다.

Parkway는 5개의 클리닉을 중국에 더 가지고 있으며 인쇄매체에 광고를 내고 영어 웹사이트를 운영한다. 모두 합쳐 이들은 아시아 5개 국가 – 중국, 인도, 브루나이, 말레이시아, 싱가포르 – 에 22개의 시설을 가지고 있으며, 싱가포르 권역 외에, 러시아, 미얀마, 파키스탄 등지에 42개의 국제적 환자 지원 센터를 운영하고 있다. 결과는 통합적 체인과 같다. Parkway는 싱가포르 내 뿐만 아니라 동남아시아 전체에 등록된 중 가장 큰 규모의 병원 운영회사이다(Chee,2007 : 21; Chee, 2008: 2151).

이러한 지역적인 성취에도 불구하고 대부분의 수익이 싱가포르 자체 내에서 창출되었다. 싱가포르에서 환자로부터 2008년도에 S$ 6억 3천3백만의 수익(전체 수익의 67%)을 올렸고, 국제거래로부터 S$3억 천2백만(수입금의 33%)의 수익을 올렸는데(www.parkwayhealth.com) 이 국제 수익의 약 26%는 아세안 지역 특히, 말레이시아에서 올렸다.

규모는 훨씬 작지만 Raffles 역시 국외에 투자하고 있는데 홍콩에 4개의 클리닉을 소유하고 있다. 이것을 통해 현지 시장에서와 마찬가지로 중국남부에 다가가고 있다. Raffles는 미얀마, 스리랑카, 베트남, 인도 그리고 다른 동부에 있는 국가에 클리닉을 계획하고 있으며 Parkway와 마찬가지로 사업모델은 피라미드식이다. 일상적인 접수 절차들과 예비 검사는 환자의 나라에서 직접 이루어진다.

이러한 과정을 통하여 환자들이 속해 있는 지역의 건강에 관한 현장지식을 파트너들로 부터 요청하여 얻을 수 있을 뿐만 아니라, 환자들이 의료비용을 충분히 감당할 수 있는지에 관한 부분도 사전에 파악할 수 있다. 더욱 까다로운 케이스는 싱가포르에 있는 병원 본부에 문의하여 알아본다. 다국적 투자는 싱가포르의 전문가들을 지역적으로 통합한다. 후속 모니터링이 국외에 있는 Parkway나 Raffles 센터에 위임되어 있다. 한가지 또는 다른 방법으로 양자는 서로 보완하고 있다.

국가 간 건강 시스템 또한 움직임이 감지되고 있다. 싱가포르의 Thomson International은 베트남에 있는 Hanh Phuc International Woman and Children Hospital을 운영한다(소유는 아님). 싱가포르의 West Clinic은 현지 파트너와 함께 상하이에 암치료 센터를 개원했다. 싱가포르의 Pacific Healthcare는 영국의 Priory International과 함께 Bangkok Mediplex에 10개의 클리닉을 운영 중이다. 싱가포르에 있는 Pacific Healthcare의 현재 사무실에서는 종양학, 심장학, 스포츠 의약과 다른 전문화된 서비스를 제공하는데, 자산에 기반을 둔 투자신탁 회사와 협력하여 24시간 암센터에 S$4천2백만을 들였고, Yash Brida 그룹과 합작 투자를 통해 인도에 성형외과 전문센터를 5개를 개원했다.

싱가포르 메디컬 그룹은 범릉랏과 동업으로 필리핀에 있는 Lasik Surgery Clinic Albang을 운영한다. Angeles City Foundation과 동업으로 Angeles City의 LSC 역시 운영 중이다. 필리핀은 영어 사용국이고 인구수는 최소한 8천5백만 명이다. 필리핀은 국외에서의 새로운 도전 기회를 찾는 싱가포르의 서비스 제공자들에게 주요 성장지역이 될 수 있다.

9.6 공적 보호와 사적 보호의 비중(A PUBLIC-PRIVATE MIX)

8장에서 기업가 정신과 자주성 뿐만 아니라 조정과 지도력 또한 헬스

산업의 생산 기능에 유용한 요소가 될 수 있음을 시사한 바 있다. 전체를 구성하는 부분들을 명확히 표현하기 위해서는 포괄적인 관찰과 통찰이 필요하다. 싱가포르 정부는 개별 과정들이 일관된 계획 속에 잘 조율하도록 책임을 져왔다.

헬스케어산업은 교육산업과 시너지 효과를 갖는다. 학교와 대학들은 나름의 능력을 통해 눈에 보이지 않는 수출의 주요 공급원이며, 또한 지식 기반의 헬스케어 산업 분야를 위한 훈련된 인력의 공급원이다. 싱가포르의 4개의 국립대학 중 2개의 대학에 생물학부가 존재한다. – 현지의 '전문직 인재' 집단이 형성되고 난 후에야 연구 및 생산이 활성화될 수 있다. 싱가포르에는 두개의 의과대학이 있는데 한 곳은 대학교이고(싱가포르 국립대), 한 곳은 대학원(싱가포르 국립대와 미국의 Duke 의대의 합작 투자)이다. 세번째 의대는 난양 기술대학교인데 현재 기획단계에 있다.

복지부와 협의 하에 교육부는 지역의학대학교의 입학 정원을 규제하고 있다. 또한 이와 비슷하게 인정되는 외국 의대(2009년에 140개, 1993년엔 불과 20개에 불과했은)의 수를 조절하고 있기도 하다. 이런 식으로 복지부와 교육부는 전문직 신규인력의 양과 질에 대한 통제를 한다. 너무 적은 의사 수는 받아들일 수 없는 긴 대기시간을 의미한다. 너무 많은 의사 수는 공급 증가에 따른 서비스 수요의 증가를 의미하나 너무 많은 싱가포르 의사는 다른 전문직 분야에서 우수 인재가 부족하다는 것을 의미하기도 한다. 교육부와 복지부는 시장의 작용과 반작용 이론인 돼지주기(Hog-cycle)를 피하고자, 미리 수급조절 계획을 세운다. 노동부는 훈련이나 대기 없이 선택적인 채용을 용이하게 하기 위해 적절한 취업 비자를 외국인 전문직에게 발행한다.

의학 교육과 헬스케어(의료)는 생의학연구와 약물학 같은 성장분야들과 조화를 이룬다. 연구와 성장개발에 드는 총 지출은 2008년 싱가포르 GDP의 2.6%에 달했다. – 일본 3.39%, 미국 2.68%, 영국 1.78%이(Economic Development Board, 2009: 2). 대학 내 과학자들, 의과대학들, 연구소들 그리고 Novartis,

Bayer, Schering Plough, Lilly, Baxter, GlaxoSmith-Kline 같은 다국적 기업들이 싱가포르에 두고 있는 민간 연구소들 사이의 공조 기회가 있다. 임상과학자들은 싱가포르를 의학 전문분야에서의 선두주자로 끌어올릴 새로운 치료와 약물을 개척하고 있다. 정부보조의 연구소들과 영리 연구소들은 서로를 보완하게 될 것이다. 최고의 기업들이 그들의 최첨단 과학을 이전시키도록 장려하기 위해 정부는 Biopolis와 Fusiono-polis 연구 단지를 만들었다. 그들은 국립대와 국립대 병원 근처의 편리한 곳에 위치하고 있다. 그 지역은 미술에 있어서의 Marshall's Paternoster Square이나 미국의 마이크로 전자 공학에 있어서의 실리콘 벨리 같은 산업지역이 될 것이다.

생산은 연구를 동반한다. 세계적인 기업들이 현지에서 약품과 장비를 생산하고 있다. 국제적인 생의학 기업들은 2008년 싱가포르에 5억 불 이상을 투자했다(Medical News Today, 2009). 자신들의 제품을 싱가포르 자체에서 개발하거나 조정하는 회사들이 있는가 하면, 외국으로 부터의 허가 하에 연구를 들여오는 회사들도 있다. Merck는 항콜레스테롤 약품을 생산한다. Ciba Vision은 콘텍트렌즈를 생산한다. GlaxoSmithKline은 백신을 생산한다. 생의학 과학산업은 2008년에 190억 불 어치를 생산했다. 이 분야는 총 제조업 생산의 7.6%를 차지했다. 바이오과학의 제조 부가가치는 2008년 싱가포르 GDP의 4.1%를 차지했다(출처: Economic Development Board, 2009: 4). 증가하는 추세에 있다. 수량과 비율 모두 5년 혹은 그보다 빠른 시간 안에 두 배가 될 전망이다. 이는 본 산업부문이 전통적인 의약품을 넘어 의료기술, 의료 정보과학(Healthcare Informatics), 의료 기술 혁신으로 다각화하는 경우 특히 가능성이 크다. 이미 전 세계 콘택트렌즈의 10%가 싱가포르에서 Ciba Vision, Essilor, Alcon과 같은 회사에 의해 만들어진다. 정부는 과학과 엔지니어링까지 확장된 '복잡한 건강과 복리(health-and-wellness) 프로젝트'에서 외국인 환자는 단지 하나의 구성요소일 뿐이라는 것을 명확히 해 왔다. - "우리는 싱가포르를, 산업이 공공부문과 협력을 통해 후속으로 수출 가능한 기술 혁신적인 해결책들을 공동 창조, 개념화, 실험환경 내에서 시험 및 채택 등을 해 나가는 '미래 지향적 살아있는 실험실' 로 자리매김해 가고 있다"(Khaw, 2009).

그들의 지역 본부를 싱가포르로 이전시키기를 희망하는 기업들을 위한 감세 조치와 창업대출도 있다. 빠르게 성장하는 아시아 태평양 지역에서의 싱가포르의 위치는 지원활동과 지역지식에 있어 매력적인 이점이 있다. 특허와 디자인, 노하우를 보호받는다. – 지적재산권에 관한 로열티는 가장 큰 (무역) 적자를 보는 서비스 부문이다. 기초 연구를 위한 자금은 National Medical Research Council (Singapore Totalisator Board에서 25% 자금지원)과 생의학연구의 발전을 촉진하기 위해 설립된 Biomedical Research Council(부수적인 Agency for Science, Technology and Research(A*Star)의 자회사)에서 조달 가능하다. 배아 줄기 세포 연구법의 환영은 연구와 개발을 더 많은 자유가 주어지는 관할지역으로 끌어들인다. 싱가포르와 전 세계의 인재들은 세계적 수준의 과학자들의 충분한 비축을 보장한다. 현지 의사들은 임상실험 과정을 도울 준비가 되어 있다. 의료와의 연결고리 또한 있다. (수술 · 의학 실험에 대해) 설명받은 후 동의를 한 싱가포르의 환자들은 외부에서의 일반적인 사용에 앞서 치료현장에서의 기술 혁신에 대한 접근이 가능하다.

[10 아시아의 건강 특구]

2007년, 동남아시아와 남아시아에 의료관광을 목적으로 방문한 사람들의 숫자가 약 3백만 명으로 집계되었다(Velasco, 2008). 그들 중 3/4는 성형수술을 받았다. 미용관광은 고관절이나 무릎관절 교체시술, 정밀 건강검진, 혈관형성술, 전립선 수술 등으로 대표되던 기존의 의료관광보다 더 많은 여행객들을 불러 모으고 있다.

이는 매우 경쟁적인 시장이다. 식민지배 시기에 있었던 싱가포르이 그 시기의 고급 의료행위로 처음 명성을 떨치기 시작했다. 그 지역의 다른 나라가 뒤따르기 시작했다. 2010년, 의료관광평가협의회(Medical Travel Quality Alliance)에서는 이 세상에서 의료관광을 떠나기 가장 좋은 곳의 리스트를 만들었는데, 상위 10개 선정지 중 최소 6개 이상의 대상지가 아시아에 있었다. Fortis Hospitals, Bangalore가 리스트의 최상위권을 주도하고 있었고, 싱가포르의 Glenagles과 콸라룸푸르의

Prince Court가 그 뒤를 따르고 있었다. 이 장에서는 아시아 4개 국가(두바이, 인도, 말레이시아, 태국)의 의료관광의 본질에 대해 논해볼 것이다.

지구는 평평하다. 뉴욕의 케네디 공항에서 멕시코시티의 후아레즈 공항까지 가는대는 불과 여섯 시간 정도밖에 걸리지 않는다. 뉴욕 케네디 공항에서 방콕의 수브라나부미 공항까지는 19시간이 걸린다. 19시간은 6시간보다 훨씬 긴 시간이다. 그러나 가격이나, 서비스의 품질이 더 매력적이라면 그 정도는 충분히 견딜만한 것이다. 이 국가는 이 지역에, 이 지역은 이 세상에 해답을 제공한다. 우리가 좋아하든 아니든 상관없이, 이러한 상호의존적인 관계는 이미 자유롭게 널리 벌어지고 있다.

10.1 두바이

페르시아 만에 위치하고 있는 두바이는 아랍에미레이트 연합의 7개 관할구역 중 하나이다. 인구는 약 1백4십만 명이다. 거주자들 중 약 20% 정도만이 UAE 국민들이다. 70% 이상의 거주자들이 남아시아에서 온 젊은 남성들이며, 두바이 인구의 평균 연령은 27세이다.

한때 UAE에서는 석유관련 사업이 국가의 주요 산업이었지만 지금 석유는 국가 총생산의 6% 가량만을 차지한다. 석유의 매장량은 앞으로 20년 이내로 고갈될 것으로 예측되고 있다. 현재, 이 국가의 가장 활발한 산업은 건설, 무역 그리고 금융관련 분야이다. 건강관련 분야는 작지만 잘 개발된 이 지역의 수입원으로 새롭게 주목받고 있는 분야이다.

역사적으로, 중동지역의 환자들은 국외에서의 치료를 선호하였다. 아랍권에서는 사람들을 만족시킬만한 고품질의 의료서비스를 제공하지 못했다. 하지만 상황은 많이 변하고 있다. 국가로부터 지원받고 있는 자유지역인 두바이 건강관리구역(Dubai Healthcare City, DHCC)은 2011년경부터 운영이 되고 있다. 이 시장은 아랍에미레이트 지역을 넘어서까지 확장될 예정이다. 두 개의 지역 항공사를 포함한 Emirates나 Etihad와 같은 많은 수의 항공사들이 두바이에 취항하게 될 예정이다. DHCC는 두바이 국제공항에서 불과 4km 정도밖에 떨어져 있지 않다. 아부다비로 가는 주요 도로 위에 위치하고 있고, 두바이 지하철이 새롭게 개통될 전망이다.

DHCC는 그 자체로 거대한 시장이자 온갖 기업들의 집합체가 될 것이다. 한 장소에 100명이 넘는 전문 클리닉들과 최소 9개 이상의 JCI인증을 통과한 개인 병원들이 자리 잡게 될 것이다. 또한 연구센터, 교육기관, 스포츠 의약, 미용 · 성형 수술, 국제회의 시설, 재활시설, 그리고 의료용 온천 등도 들어서게 될 예정이다. 호텔, 아파트, 각종 호반 시설, 저탄소 친환경 시설 등은 그곳을 휴양지 뿐 아니라 수술과 의료서비스를 위한 최적의 장소로 만들어 줄 것이다. 부근에 있는 유니버셜 시티와 타이거우즈 골프코스는 오락시설로써의 기능을 충실히 수행할 예정이기도 하다. 학문적인 성과를 위해서는 두바이 International Academic City에 기반을 둔 32개의 외국 대학교들이 유치될 예정이다. 이곳은 고등교육을 위한 세상에서 단 하나뿐인 자유구역이 될 전망이다.

DHCC에서는 외국인들이 재산을 소유거나 현지의 이익을 본국으로 송금하는 것에 대해 아무런 제약을 두지 않는다. 세금이나 관세도 없다. 사업자 등록절차를 간소화했음은 물론이고, 비자와 취업허가증에 논스톱 서비스를 제공하기도 한다. 국외의 숙련된 노동에 대한 개방정책 또한 실시되고 있다. DHCC는 그들의 이름이 잘 알려지지 않은 것이 도시개발에 불이익을 둘 것을 염두에 두어, 유명한 서비스 제공자들을 유치하기 위해 노력하고 있는데, 주요 유치 대상자들은 Mayo Clinic, Moorfields Eye Hospital, the German Medical Center, the Samsung Medical Center(한국병원 최초의 국외지점), the Boston University Dental Health Center, 그리고 the Harvard Medical School Dubai Center(두바이 하버드 재단이 재정을 지원하는 의료연구기관) 등을 들 수 있다.

Bumrungrad(Dubai World에 의해 지원되는 공공부분 소유 회사)는 미화 1천만 달러를 투자하여 250개의 병실을 갖춘 시설을 구축하는 것을 목표로 하고 있다. 이러한 유명한 기관들은 그곳 걸프지역에 장거리 환자뿐만 아니라 지역 환자들에게도 보스톤이나 영국, 방콕 등의 최상의 의료 서비스 수준을 제공한다. 그들의 존재는 현지인들에게 적재 적시에 필요한 서비스를 바로 공급받는 것을 가능하게 하고 있다.

어떤 병원들은 외국인들에 의해 운영될 것인데, American Academy of Cosmetic Surgery Hospital을 그 예로 들 수 있다. 다른 병원들은 현지인들이 소유하고 외국인들이 경영하는 구조를 가지고 있는데, Johns Hopkins international이 Al-Rahbah complex의 경영을 맡고 있는 것을 그 예로 들 수 있다. 소유권에 상관없이 외국 인력을 채용하는 것은 상당히 보편화된 일이다. 물론 두바이 현지인들로도 필요인력을 충당하기도 하고, 외부인들이 특정한 부분을 맡아 담당하는 형태로 본국을 오가는 형태가 될 수도 있다. 심지어 어떤 기관에서는 고용에 있어서 특정한 형태를 취하지 않는 경우도 있다. Dubai Medical Suites는 의료 전문가들이 특정한 병원에 고용되는 일 없이 수술장비를 포함하는 모든 장비를 활용하여 단기 진료하는 할 수 있는 형태의 기회를 제공한다.

두바이의 의료서비스는 미국이나 영국보다 더 저렴하다. 하지만 인도나 태국에서보다는 비싸다. 걸프 지역에서의 의료교육은 아직 잘 발달된 편이 아니고, 외국 전문가들은 여전히 부족하다. 두바이가 세계의 최고 수준의 전문의들을 계속 구함에 따라 전문의 유치비용은 계속 상승하게 될 전망이다. 외국에서 공부한 아랍어를 할 줄 아는 의료진을 다시 걸프 지역으로 데려오는 데는 매우 비싼 비용이 들어갈 것이다. 생활물가가 비싼 것도 이들을 유치하는데 걸림돌로 작용한다. 투자자들은 자신이 투자한 자본에 대하여 상당히 높은 수익률을 기대할 것이다. 국제 병원들은 그들의 명성과 참여에 대한 보상을 바랄 것이다. 이 지역의 석유에 대한 높은 의존도와 석유가격의 변화에 따라 급변하게 될 가격인상을 고려한 이익률 또한 반영되어야 할 것이다. 결국, 이 모든 부담은 소비자가 지게 되는 것이다.

두바이에서 심혈관 우회수술을 받는데는 미화 기준으로 약 4만 4천 달러가 든다. 싱가포르에서는 1만 8천5백 달러, 태국에서는 1만 1천 달러 정도이다. 다른 곳과 비교해서 상당히 비싼 가격은 두바이가 유치하려는 의료관광객들의 발걸음을 돌리게 만든다. 심지어는 아랍인들도 (의료서비스를 받기 위해) 독일, 태국 혹은 미국으로 꾸준히 그들의 발걸음을 옮긴다. International Medical Travel Journal에 의하면 UAE의 의료관광은 밖으로 나가는 사람들이 UAE를 찾는 사람들보다 더 많다고 한다(International Medical Travel Journal, 2008a). UAE의 의료관광객이 외국에서 쓰는 돈은 약 20억 달러 정도로 집계된다. 아랍권 국가의 보건위생 관련 부서들은 국제 의료 서비스의 가장 큰 손들 중 하나이다. 2006년에는 약 7만 명에 달하는 UAE 사람들이 태국에서 의료서비스를 받았다. 그들의 수익은 그만큼 UAE지역 병원들의 손실로 이어졌다. 아마도 UAE의 의료서비스가 제 값을 하지 못한다는 사람들의 인식을 바꾸는 건 쉬운 일이 아닐 것이다.

동아시아와 경쟁하는 것이 힘들다는 것을 자각한 두바이 보건복지부에서는 자신들의 의료 서비스의 가격에 걸맞은 품질과 풍요로움을 가져다 줄 수 있는 세계 정상급의 컨설턴트들을 끌어들이기 시작했다. 또한 그들의 의료 행위와 서비스의 랭킹를 공개하기도 했다. 이러한 일들은 DHCC의 이미지에 좋지 않은 영향을 미칠지 모르는 경쟁력이 없는 의료기관들을 시장에서 도태시킴과 동시에 DHCC의 5성급 병원들과 전문가들을 주목받게 할 것이다. DHCC는 병원들의 밀집, 경찰의 집중 관리, 그리고 수준 미달의 병원들을 재등록하게 함으로써 상당한 탄력을 받게 될 것이다. DHCC는 광고 등을 통해 그들의 청사진인 존엄과 신뢰를 표방하고 있다.

하지만 DHCC의 성공에 영향을 미치는 요소는 가격의 높고 낮음 뿐만이 아니다. 중동 지방에서는 높은 당뇨병 발생률과 고혈압, 고지방증과 흡연과 관련된 질환들을 쉽게 찾아볼 수 있다. 이 지역에서는 체중조절, 생활양식 상담, 예방의학 등에 관한 많은 일들이 밀려있는 상황이고, 이러한 일들을 하기 위한 전문가들이나 시설들이 이 지역에서는 태부족인 형편이다. 하지만 서구세계 사람들에게 발급되는 비자는 언제나 제한적이다. 많은 아랍사람들은(간호사나 의료보조원들이 거의 대부분 외국인들이라는 사실을 받아들인다는 전제 하에) 그들이 친숙한 환경의 스타일에서 서비스 받기를 원한다. 사람들의 소득이 늘어남에 따라 그들의 건강을 위해 지출하는 비용 또한 늘어나고 있다. 이와 동시에 80%의 UAE 거주자들이 자국민이 아니라는 점도 고려되어야 할 것이다. 그들은 국가에서 제공하는 의료보험의 대상자들이 아니다. 만약 이들을 위해 고용주로 하여금 의무적으로 사보험에 가입시키도록 하는 법안이 통과된다면 거대한 시장이 만들어질 것이다.

두바이는 큰 그림을 그리고 있다. 문제는 아랍의 다른 국가도 두바이만큼이나 큰 그림을 그리고 있다는 점이다. 태국의 방콕이나 인도의 첸나이에서 오는 위협과는 관계없이 그들은 같은 사업모델을 통한 같은 사업을 꿈꾸고 있어 결국 그들은 서로의 시장 점유율을 잠식해 나가게 될 것이다.

일례로, 미화 16억 달러에 달하는 바레인의 Dilmunia Health Island를 들 수 있다. Health Island는 무하라크의 간척지에 세워진 매력적인 휴양지이다. DHCC처럼 이곳에서도 다양한 종류의 병원, 성형외과 의사, 대체의학, 당뇨병 전문가, 5성급 호텔 등이 자리 잡고 있다. 슈퍼마켓, 영화관, 레스토랑 등도 입점할 계획이다. 1박에 미화 1천5백 달러 정도 하는 Banyan Tree Al Areen이라는 사우나 시설 역시 들어설 계획이다. Dilmu는 에덴동산의 옛 이름이지만, 낙원은 싸구려 상품이 아닌 모양이다.

카타르 역시 같은 시장을 원하고 있다. 도하의 Hamad Medical City는 중동에서 두 번째로 큰 의료센터 개발프로젝트이다. 이러한 경쟁에 오만도 뛰어들었다. Barvaria Medical Group에서는 카타르 항공과 오만 정부와의 제휴를 통해 그들 소속의 의사들이 독일에서 직접 날라올 수 있도록 하고 중증 또는 복잡한 치료를 위해서는 바로 독일로 날아가 전문가들과 협의할 수 있는 시스템을 구축했다. 이 협약에 참여하는 지역 항공사들은 이러한 상호 협조를 통하여 독일과의 양방향 의료관광이 자신들의 목표한 바대로 이루어질 것으로 예측하고 있다.

걸프만에서는 이미 38개의 병원이 JCI인증을 받은 상태이다. 이들 중 리야드에 있는 King Saud University Medical City와 제다의 Dr.Soliman Fakeeh Hospital(세계 최고 수준의 체외수정 기술을 가졌다고 평가받고 있다)을 포함한 19개 병원은 사우디아라비아에, 5개는 아부다비에 있다. Cleveland Clinic은 특정 분야들에 특성화된 병원을 열 계획이고, Parkway는 Danat Al Emarat Women and Children' s Hospital을 직접 운영할 계획이다. Johns Hopkins는 Tawam Hospital을 10년 동안 운영할 계약을 체결하였다. 두바이 정부는 자신의 비즈니스 실행조직인 Dubai Holding을 통해 DHCC의 인프라와 장기적인 전략을 구축하는데 많은 투자를 하고 있다. 이는 이미 이 지역 내에서 선두주자인 사우디아라비아와 아부다비와 효율적으로 확장을 조화시킬 수 있을 것이다.

이러한 중동지역의 경쟁 속에서 요르단은 한 걸음 뒤로 물러나 있는 상태이다. 그들의 낮은 투자와 관심에도 불구하고, 아랍에서 오직 이 국가만이 국외 의료관광객으로부터 올리는 수입이 내국인 환자들이 국외에서 지출하는 비용보다 더 많다. Jordan Enterprise Development Corporation은 2009년 한 해 동안 의료관광을 통한 연 매출이 14억 달러쯤 될 것으로 추산하고 있으며, 이는 매해 약 10% 가량 성장하고 있는 것으로 보인다. 의료관광객 22만 명 중 대부분의 고객들은 이라크, 수단, 예멘(이들 국가는 건강담당 외교관이 있다)에서 오고 있으며, 일부는 미국이나 영국 쪽에서 오기도 한다. 국외거주 자국민의 숫자를 제외하면, 순수 외국인은 약 12만 명 정도 될 것으로 추산된다. 대다수의 환자들은 (60개 중 48개에 해당하는 숫자) 개인 병원에서 치료를 받은 것으로 파악되고 있고, 그들 중 4개는 JCI인증을 획득한 상태이다. 요르단에서의 개인병원의 평균 병실 가동율은 약 64% 정도밖에 되지 않는 것으로 알려져 있고, 따라서 더 많은 환자를 받는

데는 특별한 문제가 없는 상황이다. 아랍인들 중 아랍에 남고 싶어 하는 사람들은 요르단으로 가는 선택을 할 수 있다. DHCC는 아랍인들에게 새로운 대안을 제시하려는 힘겨운 투쟁을 벌이는 중이다.

10.2 인도

보스턴 출신으로 1983년에 Apollo Hospital을 최초로 세운 Prathap Reddy 박사는 다음의 글로 자신의 비전을 묘사하고 있다.

> 의료시스템이 인도가 지식과 경제로 무장된 선진국으로 나아가는 올바른 추진력을 얻는 촉매재가 되는 것을 보는 것이 나의 꿈이다…. 인도의 전체 의료서비스 시장은 빠르게 성장 중이고 국가 GDP의 6.5%를 차지하고 있으며, 앞으로 10년 안에 8.5% 정도로 늘어날 전망이다. 현재, 인도의 보건은 예측 가능한 미래의 가장 큰 고용창출원이 될 것으로 보인다. 병원에서 침대 하나가 늘어난다고 할 때 5개의 직접적인 고용이 창출되고, 205개의 간접적인 고용이 창출된다. 이러한 고용의 창출은 인도를 세계에서 가장 빨리 성장하는 국가로 만들어줄 것이다(Apollo Hospitals Group, 2008. 12).

레디박사는 의료시스템을 부와 고용을 이끌어내는데 있어서의 가장 중요한 요소로 여기고 있다. 다른 기관에 의하면 의료시장은 그들의 목표를 달성하는 데 별다른 어려움이 없을 것이라고 예견하고 있다. 인도 전경련(Federation of Indian Chambers of Commerce and Industry)에 의하면 의료서비스 부분의 규모는(의료보험을 포함하는) 현재 221억 달러 규모에서(전체 GDP의 5.2%) 오는 2012년에는 500억 달러에서 690억 달러까지(각각 전체 GDP의 6.2%, 8.5% 에 해당한다) 증가할 것으로 예측하고 있다(Chinai and Goswami, 2007). 2008년에 6억 5천만 달러에서 8억 9천만 달러로 추산된 의료관광의 수입은 연 30%의 성장률을 보이며, 2010년에는 10억 달러 그리고 2012년에는 18.7억 달러에서 22억 달러의 수입을 올릴 것이며, 이는 의료서비스 부분의 성장에 중요한 일익을 담당할 것이다(Velasco, 2008: 14). 만약에 그렇다면, 인도는 아마도 아시아를 찾아오는 전체 의료관광객의 절반을 유치하는 셈이 될 것이다. 2008년에는 27만 명과 45만 명 사이로 추정되는 국외환자들이 인도에서의 의료서비스를 희망하고 있고, 2012년에는 이는 70만 명으로 증가할 것으로 추정된다. 이 추정치는 이후에는 더욱 성장할 것으로 기대된다.

인도로 오는 국제 의료관광객들은 45개의 병원에서 서비스를 제공받는데, 그 중 11개 병원은 JCI인증을 획득하였다. 그들의 뛰어난 의료서비스가 의료관광객을 유치하는 의심할 나위 없는 가장 큰 이유이지만 서구에서 오는 관광객들이 인도를 찾는 가장 큰 이유는 가격 때문인 것으로 보인다. 인도에서의 심장판막교체술은 약 1만 달러 정도 소요되는데, 미국에서는 20만 불 정도가 필요하다. 인도에서는 비금속 치아 브릿지는 약 5백 달러 정도의 비용이 요구되지만 미국에서는 5천5백 달러 정도가 필요하다. 인도는 최저가 서비스를 제공한다. 인도의 다른 지역들은 더욱 더 효율적인 가격의 서비스를 제공한다. 케랄라의 의료서비스는 델리나 뭄바이의 절반 정도밖에 안 되고, 첸나이와 비교해도 3/4 수준이다. 인도의 인구 구성 또한 노동비용을 감소시키는데 도움을 주는데, 이는 11억 명에 달하는 인도인구의 절반이 25세 이하라는 점에 기인하며, 따라서 이는 그 노동력들의 숙련도 역시 상당한 수준이라는 것을 의미한다. 따라서 많은 수의 의사들이나 간호사들은 언제나 공급이 가능하며 임금도 매우 저렴하다. 그래서 인도에서는 수술이 24시간 내에 언제고 가능하다. 이러한 점은 대단히 중요한 장점 요인으로 작용한다. Reddy 박사는 심장우회술을 위해서 6개월 이상을 기다려야 한다면 그것은 환자에게 필요 없는 것이나 마찬가지라고 하였다(Reddym quited in Demiceo and Cetron. 2006: 527).

Artemis Health Institute, Max Healthcare 그리고 Delhi Heart and Lung Institute처럼, 크기가 좀 더 작은 경쟁자들도 있다. Wockhardt는 여섯 개의 병원을 소유하고 있는데, 그중 2개는 JCI인증을 획득하였다. Fortis는 13개를 가지고 있고, 이 외에도 Escorts Hospitals chain을 소유하고 있다. 하지만 현재 시장을 주도하고 있는 가장 영향력 있는 병원은 Apollo이다.

Apollo Group은 43개의 병원에 7,500개의 병실을 가지고 있다(그 중 6개가 JCI인증을 받았다). 병원들 중 일부는 방갈로, 쉐나이 같은 대도시 근처에 위치하고 있고, 다른 병원들은 푸네, 란치나 마이소르와 같은 작은 도시에 위치해 있다. 그룹은 1,000여 개의 이상의 약국을 소유하고 있는데, 약국은 98%의 약이 비공식적으로 구매되는 이 나라에서 가장 잘 성장하고 있는 분야 중 하나이기도 하다. Apollo는 병원과 간호학교의 네트워크를 구성하고 있다. 그들은 구급 항공기 서비스를 제공하기도 하고, 100개가 넘는 원격진료센터를 운용하고 있기도 하며, 의료보험에서(Munich RE와의 협조를 통해) 활발한 활동을 하고 있기도 하다. 또한 그들은 은행과 Reddy가(家)가 소유하고 있는 막대한 지배지분을 통한 자금원을 손쉽게 확보하고 있는 상태이다. 환자들은 신속히 입원할 수 있고 병원의 가동률은 약 80%에 달한다. 병원에서는 더 많은 병실을 확충하고 있고, 환자들의 퇴원 주기는 점점 더 빨라지고 있다. 환자들의 평균 입원기간은 약 5.9일 정도이다.

Apollo Group은 인도의 가장 큰 사설 의료서비스 제공업체이다. 회사의 위치는 첸나이에 있고, 첸나이는 국외에서 오는 모든 의료관광객 중 45% 정도를 유치하며 국내 의료수요의 40% 정도를 충당한다. Apollo의 가장 유명한 병원은 아마도 델리에 있는 Indraprastha Hospital일 것이다. 약 30% 정도의 Apollo Group의 수입이 의료관광에서 창출되는데, 이는 연간 2백만 명 정도의 외국 환자들을 치료한다. 서유럽과 미국에서 오는 환자들이 점점 늘어나고 있는 가운데, 많은 수의 환자들이 방글라데시, 부탄, 네팔, 스리랑카, 파키스탄과 남아시아의 여러 지역에서 몰려들고 있다. 아프가니스탄, 중동, 그리고 아프리카 까지도 모두 이들의 고객리스트에 포함된다. 병원의 주방에서는 스테이크, 피자, 이라크음식, 심지어는 유대인들을 위한 식단까지도 준비 가능하다. 뿐만 아니라 이곳에서는 모리셔스나 세이셸에서 온 인도인들도 종종 눈에 띈다. 70%에 달하는 이곳의 의사들 또한 인도가 아닌 다른 곳에서 의료교육을 받았거나(대부분 미국, 영국이나 호주이다) 그곳에서 의료행위를 한 경험이 있다.

Apollo는 방글라데시와 스리랑카, 두바이, 모리셔스, 피지, 예멘, 탄자니아의 병원들과 협력관계를 유지하고 있고, 이러한 협력관계를 나이지리아, 가나, 레바논, 그리고 쿠웨이트까지 확장시킬 전망이다. 이러한 조치들은 해당 지역 주민들에게 자신들의 서비스를 받기 위하여 국외여행을 하는 것 이외의 다른 대안을 제공할 뿐 아니라 제3세계에서 방문하는 의료 여행객들에게 경쟁력 있는 의료서비스를 제공하는 방안이기도 하다.

국외에 네트워크를 구축하는 의료기관은 Apollo 외에도 여럿이 있다. Kerala Institute of Medical Science는 걸프만에 있는 KIMS Bahrain Medical Center를 운용하고 있고, Narayan Hrudayalaya는 멕시코에 관심을 보이고 있고, 케이맨 섬(플로리다에서 불과 52분 거리이다)에 2,000석 규모의 병원과 의과대학을 포함한 지원(院)을 내는 것 또한 염두에 두고 있다. 싱가포르 또한 외부 의료네트워크를 구축하고 있으며, 인도 역시도 그들의 외부 협력 네트워크를 구축하는데 노력을 기울이고 있다.

10.3 말레이시아

말레이시아 또한 의료관광에 의욕적으로 참여하고 있다. 말레이시아의 보건부는 국가 내에 있는 224개의 개인병원 중 32개를 국외고객 유치 경쟁을 위해 전략적 개원을 추진하였다. 이러한 병원들에는 말라카의 Mahkota Medical Centre, 자야섬의 Sunway Medical Centre와 같은 유명한 병원들도 포함되어 있다. 페낭섬에는 Gleneagles Intan Medical Centre와 Penang Adventist Hospital이 있다. 쿠알라룸푸르에는 Subang Jaya Medical Centre와 Prince Court Medical Centre가 있는데, Prince Court는 정부의 석유와 가스 회사인 Petronas의 소유이다. 이는 비엔나 의과대학과 오스트리아에 있는 Vamed Engineering Group의 공동 경영으로 운영되고 있다.

말레이시아의 의료서비스는 치료에서 미용까지 다양한 분포를 보이는데, 이들의 치료분야에는 Tun Hussein Onn National Eye Hospital, Selayang Hospital, NCI Cancer Hospital 그리고 National Heart Institute와 같은 유명한 의료기관들이 있다. 미용에 관한 의료적 절차를 위해 국가 전지역에 성형외과가 두루 존재한다. 페낭 전체 외국인 환자 중 23%에 달하는 사람들이 이 분야에 속한다 할 수 있다.

항공사와 공공부분의 시원을 받는 병원들은 국내 의료관광을 증진시키기 위해 MHTC(Malaysian Healthcare Travel Council)를 조직했다. www.hospitals-malaysia.org나 www.malaysiahealthcare.com과 같이 여러 병원에 대한 다양한 정보를 제공하는 인터넷 포털사이트들도 생겨났다. JCI인증을 받은 병원은 말레이시아 단 세 개뿐이라는 점에도 불구하고, 전체 병원 중 절반은 ISO인증을 통과하였고 83개는 지역 인증인 MSQH인증을 받았으며, 모든 병원들은 말레이시아 보건부의 감사를 통과하고 자격을 취득하였다. 말레이시아 보건부서는 MSQH의 3개 주요 파트너 중 하나이다. 나머지 둘은 APHM(Association of Private Hospitals of Malaysia)와 MMA(Malaysian Medical Association)이다.

2001년의 외국환자의 수는 7만 5천2백1십 명에 그쳤지만 2008년에는 37만 명으로 집계되었다. 그들은 766억 달러의 매출을 창출해냈고, 연 성장률은 매년 25%에서 30%에 달한다. 약 70%에 달하는 외국 환자들이 인도네시아에서 오고 있다(특히 인접지역인 수마트라, 리아우, 자바섬에서 오고 있는데, 하루 안에 상담과 오후에 비즈니스까지 포함하는 일정을 쉽게 계획할 수 있다). 또 다른 10%는 싱가포르에서 오고 있고, 5%는 일본에서 오고 있다. 영국, 미국, 호주 그리고 중동에서 오는 환자의 비율과 숫자는 점점 늘어나고 있는 추세이다. 기존의 장점들을 유지한 채로 환자들을 더욱 더 유치하기 위해 말레이시아에서는 입국절차의 자유화라는 방안을 내놓았다. 외국에서 진료받기 위해 오는 환자들은 6개월간 머무를 수 있게 된다.

싱가포르와 말레이시아는 인도네시아 시장을 두고 서로 경쟁을 벌이고 있다. 20만에서 1백만 명의 인도네시아인들이 의료서비스를 받기 위해 국외로 나오고 있다고 추산됨에 따라(그들은 총 지급액은 총합 10억 달러 정도일 것으로 잠정 집계된다) 이 시장에는 양 국가를 위한 충분한 수요가 존재한다. 말레이시아는 문화적, 언어적 연대감을 높이는데 있어서 앞선 출발을 했다고 평가된다. 그것과는 별개로, 요양단계에 있어서의 레져 활동이나 숙박서비스 제공이 상대적으로 덜 비싼 편이다. 말레이시아의 의료서비스는 싱가포르보다는 더 저렴한 편이다. 양 국가 모두 영어뿐만 아니라 말레이어, 아랍어, 만다린(중국어), 일본어로 의사소통이 가능하고, 환자를 위한 충분한 수용능력을 갖추고 있다. 말레이시아 사설 병원의 병실 수용률(내국인과 외국인을 합친 비율)은 약 80%이다. 외국 환자들이라고 해서 국내 환자를 밀어내는 일도 없으며, 대기시간은 아무런 문제가 되지 않을 정도의 수준이다.

10.4 태국

식민지시기에 싱가포르는 이 지역에서 주도적인 역할을 맡는 나라였다. 싱가포르는 태국에 2001년에 추월당했다. 2008년, 약 1백50만 명에 달하는 외국인들이 태국에 의료 서비스를 받으러 왔는데, 그 중 30만은 아시아에서, 25만은 유럽에서, 15만은 중동에서(5년 전엔 2만 명에 불과했다) 그리고 나머지는 기타 여러 국가에서 방문했다. 비율로 분류하자면, 23%가 일본인이고 10%가 동남아시아인들이고, 11%는 미국인, 19%가 유럽인이다(Teh, 2007: 3). 의료관광은 연간

25%에서 30% 정도 성장하고 있으며, 2006년에는 국가 총생산 중 11억 불을 차지하고 있었다.

태국은 의료서비스를 전 아시아를 대상으로 서비스 하는 국가이다. 개략적인 그림을 그려보면, 2007년에는 3만 6천 명의 환자가 미얀마로부터 왔고, 그 외의 많은 숫자가 라오스, 캄보디아, 방글라데시, 그리고 이 지역의 다른 저개발국가로부터 유입됐다. 한편, 미국과 유럽으로부터의 상당수의 교류가 있는데, 이는 미국 달러의 약세로 항공료 포함하고 난 뒤에도 태국의 의료서비스가 가격 경쟁력을 가질 수 있기 때문이다.

태국의 471개의 병원은 모두 사설로 운영되며, 그 중 33개는 국제 비즈니스에 긴밀히 연관되어 있다. 성형수술과 치과 진료과목이 주요 진료 과목이다. 성전환 수술은 외국인들 사이에서 가장 인기 있는 10개 진료과목 중 하나이다 (Demicco and Cetron, 2006: 29). 가장 유명한 병원으로는 Bangkok Hospital Medical Center, Samitvej Sukumvit Hospital 그리고 Bumrungrad International Hospital을 들 수 있는데, 이 3개의 병원은 모두 JCI인증을 받았는데, 이 인증은 미국의 제3지급사(보험회사)들이 필요로 한다. 효과적이게도 모든 의사는 태국인들이고, 그들의 의사 자격시험은 태국어로만 진행된다. 지난 25년여 동안 태국의 의사자격시험을 통과한 외국인은 7명이 채 되지 않는다. 하지만 이는 오직 내국인만 의사자격을 취득 할 수 있게 한 일본의 외국인 의사숫자보다는 더 많은 숫자인 것이기도 하다.

이러한 정책은 양날을 가진 검으로 작용하고 있다. 태국어를 하는 의사들은 지역 주민들과 의사소통이 편리하지만 국제 의료관광객들은 그들의 언어를 능숙하게 하고 그들의 문화적 신호 등을 빠르게 짚어낼 수 있는 의사를 선호한다. 사실상 모든 태국 의사들이 영어는 상당히 능숙한 편이고, 모두가 그런 것은 아니지만 상당한 숫자의 의사들이 아랍어, 한국어, 그리고 스페인어로 의사소통이 가능하다. 하지만 외부로부터의 의료진 유입이 거의 불가능하기 때문에 외국의 기술이나 인력을 활용하기 위해서는 의사들이 직접 국외로 나가서 기술을 배우는 방법밖에 없다.

> 내부 투자는 제한적이다. 태국의 몇몇 병원들은 외부 자본과 융합되어 있지만, 아직 그러한 혜택은 방콕 쪽에서만 편중되는 편이고, 외국인들의 수익은 최대 49%를 넘지 못하도록 법으로 엄격히 제한되고 있다. 한편, 내국인들은 소유 지분에 대한 이익을 빠르게 회수할 수 있을 것으로 보인다. 국외투자자들 중 가장 많은 투자를 한 사람들은 일본과 싱가포르 사람들이다. 개인 의료 부분에 있어서의 외국인 직접투자(FDI)는 전체 외국인 직접투자의 3% 정도에 해당한다(Arunanondehai and Fink, 2007: 13).

개인병원들은 불균형적으로 방콕에 밀집되어 있는 모습을 보이는데, 방콕에는 태국 전체 병원의 43.3%가 모여 있다. 이러한 과밀은 병원 간의 과도한 경쟁으로 이어지며 가끔은 병원들의 경쟁력을 악화시키는 요인이 되기도 한다. 이러한 시장의 포화상태는 필연적으로 분산을 유도하는 경제적인 요인을 발생시키게 되는데, 이러한 요인에는 항상 작용과 반작용이 따라오게 되어있다. 이익을 찾아 움직이는 병원은 수요는 많지만 공급이 부족한 상업적으로 가치 있는 지역을 찾게 되는데, 그러한 지역의 예로는 라용과 촌부리같은 산업화된 동부 해안가에 있는 지역을 들 수 있고, 또 후아힌이나 무크다한과 같은 빠른 속도로 성장하고 있는 인도차이나 반도 부근의 국경지역 또한 좋은 예이다.

Bangkok Hospital Medical Center는 Bangkok Dusit Medical Service PCL의 일원이다(Dusit은 태국의 가장 큰 체인 병원이기도 하다). Bangkok Hospital은 4개의 기관에 600개의 병실을 갖추고 있다. 40% 정도의 환자가 외국인이며, 2007년에는 134개국에서 온 약 14만 명에 달하는 외국인 환자들이 이 병원에서 치료를 받았고, 이때의 매출액은 약 5천3백만 달러에 달했다(Velasco, 2008: 15). 확장세는 가파르게 상승 중이다. 몇 년 안에 국제 비즈니스는 지금보다 50% 더 성장할거라는 예측이 지배적이다.

많은 환자들이 중동, 특히 걸프만으로부터 방문하고 있다. 그룹에는 일본의 병원들도 포함하고 있는데, 이들은 일본어를 구사하고 일본에서의 경험을 가진 태국 의사들로 구성되어 있다. Bangkok Hospital은 신경 관련 질병에 Gamma Knife 요법을 처음으로 도입한 병원이다. 그들은 응급용 헬리콥터를 태국, 라오스, 캄보디아의 전 지역을 대상으로 가동하고 있다. 응급 헬리콥터에는 필요한 모든 의료 장비가 갖추어져 있으며, 승무원들은 심박 정지, 화상, 혹은 산부인과 등에 관련한 의료 기술을 습득하고 있다.

태국과 Bangkok Hospital Group은 푸켓, 파타야, 코창, 코사므이와 같은 해변지역에 자신들의 의료관광 시장을 확대시키려는 계획을 가지고 있다. 태국을 벗어난 다른 지역에서는 새로운 고객을 유치하기 위한 각종 노력이 진행 중이다. 네팔에는 Bangkok Hospital의 이러한 노력의 일환으로 요양센터가 건립되었고, 이는 이러한 사전조치가 없었다면 인도로 갔었을 환자들을 유치하는데 성공요인으로 작용했다. 캄보디아에는 Royal Phnom Penh Hospital과의 합작이 진행 중인데, 캄보디아의 최상위계층에 해당하는 고객들에게 태국의 의료서비스를 현지에서 그대로 제공하는 것이 목표이다. Bangkok Dusit(같은 계열사인 방콕항공사의 지원을 받는 회사이다)은 Royal Ratanak Hospital과 같은 형태의 계약을 체결했다.

Samitijev Group은 방콕 지역에 다수의 병원을 가지고 있는데, 그들의 고객 중 40% 정도의 환자들은 외국인이다(Deloitte Center for Health Solutions, 2009: 1). Samitivej Sukhumvit는 국외에서 오는 환자들에 대한 막대한 경험을 축적했다. 270개의 병실과 87개의 의료검사장비와 400명의 전문의를 갖추고 있다. 이 그룹은 또 공항과 시라차, 그리고 람차방 항구에서 가까운 스리나카린에서 병원을 운영하고 있다. Samitivej Group은 Samitivej Srinakarin Children's Hospital의 전문 의료서비스를 제공 중인데, 이는 아동을 대상으로 하는 사설병원으로써는 태국 최초이기도 하다. 대부분의 태국 병원들은 사설병원이다.

Bumrungrad International Hospital in Bangkok은 동남아에 있는 가장 큰 사설병원이다. 아시아에서 가장 먼저 JCI인증을 받은 병원이기도 하며(2002년) 554개의 입원환자용 병실을 갖추었고 1백만 제곱미터의 건물 면적을 가지고 있다(www.bumrungrad.com). 1천 명의 의사가 Bumrungrad의 패널로 일하고 있으며, 1/5 가량은 미국에서 학위를 취득한 의사들이다.

병원의 간부급 의사 또는 매우 적은 숫자의 의사만이(Internatoinal Medical Coordination Office에 있는 병원에서) 직접 고용되어 있고 월급을 받는 정규직으로 고용되어 있다. Bumrungrad의 또 다른 200명이 정규직으로 계약이 되어 있긴 하지만 그들의 수입은 전문가 감정료에 의해 결정된다. Bumrungrad의 다른 의사들은 그들의 근무시간을 병원과 다른 기관에 나누어서 보낸다. 그들의 급여는 환자에게 진료를 보는 숫자에 맞추어서 결정된다. 일반적으로 대중들에게는 의사개개인의 실력보다는 병원의 이름이 더 잘 알려져 있다. 또한 병원의 명성이 의사들의 이름보다 우선시 되는 경우가 더 많기도 하다. 환자들은 병원을 의사보다 우선시해서 그들의 의료기관을 선택하며, 병원이 환자의 이름을 대기자 목록에 등록시키고 나서야 그들을 진료할 의사를 고르기 시작한다.

2007년에는 120만 명 정도의 환자가 Bumrungrad에서 치료를 받았다. 그 중 43만 명은 외국인이었고 6만 명은 미국인이었는데, 미국인의 절반은 미국 영외 거주자였다. 그 중 나머지 절반은(전체의 25%는) 태국에서 의료서비스를 받으러 온 의료관광객들이었다. 여기서, 가장 큰 외국인 환자 그룹인 미국, 일본, 그리고 아랍 에미리트인들을 제외한 나머지들은 이 나라에 체류하는 동안 무계획적으로 의료서비스를 경험하는 관광객들이다. 세계의 190개 국가 환자들이 그들의 병원에서 의료서비스를 제공받았고 외국인 환자의 비율은 상당히 높은 편이다. Bumrungrad는 싱가포르에 있는 전체 병원을 합친 숫자보다 더 많은 수의 외국인 환자를 진료한다. 그들은 그들이 제공하는 낮은 의료수가에 이끌려온 몇몇 싱가포르 사람들에게도 의료서비스를 제공하기도 한다.

2007년에 Bumrungrad는 1억 1천만 달러를 국외 고객들을 통해 벌어들였는데, 이는 그들 이익의 절반가량을 외국인들이 책임지고 있다는 뜻이기도 하다. 약 75%의 고객들이 자신의 의료비용을 직접 지급한다. 그들의 소득 중 25%가량만이 보험회사나 회사의 계약 등에 의해 지급된다. 한 가지 주목할 점은, 악성 부채는 별로 큰 문제가 되지 않는다는 점인데, 대부분의 환자들은 그들의 의료비를 현금이나 신용카드로 결제하기 때문이다.

Bumrungrad는 내국인들에 의해 운영되고 있고, 영리를 위해 진료한다. 그들은 태국의 주식시장에 상장되어 있으며, 주요 대주주들은 방콕은행과 Sophonpanich가(家)이다. 반면, 경영 관리팀은 미국, 영국, 호주, 그리고 싱가포르와 태국인들을 포함하는 다양한 국적의 사람들로 이루어져 있다. 경영 책임자들 중 절반은 의사 출신이며, 나머지들의 대부분도 의료기관의 관리자로 일한 적이 있는 사람들이다. 의사로써의 배경을 가졌지만, 사업의 일환으로 그들은 경쟁과 소비자 만족을 주요 지표로 삼고 있다.

Bumrungrad는 환자에게 다양한 편의서비스를 제공하는데, 맥도날드, 스타벅스, 그리고 초밥 등을 제공하기도 한다. 그들은 음식을 직접 환자들의 병실에 배달해주며, 대리석 바닥과 분수, 정복을 착용한 간병인들은 Bumrngrad를 고급 호텔처럼 만들어준다. 코끼리 탑승체험, 템플스테이, 요리 강습, 해변가 요양 등은 로비에 있는 여행전담 부서를 통해 얼마든지 예약 가능하다. 이 외에도 고속 인터넷 등의 서비스가 있으며, 환자 본인 뿐 아니라 주변 간병인들에게도 완벽한 서비스가 제공된다. 다른 모든 태국의 주요 병원들과 마찬가지로 전화를 통한 통역서비스 또한 제공되며, 이민 관리센터 또한 갖추고 있어서 비자 연장을 위해서 환자가 먼 거리를 이동할 필요가 없다.

Bumrungrad는 1980년도에 태국의 중산층들을 위해 개원했었다. 태국 경제가 성장함에 따라 그들의 소득도 늘어만 갔다. 아시아 경제 위기로 타이 바트화의 가치가 폭락하게 되자 몇몇 병원들은 그들의 자리를 정리해야 했고 Bumrngrad 또한 고객 유지를 위한 투쟁을 벌이는 처지에 놓이게 되었다. 더 이상 자국민의 수요만 가지고는 그들의 소득을 유지하기 어렵게 되자 그들은 떨어진 그들의 환율을 국외의 고객들에게 적극적으로 어필하기 시작했다. 태국은 이미 관광지로 유명한 곳이었고, 2001년도에 중동에서 일어난 각종 테러는 그동안 의료관광지로 주목받던 미국이나 유럽을 중동고객들로부터 발걸음을 돌리게 만들었고, Bumrungrad는 이러한 중동고객들에게 좋은 대체재로 떠오르기 시작했다.

Bumrngrad는 의료시장 장악을 위해 더욱 더 적극적인 행보를 보였다. 캄보디아, 호주, 우크라이나와 예멘에 23개의 국외 사무소를 설치했다. 그러한 지점에서는 병실예약과 의료상담을 전담케 했고, 타이 항공사와 자회사인 체크인, 진료 예약 서비스를 제공하는 Royal Orchid Holidays사와 연계하는 체계를 갖추었다.

싱가포르 병원들과 함께 Bumrungrad는 국외에 있는 병원들에 투자했는데, Bumrungrad의 경영에도 어느 정도 참여하고 있는 마닐라에 있는 Asian Hospital and Medical Center의 40%의(단일 주주로서는 최대) 지분을 소유하고 있다. 또한 아부다비에 있는 Al Mafraq Hospital 과의 경영권 계약을 맺고 있으며 Dubai Bumrungrad를 세울 계획을 가지고 있는데, 이 병원 지분의 49%와 경영권을 소유할 계획이다. 이러한 네트워크들은 환자를 방콕으로 보내는 역할을 한다. Piyavate Hospital을 예로 들면, 그들은 오만에 있는 병원들을 통해서 국외 고객들을 유치 중이다.

Bumrungrad가 성공적일 수 있었던 것은 그들의 가격 경쟁력에 기인한다. 탈장 수술을 받는데 미국에서는 9만 달러가 들지만 태국에서는 1만 달러면 충분히 치료가 가능하다. 룸서비스와 의료수가는 같은 서비스를 제공하는 미국이나 싱가포르와 비교했을 때 훨씬 더 저렴하다. 장기 입원환자는 그들의 치료에 얼마가 들지 계산해주는 온라인 서비스를 이용할 수 있으며, 이러한 온라인 서비스는 지금까지 환자가 이전에 진행되었던 40개 이내의 절차를 작년과 비교하여 표시하여주며, 또한 현재까지 지급한 금액이 얼마인지(45가지의 통화로 표시해준다) 환자에게 알려준다. 이러한 서비스는 가장 저렴한 서비스와 가장 비싼 서비스를 분리하여 환자에게 알려주기까지 하지만, 정확한 가격은 환자의 치료가 완료되어 퇴원하기 전까지는 알기 어렵다.

그들의 가격책정은 상당한 경쟁력을 가지고 있는데, 그 이유 중 하나는 그들의 내부 효율성 때문이다. 그들의 관리 작업은 전산화가 잘 되어 있는데, 이는 미국의 병원 중 13%만이 환자의 기록을 전산화되어 있는 것과 비교해 볼만한 점이다. 와이파이는 매우 일반적으로 사용되고 있고, 병원 스태프들은 개인 자료나 의료 기록들을 병원의 어디에서나 언제든지 접근할 수 있다. 국외로 기록을 받거나 보내는 데는 인공위성까지도 사용되고 있다.

의료물품들은 기록을 위해서 바코드화되어 기록된다. 컴퓨터를 이용하여 잘못 조제되거나 분배된 약이 환자에게 가지 않도록 제어한다. 전문의들이 12시간 동안 근무를 서지만, 전문의에게 가기 위해 꼭 일반의의 진료를 먼저 받을 필요는 없다. 하루에 16시간 이상 사용가능한 150개의 의료상담실을 갖추고 있으며, CAT스캐너는 하루에 12시간 이상 사용 가능하다. ECG기계는 하루에 100회 가량 사용 가능하다. Bumrungrad는 세계에서 수용 능력이 가장 좋은 병원 중 하나로 손꼽히는데, 하루에 약 6,000명의 환자를 수용할 수 있다.

10.5 지구는 평평하다

중국도 10여 년 안에 의료관광의 목적지로 떠오를 것으로 보인다. 상하이에 있는 Renai Hospital에 있는 Renai International Patient Center는

(2001년 개원) 이미 4천 명의 환자들에게 성형수술을 하고 있다. 대부분의 사람들이 유럽이나 미국에서 왔다. 얼굴성형을 하는데 드는 비용은 미국이나 유럽에서 하는 비용의 1/4가량에 불과하지만 의료서비스의 품질은 MIT와 연계되어 일정 수준 이상으로 보장되어 있다. RIPC는 10개 분야의 전문의를 두고 있는데, 예약 상담은 24시간 동안 가능하며 중국의사뿐만 아니라 영외거주 중인 의사에게 진료받는 것 또한 가능하다.

중국은 의료서비스와 치과 관련 서비스를 제공할 수 있다. 또한 그 성장세가 무척 빠른데, 중국 내 소비자들의 소득이 점점 증가되고 있고 중국 내 저축이 빠르게 증가함에 따라 대형 플랜트를 건설하기 위한 자본으로 쉽게 변환되는 점이 그 이유이다. 최첨단의 새 병원들이 새롭게 떠오르는 이 시장을 선점하기 위해 몰려오고 있다. 고등교육이 확산됨에 따라 양질의 인재가 충분히 공급되고 있다. 싱가포르는 자신들의 주도적인 위치를 잃지 않기 위하여 노력할 것이 분명한데, 그들의 중국 고객들로부터의 브랜드 충성심을 잃지 않기 위해 이 분야의 개척자로서의 기득권을 최대한 활용해야 할 것이다. 기회의 창은 어느 날 한 순간에 닫힐지도 모르기 때문이다.

유사하게, 인도네시아는 이 경쟁에서 많이 뒤쳐져 있다. 케냐의 예에서 우리는 교훈을 하나 찾을 수 있는데, 중산층의 케냐인이 심장에 문제가 있을 경우에는 보통 남아프리카로 치료를 받으러 갔었지만 지금은 나이로비에 있는 Kenyatta 국립 병원에서 치료를 받는다. 케냐는 곧 주변의 저개발국가의 의료관광허브가 될 수 있을 것이다. 케냐와 마찬가지로 인도네시아 또한 마찬가지로 싱가포르로 그들의 환자들을 영원히 보내서는 안 될 것이다.

지구는 평평하고 비행시간은 점점 짧아지고 있다. 싱가포르는 이러한 변화에 따라 의료관광 환자를 여러 지역에서 흡수해 버릴 수도 있는 병원들의 난립에 대처해 나가야 한다. 뉴질랜드는 싱가포르보다 저렴하지만 인도보다는 비싼 의료서비스를 제공하면서도 7천 마일이 넘게 떨어져 있는 미국으로부터 고객을 유치해낸다. 마카오는 카지노를 이용하여 수익을 올리고 있는데, 카지노와 건강검진, 치과 진료, 그리고 외래환자 진료를 결합한 형태로 운영하고 있다. 호치민 시에서는 220개의 병실을 갖춘 Franco-Vietnamese Hospital을 개원했다. French HAS의 인가를 받고 Bumrungrad의 절반에 해당하는 비용으로 라오스와 캄보디아 뿐 아니라 호주와 다른 곳에서까지 환자를 유치하고 있다.

이란은 현재 7천 명의 의료관광객들을 유치하는 것에 그치고 있지만 아랍어와 페르시아어 권, 중동 그리고 그 이상을 연결하는 의료 허브가 되는 것을 꿈꾸고 있다. 비록 이란의 의료서비스는 경영과 의료 전문인이 부족한 상황에 있지만 이란의 의료수가는 요르단, 이집트, 자메이카보다 더 저렴하게 하며 세금 없는 자유무역 구역의 설정과 몬테고 만과 오초 리우의 보크사이트 광산의 폐광에 대비한 다국적 투자자들과의 파트너십 체결로 의료 무역의 상징적인 존재로 떠오르고 있다. 가나는 케이프코스트에 있는 Central Regional Hospital을 지역 의료허브로 만들려는 계획을 가지고 있다. 쿠바는 미국의 반대에도 불구하고 2만 명에 이르는 의료관광객들을 유치하고 있다. 그들은 38개 국가에서 방문하고 있다. 쿠바의 성공적인 외국인 유치는 자메이카 같은 후발주자도 충분한 가능성을 가질 수 있다는 것을 보여주고 있다.

남아공과 케냐는 심혈관 질환에 특화된 서비스를 제공한다. 바베이도스는 캘리포니아로부터 성형외과 의사를 데려오고 있으며, 터키는 레이저를 이용한 안과 수술을 유럽의 1/3가격에 시술하고 있다. 불가리아는 독일의 환자를 유치하기 위해 심혈을 기울이고 있다. 정부와 대사관의 기능들이 베를린으로 이전됨에 따라 수입에 막대한 타격을 입고 있는 본(Bonn)이 의료분야에 뛰어들고 있다. 이미 본의 10개 중 1개의 직장이 의료와 관련되어 있다. 이들에게도 기회는 얼마든지 있다. 아마도 싱가포르만이 이 분야에 유일하게 심혈을 기울이고 있는 국가가 아닐 것이다.

참·고·문·헌

Adams, J., B.A. Archbold, E.L. Mounib and D. New (2007), *Healthcare 2015 and US Health Plans: New Roles, New Competencies*, Somers, New York: IBM Institute for Business Values.

Adlung, R. and A. Carzaniga (2001), 'Health services under the General Agreement on Trade in Services', *Bulletin of the World Health Organization*, 79, 352-64.

American College of Surgeons(2009), Statement on medical and surgical tourism, ST-65, www.facs.org/fellows_info, accessed on 30 June 2009.

Apollo Hospitals Group(2008), *Annual Report*, Chennai: Apollo Hospitals Enterprise Ltd.

Arunanondchai, J. and C. Fink(2007), 'Trade in health services in the ASEAN Region', Policy Research Working Paper 4147, Washington, DC: World Bank.

Balch, O. (2006), 'Buenos Aires or bust', Guardian, 24 October, www.guardian-co.uk/business/2006/0ct/24/argentina-travelnews, accessed on 6 November 2008 .

Barrett, S. (2007), *Why Cooperate? The Incentive to Supply Global Public Goods*, Oxford: Oxford University Press.

Bhagwati, J.N. (1998), *A Stream of Window: Unsettling Reflections on Trade, Immigration, and Democracy*, Cambridge, MA: MIT Press.

Bies, W. and L. ZaCharia (2007), 'Medical tourism: outsourcing surgery', *Mathematical and Computer Modelling*, 46, 1144-59.

Bina, M. (2007), 'Unaffordability Ebola', *Medical Tourism*, No. 1, 48-9

Blinder, A.S. (2006), 'Offshoring: the next industrial revolution?', *Foreign Affairs*, 85, 113-28, reprinted in http://proquest-umi.com-ezlibproxy1, accessed on 15 January 2009.

Blouin, C. (2006), 'Economic dimensions and impact assessment of GATS to promote and protect health', in C. Blouin, N. Drager and R. Smith (eds), *International Trade in Health Services and the GATS*, Washington, DC: World Bank, pp. 169-202.

Bookman, M.Z. and K.R. Bookman(2008), *Medical Tourism in Developing Countries*, New York and Basingstoke: Palgrave Macmillan.

Bramstedt, K.A. and J. Xu (2007), 'Checklist: passport, plane ticket, organ transplant,, *American Journal of Transplantation*, 7, 1698–701.

Brown, H.s. (2008), 'Do Mexican immigrants substitute health care in Mexico for health insurance in the United States? The role of distance', *Social Science & Medicine*, 67, 2036–42.

Bureau of Labor Statistics (USA) (2009), *International Comparisons of Hourly Compensation Costs in Manufacturing*, 2007, www.bls.gov, accessed on 16 April 2009.

Bustamante, A.V., G. Ojeda and X. Castañeda (2008), 'Willingness to pay for cross-border health insurance between the United States and Mexico', *Health Affairs*, 27, 169–78.

Chan, A. and M-T. Yap (2009), *Baby-Boomers Survey*, Singapore: Ministry of Community Development, Youth and Sports.

Chanda, R. (2002), 'Trade in health services', in N. Darger and C. Vieira (eds), *Trade in Health Services': Global, Regional and Country Perspectives*, Washington, DC: Pan American Health Organization, pp. 35–44.

Chee, H.L. (2007), 'Medical tourism in Malaysia: international movement of healthcare consumers and the Commodification of healthcare', Asia Research Institute, National University of Singapore, Working Paper No. 83.

Chee, H.L. (2008), 'Ownership, control and Contention: challenges for the future of healthcare in Malaysia', *Social Science and Medicine*, 66, 2145–56.

Chinai, R. and R. Goswami (2007), 'Mcdical visas mark growth of Indian medical tourism', *Bulletin of the World Health Organization*, 85, www.scielosp.org/scielo.php?pid=S0042-96862007000300004&script=sci.artex, accessed on 10 November 2008.

Cohen, J. (2006), 'Thc new world of global health,, *Science*, 311, 162–7.

Comarow, A. (2008), 'Saving on surgery by going abroad', *U.S. News and World Report*, 1 May, http://health.usnews-com, accessed on 9 April 2009.

Competition Authority (Ireland) (2005), *Competition in Professional Services Dentists*, Dublin: Competition Authority.

Connell, J. (2006), 'Medical tourism: sea, sun, sand and….surgery', *Tourism Management*, 27, 1093–100.

Credit Suisse (2008), Singapore Healthcare Sector, Hong Kong: Credit Suisse.

Deloitte Center for Health Solutions (2008), *Medical Tourism: Consumers in Search of Value*, www.deloitte.com/dtt/artcle, accessed on 25 November 2008.

Deloitte Center for Health Solutions (2009), *Medical Tourism: The Asian Chapter*, www.deloitte.com/dtt/article, accessed on 23 Junc 2009.

Demicco, F.J. and M. Cetron (2006), 'Club Medic', *Asia Pacific Biotech News*, 10, 527–31

Dentale (2008), 'Britons can't afford dental care,, www.dentale.co.uk, accessed on 9 December 2008.

Department of Statistics (Singapore) (2009), *Singapore's International Trade in Services 2007*.

DiMaggio, P. and H. Louch (1998), 'Socially embedded consumer transactions: for what kinds of purchases do people most often use networks?', *American Sociological Review*, 63, 619–37.

Duggal, R. (2003), 'Should public hospitals participate in medical tourism?', *Healthcare Management*, 15–30 December, www.expresshealthcaremgmt.com

Eastwood, J.B., R.E. Conroy, S. Naicker, P.A. West, R.C. Tutt and J Plange-Rhule (2005), 'Loss of health professionals from sub-Saharan Africa: the pivotal role of thc UK', *The Lancet*, 365, 1893–900.

Economic Development Board (Singapore) (2009), *Biomedical Sciences–Factsheet 2009.*

Economist (2008), 'Globalisation and health care: operating profit', 14 August, www.economist.com/business/displaystory-cfm?story_id=11919622, accessed on 10 November 2008.

Edelheit, J. (2008), 'American healthcare and the economic crisis', *Medical Tourism Magazine*, No. 7, 21–2.

Ehrbeck, T., C. Guevara and P.D. Mango (2008), 'Mapping the market for medical travel', *McKinsey Quarterly*, www.mcKinseyquarterly.com, accessed on 11 February 2009.

Einhorn, B. (2008), 'Checking into Bumrungrad Hospital,, *Business Week*, 17 March, www.businessweek.com, accesscd on 30 January 2009.

Eturbonews (2008), 'Is medical tourism worth the risk?', www.eturbonews.com, acccssed on 8 January 2009.

Friedman, M. (1962), *Capitalicm and Freedom*, Chicago: University of Chicago Press.

Friedman, T.L. (2007), *The World is Flat.– A Brief History of the Twenty-first Century*, cxpanded edition, New York: Farrar, Straus and Giroux.

Gallup Organization (2007), *Cross-border Health Services in the EU: Analytical Report*, Flash Eurobarometer 210, Budapest: Gallup Organization for the European Commission.

Ghosh, J. (2003), 'Medical knowledge', in R.D. Smith, R. Beaglehole, D. Woodward and N. Drager (eds), *Global Public Goods for Health.– Health Economics and Public Health Perspectives*, Oxford: Oxford University Press, pp. 119–36.

Grail Research (2009), *The Rise of Medical Tourism*, www.grailresearch.com, accessed on 6 November 2009.

Gupta, A.S. (2004) 'Medical tourism and public health', *People's Democracy*, 9 May, www.cpim.org.

Gupta, I., B. Goldar and A. Mitra (1998), 'The case of India', in S. Zarrilli and C. Kinnon(eds), *International Trade in Health Service: A*

Development Perspective, UNCTAD-WHO Joint Publication, Geneva: United Nations, pp. 213-36.

Health Affairs (2008), 'New international survey: more than half of US chronically ill adults skip needed care due to costs,, 13 November, www.healthaffairs-org, accessed on 31 July 2009.

Healthcare Commission (UK) (2008), *State of Healthcare 2008*, Norwich: Stationery Office.

Hedrick-Wong, Y.W. (2007), *The Glittering Silver Market: The Rise of Elderly Consumers in Asia*, Singapore: Wiley (Asia).

Held, D. and A. McGrew (2003), 'Political globalization: trends and choices', in I. Kaul, P. Conceicao, K. Le Goulven and R-U. Mendoza (eds), *Providing Global Public Goods: Managing Globalization*, Oxford: Oxford University Press, pp. 185-99.

Henderson J.C. (2004), 'Paradigm shifts: national tourism organisations and education and healthcare tourism. The case of Singapore,, *Tourism and Hospitality Research*, 5, pp. 170-80.

Herrick, D-M. (2007), *Medical Tourism: Global Competition in Health Care*, National Center for Policy Analysis, NCPA Policy Report No. 304, www.ncpa.org/pub/st/st304, accessed on 6 November 2008.

Herrick, D.M. (2008), *Health Care Entrepreneurs: The Changing Nature of Providers*, National Center for Policy Analysis, NCPA Policy RePort No. 318, www.ncpa.org/pub/st/st304, accessed on 9 April 2009.

Himmelstein, D.U., E. Warren, D. Thornc and S. Woolhandler (2005), 'Illness and injury as contributors to bankruptcy', *Health Affairis*, 24, http://proquest-umi.com-ezlibproxy1, acccssed on 22 July 2009.

Hotel Marketing Newsletter (2006), 'Medical tourism, Asia's growth industry', www.hotelmarketing.com, accessed on 31 July 2009.

House of Lords (UK), European Union Committee (2009), *Healthcare Across Eu Borders.- A Safe Framework*, London: The Stationery Office.

Hunter-Jones, P. (2003), 'The perceived effects of holiday-taking upon the health and wellbeing of patients treated for cancer', *International Journal of Tourism Research*, 5(3), 183-96.

Ihekweazu, C., I. Anya and E. Anosike (2005), 'Nigerian medical graduates: where are they now?', *The Lancet*, 365, 1847-8.

Institute of Medicine (2000), *To Err h Human: Building a Sqfer Health System*, Washington, DC: National Academies Press.

International Medical Travel Janual (2008a.), Dubai Healthcare City faces challenge", www.imtjonline.com/news, accessed on 25 November 2008

International Medical Travel Journal (2008b), 'United States: focus shifts to domestic travel', www.imtjonline.com/news, accessed on 25 November 2008.

International Medical Travel Journal (2008c), 'United Stags: Americans, awareness of medical travel increases', www.imtjonlinc.com/news, accessed on 3 December 2008 .

International Medical Travel Journal (2008d), 'Industry: report on Asia's medical tourism market', www.imtjonline.com/news, accessed on 5 December 2008.

International Medical Travel Journal (2008e), 'USA: greater transparency allows consumers to understand domestic quality of care issues', www.imtjonline.com/news, accessed on 14 January 2009.

Janjaroen, W.S. and S. Supakankunti (2002), 'International trade in health services in the millennium: the case of Thailand,, in N. Drager and C. Vieira (eds), *Trede in Health services: Global, Regional and Country Perspectives*, Washington, DC: Pan American Health Organization, pp. 87-106.

Jensen, J.B. and L.G. Kletzer (2005), 'Tradable services: understanding the scope and impact of services outsourcing', Working Paper O5-9, Washington, DC: Institute for International Economics.

Kaul, I., P. Conceicao, K. Le Goulven and R-U. Mendoza (2003), 'Why do global public goods matter today?', in I. Kaul, P. Conceicao, K. Le Goulven and R-U. Mendoza (eds), *Providing Global Public Goods-*

Managing Globalization, Oxford: Oxford University Press, pp. 2–20.

Khaw, B.W. (2009), 'Statement on medical tourism', Singapore Parliament, *Singapore Parliament Reports*, 14 Octobcr, www.parlia mem.gov.sg, accessed on 6 November 2009.

Kher, U. (2006), 'Outsourcing your heart,, *Time*, 21 May, www.time.com, accessed on 5 November 2008.

Khoo, L. (2003), 'Trends in foreign patient admission in Singapore', Information Paper 2003/01, Singapore: Ministry of Health.

Khoury, C. (2009), 'Americans consider crossing borders for medical care', www.gallup.com/poll, accessed on 16 June 2009.

Kierzkowski, H. (2002), 'Trade and public health in an open economy: a framework for analysis', in N. Drager and C. Vieira (eds), *Trade in Health Services: Global, Regional and country Perspectives*, Washington, DC: Pan American Health Organization, pp. 47 52.

Krugman, P.R. and M. Obstfeld (2009), *International Economics: Theory a nd Policy*, 8th edn, Boston: P6arson Addison Wesley.

Lautier, M. (2008), 'Export of health services from developing countries : the case of Tunisia, *Social Science & Medicine*, 67, 101–10

Leach, B.(2009), 'Number of IVF blunders "to rise for fifth consecutive year"', Telegraph, 15 June, www.telegraph.co.uk, acccssed on 1 July 2009.

Lee, T.H. (2009), 'Is medical tourism gold mine or time bomb?', *Korea Times*, 24 June, www.koreatimes.co.kr, accessed 14 August 2009.

Lee, W.L. (2008), 'Medical care is not a commodity', *Straits Times*, 15 October, A23.

Lloyd, G.E.R. (cd.) (1978), *Hippocratic Writtings*, Harmondsworth : Penguin Books.

Margolis, M. (2009), 'Crisis: redrawing the world migration map,, *Newsweek*, 23 March, 14–15.

Marshall, A. and M.P. Marshall (1881 [1879]), *The Economics of Industry*, 2nd edn, London: Macmillan.

Mattoo, A. and R. Rathindran (2006), 'How health insurance inhibits trade in health care', *Health Affairs*, 25(2), 358-68.

McIndoe, A. (2009), '"Transplant tourists,, not welcome', *Strairits Times*, 22 July 2009, A10.

Medical News Today (2009), 'Biomedical sciences companies expanding in Asia invested more than US$500 million in Singapore', 20 May, www.medicalnewstoday.com, accessed 9 June 2009.

Medical Tourism Association (2009), 'MTA releases fiirst patient surveys on medical tourism', *Medical Tourism Magazine*, No. 10, 34-6.

Milstein, A. (2006), 'American surgical emigration is a treatable symptoms testimony to thc United States Senate Special Committee on Aging, 27 June, http://aging-senate-gov/hearing_detail-cfm?id=270728&, acccssed on 10 April 2009.

Milstein, A. and M. Smith (2007), 'Will the surgical world become flat?'' *Health Affairs*, 26(1)' 137-41.

Ministry of Health (Singapore) (2009a), 'Medical travellers update', 22 January, www.moh.gov.sg, accessed on 29 July 2009.

Ministry of Health (Singapore) (2009b), 'Health facts Singapore: health facilities', www.moh.gov.sg, accessed on 29 July 2009.

Ministry of Health (Singapore) (2009c), 'Further Medisave liberalisation', Press Release, 29 March.

Ministry of Manpower (Singapore) (2008), *Singapore Yearbook of Sta tistics 2007*.

Ministry of Trade and Industry (Singapore) (2003), 'Developing Singapore as the healthcare services hub in Asia', *Report of the Healthcare Services Working Group, Sub-Committee on Service Industries of the Economic Review Committee*, http://www.mti.gov.sg, accessed 12 November 2008.

Ministry of Trade and Industry (Singapore) (2008), *Economic Survey of Singapore 2007*.

Mitra, S. (2007), 'Medical tourism: the way to go', Frost and Sullivan Research Paper, www.frost.com, accessed on 30 July 2009.

Mullan, F. (2005), 'The metrics of the physician brain drain', *New England Journal of Medicine*, 353, 1810–18, http://.content-nejm.org, accessed on 10 June 2009.

Mutcchnick, I.S., D.T. Stern and C.A. Moyer (2005), 'Trading health services across borders: GATS, markets and caveats', *Health Affairs*, 25 January, 42–51.

Newman, B.Y. (2006), 'Medical tourism,, *Optometry*, 77, 581.

Olson, M. (1965), *The Logic of Collective Action*, Boston: Harvard University Press.

Oxfam International (2003), 'Robbing the poor to pay thc rich? How the United States keeps medicines from the world's poorest', Oxfam Briefing Paper No. 56.

Patients Association (UK) (2009), *Patients …not Numbers, People…not Statistics*, Harrow: Patients Association.

Pigou, A.C. (1932[1920]), *The Economics of Welfare*, 4th edn, London: Macmillan.

Pollock, A.M. and D. Price (2000), 'Rewriting the regulations: how the World Trade Organization could accelerate privatisation in health-care systems', *The Lancet*, 356, 1995–2000.

Rai, S. (2008), 'Senior moment,, *Forbes Asia*, 15 September, 64–8.

Reisman, D.A. (2007), *Health Care and Public Policy, Cheltenham*, UK and Northampton, MA, USA: Edward Elgar.

Reisman, D.A. (2009), *Social Policy in an Ageing Society: Age and Health in Singapore*, Cheltenham, UK and Northampton, MA, USA: Edward Elgar.

RevaHealth.com (2008), 'The first comprehensive dental tourism survey by RevaHealth.com reveals large savings and high levels of satisfaction', www.revahealth.com, accessed on 9 December 2008.

Rhea, S. (2008), 'M6dical migration', *Modern Healthcare*, 38, 5 May, http://proquest-umi.com.ezIibproxy1, accessed on 10 November 2008.

Ricardo, D. (1951[1817]), *Principles of Political Economy and Taxation*, ed. by P. Sraffa, Cambridge: Cambridge University Press.

Santos, E.A4. (2008), 'Taking excellence to heart', *Medical Tourism Magazine*, No. 5, 24-6.

Sarnsamak, P. (2008), 'Medical errors law will compensate victims of malpractice', *The Nation* (Bangkok), 13 August, www.nationmultimedia.com, acccssed on 1 July 2009.

Singapore Tourism Board (2008), *Annual Report on Tourism Statistics, 2007*.

Skerritt, D. and T. Huybers (2005), 'The etfect of international tourism on economic development: an empirical analysis', *Asia Pacific Journal of Tourism Research*, 10, 23-43.

Smith, A. (1961[1776]), *The Wealth of Nations*, ed. by E. Cannan, London: Methuen.

Smith, R.D. (2004), 'Foreign direct investment and trade in health services: a review of the literature,, *Social Science & Medicine*, 59, 2313-23.

Smith, R.D. (2006), 'Trade in health services: current challenges and future prospects of globalisation', in A.M. Iones (cd.), *The Elgar Companion to Health Economics*, Cheltenham, UK and Northampton, MA, USA: Edward Elgar, pp. 164-75.

Smith, R.D. and D. Wroodward (2003), 'Global public goods for health: use and limitations,, in R.D. Smith, R. Beaglehole, D. Woodward and N. Drager (eds), *Global Public Goods for Health: Health Economics and Public Health Perspectives*, Oxford: Oxford University Press, pp. 246-65.

Smith, R.D., R. Chanda and V. Tangcharoensamien (2009), 'Trade in health-related services', *The Lancet*, 373, 593-601.

Stiglitz, J.E. (2009), 'Trade agreements and health in developing countries,, *The Lancet*, 373, 363-5.

Tch, I. (2007), *Healthcare Tourism in Thailand: Pain Ahead?*, Singapore: Clearstate.

Timmons, K. (2008), 'JCI standards address physician competencies', Medical Tourism Magazine, No. 5, I2.

Titmuss, R.M. (1968), *Commitment to Welfare*, London: George Allen & Unwin.

Titmuss, R.M. (1970), *The Gift Relationship*, London: George Allen & Unwin.

Treatment Abroad (2008), 'Medical tourist survey: 2008 report,, www.treatmentabroad.net, accessed on 12 January 2009.

United Nations Population Division (2009), *World Population Prospects: The 2008 Revision*, http://data-un.org, accessed on 23 June 2009.

USA Today (2006), 'Asian medical tourism to become multi-billion dollar industry', 4 October, www.usatodayocom, accessed on 21 August 2009.

Velasco, N.A.0. (2008), 'Healthcare in paradise', *Asianews*, 24-30 October, 13-15.

Warner, D.C. (1998), 'Thc globalization of medical care', in S. Zarrilli and C. Kinnon (eds), *International Trade in Health Services: A Development Perspective*, UNCTAD-WHO Joint Publication, Geneva: United Nations, pp. 71-8.

Weekly Telegraph (2008), 'Tooth tourism fills the gaps in "Hawed" NHS dental care', 17-23 September, 37.

Wolff, J. (2007), 'Passport to cheaper health care?', *Good Housekeeping*, October, www.goodhousekeeping.com, accessed 21 August 2009.

Woodman, J. (2007), *Patients Beyond Borders (Singapore Edition): Everybody's Guide to Affordable, World-Class Medical Tourism*, Chapel Hill, NC: Healthy Travel Media.

World Health Organization (1962 [1946]), *Constitution of the World Health Organization*, in WHO, *Basic Documents*, Geneva: WHO, pp 1-18.

World Health Organization (2009), *World Health Statistics 2009*, Geneva. WHO.

World Trade Organization (1995), *General Agreement on Trade in Services, in WTO: Legal Texts*, Geneva: WTO, pp. 283–317.

World Trade Organization (2001), *Declaration on the TRIPS Agreement and Public Health*, http://www.wto.org, acccssed 9 April 2009.

Yeoman, I. (2008), *Tomorrow's Tourist-- Scenarios and Trends*, Amsterdam: Elsevier.

Yeoman, I. (2009), 'How many American medical tourists are there?', *International Medical Travel Journal*, www.imtjonline-com/news, accessed on 16 June 2009.

Yoopeteh, C. (2006), 'Medical tourism: thc case of private hospitals in Thailand', in S.M. Lee, I. Lee and D. Chang (eds), *Strategic Innovation in the E-global Age*, Lincoln: Pan Pacitic Business Association, pp. 307–9.

York, D. (2008), 'Medical tourism: thc trend toward outsouring medical procedures to foreign countries', *Journal of Continuing Education in the Health Professions*, 28, 99–102.

역자소개

서 정 태(徐挺台)

현재 동원대학교 관광과 교수로 재직 중에 있으며, 의료관광실무, 관광마케팅 등을 강의하고 있다. (사)한국마이스융합리더스포럼 학술위원장도 맡고 있다. 한양대에서 관광학박사, 경기대에서 관광경영학석사, 영남대학교에서 경제학사 학위를 각각 받았다. (주)현대백화점 여행사업부 기획팀에 근무했으며, 관광통역안내사 및 국내여행안내사 출제위원, 한국농촌공사 농산어촌체험마을 자문전문가, 한국관광 · 레저학회 이사와 WIU(Western Illinois University) 방문교수 등을 역임하였다. 주요 논문으로는 「내용분석을 통한 의료관광연구 동향」(한국관광연구학회, 2012) 등 다수가 있다.

강 형 철(姜亨喆)

현재 한양대학교 사회교육원 교수로 재직 중에 있으며, 한양대학교 국제 관광대학원의 겸임교수와 (사)여가디자인 포럼의 아카데미 원장을 맡고 있다. 한양대학교 관광학과에서 박사, 석사, 학사 학위를 받았다. 파라다이스 워커힐 카지노 인재개발원 원장, 통일국민당 정책위원회 교통체신 정책위원, 한국산업개발연구원 지역개발실 선임연구원 등을 역임하였다. 주요 저서로는 「카지노 기업의 내부마케팅이 고객 지향성에 미치는 영향 – 조직 동일시 수준 제고를 중심으로」(2010) 논문 등 다수가 있다.

진 홍 석(晉洪奭)

현재 경희대학교 겸임교수와 아리랑국제방송에 재직 중에 있으며, (사)한국마이스융합리더스포럼 회장을 맡고 있다. 영국 University of West London 경영학 박사, 영국 City University Business School 경영학석사, 영국 London School of Economics(LSE) 및 고려대학교 등에서 수학하였다. (사)한국컨벤션이벤트산업협회 사무총장과 부산아시안게임 마케팅부장 등을 역임하였고, 여수엑스포자문위원, 대한민국역사박물관 건립전문위원, 국립디지털도서관 건립전문위원 및 문화관광부 정책자문위원 등 다양한 지자체 및 국가행사의 자문위원들을 역임하였다. 주요 저서로는 「의료관광 수용태세 보완을 위한 MICE업계의 역할」(컨벤션학회)과 「지방공무원을 위한 국제회의 이벤트 편람」(지방자치단체 국제화재단) 외 다수가 있다.

국제의료관광

●발행일

2012년 8월 10일 초 판 인쇄
2012년 8월 20일 초 판 발행

●저 자

David Reisman

●역 사

서정태 · 강형철 · 진홍석

●발행인

한 인 환

●발행처

도서출판 **기 문 사**
서울시 동대문구 용두2동 730-4번지 홍신빌딩 3층
전 화 : 02) 2265-7214, 922-8662~3
팩시밀리 : 02) 922-8772
homepage : www.kimoonsa.co.kr
e-mail : book@kimoonsa.co.kr
등 록 : 1978. 8. 9. NO. 6-0637
ISBN : 978-89-7723-548-9 93980

정가 : 19,000원